easy Word 2007

**Unser Online-Tipp
für noch mehr Wissen ...**

... aktuelles Fachwissen rund
um die Uhr – zum Probelesen,
Downloaden oder auch auf Papier.

www.InformIT.de

Word 2007

Text in Bestform

RAINER WALTER SCHWABE

→leicht →klar →sofort

Bibliografische Information Der Deutschen Bibliothek
Die Deutsche Bibliothek verzeichnet diese Publikation in der
Deutschen Nationalbibliografie; detaillierte bibliografische Daten
sind im Internet über http://dnb.ddb.de abrufbar.

Die Informationen in diesem Produkt werden ohne Rücksicht auf einen
eventuellen Patentschutz veröffentlicht.
Warennamen werden ohne Gewährleistung der freien Verwendbarkeit benutzt.
Bei der Zusammenstellung von Texten und Abbildungen wurde mit größter
Sorgfalt vorgegangen.
Trotzdem können Fehler nicht vollständig ausgeschlossen werden.
Verlag, Herausgeber und Autoren können für fehlerhafte Angaben
und deren Folgen weder eine juristische Verantwortung noch
irgendeine Haftung übernehmen.
Für Verbesserungsvorschläge und Hinweise auf Fehler sind Verlag und
Herausgeber dankbar.

Alle Rechte vorbehalten, auch die der fotomechanischen Wiedergabe und der
Speicherung in elektronischen Medien.
Die gewerbliche Nutzung der in diesem Produkt gezeigten Modelle und Arbeiten
ist nicht zulässig.

Fast alle Hardware- und Softwarebezeichnungen und weitere Stichworte und sonstige
Angaben, die in diesem Buch verwendet werden, sind als eingetragene Marken geschützt.
Da es nicht möglich ist, in allen Fällen zeitnah zu ermitteln, ob ein Markenschutz besteht,
wird das ® Symbol in diesem Buch nicht verwendet.

Umwelthinweis:
Dieses Buch wurde auf chlorfrei gebleichtem Papier gedruckt.

10 9 8 7 6 5 4 3 2 1

09 08 07

ISBN 978-3-8272-4137-5

© 2007 by Markt+Technik Verlag,
ein Imprint der Pearson Education Deutschland GmbH,
Martin-Kollar-Straße 10–12, D-81829 München/Germany
Alle Rechte vorbehalten
Coverkonzept: independent Medien-Design, Widenmayerstraße 16, 80538 München
Covergestaltung: Thomas Arlt, tarlt@adesso21.net
Titelfoto: Mauritius
Lektorat: Birgit Ellissen, bellissen@pearson.de
Korrektorat: Marita Böhm
Herstellung: Monika Weiher, mweiher@pearson.de
Satz: Ulrich Borstelmann, Dortmund (www.borstelmann.de)
Druck und Verarbeitung: Kösel, Krugzell (www.KoeselBuch.de)
Printed in Germany

Inhaltsverzeichnis

Liebe Leserin, lieber Leser 11

Die Tastatur — 12

Schreibmaschinen-Tastenblock 13
Sondertasten, Funktionstasten,
Kontrollleuchten, Zahlenblock 14
Navigationstasten 15

Die Maus — 16

»Klicken Sie ...« 16
»Doppelklicken Sie ...« 17
»Ziehen Sie ...« 17

1 Der erste Start: Word 2007 — 19

Auf den ersten Blick 20
Die Office-Schaltfläche 21
Die Symbolleiste für den Schnellzugriff 21
Die Multifunktionsleiste 25
Die Ansicht in Word 2007 27
Die Statusleiste 28
Die Fenstermodi 30
Tipps zum Kapitel 32
Üben Sie Word 2007! 33

2 Die ersten Eingaben in Word 2007 — 35

Was sind Formatierungssymbole? 36
Die Zoomfunktion 38
Word 2007 beenden 40
Tipps zum Kapitel 42
Üben Sie Word 2007! 42

3 Texte schnell prüfen 45

Fehler über die Tastatur schnell korrigieren 46
Die Rechtschreibhilfe in Word 2007 48
Das Wörterbuch in Word 2007 52
Die Silbentrennung 55
Die Funktion Übersetzen 57
Tipps zum Kapitel 58
Üben Sie Word 2007! 60

4 Texte schnell bearbeiten 63

Die Art und Größe der Schrift 64
Die Standardschrift wechseln 65
Zeichen formatieren 66
Das Markieren 68
Fett, Kursiv, ... – Formatierungen 69
Das Formatieren über die Tastatur 70
Zeichen hochstellen 71
Die Zeilen ausrichten 72
Zeilenabstände 73
Formatierungen löschen 74
Die Formatvorlagen in Word 2007 75
Tipps zu diesem Kapitel 76
Üben Sie Word 2007! 79

5 Speichern und Drucken in Word 2007 81

Einen Text speichern 82
Die Änderungen speichern 86
Speichern oder Speichern unter? 87
Dokumente auf einem anderen Datenträger
speichern 89
Die Seitenansicht 90
Der Schnelldruck 91
Tipps zum Kapitel 93
Üben Sie Word 2007! 95

6 Dokumente öffnen, schützen und löschen — 97

Dokumente starten 98
Die letzten Dokumente 100
Dokumentenwiederherstellung 101
Fenster in Word 101
Daten vor fremden Zugriffen schützen 103
Eine Datei umbenennen 109
Eine Datei löschen 112
Die Schaltfläche »Schließen« anlegen 114
Tipps zu diesem Kapitel 116
Üben Sie Word 2007! 116

7 Texte gestalten — 119

Aufzählungen in Word 120
Aufzählungen angeben 121
Eine Aufzählung wieder löschen 123
Texte verschieben und kopieren 123
Der Thesaurus 127
Suchen und Ersetzen 130
Formate übertragen 133
Tipps zum Kapitel 135
Üben Sie Word 2007! 137

8 Eine Glückwunschkarte erstellen — 139

Eine ClipArt-Grafik einfügen 140
Eine ClipArt-Grafik suchen 140
Eine Grafik bearbeiten 141
Eine Grafik drehen 147
Den Hintergrund festlegen 149
Formen anlegen 151
WordArt – Schrifteffekte 155
Grafiken verschieben 159
Textfelder 160
Legenden: Bilder sprechen lassen 164
Schnell die Registerkarten wechseln 168
Tipps zum Kapitel 171
Üben Sie Word 2007! 173

9 Ein persönliches Fotoalbum 175

Die Seitenränder festlegen 176
Ein Bild einfügen 176
Die Bildformatvorlagen.......................................183
Bildeffekte festlegen 184
Einen Grafikrahmen erstellen 186
Bildformen anlegen 188
Bilder komprimieren 189
Tipps zum Kapitel 191
Üben Sie Word 2007!..193

10 Präsentieren Sie sich mit Visitenkarten 195

Eine Visitenkarte anlegen 196
Gitternetzlinien einblenden 199
Den Visitenkartentext schreiben....................... 200
Die Designerfarben.. 202
Den Zeileneinzug verändern 203
Einen Farbverlauf einbinden 207
Ein Bild einfügen 209
Der Zeichenabstand..212
Die Visitenkarte kopieren 213
Tipps zum Kapitel 217
Üben Sie Word 2007!..219

11 Serienbriefe mit Word 2007 221

Was ist ein Serienbrief?..................................... 222
Einen Serienbrief erstellen 222
Die Quelle eines Serienbriefs............................ 224
Seriendruckfelder einfügen 234
Die persönliche Anrede..................................... 236
Wenn ... Dann ... Sonst 237
Datenquelle und Serienbrief verbinden 241
Tipps zum Kapitel 243
Üben Sie Word 2007!... 244

12 Ein Kuvert beschriften 247

Ein Kuvert erstellen.. 248
Das Kuvert detailliert angeben 248
Das Kuvert bearbeiten 249
Tipps zum Kapitel 252
Üben Sie Word 2007!....................................... 253

13 Ein Briefformular entwerfen 255

Kopf- und Fußzeile... 256
Absender und Empfänger 260
Ein stets aktuelles Datum angeben 262
Eine eigene Vorlage speichern......................... 265
Eine Vorlage starten 267
Tipps zum Kapitel 268
Üben Sie Word 2007!....................................... 269

14 Adressenlisten übersichtlich erstellen 271

Eine Tabelle einfügen 272
Symbole einfügen... 274
Eingabe des Tabellentextes 276
Spalten anpassen... 277
Zellen markieren... 279
Neue Zeilen einfügen....................................... 282
Neue Spalten einfügen 283
In Tabellen sortieren 285
Tabellenformatvorlagen................................... 286
Tabellen mit Tabulatoren 287
Tipps zum Kapitel 293
Üben Sie Word 2007!....................................... 295

15 Briefe ganz schnell schreiben — 297

Den Absender anlegen.. 298
Den Absender für das Kuvert formatieren........ 300
Die AutoKorrektur.. 302
Das Empfängerfeld gestalten............................. 305
Den Rahmen einer Tabelle aufheben................ 309
Die AutoKorrektur als Schaltfläche anlegen...... 311
Texte in der AutoKorrektur anlegen................... 313
Den Brief ganz schnell schreiben 316
Tipps zum Kapitel 320
Üben Sie Word 2007! 321

16 Word 2007 – nur für Sie! — 323

Eine Schaltfläche hinzufügen 324
Weitere Befehle 325
Alle Dokumente schließen 326
Die Symbolleiste für den Schnellzugriff
anordnen 328
Befehle aus dem Menü der
Office-Schaltfläche 329

Lösungen — 330

Lexikon — 335

Stichwortverzeichnis — 341

Liebe Leserin, lieber Leser

auf jeder Seite dieses Buches lernen Sie Word 2007 Schritt für Schritt kennen: einfach und präzise, ohne viel Umstände direkt zum Ziel.

So können Sie das Gelernte und Geübte sofort in die Praxis umsetzen. Am Ende eines jeden Kapitels biete ich Ihnen Tipps und Übungen an, um Ihr Wissen zu vertiefen und zu festigen.

Die ersten Kapitel dienen zum Kennenlernen der Software. Je weiter Sie kommen, desto mehr erfahren und lernen Sie. Also erst ganz leicht, dann intensiv und kompakt. Kapitel wie Serienbriefe und Tabellen sind schon umfangreich, aber für Sie extra leicht gehalten und direkt auf den Punkt gebracht!

Gerade durch meine reichen Erfahrungen als Word-Dozent konnte ich ein Feingefühl besonders für Anfänger entwickeln. Wie man was auf einfachste Art und Weise kurz und knapp erklärt, das ist in diesem Buch eine Selbstverständlichkeit.

Das Easy-Buch ist so aufgebaut, dass Sie bei jedem Mausklick Ihr Wissen erweitern. Halten Sie sich einfach an die Schritte und Sie werden Word 2007 schnell beherrschen. Wenn Sie das letzte Kapitel im Buch beenden, werden Sie sagen: »Word 2007 – ja, das kann ich!«

Sollten Sie dennoch Fragen und/oder weitere Anregungen haben, können Sie mir gerne unter info@mut.de eine Mail schreiben (bitte geben Sie dabei den Buchtitel und die ISBN-Nummer an). Es würde mich sehr freuen, von Ihnen zu lesen!

Übrigens, wem's gefällt und wer Excel 2007 lernen möchte, dem empfehle ich Excel Easy. Es ist genauso einfach aufgebaut wie dieses Buch.

Ihr
Rainer Walter Schwabe

Die Tastatur

Auf den folgenden drei Seiten sehen Sie, wie Ihre Computertastatur aufgebaut ist. Damit es für Sie übersichtlich ist, werden Ihnen immer nur bestimmte Tastenblöcke auf einmal vorgestellt. Ein großer Teil der Computertasten funktioniert wie bei der Schreibmaschine. Es gibt aber noch einige zusätzliche Tasten, die auf Besonderheiten der Computerarbeit zugeschnitten sind. Sehen Sie selbst ...

Die Tastatur 13

Schreibmaschinen-Tastenblock

Diese Tasten bedienen Sie genauso wie bei der Schreibmaschine. Mit der Eingabetaste schicken Sie außerdem Befehle an den Computer ab.

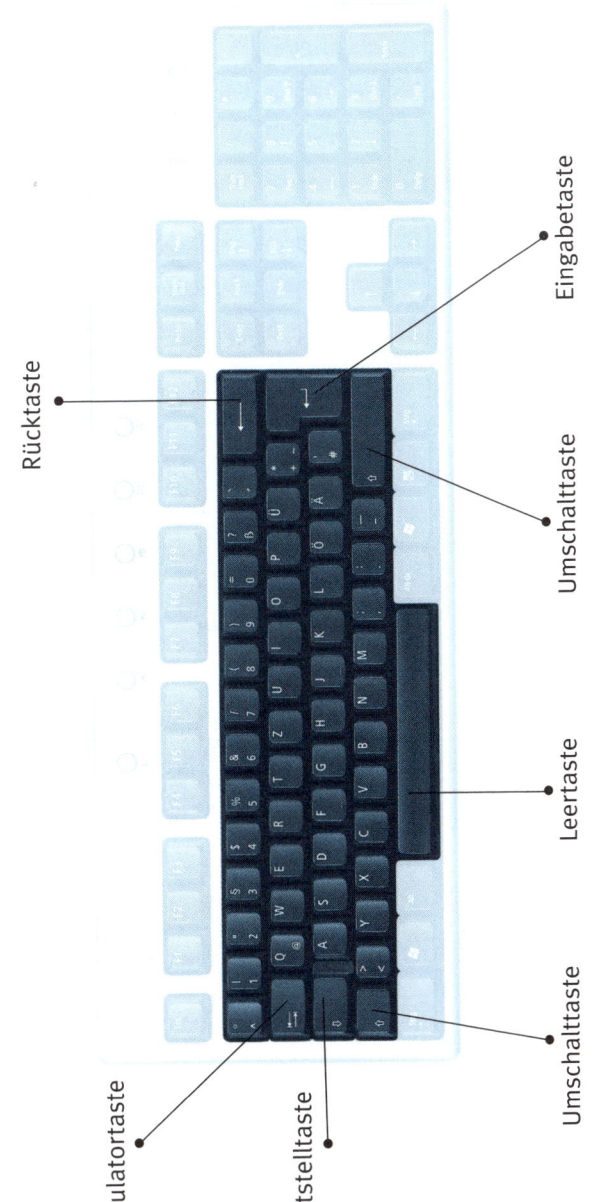

Sondertasten, Funktionstasten, Kontrollleuchten, Zahlenblock

Sondertasten und Funktionstasten werden für besondere Aufgaben bei der Computerbedienung eingesetzt. [Strg]-, [Alt]- und [AltGr]-Taste meist in Kombination mit anderen Tasten. Mit der [Esc]-Taste können Sie Befehle abbrechen, mit Einfügen und Entfernen u.a. Text einfügen oder löschen.

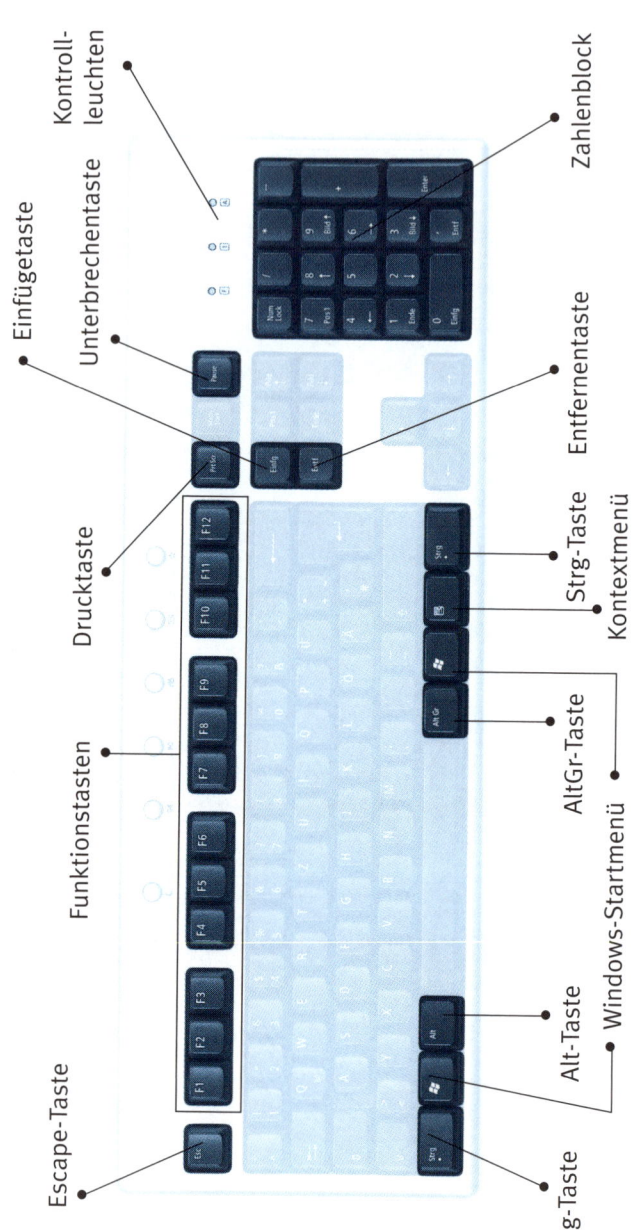

Die Tastatur

Navigationstasten

Mit diesen Tasten bewegen Sie sich auf dem Bildschirm.

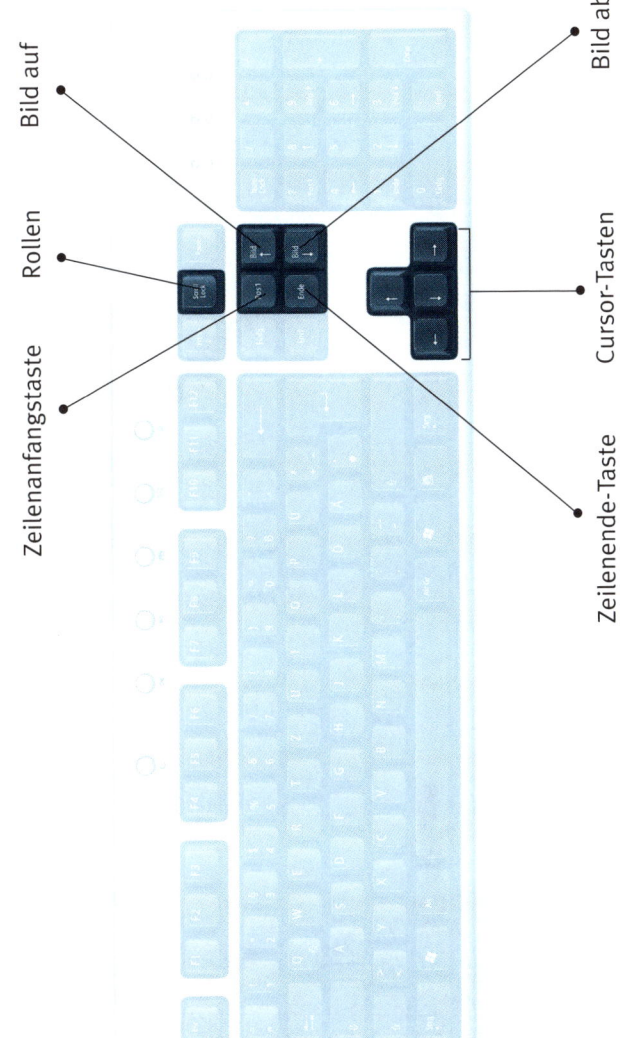

Bild auf
Rollen
Zeilenanfangstaste
Bild ab
Cursor-Tasten
Zeilenende-Taste

Die Maus

»Klicken Sie ...«

heißt: einmal kurz
auf eine Taste drücken.

Mit der
linken Maustaste
klicken ...

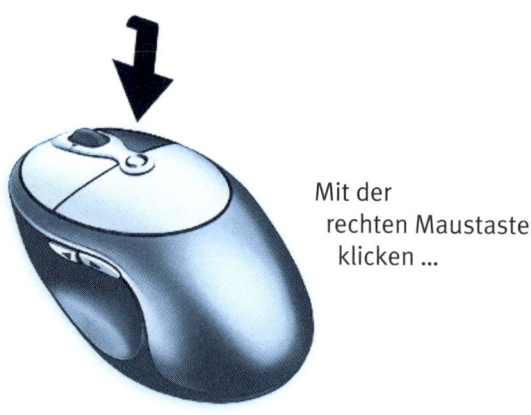

Mit der
rechten Maustaste
klicken ...

»Doppelklicken Sie ...«

heißt: die linke Taste zweimal schnell hintereinander ganz kurz drücken.

Doppelklicken

»Ziehen Sie ...«

heißt: auf bestimmte Bildschirmelemente mit der linken Maustaste klicken, die Taste gedrückt halten, die Maus bewegen und dabei das Element auf eine andere Position ziehen.

Ziehen

Das lernen Sie zuerst

Die Office-Schaltfläche	21
Die Symbolleiste für den Schnellzugriff	21
Die Multifunktionsleiste	25
Die Ansichten in Word 2007	27
Die Statusleiste	28
Die Fenstermodi	30

Kapitel 1

Der erste Start: Word 2007

Sie starten Word 2007 und machen nun Mausklick für Mausklick die ersten Schritte! Die Textverarbeitung Word 2007 unterscheidet sich in vielen Dingen von ihren Vorgängerinnen. In diesem Kapitel erhalten Sie die Grundkenntnisse und lernen den Umgang mit Symbolleisten. Mit ein paar Mausklicks erfahren Sie zunächst, wie die Benutzeroberfläche von Word 2007 aufgebaut ist und wie Sie sich schnell mit ihr zurechtfinden.

Auf den ersten Blick

Microsoft Word 2007 ist ein Textverarbeitungsprogramm, um z. B. Briefe zu schreiben, also Texte zu verarbeiten. Statt Brief verwenden Sie den Ausdruck *Dokument*.

> **Fachwort**
>
> In Word bezeichnet man die Seiten, die Sie bearbeiten, als ein *Dokument*.

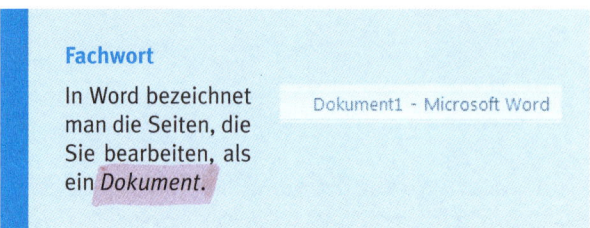

Die Tastatur bedienen Sie wie bei einer Schreibmaschine. Word 2007 bietet Ihnen zahlreiche Möglichkeiten, die Sie im Laufe des Buches kennen lernen werden.

Der Befehlsbereich

Ganz oben befindet sich der *Befehlsbereich*. Hier werden, wie der Name es bereits verrät, Befehle mit der *Maus* angesteuert und ausgeführt.

> **Achtung**
>
> Entscheidend für die Darstellungen in Word 2007 ist Ihre *Bildschirmauflösung*. Standardmäßig arbeiten Sie mit einer Bildschirmeinstellung von 1.024 x 768. Arbeiten Sie mit einer geringeren Auflösung, kann es gelegentlich vorkommen, dass Schaltflächen anders dargestellt werden.

Der Arbeitsbereich

Des Weiteren erkennen Sie den Arbeitsbereich. Hier geben Sie Ihre Texte ein. Dort, wo der Strich (auch als *Cursor* oder Einfügemarke bezeichnet) blinkt, erscheint der von Ihnen eingegebene Text.

Die Office-Schaltfläche

Links oben am Bildschirm erkennen Sie eine Schaltfläche. Über die *Office*-Schaltfläche öffnen Sie per Mausklick ein Menü. Die Einträge, die Sie hier finden, werden Ihnen im Laufe des Buches erklärt.

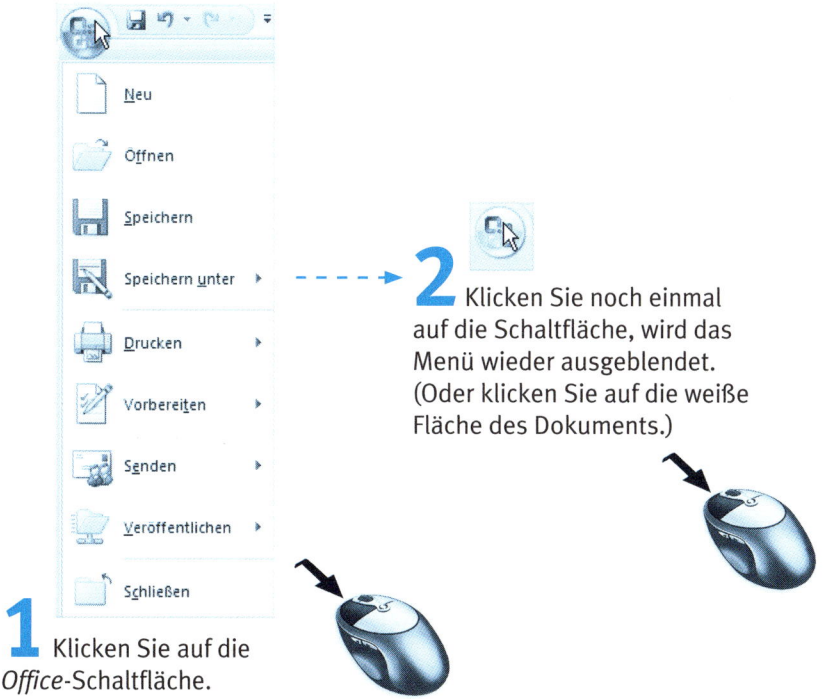

1 Klicken Sie auf die *Office*-Schaltfläche.

2 Klicken Sie noch einmal auf die Schaltfläche, wird das Menü wieder ausgeblendet. (Oder klicken Sie auf die weiße Fläche des Dokuments.)

Die Symbolleiste für den Schnellzugriff

Die Symbolleiste für den Schnellzugriff ermöglicht es, Schaltflächen schnell einzubinden. Diese Symbolleiste passen Sie nach Ihren eigenen Arbeitsbedürfnissen an. Sie erreichen dann die benötigten Befehle sehr schnell. In diesem Beispiel binden Sie die Schaltfläche *Neu* ein. Mit *Neu* legen Sie ein *neues Dokument* an. Das kann sehr hilfreich sein, falls Sie neue Übungen durchführen möchten.

Kapitel 1

> **Hinweis**
>
> Es gibt zwar im Menü der *Office*-Schaltfläche den Befehl *Neu/Leeres Dokument*, doch über die Schaltfläche *Neu* in der *Symbolleiste für den Schnellzugriff* geht es schneller!

1 Öffnen Sie über die Schaltfläche die Auswahl *Symbolleiste für den Schnellzugriff anpassen*. Die Einträge mit dem Häkchen sind bereits in der Symbolleiste für den Schnellzugriff platziert.

2 Aktivieren Sie den Befehl *Neu*.

Die Schaltfläche *Neu* wird in die Symbolleiste für den Schnellzugriff platziert.

So, wie eine Schaltfläche hier angelegt wurde, kann sie auch wieder schnell entfernt werden.

Dazu platzieren Sie den Mauszeiger auf die Schaltfläche und klicken mit der rechten Maustaste. Anschließend erscheint ein Menü, präziser ausgedrückt ein *Kontextmenü*, in dem Sie die Schaltfläche wieder aus der Symbolleiste für den Schnellzugriff entfernen können.

> **Fachwort**
>
> Der Name *Kontextmenü* besagt, dass die Zusammenstellung der einzelnen Menüpunkte davon abhängig ist, was Sie gerade machen, wenn Sie die rechte Maustaste drücken.

Die Symbolleiste für den Schnellzugriff 23

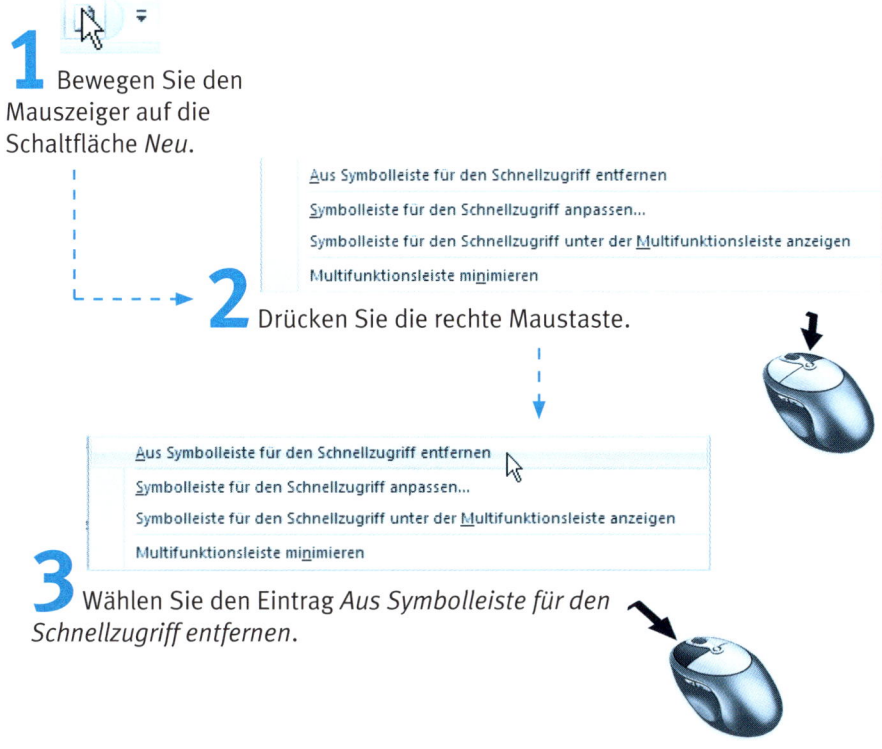

1 Bewegen Sie den Mauszeiger auf die Schaltfläche *Neu*.

2 Drücken Sie die rechte Maustaste.

3 Wählen Sie den Eintrag *Aus Symbolleiste für den Schnellzugriff entfernen*.

Die Schaltfläche *Neu* wurde wieder aus der Symbolleiste entfernt.

> **Hinweis**
>
> Sie können auch eine Schaltfläche aus der *Symbolleiste für den Schnellzugriff* entfernen, indem Sie denselben Weg wie beim Einfügen einer Schaltfläche gehen und das Häkchen vor dem Eintrag entfernen.

Die *Symbolleiste für den Schnellzugriff* können Sie auch an einen anderen Ort platzieren: unter die Multifunktionsleiste. Diese Leiste werden Sie im übernächsten Lernabschnitt kennen lernen.

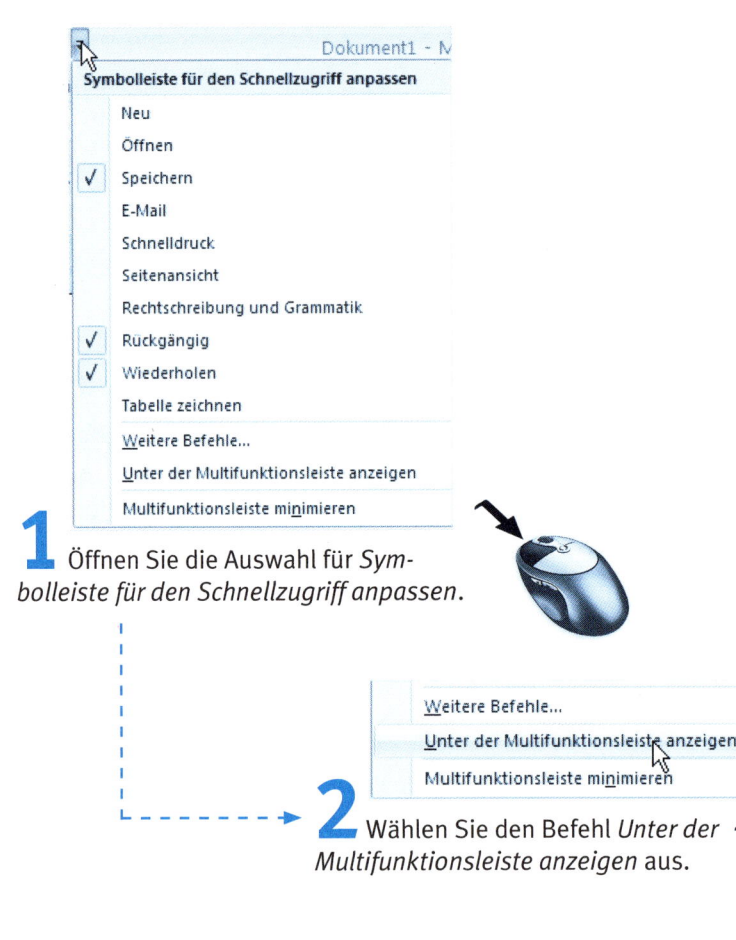

1 Öffnen Sie die Auswahl für *Symbolleiste für den Schnellzugriff anpassen*.

2 Wählen Sie den Befehl *Unter der Multifunktionsleiste anzeigen* aus.

Die Symbolleiste wird unter die Multifunktionsleiste platziert.

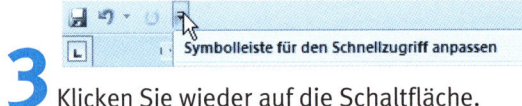

3 Klicken Sie wieder auf die Schaltfläche.

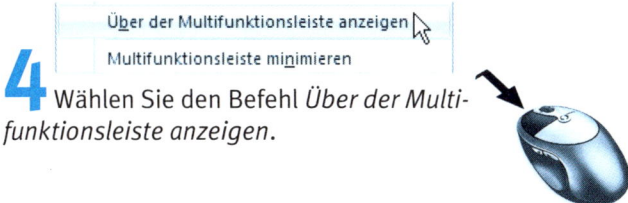

4 Wählen Sie den Befehl *Über der Multifunktionsleiste anzeigen*.

Die Symbolleiste für den Schnellzugriff befindet sich wieder über der Multifunktionsleiste.

Die Multifunktionsleiste

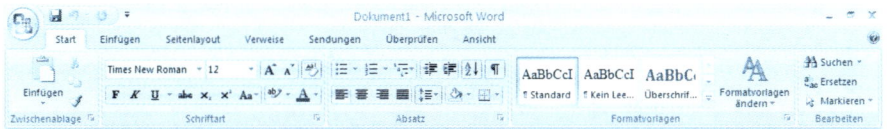

Die bereits erwähnte Multifunktionsleiste beinhaltet viele Befehle, die Sie im Laufe des Buches kennen lernen. Zunächst können Sie diese Leiste am Bildschirm auch *minimieren*.

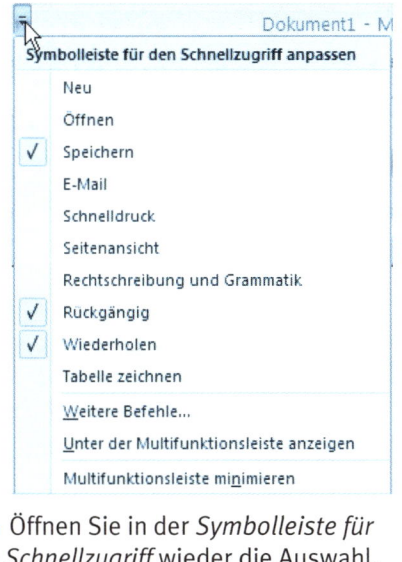

1 Öffnen Sie in der *Symbolleiste für den Schnellzugriff* wieder die Auswahl.

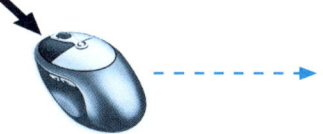

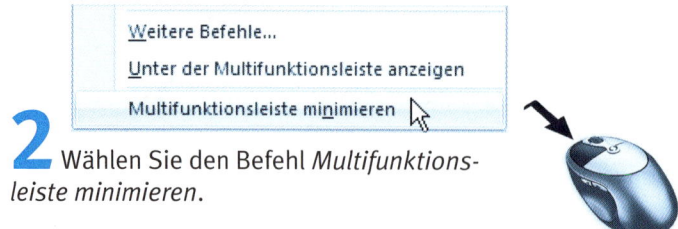

2 Wählen Sie den Befehl *Multifunktionsleiste minimieren*.

Die Multifunktionsleiste wurde minimiert.

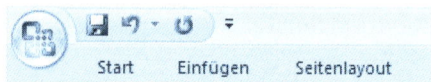

3 Um den ursprünglichen Zustand wiederherzustellen, öffnen Sie wieder die Auswahl bei der *Symbolleiste für den Schnellzugriff*.

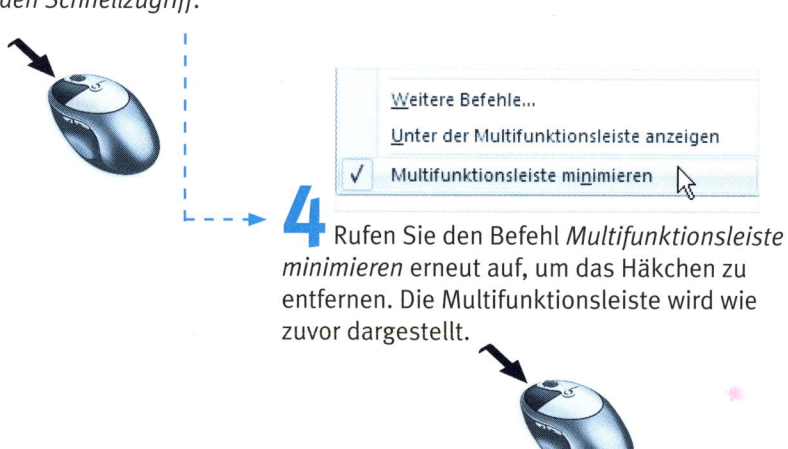

4 Rufen Sie den Befehl *Multifunktionsleiste minimieren* erneut auf, um das Häkchen zu entfernen. Die Multifunktionsleiste wird wie zuvor dargestellt.

Die Multifunktionsleiste ist wie eine Art »Karteikasten« dargestellt, der verschiedene Karten (= *Registerkarten*) enthält. Auf jeder Registerkarte finden Sie die unterschiedlichsten *Befehle* abhängig davon, was Sie gerade in Word 2007 bearbeiten.

Die Ansicht in Word 2007

Auf der Registerkarte *Ansicht* haben Sie die Möglichkeit, zwischen den unterschiedlichen Darstellungen auf dem Bildschirm zu wählen.

Fachwort

Layout = anderer Ausdruck für das »Aussehen« Ihres Dokuments. Dazu gehören die komplette Gestaltung durch die Anordnung einzelner Seitenelemente, die Wahl der Schriftart und Schriftgröße usw.

Geeignet für Sie als Einsteiger ist das *Seitenlayout*. Sie befinden sich bereits im Seitenlayout, da diese Schaltfläche aktiviert ist. Bei dieser Ansicht wird das Dokument so angezeigt, wie es später gedruckt wird.

Als nächste Ansicht lernen Sie den Vollbild-Lesemodus kennen.

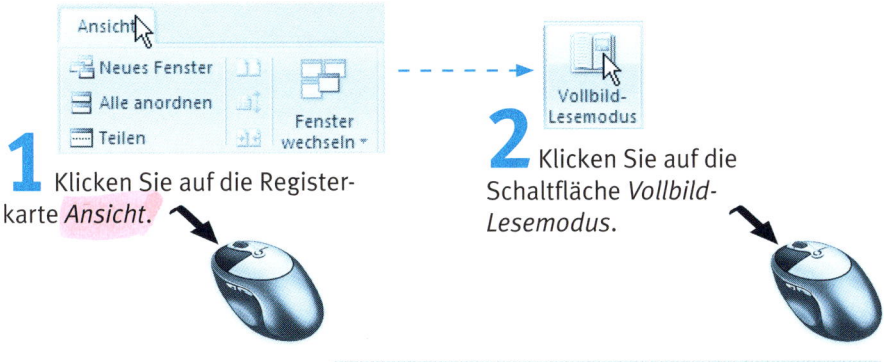

1 Klicken Sie auf die Registerkarte *Ansicht*.

2 Klicken Sie auf die Schaltfläche *Vollbild-Lesemodus*.

Das Dokument erscheint als Vollbild.

3 Schließen Sie den Vollbild-Lesemodus über die Schaltfläche *Schließen* oder drücken Sie die Esc-Taste auf Ihrer Tastatur.

Ferner haben Sie noch die Auswahl zwischen dem Weblayout, der Gliederung und dem Entwurf. Beim *Weblayout* wird das Dokument so angezeigt, wie es als Webseite aussehen würde. Bei der *Gliederung* können Sie die einzelnen Überschriften Ihres Dokuments gliedern und die Ansicht *Entwurf* dient zum schnellen Schreiben, allerdings werden hier Elemente wie Kopf- und Fußzeilen nicht angezeigt.

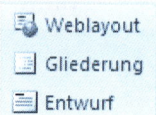

> **Hinweis**
>
> Am unteren Bildschirmrand können Sie ebenfalls zwischen den einzelnen Ansichten hin- und herschalten.

Die Statusleiste

Die Statusleiste ganz unten am Bildschirm informiert Sie darüber, wo Sie sich gerade im Dokument mit dem Cursor befinden.

Zurzeit erkennen Sie dort, dass Sie sich auf der Seite 1 von insgesamt 1 Seite und in der 1. Zeile und 1. Spalte des Dokuments befinden, dass die Rechtschreibung durchgeführt wird und Sie in Deutsch schreiben.

Über die anderen Angaben erfahren Sie im Laufe des Buches mehr.

Sie können die Statusleiste mit weiteren Angaben ergänzen.

1 Zeigen Sie mit der Maus auf eine beliebige Stelle in der Statusleiste.

Die Statusleiste **29**

2 Drücken Sie die rechte Maustaste.

Eine Auswahl erscheint, um die Statusleiste anzupassen. Die Einträge mit dem Häkchen sind in der Statusleiste bereits aktiviert.

	Statusleiste anpassen	
	Formatierte Seitenzahl	1
	Abschnitt	1
✓	Seitenzahl	1 von 1
	Vertikale Seitenposition	2,4 cm
✓	Zeilennummer	1
✓	Spalte	1
	Wortanzahl	0
✓	Rechtschreib- und Grammatikprüfung	Fehler
✓	Sprache	Deutsch (Deutschland)
	Signaturen	Aus
✓	Informationsverwaltungsrichtlinie	Aus
✓	Berechtigungen	Aus
	Änderungen nachverfolgen	Aus
	Feststelltaste	Aus
✓	Überschreiben	Einfügen
✓	Auswahlmodus	
	Makroaufzeichnung	Wird nicht aufgezeichnet
✓	Tastenkombinationen anzeigen	
✓	Zoom	100 %
✓	Zoomregler	

	Statusleiste anpassen	
	Formatierte Seitenzahl	1
	Abschnitt	1
✓	Seitenzahl	1 von 1
	Vertikale Seitenposition	2,4 cm
✓	Zeilennummer	1
✓	Spalte	1
	Wortanzahl	0
✓	Rechtschreib- und Grammatikprüfung	Überprüfen
✓	Sprache	Deutsch (Deutschland)
	Signaturen	Aus
✓	Informationsverwaltungsrichtlinie	Aus
✓	Berechtigungen	Aus
	Änderungen nachverfolgen	Aus
	Feststelltaste	Aus
✓	Überschreiben	Einfügen
✓	Auswahlmodus	
	Makroaufzeichnung	Wird nicht aufgezeichnet
✓	Tastenkombinationen anzeigen	
✓	Zoom	100 %
✓	Zoomregler	

3 Wählen Sie hier den Befehl *Wortanzahl* aus.

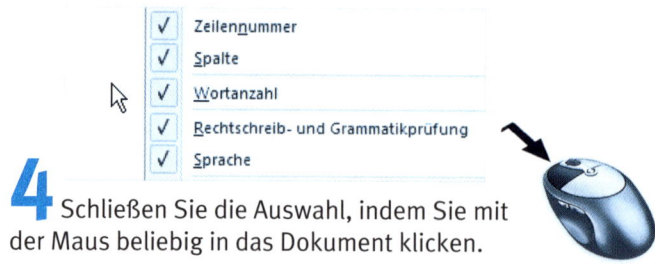

4 Schließen Sie die Auswahl, indem Sie mit der Maus beliebig in das Dokument klicken.

Sie erkennen in der Statusleiste zusätzlich, dass Sie bis jetzt »0« Wörter geschrieben haben. Das wird sich bestimmt noch ändern!

Auf die gleiche Art und Weise entfernen Sie die Angaben in der Statusleiste wieder. Führen Sie dazu die Übung am Ende des Kapitels aus.

> **Hinweis**
>
> In der Statusleiste finden Sie auch den *Zoom*. Über den Zoom und seine Einstellungen erfahren Sie mehr im nächsten Kapitel.

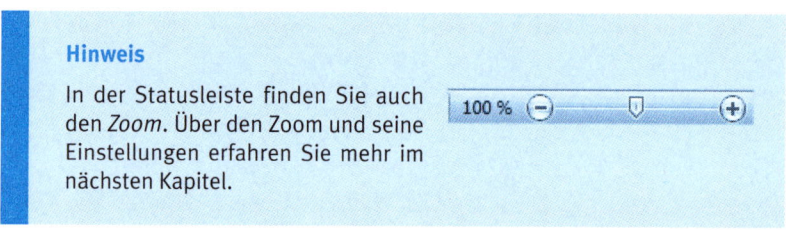

Die Fenstermodi

Ein Fenster kann drei »Zustände« besitzen: Es kann:

- als »Vollbild« oder
- »minimiert« dargestellt oder
- als »Symbol« in die Taskleiste von Windows platziert werden.

> **Fachwort**
>
> Als *Taskleiste* wird die unterste Bildschirmleiste bezeichnet. Sie können mit mehreren Programmen wie Word oder Excel arbeiten und über die Taskleiste hin- und herschalten.

Die Fenstermodi 31

1 Klicken Sie in der Word-Titelleiste auf die Schaltfläche *Minimieren*.

2 Das Dokument erscheint in der *Taskleiste* am unteren Windows-Bildschirmrand. Klicken Sie auf das *Word-Symbol* in der Taskleiste.

Das Programm Word 2007 erscheint als *Vollbild*.

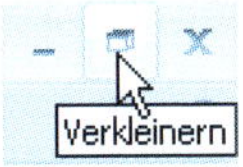

3 Klicken Sie auf die Schaltfläche *Verkleinern*. Word 2007 erscheint als verkleinertes Arbeitsfenster auf dem Bildschirm.

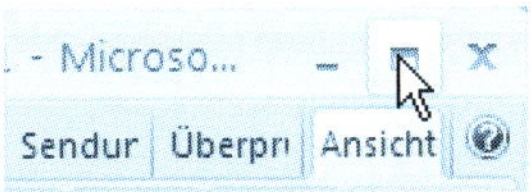

4 Klicken Sie auf die Schaltfläche *Maximieren*. Das Programm Word 2007 erscheint wieder als *Vollbild*.

Hinweis

Mit einem linken Mausklick auf das obere Kreuz (*X*) *Schließen* beenden Sie das Programm Word 2007.

Sie können in Word 2007 mit mehreren Dokumenten gleichzeitig arbeiten. Die Schaltfläche *Schließen* (*X*) schließt das jeweilige Dokument, beendet Word aber nicht.

Hinweis

Schließen Sie das Dokument nicht, führen Sie die Übungen durch und machen Sie gleich mit *Kapitel 2* weiter. Dort erfahren Sie genauer, wie Word 2007 beendet wird.

Tipps zum Kapitel

1. Wenn Sie – aus welchen Gründen auch immer – lieber nur mit der Tastatur arbeiten möchten, können Sie auch die [Alt]-Taste drücken. Es erscheinen dann Zeichen für Tasten und Tastenkombinationen, mit denen Sie die Befehle ausführen können, ohne mit der Maus zu arbeiten. Ein beliebiger Klick ins Dokument oder ein Druck auf [Esc] hebt diese Anzeige wieder auf.

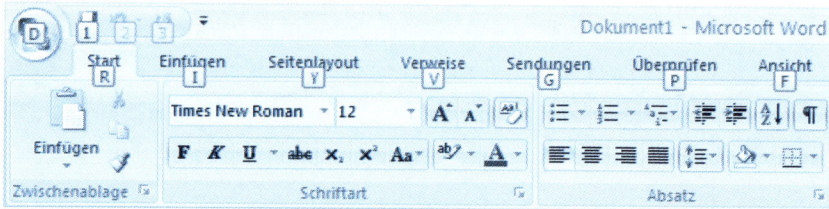

> **Fachwort**
>
> Bei einer *Tastenkombination* drücken Sie die eine Taste, halten Sie nieder und drücken dann die andere. Entsprechend wird ein Befehl ausgeführt.

2. Mit der Tastenkombination [Windows]-Taste+[M] reduzieren Sie sämtliche Arbeitsfenster zu einzelnen Symbolen in der Taskleiste.

Üben Sie Word 2007!

Frage *Textverarbeitungsprogram*
In Word bezeichnet man die Seiten, die Sie bearbeiten, als ein …? *Dokument*

Übungen

Üben Sie noch einmal, Schaltflächen in der *Symbolleiste für den Schnellzugriff* anzupassen und die Angaben in der *Statusleise* zu verändern. Diese Wege werden Sie im Laufe des Buches öfters durchführen.

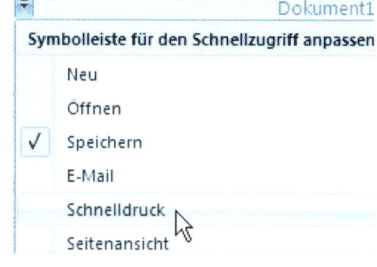

1. Wählen Sie in der *Symbolleiste für den Schnellzugriff* den Befehl *Schnelldruck* aus.

2. Entfernen Sie die Schaltfläche für den *Schnelldruck* wieder aus der *Symbolleiste für den Schnellzugriff*.

3. Blenden Sie die Funktion *Wortanzahl* wieder aus der Statusleiste aus.

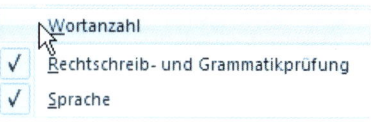

4. Legen Sie die Schaltfläche *Neu* in der *Symbolleiste für den Schnellzugriff* an. So können Sie später für die jeweiligen Übungen ein neues Dokument anlegen.

Das können Sie schon

Die Office-Schaltfläche	21
Die Symbolleiste für den Schnellzugriff	21
Die Multifunktionsleiste	25
Die Ansichten in Word 2007	27
Die Statusleiste	28
Die Fenstermodi	30

Das lernen Sie neu

Was sind Formatierungssymbole?	36
Die Zoomfunktion	38
Word 2007 beenden	40

Kapitel 2

Die ersten Eingaben in Word 2007

gestalten z.B. Texte, Farbe ect.

Formatierungssymbole helfen Ihnen – besonders Ihnen als Word 2007-Anfänger – bei der Eingabe und zeigen an, welche Taste Sie auf Ihrer Tastatur gedrückt haben.

Sie können die Ansicht auf Ihrem Bildschirm mit Hilfe des Zooms individuell vergrößern oder auch verkleinern. Welche Auswahl Sie hier treffen, bleibt Ihnen überlassen.

Und wer ein Programm starten kann, sollte auch wissen, wie es zu beenden ist. Dazu bestehen mehrere Möglichkeiten.

Was sind Formatierungssymbole? *gestalten*

Aus Gründen der Einheitlichkeit arbeiten Sie in diesem Buch im *Seitenlayout*, das erfahrungsgemäß für den Einsteiger am besten geeignet ist (siehe auch *Kapitel 1* unter »Ansichten«).

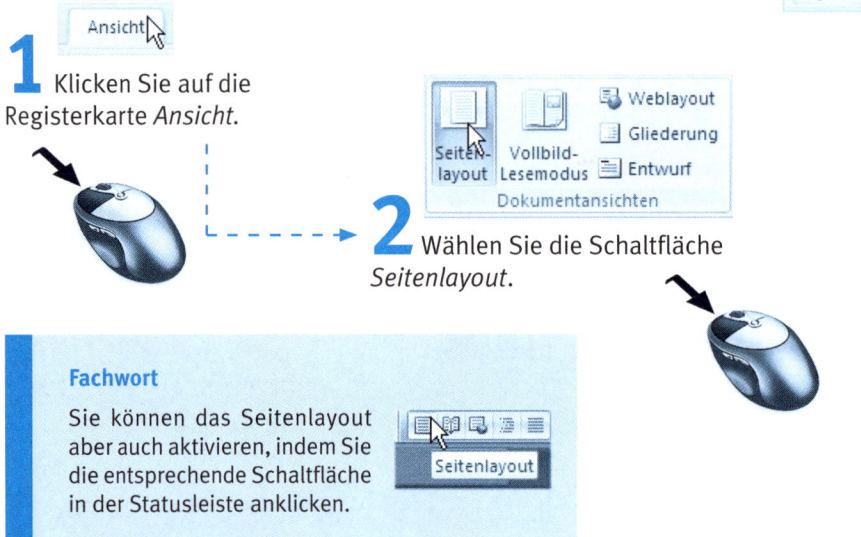

1 Klicken Sie auf die Registerkarte *Ansicht*.

2 Wählen Sie die Schaltfläche *Seitenlayout*.

Fachwort

Sie können das Seitenlayout aber auch aktivieren, indem Sie die entsprechende Schaltfläche in der Statusleiste anklicken.

Die Formatierungssymbole

Mit einer Schaltfläche lassen sich die so genannten *Formatierungssymbole* anzeigen. Diese entstehen beispielsweise durch Drücken der ⎵ - oder ↵ - Taste.

1 Wählen Sie die Registerkarte *Start*.

2 Klicken Sie auf die Schaltfläche ¶.

Der·erste·Text¶

3 Tippen Sie den Text ein.

> **Achtung**
> Sollten die Punkte zwischen den Wörtern nicht angezeigt werden, klicken Sie noch einmal auf die Schaltfläche ¶.

Achtung: Ein Punkt ist kein Punkt!

Im Text sehen Sie zwischen den geschriebenen Wörtern Punkte. Diese sind keineswegs mit dem »normalen« Punkt zu vergleichen. Sie werden später *nicht mit ausgedruckt*, sondern sind nur auf dem Bildschirm erkennbar.

> **Tipp**
> Auf den nachfolgenden Seiten des Buches erkennen Sie anhand der aktivierten Formatierungssymbole genau, wann welche Taste wie die ⏎ - oder Leer -Taste gedrückt wird.

Die Zeichen haben den Vorteil, dass Sie genau erkennen, was im Text gemacht wurde. Daher wird in diesem Buch häufig mit den Formatierungssymbolen gearbeitet. So können Sie besser nachvollziehen, wie was geschrieben wurde.

Wurden aus Versehen zwei Leerzeichen eingefügt, fällt es ohne diese Funktion mitunter schwer, dies zu erkennen.

Haben Sie dagegen die Schaltfläche ¶ aktiviert, sehen Sie den Fehler sofort.

Mit Formatierungssymbolen	Ohne Formatierungssymbole
Der·erste···Text¶	Der erste Text

In die nächste Zeile gelangen Sie, indem Sie die ⏎ -Taste drücken.

Der·erste·Text¶

1 Drücken Sie die ⏎-Taste.

Der·erste·Text¶
Der·erste·Text¶

2 Tippen Sie den weiteren Text.

Auf dem Bildschirm erkennen Sie dieses etwas seltsam aussehende Zeichen: für Word eine *Absatzmarke*. Für Word gehören alle Sätze bis zu diesem Zeichen zu einem Absatz.

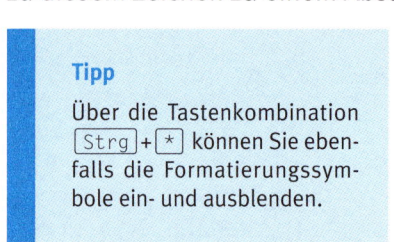

¶

> **Tipp**
>
> Über die Tastenkombination Strg + * können Sie ebenfalls die Formatierungssymbole ein- und ausblenden.

Dem Anfänger fällt es erfahrungsgemäß schwer, sich an die Zeichen zu gewöhnen. Sie sollten sie trotzdem aktiviert lassen. So erkennen Sie stets, welche Taste in einem Text gedrückt wurde.

Die Zoomfunktion

Sie können die Ansicht auf Ihrem Bildschirm mit Hilfe des *Zooms* individuell *vergrößern* oder auch *verkleinern*. Wichtig dabei ist: Die Schriftgröße ändert sich nicht bei einem späteren Ausdruck. Die Funktion dient nur zur besseren Darstellung auf dem Bildschirm. Betrachten Sie es wie beim Zoom eines Fotoapparats oder Fernglases. Damit können Sie ein Motiv näher heranholen, das Motiv selbst ändert seine tatsächliche Größe in Wirklichkeit jedoch nicht.

1 Sie können den Zoom leicht in der Statusleiste am unteren Bildschirmrand ändern, indem Sie die Schaltflächen – oder + anklicken.

Die Zoomfunktion **39**

2 Ändern Sie den Zoom auf 90 %.

3 Ziehen Sie den Zoom wieder auf 100 %.

4 Ändern Sie den Zoom auf diese Art und Weise auf über 200 %.

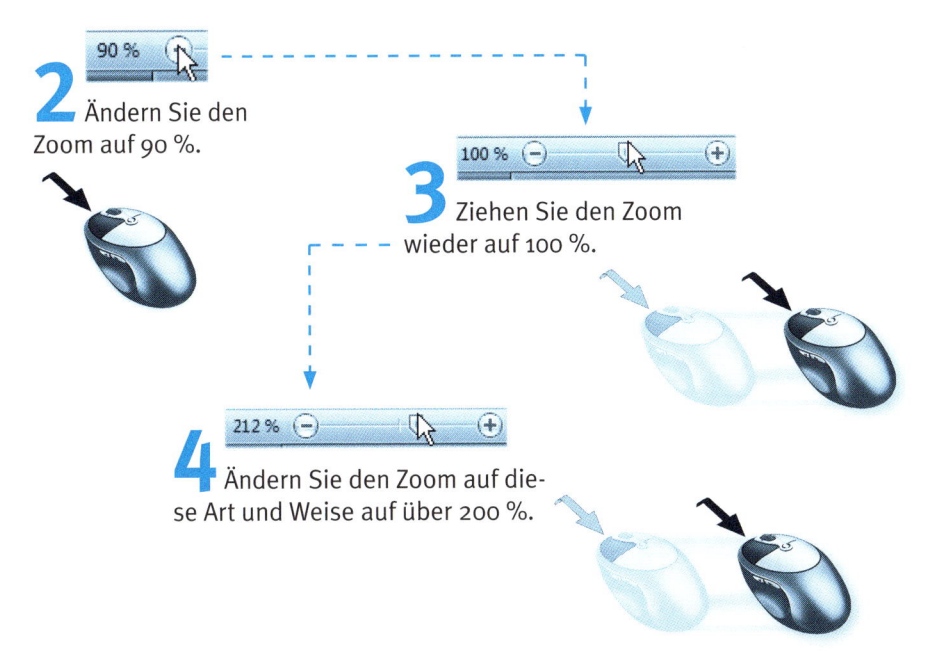

Sie erkennen bei jeder Zoomeinstellung die Änderung der Ansicht auf Ihrem Bildschirm.

Auf diese Art und Weise stellen Sie den Zoom nach Ihren Bedürfnissen ein. Eine weitere Möglichkeit, um den Zoom einzustellen, finden Sie unter der Registerkarte *Ansicht*.

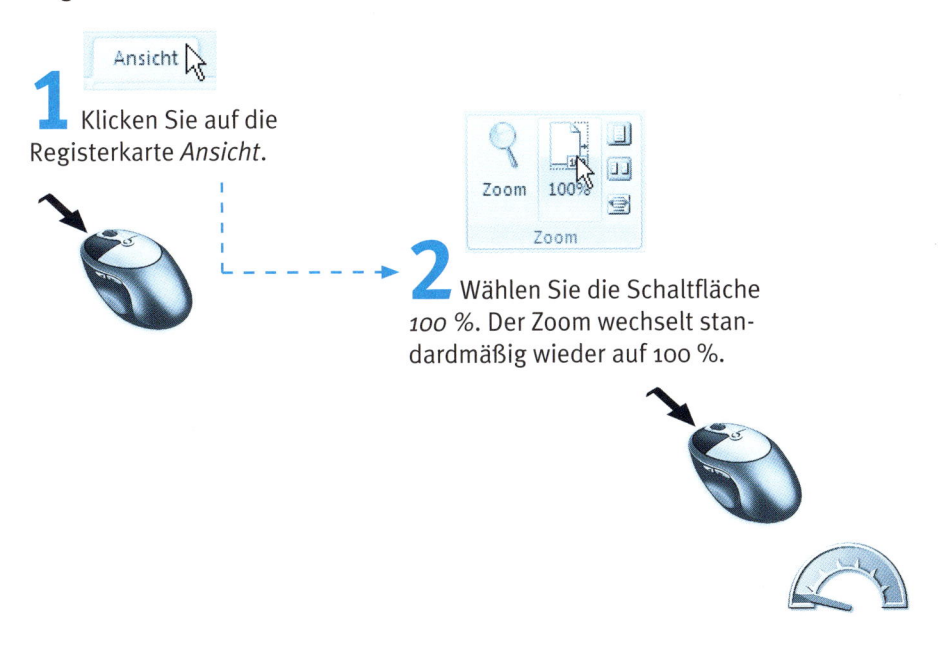

1 Klicken Sie auf die Registerkarte *Ansicht*.

2 Wählen Sie die Schaltfläche *100 %*. Der Zoom wechselt standardmäßig wieder auf 100 %.

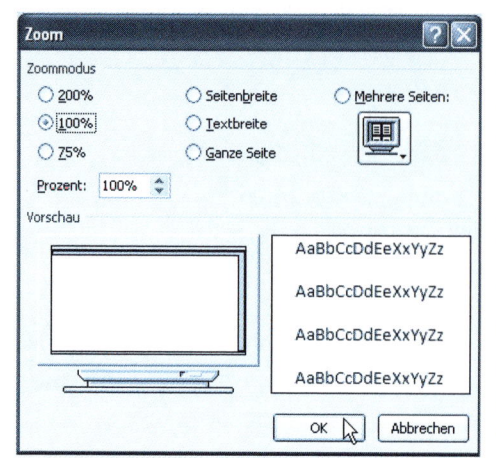

Über die Schaltfläche *Zoom* erhalten Sie eine Alternative. Sie öffnen dadurch ein Dialogfeld, in dem Sie Ihre Zoomeinstellungen vornehmen können. Sie können hier die Einstellung bei *Prozent* sehr genau festlegen.

Daneben stehen Ihnen noch drei weitere Schaltflächen zur Verfügung. Sie können hier ebenfalls den Zoom auf eine ganze Seite oder auf zwei Seiten festlegen oder die Breite der Seite an die Breite des Fensters anpassen.

Sie müssen natürlich selbst entscheiden, mit welcher Zoomeinstellung Sie arbeiten möchten. Der einfachste Weg, den Zoom festzulegen, ist sicherlich der über die Leiste am unteren Bildschirmrand.

Word 2007 beenden

Über ein Menü führen Sie Befehle wie *Beenden* mit der linken Maustaste durch.

Der Eintrag *Word beenden* befindet sich immer ganz unten im geöffneten Menü.

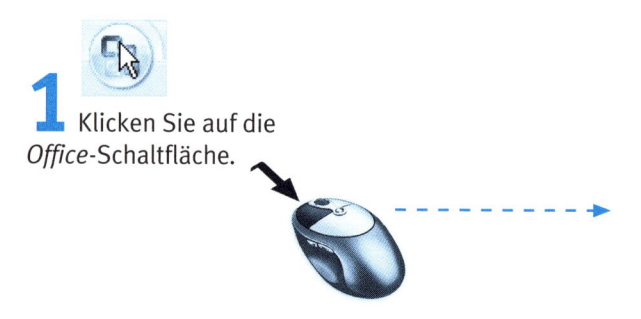

1 Klicken Sie auf die *Office*-Schaltfläche.

Word 2007 beenden   41

2 ⊠ Word beenden

Ein Auswahlmenü öffnet sich. Klicken Sie auf die Schaltfläche *Word beenden*.

Microsoft Office Word

⚠ Möchten Sie die Änderungen in Dokument1 speichern?

   Ja   Nein   Abbrechen

3 Wählen Sie hier die Schaltfläche *Nein*.

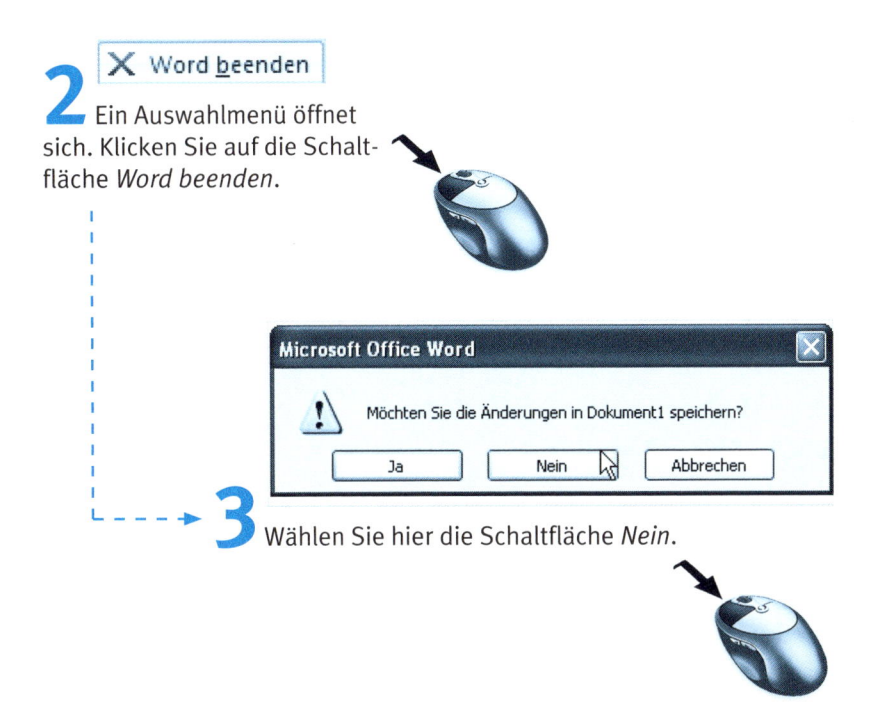

Da Sie noch nichts von großer Bedeutung eingegeben haben, ist eine *Speicherung* (= Aufbewahrung von Daten) zurzeit nicht notwendig. Mehr zum Thema Speichern erfahren Sie in *Kapitel 5 »Speichern und Drucken«*!

Würden Sie die Schaltfläche *Abbrechen* anklicken, kämen Sie wieder zum Programm Word 2007 zurück, so als wenn nichts geschehen wäre!

Tipps zum Kapitel

1. Sie können Word auch über die Tastatur beenden, indem Sie die `Alt`-Taste zusammen mit der `F4`-Taste drücken.

2. Sie haben weitere Möglichkeiten, um Word zu beenden.

Sie können Word jeweils mit der linken Maustaste direkt beenden, indem Sie auf das *Office-Symbol* bzw. die *Office*-Schaltfläche (oben links) einen Doppelklick ausführen oder das *Kreuz (X)* bzw. die *Schließen*-Schaltfläche oben rechts einmal anklicken.

Üben Sie Word 2007!

Versuchen Sie anhand des Kreuzworträtsels, die richtigen Antworten zu finden.

Mit Hilfe dieser Schaltfläche blenden Sie (1) die … ein.

Drücken Sie die `↵`-Taste, wird eine (2) … gesetzt. Durch Drücken der (3) … erzeugen Sie (4) … Das sind die Abstände zwischen den einzelnen Wörtern.

			1	F	O	R	M	A	T	I	E	R	U	N	G	S	S	Y	M	B	O	L	E
2	A	B	S	A	T	Z	M	A	R	K	E												
						3	L	E	E	R	T	A	S	T	E								
						4	L	E	E	R	Z	E	I	C	H	E	N						

Übungen zum Zoom

Schreiben Sie einen beliebigen Text.

1. Ändern Sie den Zoom auf 25 % um.
2. Ändern Sie den Zoom auf 100 %.
3. Ändern Sie den Zoom auf 92 %.
4. Wählen Sie nun Ihre bevorzugte persönliche Zoomeinstellung aus.

Das können Sie schon

Die Symbolleiste für den Schnellzugriff	21
Die Multifunktionsleiste	25
Die Ansichten in Word 2007	27
Die Statusleiste	28
Die Fenstermodi	30
Was sind Formatierungszeichen?	36
Die Zoomfunktion	38

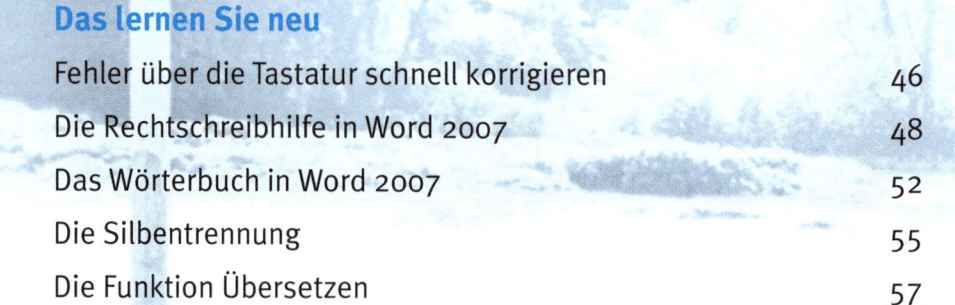

Das lernen Sie neu

Fehler über die Tastatur schnell korrigieren	46
Die Rechtschreibhilfe in Word 2007	48
Das Wörterbuch in Word 2007	52
Die Silbentrennung	55
Die Funktion Übersetzen	57

Kapitel 3

Texte schnell prüfen

*Rechtschreibhilfe, Grammatik, Thesaurus, Übersetzen und Silbentrennung gehören zu den Funktionen von Word 2007.
Machen Sie gelegentlich Feller – oh, Verzeihung – Fehler?
Wie der Lehrer in der Schule unterstreicht Word 2007 Fehler rot.
Wörter sollten auch richtig getrennt sein. Hier kommt die Silbentrennung zum Einsatz. Und wenn Sie Ihren Text in eine andere Sprache übersetzen möchten, kein Problem: »You can translate it with Word 2007.«*

Fehler über die Tastatur schnell korrigieren

Tipp-Ex ade! Schreiben Sie in den nächsten Schritten ein Wort absichtlich falsch.

Wu

1 Schreiben Sie statt »Word« extra den Wortanfang falsch, also »Wu«.

> **Fachwort**
>
> Die ←-Taste löscht schrittweise die *zuletzt geschriebenen* Zeichen, also die, die sich *links* neben der Schreibmarke befinden.

W

2 Betätigen Sie die ←-Taste. Das »u« wurde gelöscht.

Word

3 Tippen Sie jetzt die Buchstaben »ord« ein. Der Fehler ist korrigiert.

Fehler können Ihnen unterlaufen, ohne dass Sie es sofort bemerken. Haben Sie bereits Texte geschrieben, ist es wenig sinnvoll, die ←-Taste zu drücken. Ein oder mehrere *fehlende* Zeichen fügen Sie ein.

Word

Wrd

1 Drücken Sie die ↵-Taste. Tippen Sie das Wort »Wrd« statt »Word« bewusst falsch ein.

Fehler über die Tastatur schnell korrigieren 47

2 Klicken Sie so, dass die Schreibmarke vor dem Buchstaben »r« blinkt.

3 Tippen Sie den fehlenden Buchstaben »o« ein.

Word fügt Zeichen automatisch ein. Sie können aber auch einen Fehler korrigieren, indem Sie einen Buchstaben durch einen anderen *ersetzen*. Dazu müssen Sie den Überschreibmodus in der Statusleiste (unten am Bildschirm) einblenden.

1 Klicken Sie auf die Schaltfläche *Einfügen* in der Statusleiste.

Der Text auf der Schaltfläche verändert sich in *Überschreiben*.

So können Sie zwischen Überschreiben und Einfügen wechseln. Um falsche Zeichen mit richtigen zu *überschreiben*, benötigen Sie den *Überschreibmodus*.

1 Drücken Sie die ⏎-Taste. Schreiben Sie das Wort »Wurd«.

2 Klicken Sie vor das falsche »u«.

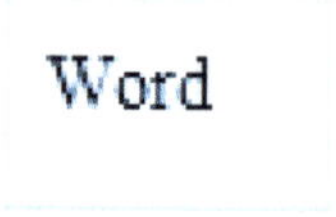

3 Tippen Sie das »o« ein.

Die Rechtschreibhilfe in Word 2007

In Word haben Sie die Möglichkeit, die Rechtschreibung während oder nach einer Eingabe zu überprüfen.

1 Öffnen Sie die Registerkarte *Überprüfen*.

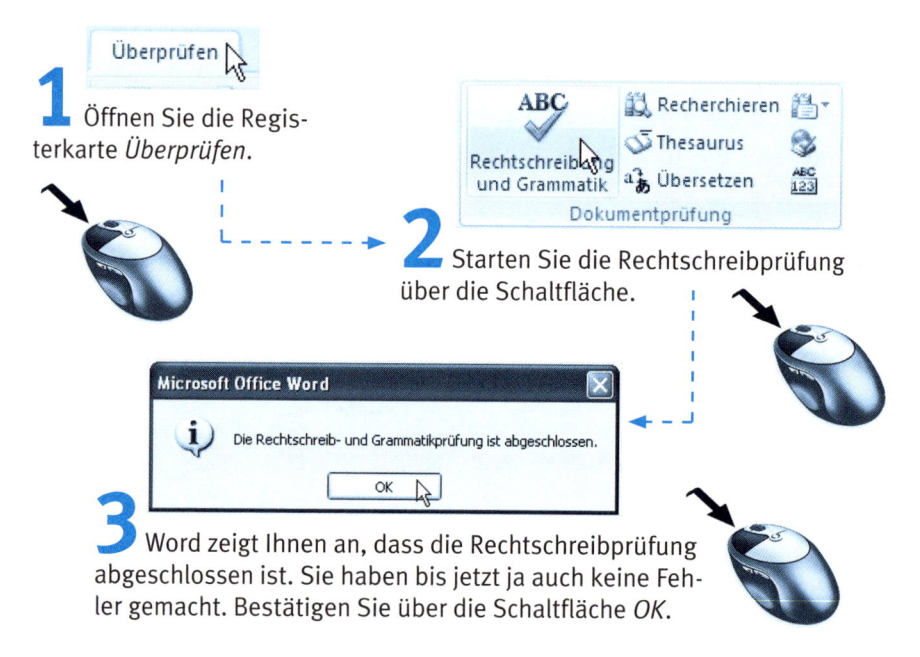

2 Starten Sie die Rechtschreibprüfung über die Schaltfläche.

3 Word zeigt Ihnen an, dass die Rechtschreibprüfung abgeschlossen ist. Sie haben bis jetzt ja auch keine Fehler gemacht. Bestätigen Sie über die Schaltfläche *OK*.

Wörter, die Sie falsch geschrieben haben bzw. die das Programm nicht kennt, unterstreicht Word 2007 automatisch mit einer Wellenlinie, sobald Sie die ⌈Leer⌉- oder ⌈↵⌉-Taste am Ende eines Wortes drücken.

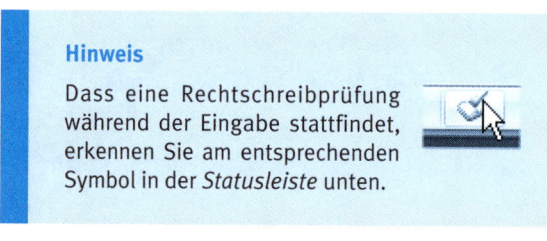

> **Hinweis**
>
> Dass eine Rechtschreibprüfung während der Eingabe stattfindet, erkennen Sie am entsprechenden Symbol in der *Statusleiste* unten.

Die Rechtschreibhilfe in Word 2007 **49**

1 Drücken Sie die ⏎-Taste.

2 Schreiben Sie den Satz »Katzen mögen Mäuse.« absichtlich falsch.

Die »roten Wellenlinien« werden nicht mit ausgedruckt. Sie dienen nur als Hinweis dafür, dass die Wörter für Word 2007 *falsch* sind.

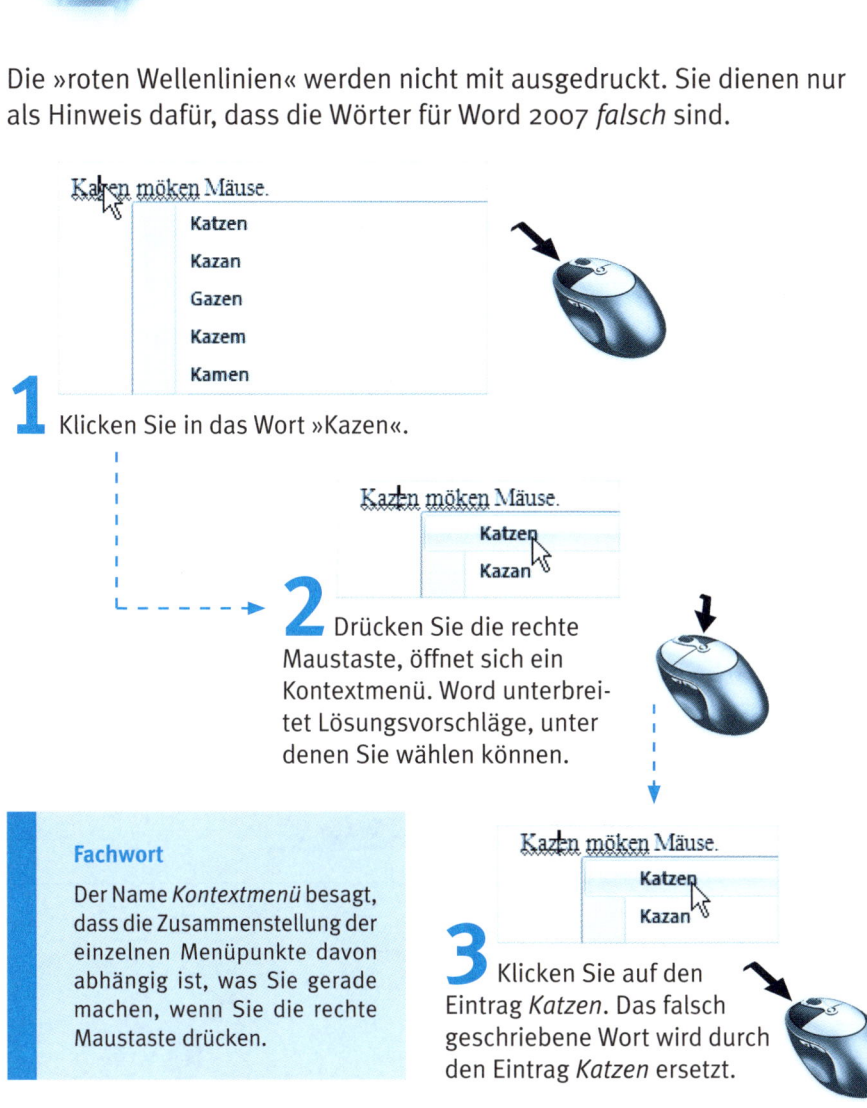

1 Klicken Sie in das Wort »Kazen«.

2 Drücken Sie die rechte Maustaste, öffnet sich ein Kontextmenü. Word unterbreitet Lösungsvorschläge, unter denen Sie wählen können.

Fachwort

Der Name *Kontextmenü* besagt, dass die Zusammenstellung der einzelnen Menüpunkte davon abhängig ist, was Sie gerade machen, wenn Sie die rechte Maustaste drücken.

3 Klicken Sie auf den Eintrag *Katzen*. Das falsch geschriebene Wort wird durch den Eintrag *Katzen* ersetzt.

Kapitel 3

Aktivieren Sie auf der Registerkarte *Überprüfen* die Schaltfläche *Rechtschreibung und Grammatik*, gelangen Sie zum Dialogfeld *Rechtschreibung und Grammatik*.

Fachwort

Dialogfelder dienen für die Eingabe von Daten und für die Auswahl von Befehlen. Es findet also zwischen Ihnen – als Anwender – und Word 2007 ein Dialog statt.

1 Klicken Sie nun auf die Schaltfläche *Rechtschreibung und Grammatik*.

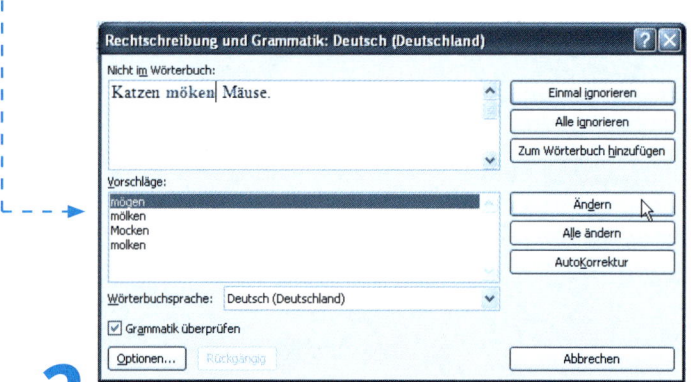

2 Das Dialogfeld *Rechtschreibung und Grammatik* wird geöffnet. Genau wie zuvor können Sie hier die falschen durch die richtigen Begriffe ersetzen. Klicken Sie auf die Schaltfläche *Ändern*.

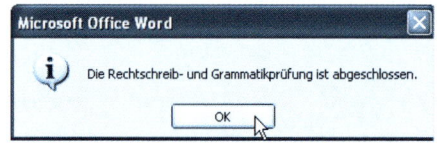

3 Bestätigen Sie über die Schaltfläche *OK*.

Über beide Wege können Sie schnell Wörter überprüfen und korrigieren.

> **Hinweis**
>
> Klicken Sie in der *Statusleiste* auf die *Rechtschreibprüfung*, zeigt Ihnen Word die Fehler im Dokument an. Klicken Sie die Schaltfläche noch einmal an, springt Word zum jeweils nächsten Fehler.

Unbekannte Wörter für Word

Für Word können Wörter falsch sein, die für Sie selbst völlig korrekt geschrieben sind. Das können Eigennamen wie Ihr Nachname, Wohnort oder Straßennamen sein.

Word 2007 verfügt zwar über einen großen Wortschatz, aber jeden Ausdruck kennt die Software nicht.

1 Drücken Sie die ⏎-Taste.

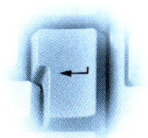

Mein Name ist Horst Krawunski.

2 Schreiben Sie den Satz. Sie sehen, Word 2007 kennt den Nachnamen nicht. Die Software reklamiert den Ausdruck, da er ein *unbekannter Eigenname* ist.

Klicken Sie nun in das unterstrichene Wort und öffnen mit der rechten Maustaste das Kontextmenü, haben Sie die Wahl zwischen *Ignorieren*, *Alle ignorieren* oder *Hinzufügen zum Wörterbuch*.

Wählen Sie *Ignorieren*, wird nur der Ausdruck einmalig nicht als Fehler angesehen.

Mit dem nächsten Befehl *Alle ignorieren* teilen Sie Word 2007 mit, dass der Name korrekt ist und für diesen Brief (= dieses Dokument) nicht mehr als falsch aufgeführt werden soll.

Ignorieren
Alle ignorieren
Hinzufügen zum Wörterbuch

Mein Name ist Host Krawunski.

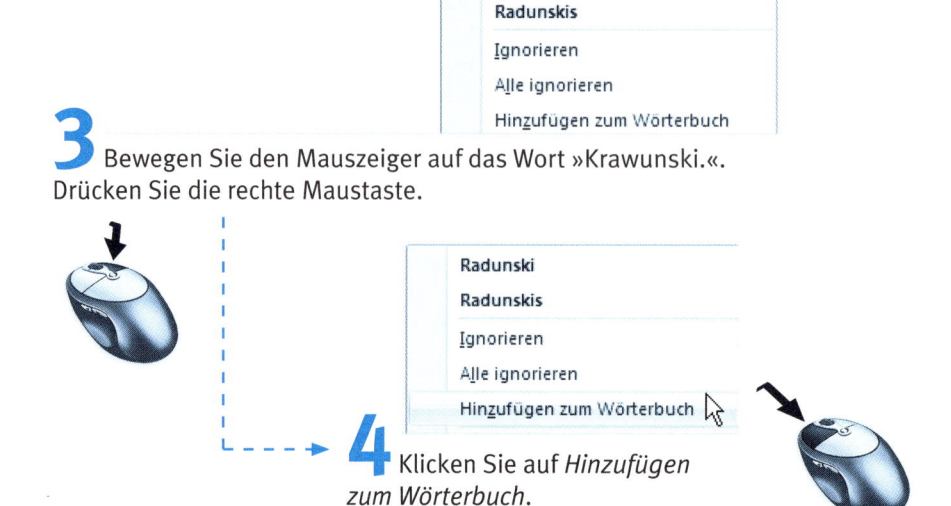

Radunski
Radunskis
Ignorieren
Alle ignorieren
Hinzufügen zum Wörterbuch

3 Bewegen Sie den Mauszeiger auf das Wort »Krawunski.«. Drücken Sie die rechte Maustaste.

Radunski
Radunskis
Ignorieren
Alle ignorieren
Hinzufügen zum Wörterbuch

4 Klicken Sie auf *Hinzufügen zum Wörterbuch*.

Mit der Wahl *Hinzufügen zum Wörterbuch* geben Sie an, dass der Name *für immer* von Word als korrekt anerkannt werden soll. Das bedeutet, er gilt nicht nur für diesen Brief (= dieses Dokument), sondern auch für zukünftige Dokumente, die Sie noch schreiben werden.

Das Wörterbuch in Word 2007

Wählen Sie bei einem unbekannten Ausdruck versehentlich den Befehl *Hinzufügen zum Wörterbuch*, wird dieser von Word für immer als korrekt erkannt!

Sie löschen oder ändern diese Begriffe über das Wörterbuch. Dazu können Sie das Dialogfeld *Rechtschreibung und Grammatik* verwenden, indem Sie hier die Schaltfläche *Optionen* wählen.

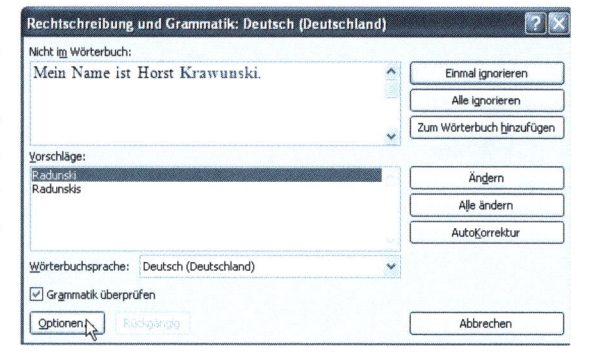

Das Wörterbuch in Word 2007

Sie gelangen aber nur in das Dialogfeld, wenn Sie vorher die Rechtschreibprüfung nicht durchgeführt haben. Das haben Sie aber in diesem Dokument. Sie wählen daher den folgenden Weg.

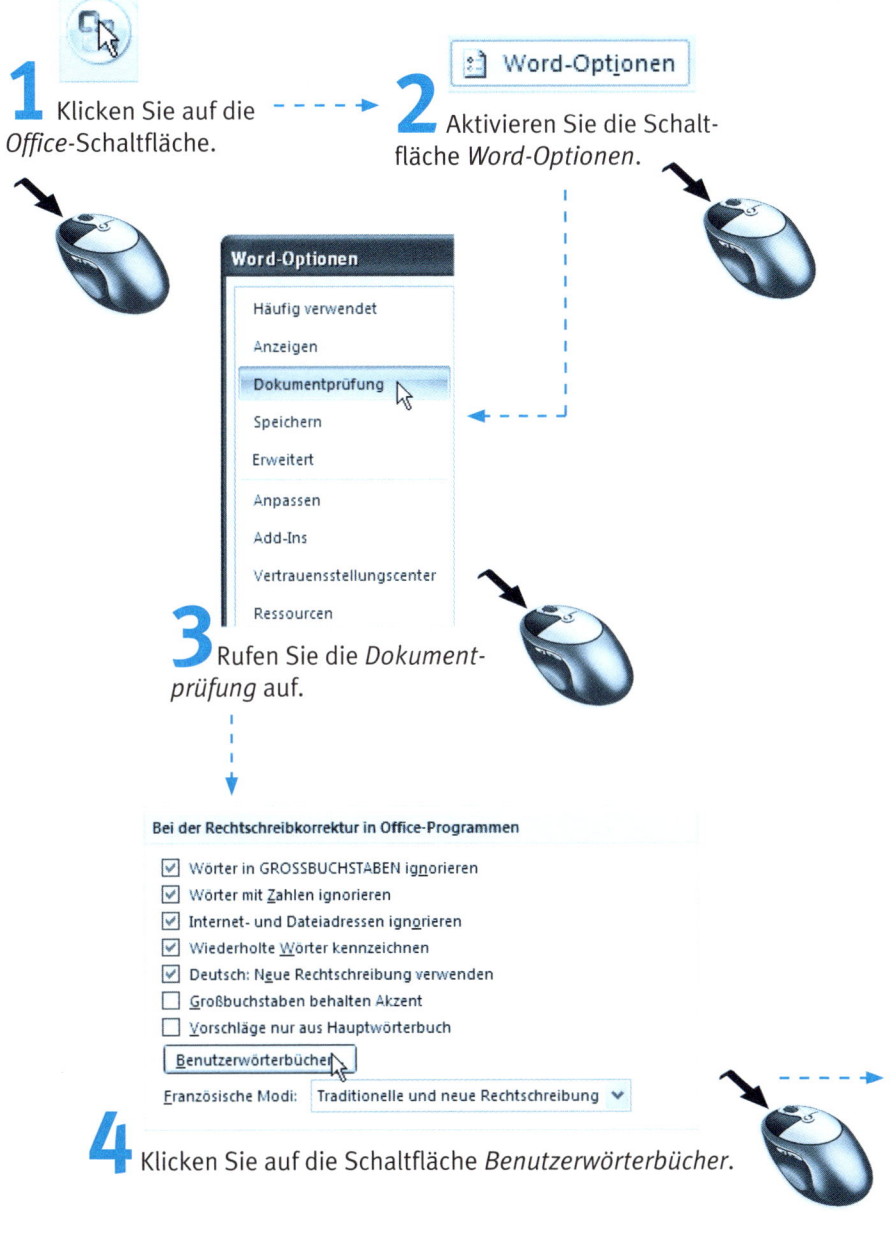

1 Klicken Sie auf die *Office*-Schaltfläche.

2 Aktivieren Sie die Schaltfläche *Word-Optionen*.

3 Rufen Sie die *Dokumentprüfung* auf.

4 Klicken Sie auf die Schaltfläche *Benutzerwörterbücher*.

Kapitel 3

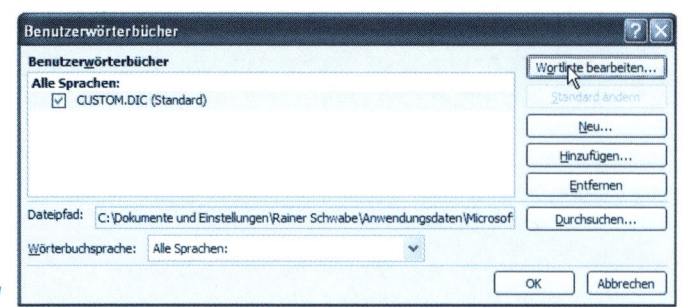

5 Im darauf folgenden Dialogfeld wird angezeigt, welches Benutzerwörterbuch aktiviert ist. Wählen Sie die Schaltfläche *Wortliste bearbeiten*.

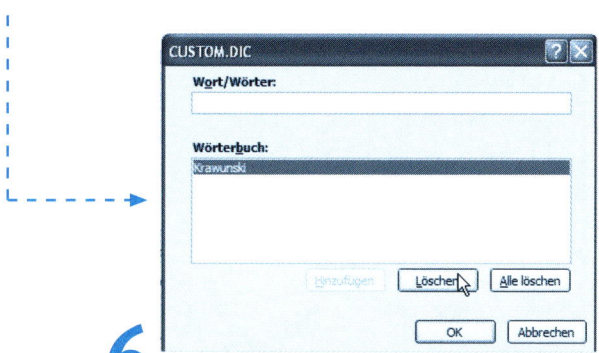

6 Hier können Sie Wörter aus dem Wörterbuch löschen oder auch hinzufügen. Aktivieren Sie das Wort »Krawunski« und bestätigen Sie mit einem Klick auf *Löschen*.

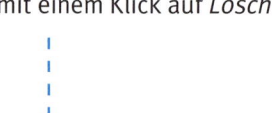

7 Bestätigen Sie alle offenen Dialogfelder mit einem Klick auf *OK*.

Die Silbentrennung

Durch die Funktion *Silbentrennung* (besonders nützlich bei sehr langen Ausdrücken) werden Wörter am Ende einer Zeile getrennt.

> Mein Vater nahm mich früher als Kind mit zur Arbeit. Mein Vater ist ein Schifffahrtslotsenausbilder.

1 Schreiben Sie den Satz. Sie erkennen, dass Word das Wort »Schifffahrtslotsenausbilder« automatisch in die nächste Zeile setzt.

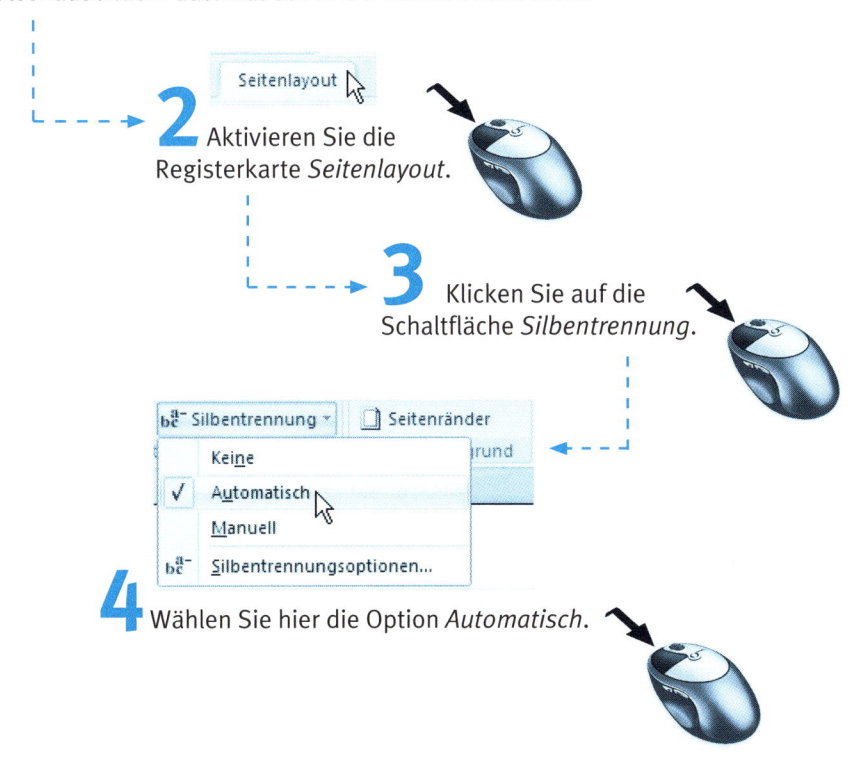

2 Aktivieren Sie die Registerkarte *Seitenlayout*.

3 Klicken Sie auf die Schaltfläche *Silbentrennung*.

4 Wählen Sie hier die Option *Automatisch*.

Sie sehen, dass Word 2007 die Silbentrennung im Satz automatisch durchführt.

> Mein Vater nahm mich früher als Kind mit zur Arbeit. Mein Vater ist ein Schifffahrtslotsenausbilder.

Die Silbentrennungsoptionen

Über die Silbentrennungsoptionen können Sie eine Silbentrennung genauer angeben.

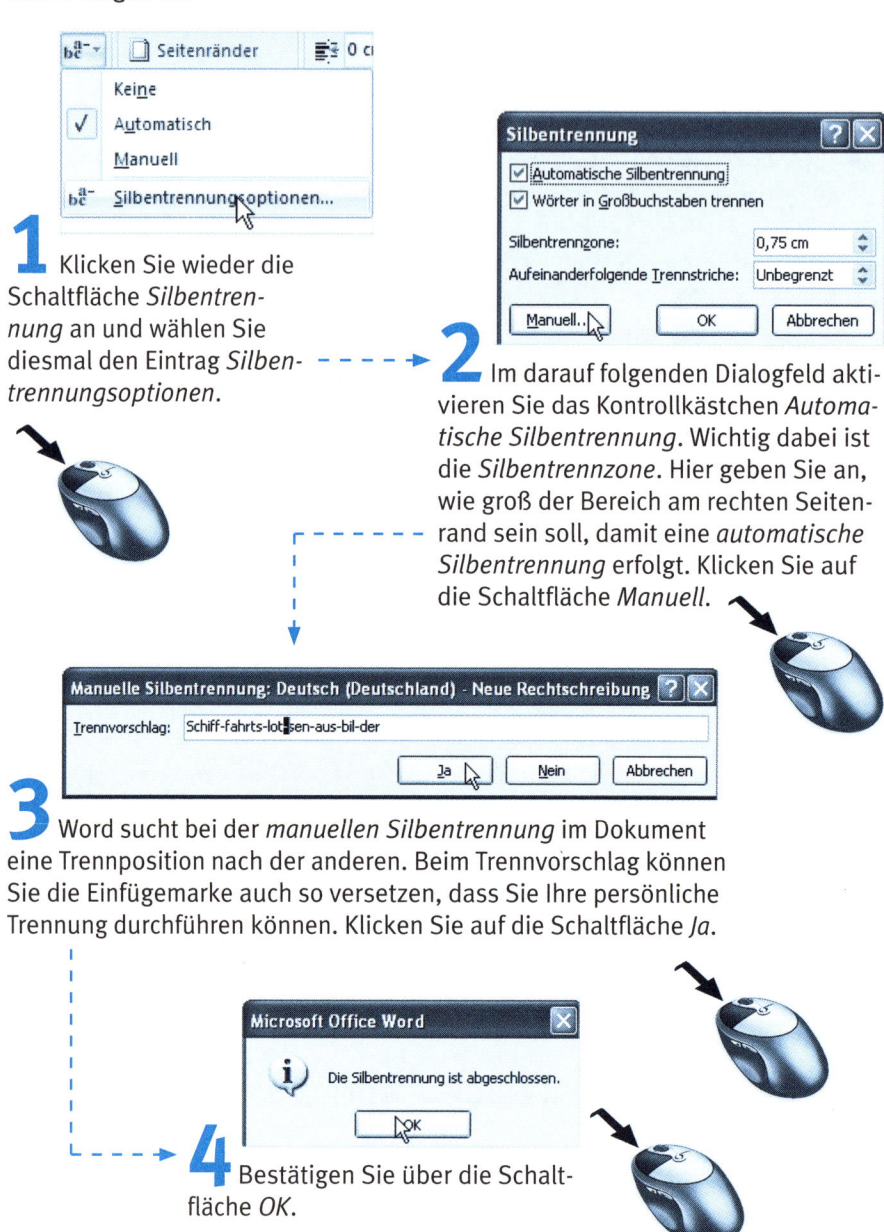

1 Klicken Sie wieder die Schaltfläche *Silbentrennung* an und wählen Sie diesmal den Eintrag *Silbentrennungsoptionen*.

2 Im darauf folgenden Dialogfeld aktivieren Sie das Kontrollkästchen *Automatische Silbentrennung*. Wichtig dabei ist die *Silbentrennzone*. Hier geben Sie an, wie groß der Bereich am rechten Seitenrand sein soll, damit eine *automatische Silbentrennung* erfolgt. Klicken Sie auf die Schaltfläche *Manuell*.

3 Word sucht bei der *manuellen Silbentrennung* im Dokument eine Trennposition nach der anderen. Beim Trennvorschlag können Sie die Einfügemarke auch so versetzen, dass Sie Ihre persönliche Trennung durchführen können. Klicken Sie auf die Schaltfläche *Ja*.

4 Bestätigen Sie über die Schaltfläche *OK*.

Hinweis

Wählen Sie über die Schaltfläche *Silbentrennung* den Eintrag *Manuell*, können Sie die manuelle Silbentrennung direkt durchführen.

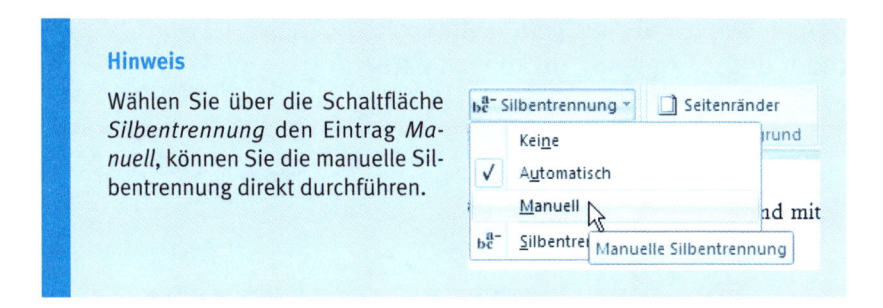

Die Funktion Übersetzen

Word bietet Ihnen die Möglichkeit, eine Sprache in eine andere zu übersetzen. Dabei sind die Möglichkeiten allerdings begrenzt! Komfortabler ist da natürlich ein Übersetzungsprogramm als Vollversion, das im üblichen Handel zu erwerben ist.

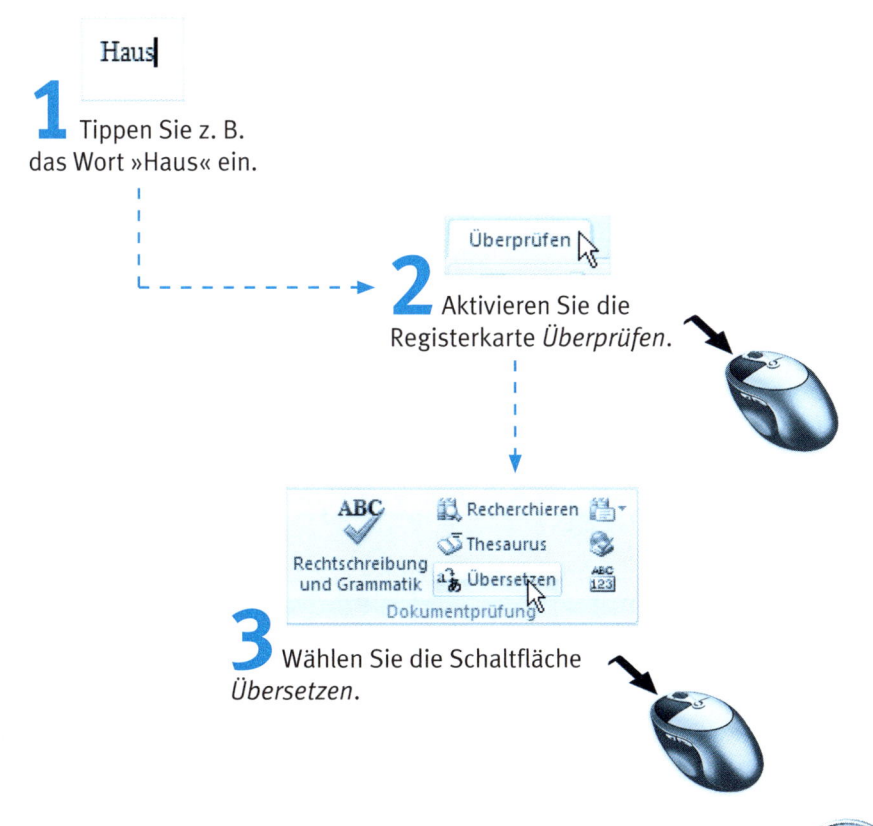

1 Tippen Sie z. B. das Wort »Haus« ein.

2 Aktivieren Sie die Registerkarte *Überprüfen*.

3 Wählen Sie die Schaltfläche *Übersetzen*.

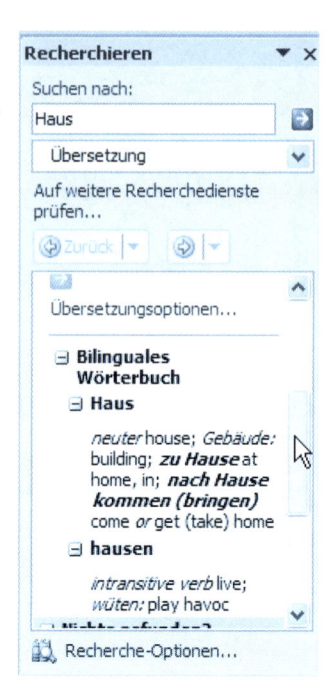

Der Aufgabenbereich *Recherchieren* öffnet sich am rechten Bildschirmrand. Sie können natürlich auch den Suchbegriff ins Eingabefeld unter *Suchen nach* eintippen.

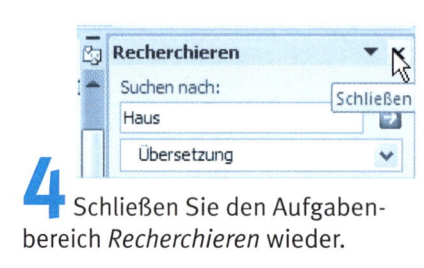

4 Schließen Sie den Aufgabenbereich *Recherchieren* wieder.

Die Funktion Recherchieren

Word 2007 bietet Ihnen die Möglichkeit der Recherche an. Dazu zählen die Funktionen *Übersetzen* und *Thesaurus*. Mit Hilfe des Thesaurus können Sie sich zu einem Wort so genannte »Synonyme« (z. B. »Gebäude« statt »Haus«) anzeigen lassen, um Ihren Text inhaltlich abwechslungsreicher zu gestalten.

In *Kapitel 7* dieses Buches erfahren Sie mehr zur Funktion des Thesaurus!

Tipps zum Kapitel

1. Klicken Sie doppelt auf die Schaltfläche *Sprache* in der *Statusleiste*.

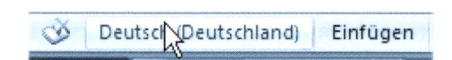

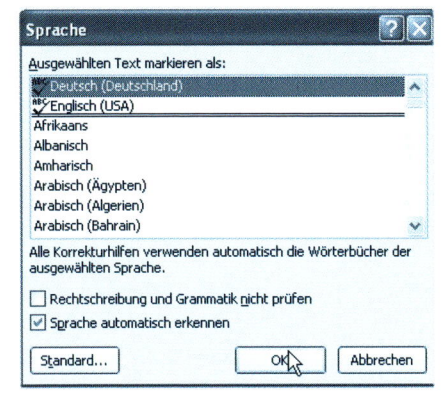

Das Dialogfeld *Sprache* wird geöffnet. Sie können Texte in einer Fremdsprache mit Hilfe der Rechtschreibprüfung überprüfen, indem Sie das entsprechende Wörterbuch aktivieren.

2. Die Rechtschreibprüfung starten Sie ebenfalls über die Taste F7.

3. Sie löschen das letzte Wort über die Tasten Strg + ←.

4. Halten Sie die Alt-Taste gedrückt und klicken in ein Wort, startet die Funktion *Recherche*.

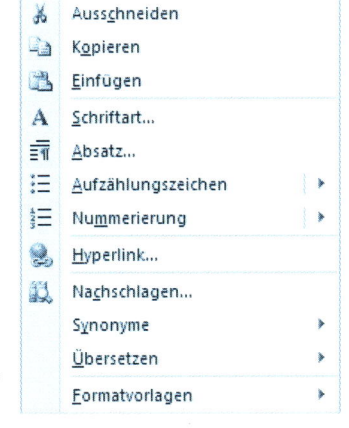

5. Platzieren Sie den Mauszeiger auf ein Wort und drücken die rechte Maustaste, gelangen Sie ebenfalls zu den Funktionen *Übersetzen* und *Nachschlagen* (= Recherchieren). Die Suche muss dazu nicht extra gestartet werden!

6. Möchten Sie z. B. ein Dokument mit einem anderen vergleichen, können Sie sich die Fenster der beiden Dokumente auf dem Bildschirm anzeigen lassen. Dazu klicken Sie auf der Registerkarte *Ansicht* in der Gruppe *Fenster* auf die Schaltfläche *Alle anordnen*. Um die Fenster nebeneinander darzustellen, wählen Sie die Schaltfläche *Nebeneinander anzeigen*.

7. Auf der Registerkarte *Überprüfen* stehen Ihnen neben der bereits erwähnten Dokumentprüfung (Rechtschreibung und Grammatik, Recherchieren, Thesaurus, Übersetzen) auch noch andere Funktionen zur Verfügung.

Sie fügen hier einen *Kommentar* zum Text hinzu. Mit den anderen Schaltflächen können Sie Kommentare löschen oder von einem zum nächsten springen.

Änderungen in einem Text werden hier markiert und können so nachvollzogen werden.

Sie nehmen hier *Änderungen* an, löschen diese oder navigieren von einer Änderung zur nächsten.

Sie *vergleichen* hier z. B. zwei Dokumente miteinander.

Sie *schränken* hier z. B. die Überarbeitung eines Dokuments *ein*.

Üben Sie Word 2007!

1. Übersetzen Sie aus dem Englischen ins Deutsche bzw. umgekehrt und tragen Sie Ihre Ergebnisse in das Kreuzworträtsel ein.

Englisch	Deutsch
cash on ... ? ...	Nachnahme
mercy	?
?	Rabatt
coupon	?

			1	d	e				
	2	G			e				
			3		e	b		e	
4		t	s		e		n		

2. Tippen Sie Ihre eigene Adresse ein. Kennt Word nicht alle Wörter, fügen Sie diese in das Benutzerwörterbuch hinzu.

3. Schreiben Sie den Satz:

   »Ich lebe auf der Insel Tobaluba.« Fügen Sie das Wort »Tobaluba« dem Wörterbuch hinzu. Doch »Tobaluba« ist falsch geschrieben. Richtig wäre »Tobaluga«. Ändern Sie dies im Benutzerwörterbuch.

4. Führen Sie die manuelle Silbentrennung durch:

   »Hans Günther Fischstäbchen lebte als Kind in München und kam als Schifffahrtslotsenausbilderassistent an die Nordsee.«

Pause oder zum nächsten Kapitel?

Sie möchten mit der Arbeit am Computer aufhören und Word 2007 z. B. über die *Office*-Schaltfläche und mit einem Klick auf *Word beenden* verlassen? Schade! Da Sie noch nichts von Bedeutung eingegeben haben, ist eine Speicherung bis jetzt nicht notwendig.

Sie möchten mit dem nächsten Kapitel direkt weitermachen? Ja? Vorbildlich!

Klicken Sie zunächst auf die *Office*-Schaltfläche und wählen Sie in dem Menü den Eintrag *Schließen* aus (Tastenkombination [Strg]+[W]). Speichern brauchen Sie hier auch nicht.

Starten Sie ein neues Dokument z. B. über die Schaltfläche *Neu* in der *Symbolleiste für den Schnellzugriff* oder drücken Sie die Tastenkombination [Strg]+[N]. Weiter geht's mit dem nächsten Kapitel!

Das können Sie schon

Die Symbolleiste für den Schnellzugriff	21
Die Multifunktionsleiste	25
Die Ansichten in Word 2007	27
Die Statusleiste	28
Die Fenstermodi	30
Die Zoomfunktion	38
Die Rechtschreibhilfe	48
Das Wörterbuch in Word 2007	52
Die Silbentrennung	55

Das lernen Sie neu

Die Art und Größe der Schrift	64
Die Standardschrift wechseln	65
Zeichen formatieren	66
Das Markieren	68
Fett, Kursiv, … – Formatierungen	69
Das Formatieren über die Tastatur	70
Zeichen hochstellen	71
Die Zeilen ausrichten	72
Zeilenabstände	73
Formatierungen löschen	74
Die Formatvorlagen in Word 2007	75

Kapitel 4
Texte schnell bearbeiten

In Word 2007 stehen Ihnen verschiedene Schriften zur Verfügung oder wählen Sie einen anderen Schriftgrad (= Schriftgröße). Auch den Abstand zwischen den einzelnen Zeilen können Sie einstellen. Damit der Leser bestimmte Wörter wie einen Treffpunkt oder Termin nicht einfach übersieht, heben Sie diese durch einen Blickfang hervor: fett, kursiv, unterstrichen usw.

Die Art und Größe der Schrift

In Word haben Sie die Möglichkeit, sowohl die Schriftart als auch die Schriftgröße zu ändern. Hier bieten sich zahlreiche Alternativen an. Sie sollten zunächst die Schrift anpassen.

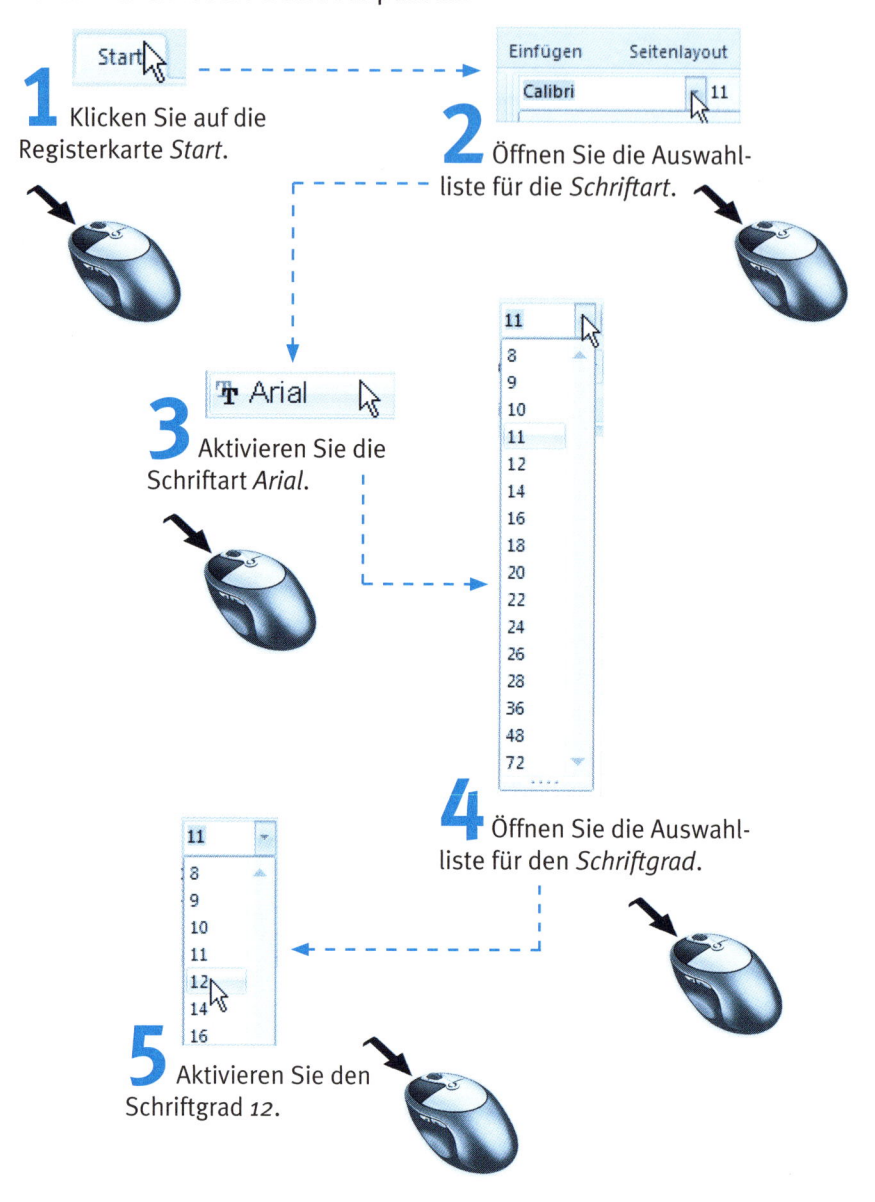

1 Klicken Sie auf die Registerkarte *Start*.

2 Öffnen Sie die Auswahlliste für die *Schriftart*.

3 Aktivieren Sie die Schriftart *Arial*.

4 Öffnen Sie die Auswahlliste für den *Schriftgrad*.

5 Aktivieren Sie den Schriftgrad *12*.

Diese Auswahl gilt jedoch nur für das jeweilige aktuelle Dokument. Möchten Sie, dass eine gewählte Schrift dauerhaft auch für künftige Dokumente verwendet wird, müssen Sie die Standardschrift ändern.

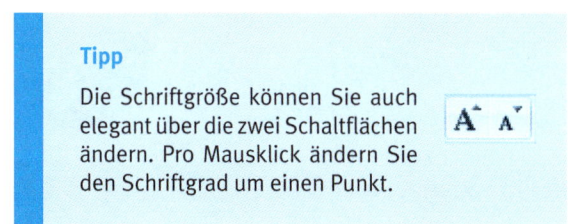

> **Tipp**
> Die Schriftgröße können Sie auch elegant über die zwei Schaltflächen ändern. Pro Mausklick ändern Sie den Schriftgrad um einen Punkt.

Die Standardschrift wechseln

Ein neues leeres Dokument enthält bereits einige fest definierte Voreinstellungen (in einer gewissen Vorlage namens »Normal«) wie z. B. Schriftart und Schriftgröße. Diese Voreinstellungen werden jedes Mal aktiviert, wenn Sie ein neues leeres Dokument starten. Der Wechsel der Standardschrift zählt für jedes neue Dokument.

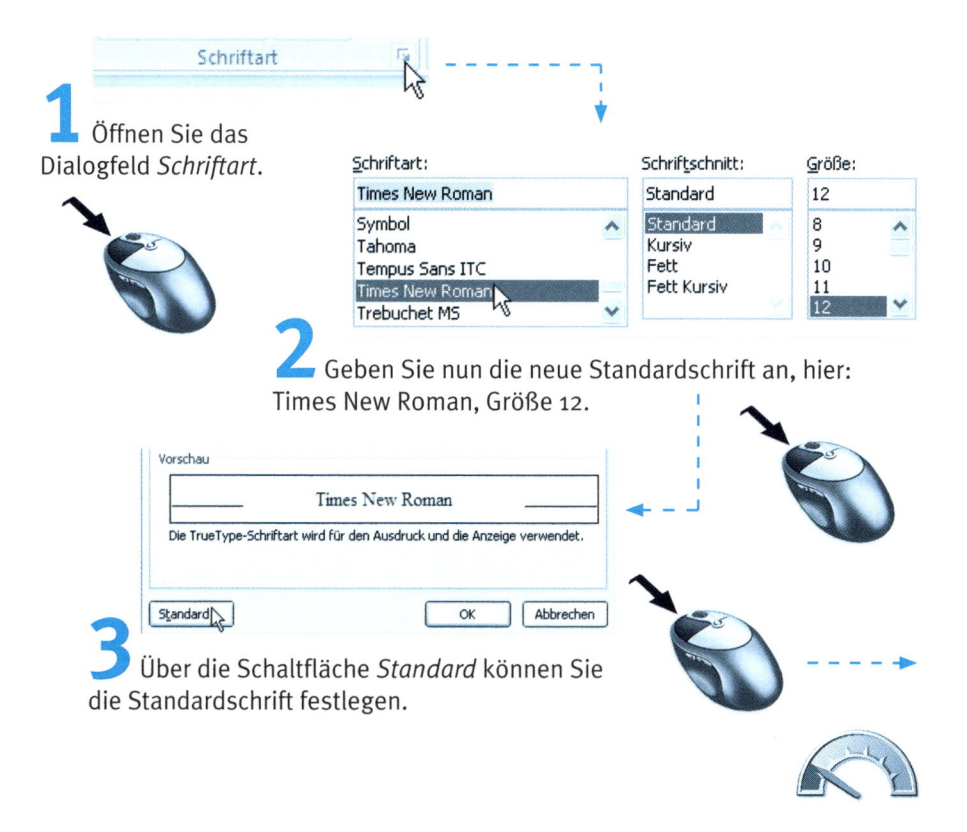

1 Öffnen Sie das Dialogfeld *Schriftart*.

2 Geben Sie nun die neue Standardschrift an, hier: Times New Roman, Größe 12.

3 Über die Schaltfläche *Standard* können Sie die Standardschrift festlegen.

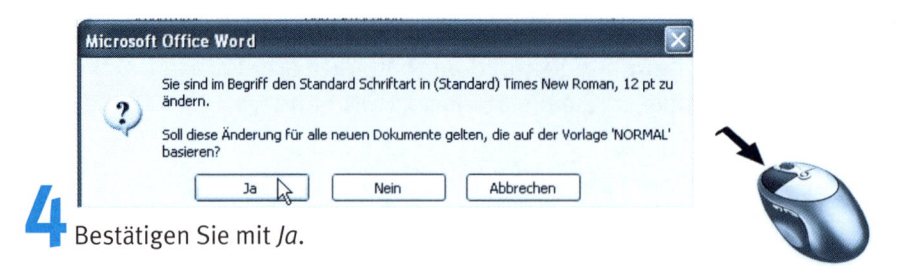

4 Bestätigen Sie mit *Ja*.

Die gewählte Standardschrift gilt so lange, bis Sie eine neue festlegen.

Für dieses Dokument haben Sie die Schriftart *Arial* noch aktiviert.

> **Tipp**
> Die Tastenkombination [Strg]+[D] öffnet ebenfalls das Dialogfeld *Schriftart*.

Wählen Sie die Schaltfläche *Formatierung löschen*, heben Sie diese Schriftart auf und gelangen zur zuvor ausgewählten Standardschriftart *Times New Roman*.

1 Klicken Sie auf die Schaltfläche *Formatierung löschen*.

Die Schriftart wechselt zur aktivierten Standardschriftart *Times New Roman*.

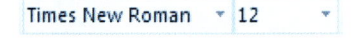

Zeichen formatieren

Sie gestalten Zahlen und Texte, indem Sie diese durch Fett- oder Kursivschrift bzw. durch eine Unterstreichung hervorheben.

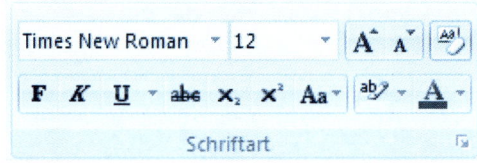

Diese Gestaltungsvorgänge bezeichnet man in Word als *Formatieren*.

Zeichen formatieren **67**

Sie finden die Werkzeuge dazu auf der Registerkarte *Start*.

Sie können Formatierungen *vor oder nach einer Texteingabe* festlegen.

> **Tipp**
> Möchten Sie Texte in Spalten wie bei einer Zeitung schreiben, verwenden Sie die Schaltfläche *Spalten*.

1 Tippen Sie das Wort »Einweihungsfeier« ein. Drücken Sie anschließend dreimal die ⏎-Taste.

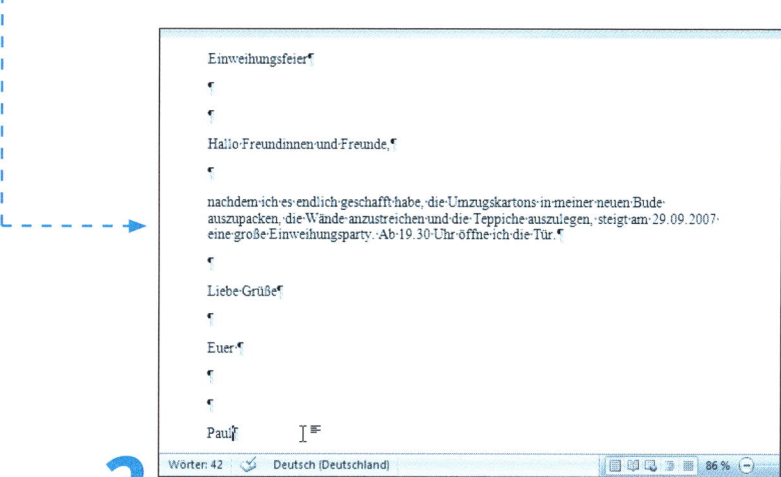

2 Schreiben Sie den kompletten Brieftext:

»Hallo Freundinnen und Freunde,

nachdem ich es endlich geschafft habe, die Umzugskartons in meiner neuen Bude auszupacken, die Wände anzustreichen und die Teppiche auszulegen, steigt am 29.09.2007 eine große Einweihungsparty. Ab 19.30 Uhr öffne ich die Tür.

Liebe Grüße

Euer

Paul«

Möchten Sie ein Wort formatieren, reicht es aus, wenn Sie in dieses klicken.

In diesem Beispiel wählen Sie die Kursivschrift: *eine leicht nach rechts geneigte Schrift*.

> **Hinweis**
> Ein Wort ist für das Programm Word eine Zeichenfolge von einem Leerschritt bis zum nächsten.

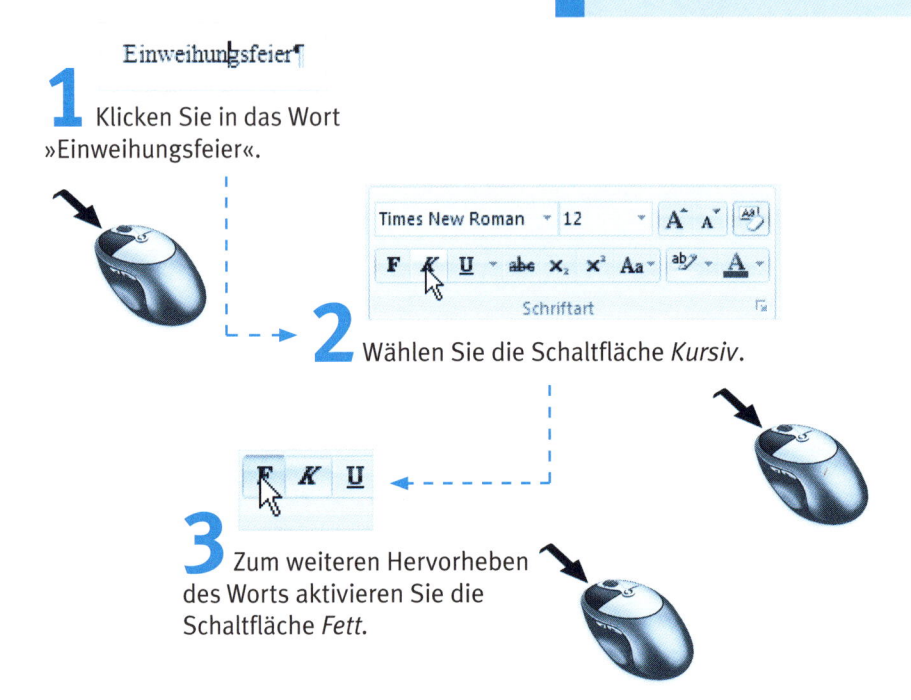

1 Klicken Sie in das Wort »Einweihungsfeier«.

2 Wählen Sie die Schaltfläche *Kursiv*.

3 Zum weiteren Hervorheben des Worts aktivieren Sie die Schaltfläche *Fett*.

Das Markieren

Sie markieren, wenn Sie *mehr als ein Wort* hervorheben. Dazu stehen Ihnen mehrere Möglichkeiten zur Verfügung. Die schnellste ist die mit der *Maus*, die andere mit der Tastatur.

1 Klicken Sie genau vor »neuen Bude« und halten Sie die linke Maustaste gedrückt.

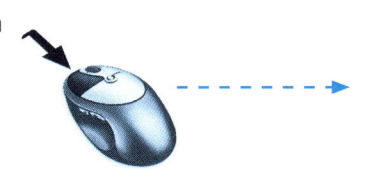

Fett, Kursiv, ... – Formatierungen **69**

2 Ziehen Sie nach rechts und markieren Sie auf diese Art und Weise den gesamten Ausdruck.

3 Wählen Sie die Schaltfläche *Fett*.

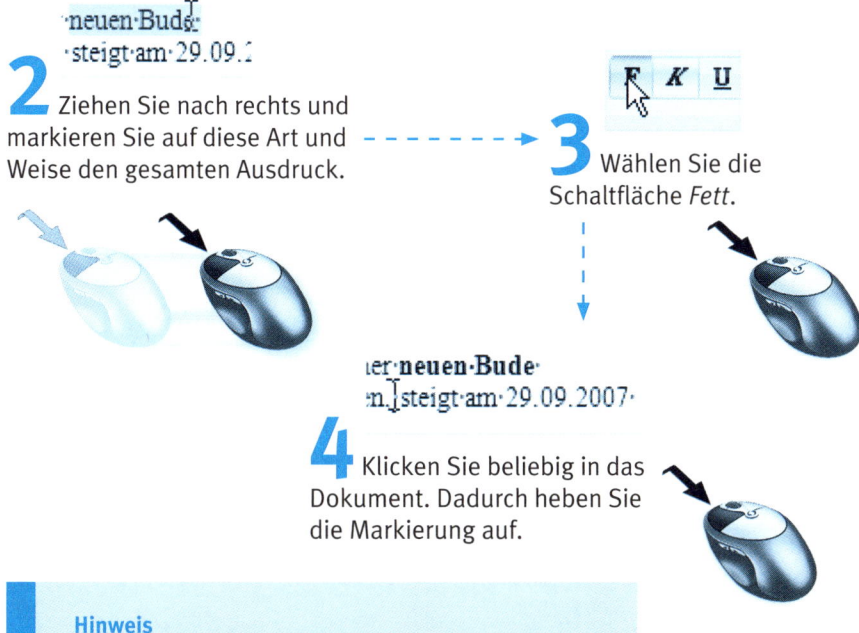

4 Klicken Sie beliebig in das Dokument. Dadurch heben Sie die Markierung auf.

> **Hinweis**
>
> Haben Sie als Anfänger Schwierigkeiten mit der Maus, können Sie auf die *Tastatur* zurückgreifen. Sie klicken wiederum vor den zu markierenden Ausdrücken. Sie drücken die ⇧-Taste und halten diese fest. Drücken Sie die →-Taste schrittweise so lange, bis die Markierung abgeschlossen wurde.

Fett, Kursiv, ... – Formatierungen

Neben Fett, Kursiv und Unterstreichen finden Sie weitere Gestaltungsmöglichkeiten und können auch Zeichen höher und tiefer stellen.

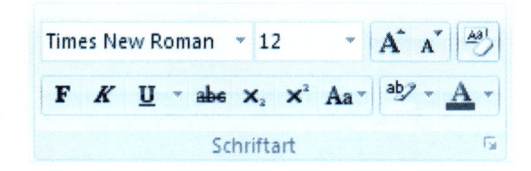

Beispiel:

Sie möchten einen Ausdruck *doppelt unterstreichen*.

1 Klicken Sie vor das Datum.

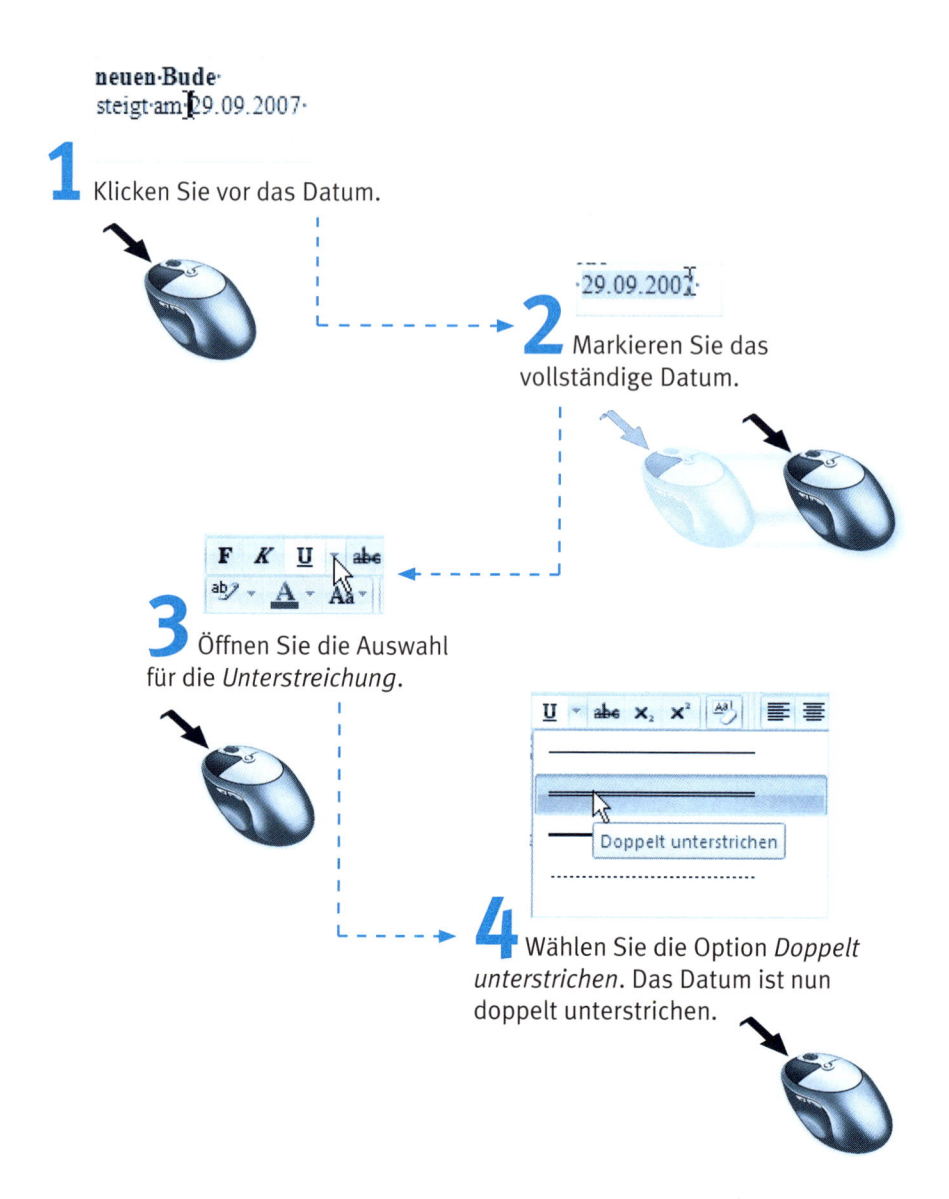

2 Markieren Sie das vollständige Datum.

3 Öffnen Sie die Auswahl für die *Unterstreichung*.

4 Wählen Sie die Option *Doppelt unterstrichen*. Das Datum ist nun doppelt unterstrichen.

Das Formatieren über die Tastatur

Sie können Formatierungen wie Fett, Kursiv, Unterstreichungen über die Registerkarte *Start* wählen. Alternativ dazu erzielen Sie mit *Tastenkombinationen* denselben Effekt. Hier die Übersicht:

Tastenkombinationen zur Formatierung:

Formatierung	Tastenkombination
Fettschrift	Strg + ⇧ + F
Kursivschrift	Strg + ⇧ + K
Hochgestellt	Strg + +
Tiefgestellt	Strg + #
Kapitälchen	Strg + ⇧ + Q
Unterstreichen	Strg + ⇧ + U
Doppelt unterstreichen	Strg + ⇧ + D
Sämtliche Formatierungen aufheben	Strg + Leer

Zeichen hochstellen

Bei der Zeit *19.30 Uhr* sollen die beiden letzten Ziffern – also hier die Minuten – unterstrichen und gleichzeitig hochgestellt werden.

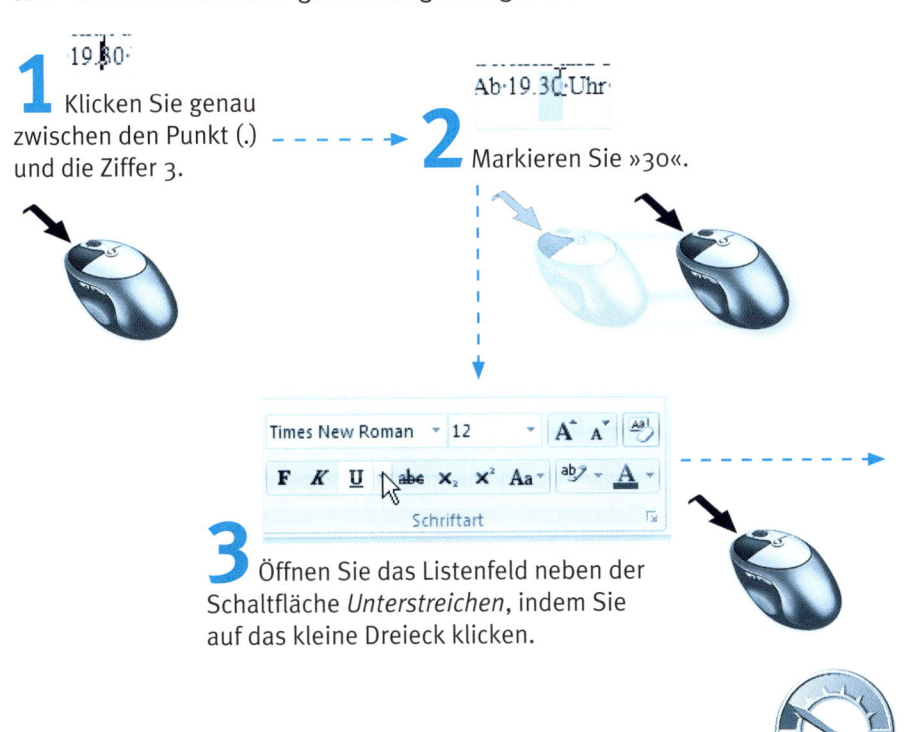

1 Klicken Sie genau zwischen den Punkt (.) und die Ziffer 3.

2 Markieren Sie »30«.

3 Öffnen Sie das Listenfeld neben der Schaltfläche *Unterstreichen*, indem Sie auf das kleine Dreieck klicken.

Achtung

Da vorher eine doppelte Unterstreichung ausgewählt war, wird bei einem Mausklick auf die Schaltfläche *Unterstreichung* auch die doppelte Unterstreichung weiterhin verwendet. Es muss in diesem Fall die einfache Unterstreichung im zugehörigen Listenfeld ausgewählt werden.

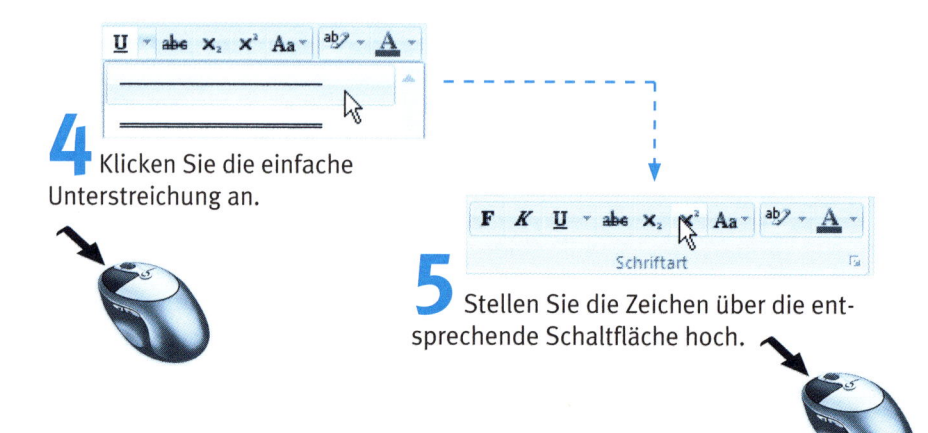

4 Klicken Sie die einfache Unterstreichung an.

5 Stellen Sie die Zeichen über die entsprechende Schaltfläche hoch.

Die Zeilen ausrichten

In Word können Zeilen unterschiedlich ausgerichtet werden (linksbündig, rechtsbündig oder zentriert). Sie schreiben in der Regel immer von links nach rechts.

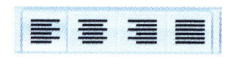

Um beispielsweise den Betreff eines Schreibens hervorzuheben, stellen Sie ihn zentriert über dem Text dar.

Einweihungsfeier

1 Klicken Sie in das Wort »Einweihungsfeier«.

2 Wählen Sie die Schaltfläche *Fett*.

3 Klicken Sie nun auf die Schaltfläche *Zentriert*.

Der Blocksatz

Eine weitere Schaltfläche dient zum Festlegen von *Blocksatz*. Dieser dient dazu, die Textzeile am linken und rechten Seitenrand einheitlich auszurichten.

Wenn Sie normalerweise von links nach rechts schreiben, sind die Zeilenlängen fast nie gleich. Dort entsteht ein so genannter Flatterrand.

Der Blocksatz hebt dieses Manko auf. Sie finden ihn häufig bei Büchern, Zeitungen und Zeitschriften.

1 Klicken Sie in eine beliebige Textstelle.

2 Wählen Sie die Schaltfläche *Blocksatz*.

Zeilenabstände

In Word können Sie die Abstände zwischen den einzelnen Zeilen festlegen.

1 Klicken Sie ggf. in eine beliebige Stelle innerhalb des Brieftextes.

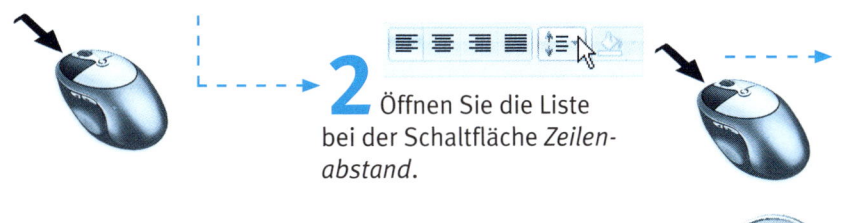

2 Öffnen Sie die Liste bei der Schaltfläche *Zeilenabstand*.

Kapitel 4

3 Wählen Sie einen Zeilenabstand von 1,5 aus.

> **Tipp**
> Sie können auch über die Tastatur die Abstände der Zeilen festlegen. Halten Sie die `Strg`-Taste gedrückt und tippen Sie die entsprechende Zahl auf Ihrer Tastatur ein.

Taste	Funktion
`Strg`+`1`	*Einfacher* Zeilenabstand
`Strg`+`2`	*Zweifacher* Zeilenabstand
`Strg`+`5`	*Eineinhalbfacher* Zeilenabstand

Formatierungen löschen

Formatierungen können Sie wieder aufheben, indem Sie erneut auf die Schaltfläche der aktuellen Formatierung klicken. Haben Sie mehrere Formatierungen zugewiesen, gibt es einen einfachen Weg. Word stellt Ihnen dazu die Schaltfläche *Formatierung löschen* zur Verfügung.

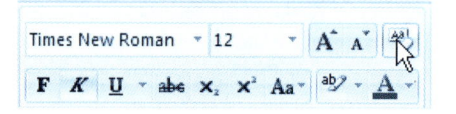

> **Tipp**
> Drücken Sie die Tastenkombination `Strg`+`Leer`, heben Sie sämtliche Formatierungen auf.

1 Klicken Sie in das Wort »Einweihungsfeier«.

2 Bestimmen Sie über die Schaltfläche *Formatierungen löschen*, dass Sie sämtliche Formatierungen aufheben möchten.

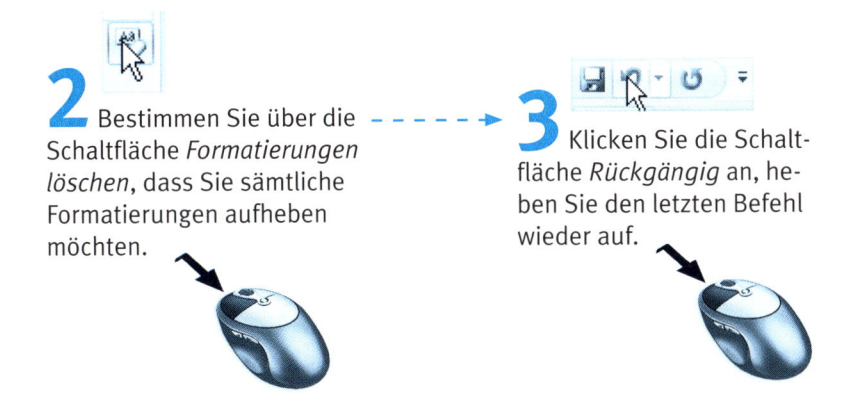

3 Klicken Sie die Schaltfläche *Rückgängig* an, heben Sie den letzten Befehl wieder auf.

Die Formatvorlagen in Word 2007

Die in Word 2007 voreingestellten Formatvorlagen sind bereits mit Formatierungen ausgestattet. So brauchen Sie nicht alles per Mausklick anzugeben.

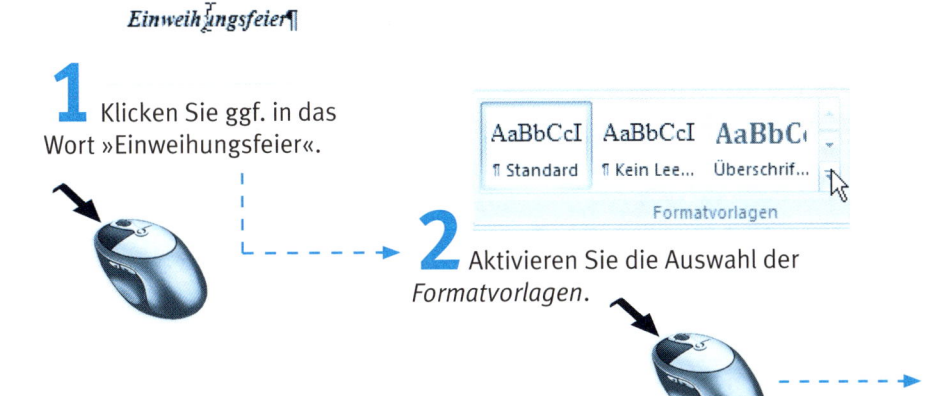

Fachwort

Eine *Formatvorlage* ist eine bestimmte Folge von Formatierungen.

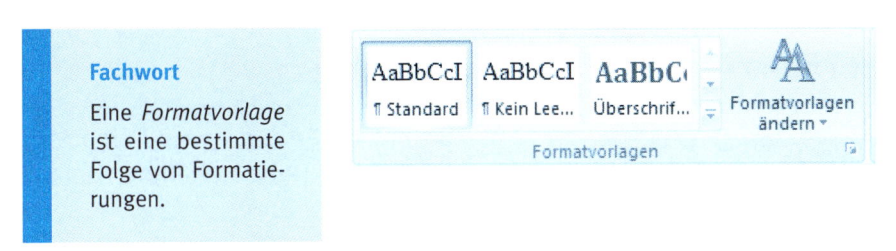

Einweihungsfeier

1 Klicken Sie ggf. in das Wort »Einweihungsfeier«.

2 Aktivieren Sie die Auswahl der *Formatvorlagen*.

3 Bewegen Sie den Mauszeiger auf die einzelnen Formatvorlagen. Beachten Sie dabei in der Vorschau, wie sich entsprechend der Formatvorlage das Wort im Dokument verändert. Wählen Sie eine Formatvorlage aus.

Tipps zu diesem Kapitel

1. Zusätzlich erhalten Sie noch weitere Formatierungsmöglichkeiten.

Schaltfläche	Auswirkung
	Sie markieren den Text mit einem *Textmarker*. Dazu steht Ihnen eine Farbauswahl zur Verfügung.
	Hier bestimmen Sie die *Schriftfarbe*. Auch hier können Sie aus einer Farbpalette wählen.

Tipps zu diesem Kapitel

Schaltfläche	Auswirkung
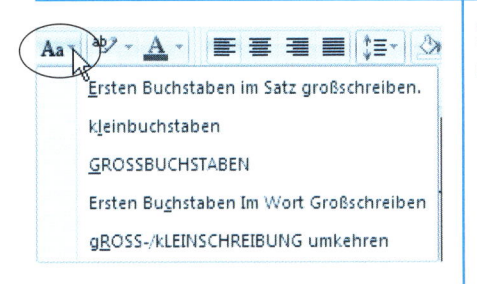 Aa (Ersten Buchstaben im Satz großschreiben, kleinbuchstaben, GROSSBUCHSTABEN, Ersten Buchstaben Im Wort Großschreiben, gROSS-/kLEINSCHREIBUNG umkehren)	Sie ändern den Text entsprechend den Einträgen.
 A˘ A˘	Mithilfe dieser Schaltflächen ändern Sie schnell die *Schriftgröße*.

2. Das Dialogfeld *Schriftart* bietet Ihnen noch mehr Gestaltungen an. Drücken Sie dazu die Tastenkombination `Strg`+`D`, um das zugehörige Dialogfeld zu öffnen.

Unter *Effekte* geben Sie an, wie Sie Zeichen formatieren möchten, z. B.: Kapitälchen, Großbuchstaben. Beachten Sie dazu die Vorschau im Dialogfeld.

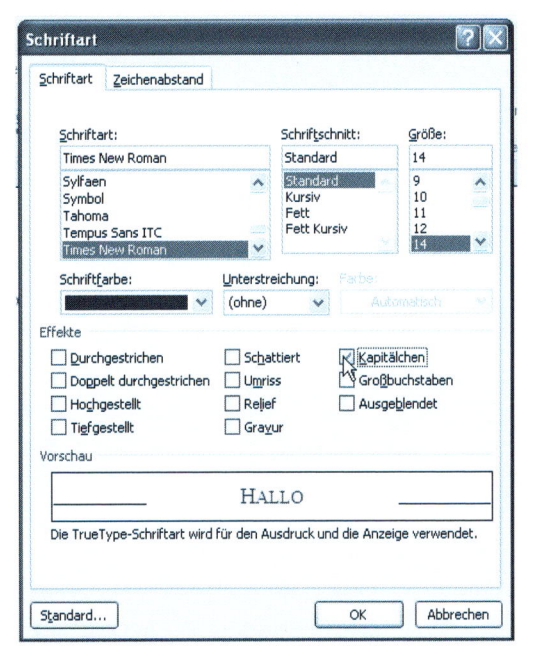

Hinweis

Ein Klick auf die Auswahlliste bei *Schriftart* auf der Registerkarte *Start* ruft das Dialogfeld ebenfalls auf.

3. Mit den folgenden Tastenkombinationen verändern Sie den Schriftgrad:

Taste	Funktion
Strg + ⇧ + >	Schriftgrad vergrößern
Strg + <	Schriftgrad verkleinern

4. Sie markieren mehrere Textpassagen, indem Sie zusätzlich die Strg-Taste drücken.

5. Klicken Sie in ein Wort und drücken die Tasten ⇧ + F3, wird das Wort in Großbuchstaben dargestellt. Ein erneutes Drücken von ⇧ + F3 macht die Formatierung wieder rückgängig.

Beispiel

Sie klicken in das Wort »formatierung« und drücken die Tastenkombination:

Wie oft drücken?	Beispiel	Auswirkung
1 x ⇧ + F3	Formatierung	Das Wort beginnt mit einem Großbuchstaben.
2 x ⇧ + F3	FORMATIERUNG	Das gesamte Wort wird in Großbuchstaben dargestellt.
3 x ⇧ + F3	formatierung	Die ursprüngliche Darstellungsform wird angezeigt.

6. Öffnen Sie auf der Registerkarte *Einfügen* die Auswahlliste zur Schaltfläche *Symbol*, können Sie verschiedene Symbole in Ihr Dokument einfügen.

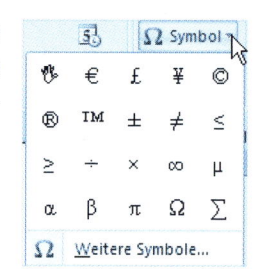

7. Über die Schaltfläche *Alles markieren* können Sie schnell den gesamten Text eines Dokuments markieren.

8. Drücken Sie die Tastenkombination [Strg]+[A], markieren Sie den gesamten Text eines Dokuments.

Üben Sie Word 2007!

1. Formatieren Sie die folgenden Wörter:

   H_2O
   $a^2 \times b^2 = c^2$
   Kursiv
   $19.^{30}$ Uhr
   Fett
   Doppelt unterstrichen
   ~~Durchgestrichen~~
   KAPITÄLCHEN

2. Geben Sie als neue Standardschrift *Book Antiqua*, Schriftgrad *14*, an.

3. Wechseln Sie wieder zu Ihrer ursprünglichen Standardschrift.

4. Durch welche Tastenkombination heben Sie wieder sämtliche Formatierungen auf?

> **Achtung**
>
> Beenden Sie Word 2007 diesmal nicht! Im nächsten Kapitel lernen Sie das *Speichern und Drucken* von Briefen bzw. Dokumenten kennen. Dazu verwenden Sie am besten diesen Text.

Das können Sie schon

Die Multifunktionsleiste	25
Die Zoomfunktion	38
Die Rechtschreibhilfe	48
Das Wörterbuch in Word 2007	52
Die Silbentrennung	55
Die Standardschrift wechseln	65
Zeichen formatieren	66
Die Zeilen ausrichten	72
Die Formatvorlagen in Word 2007	75

Das lernen Sie neu

Einen Text speichern	82
Die Änderungen speichern	86
Speichern oder Speichern unter?	87
Dokumente auf einen anderen Datenträger speichern	89
Die Seitenansicht	90
Der Schnelldruck	91

Kapitel 5
Speichern und Drucken in Word 2007

Sie möchten mit Ihrer Arbeit morgen, übermorgen, nächstes Jahr oder irgendwann weitermachen. Lassen Sie deshalb den PC die ganze Zeit über an? Ihr Stromversorger würde sich sicherlich darüber freuen!
In diesem Kapitel lernen Sie das Aufbewahren von Briefen kennen sowohl in Ihrem Computer auf Festplatte als auch auf einem anderen Datenträger.
Sie sollten den Ausdruck in einer Vorausschau überprüfen, um eventuelle Korrekturen vorzunehmen, bevor Sie unnötig Papier verschwenden. Um alles schwarz auf weiß zu erhalten, drucken Sie den Text aus.

Einen Text speichern

Sicherlich möchten Sie Ihre Arbeit am Computer festhalten, um damit zu einem späteren Zeitpunkt weiterzuarbeiten.

Die Titelleiste

In der Titelleiste wird angegeben, in welchem Dokument Sie sich gerade befinden.

Stellen Sie sich ein Dokument wie ein Schriftstück in der Praxis vor, das eine oder mehrere Seiten umfassen kann.

Das Schriftstück wird mit einem Namen versehen. In Word 2007 wäre dafür die Funktion *Speichern* zuständig.

Das Wort *Dokument* in der Titelleiste bedeutet, dass noch nicht gespeichert wurde. Es ist also ein Name, der von Word automatisch vergeben wird.

Die Zahl *1* hinter dem Ausdruck *Dokument* sagt Ihnen, dass Sie gerade Ihr erstes Dokument auf dem Bildschirm bearbeiten.

Ein Beispiel aus der Praxis:

Praxis	Ausdrücke in Word
Schriftstück	Dokument
Schriftstück *ohne einen Namen*	*Nicht gespeichert*, mit dem Ausdruck *Dokument* versehen
Schriftstück *mit Namen* (wie bei einer Akte)	*Gespeichert*, mit einem Namen versehen

Ein Dokument speichern

Haben Sie noch den Text für die »Einweihungsfeier« aus *Kapitel 4* vor sich auf dem Bildschirm?

Wenn nicht, geben Sie einen beliebigen Text ein. Es geht um das Verstehen der Speichern-Funktion und den späteren Ausdruck.

Ein Dokument speichern

Sie *speichern* ein Dokument ab, um es endgültig auf der Festplatte Ihres Computers abzulegen.

> **Fachwort**
>
> Die *Festplatte* ist in der Regel ein in den Computer eingebautes Speichermedium, das es erlaubt, größere Datenmengen auch dann zu verwahren, wenn der Computer nicht mehr mit Strom versorgt wird.

Zum besseren Verständnis ein Beispiel:

Praxis im Büroalltag	Word
Das Schriftstück mit einem Namen versehen	Den Dateinamen vergeben
Das *Schriftstück in einen Aktenordner ablegen*	Den *Speicherort* angeben
Den Aktenordner schließen	Word 2007 beenden

Sie können zum Speichern die Schaltfläche mit dem Diskettensymbol in der Leiste für den Schnellzugriff anklicken oder den Weg über die *Office*-Schaltfläche nehmen und dort den Befehl *Speichern unter* wählen.

1 Klicken Sie in der Leiste für den Schnellzugriff auf die Schaltfläche *Speichern*.

Das Dialogfeld *Speichern unter* wird geöffnet.

> **Fachwort**
>
> Alles, was Sie mit einem Windows-Programm wie Word oder Excel erstellen und abspeichern, wird zu einer Datei.

2 Bei *Dateiname* legen Sie den *Namen* fest, unter dem das Dokument abgelegt werden soll.

Word schlägt automatisch den Namen »*Einweihungsfeier*« vor: das erste Wort des Textes.

Sie geben bei *Speichern in* an, *wo* Sie das Dokument ablegen wollen.

Word 2007 schlägt automatisch *Eigene Dateien* vor. Sie können hier aber auch einen anderen *Speicherort* festlegen.

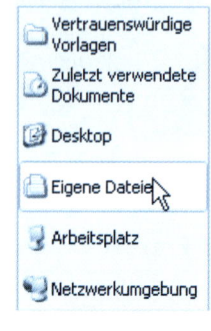

Innerhalb des Dialogfelds erkennen Sie eine Leiste. Dort erhalten Sie weitere Möglichkeiten, den Speicherort schnell anzugeben. Klicken Sie hier z. B. *Desktop* an, wird die Datei auf dem Desktop, also der Arbeitsoberfläche von Windows, gespeichert. In diesem Fall brauchen Sie nur doppelt auf das Dokument zu klicken und Word öffnet sich mit dem Dokument auf dem Bildschirm.

Klicken Sie in dieser Leiste *Eigene Dateien* an, gelangen Sie direkt in den Ordner *Eigene Dateien*.

> **Hinweis**
>
> Word 2007 speichert Dokumente als Dateityp *Word-Dokument*, solange Sie nichts anderes angeben.

1 Klicken Sie auf die Schaltfläche *Speichern*.

> **Hinweis**
>
> Anstatt die Schaltfläche *Speichern* im Dialogfeld *Speichern unter* anzuklicken, können Sie auch die ⏎-Taste drücken.

Sie gelangen zum Dokument zurück.

Ein Dokument speichern **85**

Sehen Sie ganz nach oben auf Ihren Bildschirm! Sie erkennen in der Titelleiste den Namen *»Einweihungsfeier«*.

Die entsprechenden Angaben befinden sich von nun an in diesem Dokument *»Einweihungsfeier«*.

Im Dialogfeld *Speichern unter* erhalten Sie noch weitere Informationen.

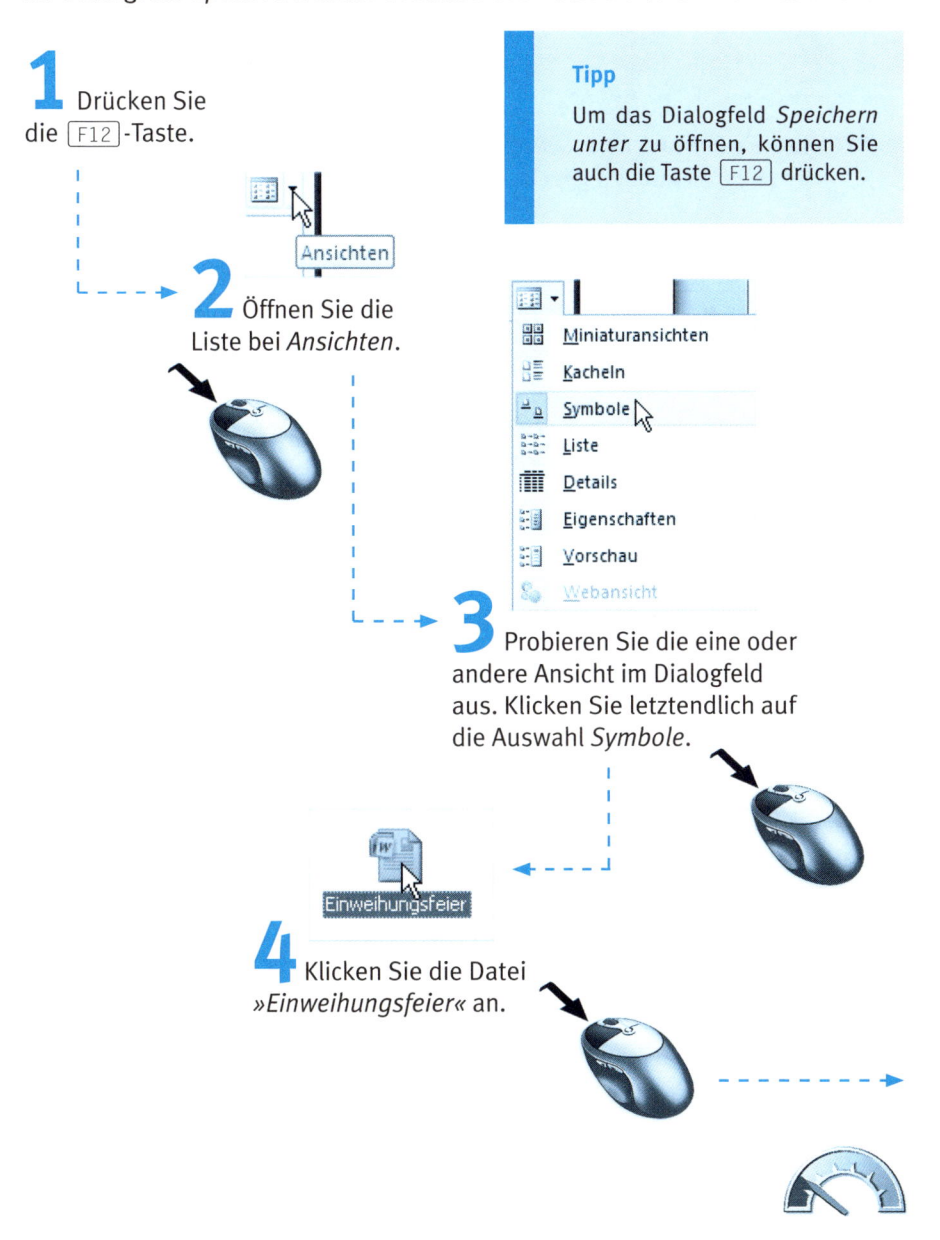

1 Drücken Sie die F12 -Taste.

Tipp
Um das Dialogfeld *Speichern unter* zu öffnen, können Sie auch die Taste F12 drücken.

2 Öffnen Sie die Liste bei *Ansichten*.

3 Probieren Sie die eine oder andere Ansicht im Dialogfeld aus. Klicken Sie letztendlich auf die Auswahl *Symbole*.

4 Klicken Sie die Datei *»Einweihungsfeier«* an.

5 Klicken Sie z. B. auf *Eigenschaften*, erhalten Sie verschiedene Informationen über die Datei.

6 Verlassen Sie das Dialogfeld z. B. über die Schaltfläche *Abbrechen*.

> **Hinweis**
>
> Möchten Sie die Datei über das Internet versenden, starten Sie Ihr E-Mail-Programm und fügen das Dokument als Anhang bei. Hier geben Sie den Speicherort und den Dateinamen an.

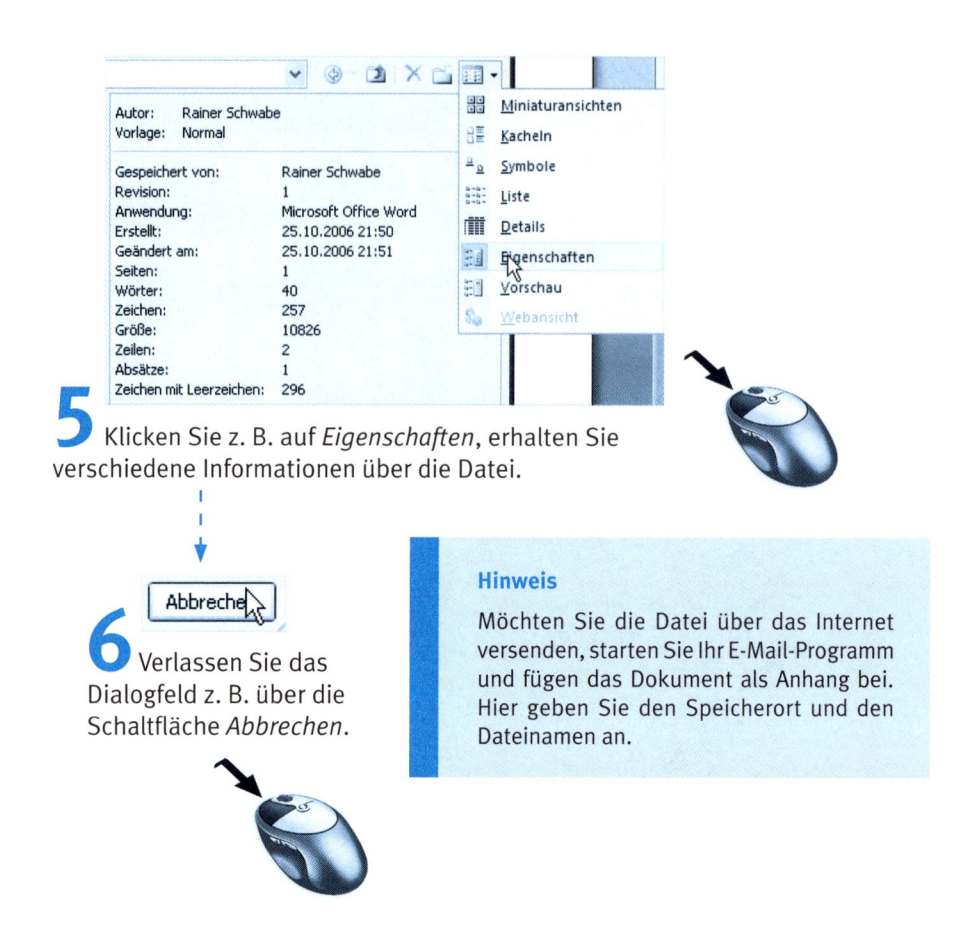

Die Änderungen speichern

Doch was geschieht, wenn Sie die Daten in dem Dokument ändern?

Sollten Sie Word 2007 beenden, fragt das Programm, ob Sie die Änderungen speichern wollen.

Möchten Sie jedoch mit Word weiterarbeiten, genügt ein Klick auf die Schaltfläche *Speichern*.

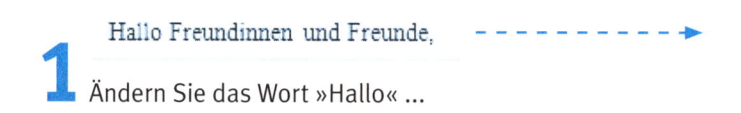

1 Ändern Sie das Wort »Hallo« ...

Speichern oder Speichern unter? **87**

Liebe Freundinnen und Freunde,

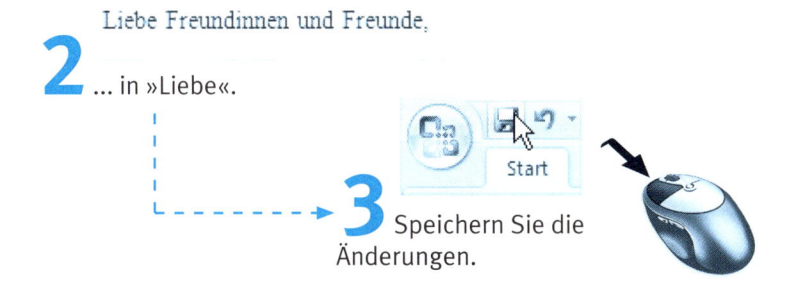

2 ... in »Liebe«.

3 Speichern Sie die Änderungen.

Der geänderte Text wurde vollständig von Word 2007 gespeichert. Die Änderung gilt nun dauerhaft für das Dokument *»Einweihungsfeier«*.

Speichern oder Speichern unter?

Das ist hier die Frage. Worin besteht der Unterschied zwischen *Speichern* und *Speichern unter?* Ändern Sie ein Dokument und speichern es dann, sind die ursprünglichen Angaben verschwunden bzw. neue hinzugekommen.

Zwei Dateien unter demselben Namen zu speichern geht zunächst nicht. Das Programm weist Sie erst mit einer Meldung dementsprechend darauf hin. Danach können Sie die vorhandene Datei ersetzen.

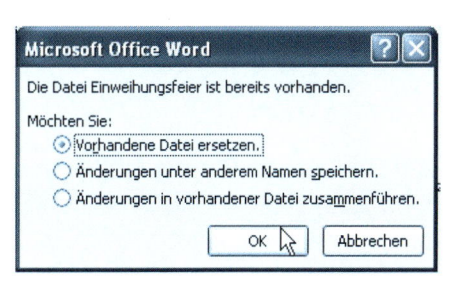

Liebe Freundinnen und Freunde,

1 Ändern Sie den Text ...

Liebe Familie Müller,

2 ... in »Liebe Familie Müller«.

3 Klicken Sie auf die *Office*-Schaltfläche.

4 Wählen Sie den Befehl *Speichern unter.*

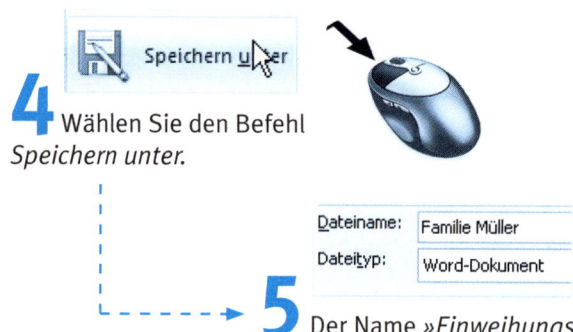

5 Der Name »*Einweihungsfeier*« sollte – falls Sie nichts anderes getan haben – von Word noch markiert sein. Sie können ihn daher einfach überschreiben.

Sollte der Ausdruck »*Einweihungsfeier*« nicht markiert sein, klicken Sie mit der linken Maustaste doppelt auf ihn. Er ist dann markiert und Sie können ihn überschreiben.

Tippen Sie »*Familie Müller*« als Dateinamen ein.

6 Bestätigen Sie mit einem Klick auf *Speichern.*

Der Brief an die Familie Müller wurde von Word gespeichert. Dies erkennen Sie ganz oben in der Titelleiste!

Das Dokument bzw. die Datei »*Familie Müller*« befindet sich nun wie die Datei »*Einweihungsfeier*« ebenfalls auf der Festplatte Ihres Computers.

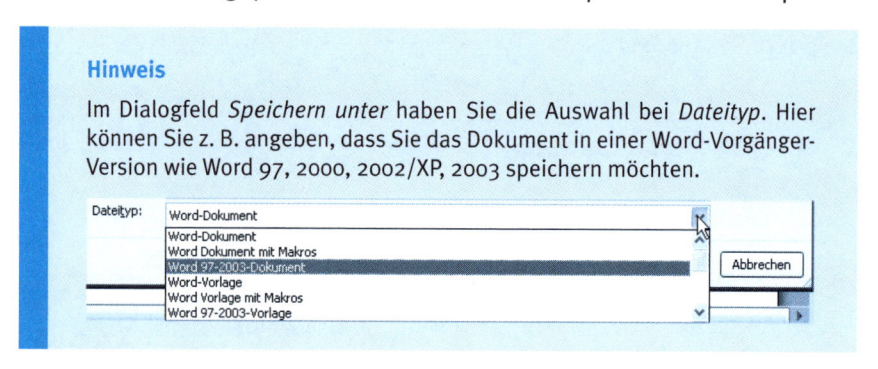

> **Hinweis**
>
> Im Dialogfeld *Speichern unter* haben Sie die Auswahl bei *Dateityp*. Hier können Sie z. B. angeben, dass Sie das Dokument in einer Word-Vorgänger-Version wie Word 97, 2000, 2002/XP, 2003 speichern möchten.

Dokumente auf einem anderen Datenträger speichern

Gelegentlich kann es vorkommen, dass Sie Ihr Dokument auf einem anderen externen Datenträger speichern möchten. Das können Sie mithilfe einer CD-ROM, einer Diskette oder eines USB-Sticks erledigen.

Um die Daten auf eine CD-ROM zu brennen, verwenden Sie eine andere Software wie z. B. Nero. Dort geben Sie die Datei an.

Von Word aus können Sie Daten auf eine Diskette oder auf einen USB-Stick übertragen.

Der USB-Stick

Am häufigsten finden USB-Sticks (= Universal-Serial-Bus-Stick) als Speichermedium Anwendung.

Sie sind dann, auch wenn sie keinerlei bewegliche Teile enthalten, Laufwerk und Speichermedium in einem (wie eine Festplatte).

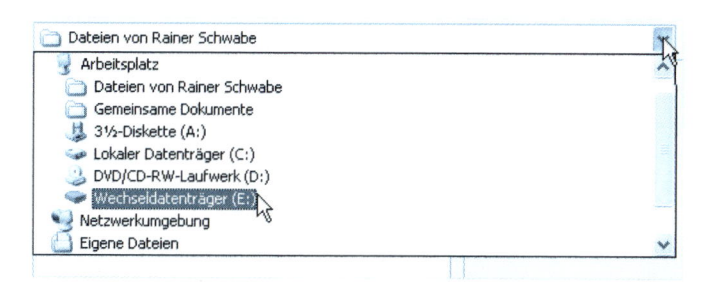

Hinweis

Die Betriebssysteme Windows Vista, Windows ME, Windows 2000 und Windows XP erkennen USB-Speicher-Sticks automatisch, sobald ein solcher an den PC angeschlossen wird.

Wenn Sie ein Dokument auf einem USB-Stick speichern möchten, geben Sie dazu meistens Laufwerk E an.

Beispiele

Wo speichern?	Übliche Laufwerksbezeichnungen
Auf einer Diskette	Laufwerk A
Auf der Festplatte	Laufwerk C
Auf einem USB-Stick	Laufwerk E

Die Seitenansicht

Bevor Sie ein Dokument ausdrucken, sollten Sie dieses in der Seitenansicht überprüfen. Die Seitenansicht ist quasi die Vorkontrolle – eine Druckvorschau – vor dem Ausdruck. Es könnte ja sein, dass Sie noch etwas am Erscheinungsbild ändern möchten.

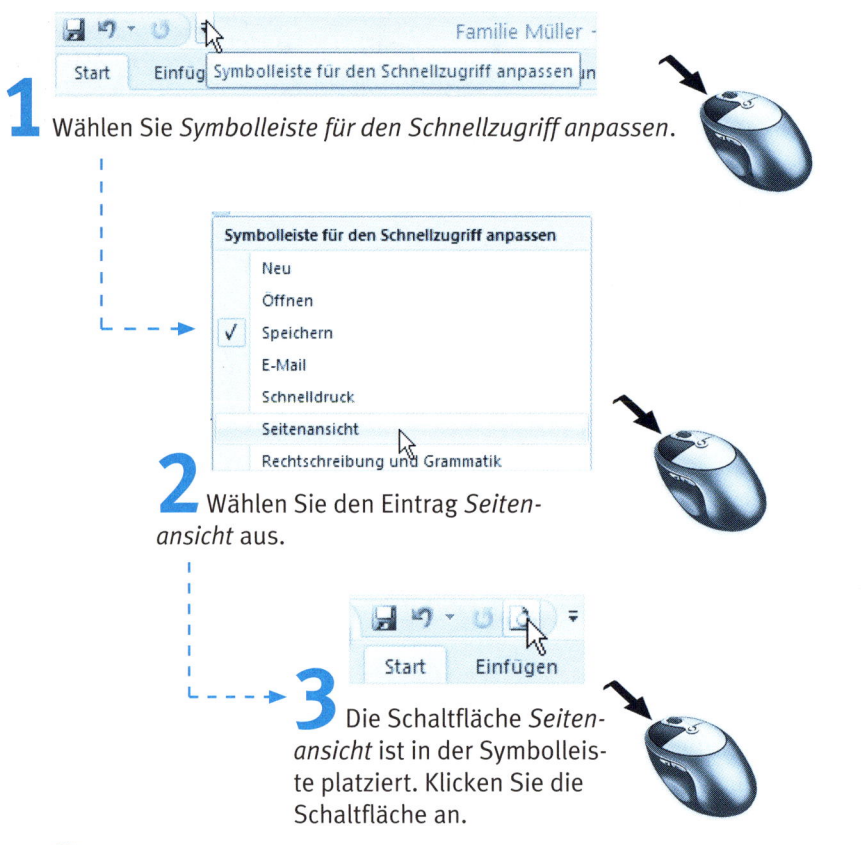

1 Wählen Sie *Symbolleiste für den Schnellzugriff anpassen*.

2 Wählen Sie den Eintrag *Seitenansicht* aus.

3 Die Schaltfläche *Seitenansicht* ist in der Symbolleiste platziert. Klicken Sie die Schaltfläche an.

> **Tipp**
> Drücken Sie die Tasten Strg + F2 , gelangen Sie direkt zur Seitenansicht.

Sie gelangen zur Seitenansicht und überprüfen den Ausdruck in der Vorschau. Mit der Lupe vergrößern und verkleinern Sie die *Ansicht* eines Dokuments. Am späteren Ausdruck ändert sich dadurch nichts.

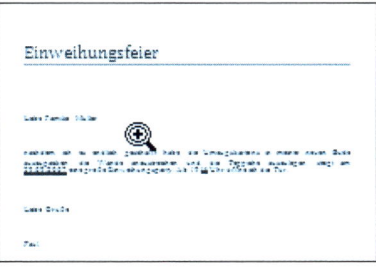

1 Mithilfe der *Lupe* vergrößern oder verkleinern Sie die Ansicht.

2 Über die Esc -Taste oder die Schaltfläche *Druckvorschau schließen* gelangen Sie zum Dokument zurück.

Der Schnelldruck

Sind Sie mit dem Aussehen des Dokuments schon in der Seitenansicht zufrieden, können Sie auch von hier aus drucken.

Natürlich können Sie auch direkt drucken, ohne jedes Mal vorher die Seitenansicht aufzurufen.

1 Öffnen Sie wiederum die Auswahl für den *Schnellzugriff*.

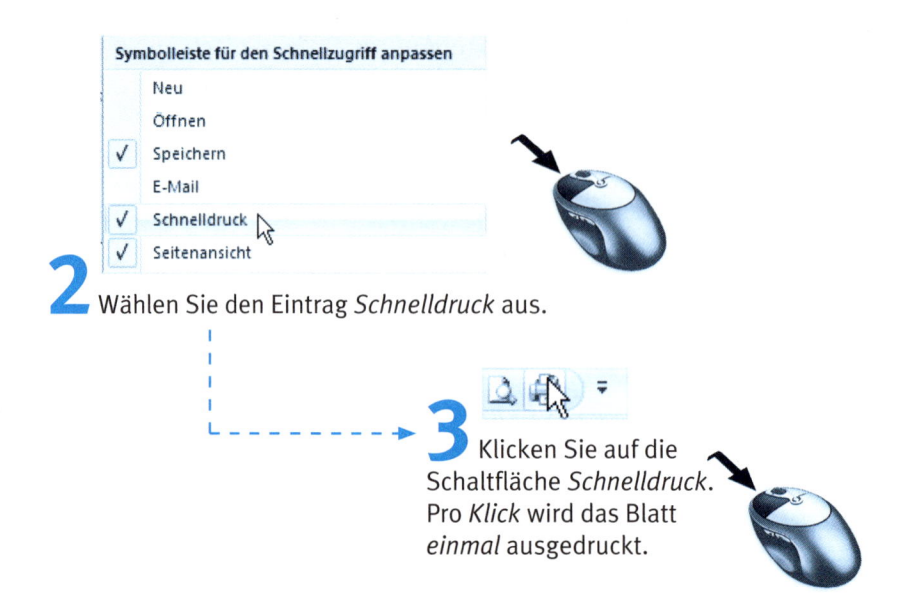

2 Wählen Sie den Eintrag *Schnelldruck* aus.

3 Klicken Sie auf die Schaltfläche *Schnelldruck*. Pro *Klick* wird das Blatt *einmal* ausgedruckt.

Wird ein Dokument – ohne Angabe eines Bereichs – ausgegeben, druckt Word 2007 alle beschriebenen Seiten.

Um einen bestimmten Bereich zu drucken, markieren Sie diesen, wählen die *Office*-Schaltfläche und klicken auf den Befehl *Drucken*.

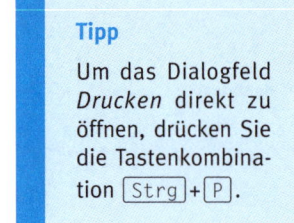

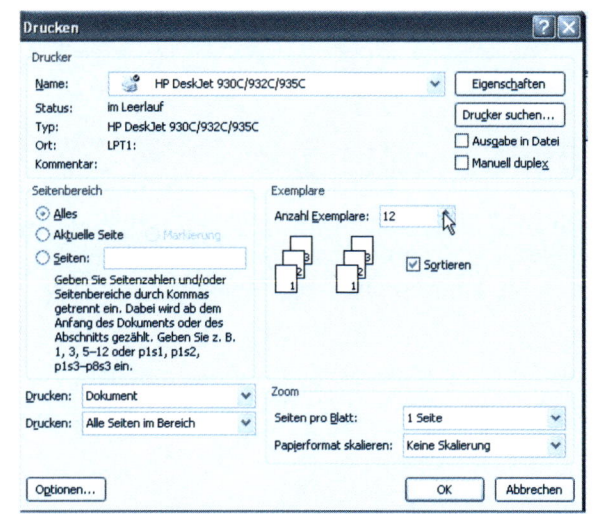

> **Tipp**
>
> Um das Dialogfeld *Drucken* direkt zu öffnen, drücken Sie die Tastenkombination [Strg]+[P].

Dann aktivieren Sie im Dialogfeld *Drucken* die Option *Markierung*.

Im Dialogfeld *Drucken* können Sie noch weitere Angaben (wie Seiten von ... bis ...) spezifizieren.

Außerdem lässt sich festlegen, *wie viele Exemplare* Sie von Ihrem Dokument wünschen oder auf welchem Drucker die Ausgabe erfolgen soll, falls Sie beispielsweise über einen Schwarzweiß- und einen Farbdrucker verfügen.

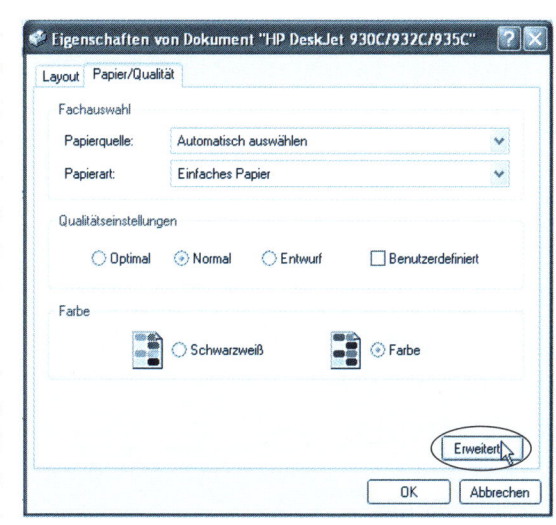

Über die Schaltfläche *Eigenschaften* geben Sie u. a. die Papierart an und stellen bei einem Farbdrucker ein, ob die Ausgabe in Schwarzweiß oder in Farbe erfolgen soll.

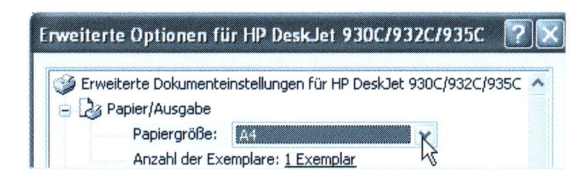

Klicken Sie hier noch auf die Schaltfläche *Erweitert* und legen Sie z. B. die Papiergröße fest.

Tipps zum Kapitel

1. Drucken Sie Dokumente aus und möchten den Druckauftrag wieder löschen, doppelklicken Sie auf das Druckersymbol im Infobereich der Taskleiste.

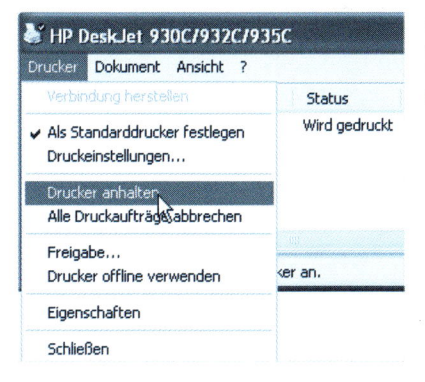

Im darauf folgenden Dialogfeld können Sie Druckaufträge anhalten oder löschen.

2. Auf der Registerkarte *Seitenlayout* wechseln Sie über die Schaltfläche *Orientierung* zwischen *Querformat* und *Hochformat*.

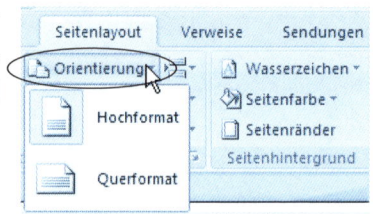

3. Sie können einem gespeicherten Dokument detaillierte Informationen hinzufügen. Im Dialogfeld *Speichern unter* klicken Sie auf die Schaltfläche *Extras* und anschließend auf *Eigenschaften*. Auf der Registerkarte *Zusammenfassung* tippen Sie die Angaben ein.

4. Wie Sie bemerkt haben, benötigen Sie den Befehl *Speichern unter* öfters. Bis jetzt mussten Sie immer den Weg über die *Office*-Schaltfläche wählen oder sich merken, die Taste [F12] zu drücken.

Was liegt da näher, als den Befehl als Schaltfläche in der *Symbolleiste für den Schnellzugriff* anzulegen. Öffnen Sie die *Office*-Schaltfläche. Bewegen Sie den Mauszeiger auf den Eintrag *Speichern unter*. Drücken

Sie die rechte Maustaste und wählen Sie den Befehl *Zu Symbolleiste für den Schnellzugriff hinzufügen*.

> Zu Symbolleiste für den Schnellzugriff hinzufügen
> Symbolleiste für den Schnellzugriff anpassen...
> Symbolleiste für den Schnellzugriff unter der Multifunktionsleiste anzeigen
> Multifunktionsleiste minimieren

Die Schaltfläche wird in der *Symbolleiste für den Schnellzugriff* angelegt.

Üben Sie Word 2007!

Fragen

1. Was ist eine Datei?
2. Wie legen Sie fest, dass Sie nur eine bestimmte Textpassage Ihres Dokuments ausdrucken möchten?
3. Sie möchten ein Dokument speichern. Dazu gibt es die Wege:

    a) *Speichern unter*

    b) *Speichern*

    Welchen Weg wählen Sie, wenn Sie Folgendes machen möchten?

- Sie legen ein neues Dokument an, schreiben und möchten Ihre Arbeit speichern.
- Sie arbeiten an einem bereits gespeicherten Dokument und möchten nur die Änderungen speichern.
- Sie arbeiten an einem bereits gespeicherten Dokument und möchten Ihre neue Arbeit unter einem anderen Dateinamen speichern.

> **Achtung**
>
> Beenden Sie Word 2007! Ihre Dokumente sind gespeichert. Im nächsten Kapitel lernen Sie, wie man auf gespeicherte Dokumente wieder zurückgreift.

Das können Sie schon

Die Multifunktionsleiste	25
Die Zoomfunktion	38
Die Rechtschreibhilfe	48
Das Wörterbuch in Word 2007	52
Die Silbentrennung	55
Die Formatvorlagen in Word 2007	75
Einen Text speichern	82
Der Schnelldruck	91

Das lernen Sie neu

Dokumente starten	98
Die letzten Dokumente	100
Dokumentenwiederherstellung	101
Fenster in Word	101
Daten vor fremden Zugriffen schützen	103
Eine Datei umbenennen	109
Eine Datei löschen	112
Die Schaltfläche »Schließen« anlegen	114

Kapitel 6

Dokumente öffnen, schützen und löschen

Sie möchten mit Ihrer Arbeit von gestern, letzter Woche, letztem Jahr heute weitermachen? Im letzten Kapitel lernten Sie das Aufbewahren – Speichern – von Dokumenten kennen. Doch wie erhalten Sie diese wieder auf Ihren Bildschirm zurück?
In diesem Kapitel erfahren Sie, wie Sie gespeicherte Dokumente wieder auf den Bildschirm holen.
Damit Unbefugte keinen Zugriff auf Ihre persönlichen Daten erhalten, schützen Sie diese.
Ist ein Schreiben überflüssig geworden, wird die Datei gelöscht.

Dokumente starten

Um ein Dokument in Word 2007 zu öffnen, muss es zunächst (wie in *Kapitel 5* erläutert) gespeichert werden.

Danach haben Sie vielleicht das Programm beendet und ein paar Stunden oder Tage sind ins Land gezogen.

Fachwort

Den Vorgang der Wiederverwendung bzw. des Startens eines Dokuments bezeichnet man als *Öffnen*.

Sie haben Word 2007 neu gestartet und möchten nun mit einem gespeicherten Dokument weiterarbeiten.

Zum besseren Verständnis ein Beispiel:

Praxis im Büroalltag	Word
Einen Aktenordner aufschlagen	Word 2007 starten
Ein *Schriftstück herausnehmen*	Ein *Dokument* öffnen

Sie haben also bereits den Aktenordner geöffnet und brauchen nur das Dokument hervorzuholen.

Dazu klicken Sie in Word 2007 die Schaltfläche *Öffnen* an oder wählen über die *Office*-Schaltfläche den Eintrag *Öffnen*. In beiden Fällen gelangen Sie in dasselbe Dialogfeld.

Beachten Sie stets den Speicherort eines Dokuments, hier im Beispiel ist das *Eigene Dateien*. So brauchen Sie hier nichts anzugeben.

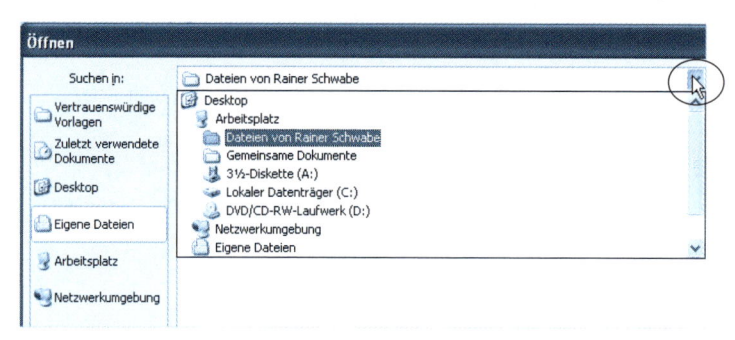

Dokumente starten **99**

Sollten Sie ein Dokument in ein anderes Verzeichnis gespeichert haben, müssen Sie das bei *Suchen in* angeben. Dies kann z. B. der Fall sein, wenn sich das Dokument auf einem USB-Stick (Laufwerk E) befindet.

Tipp

Drücken Sie die Tasten Strg+O, gelangen Sie direkt zum Dialogfeld *Öffnen*.

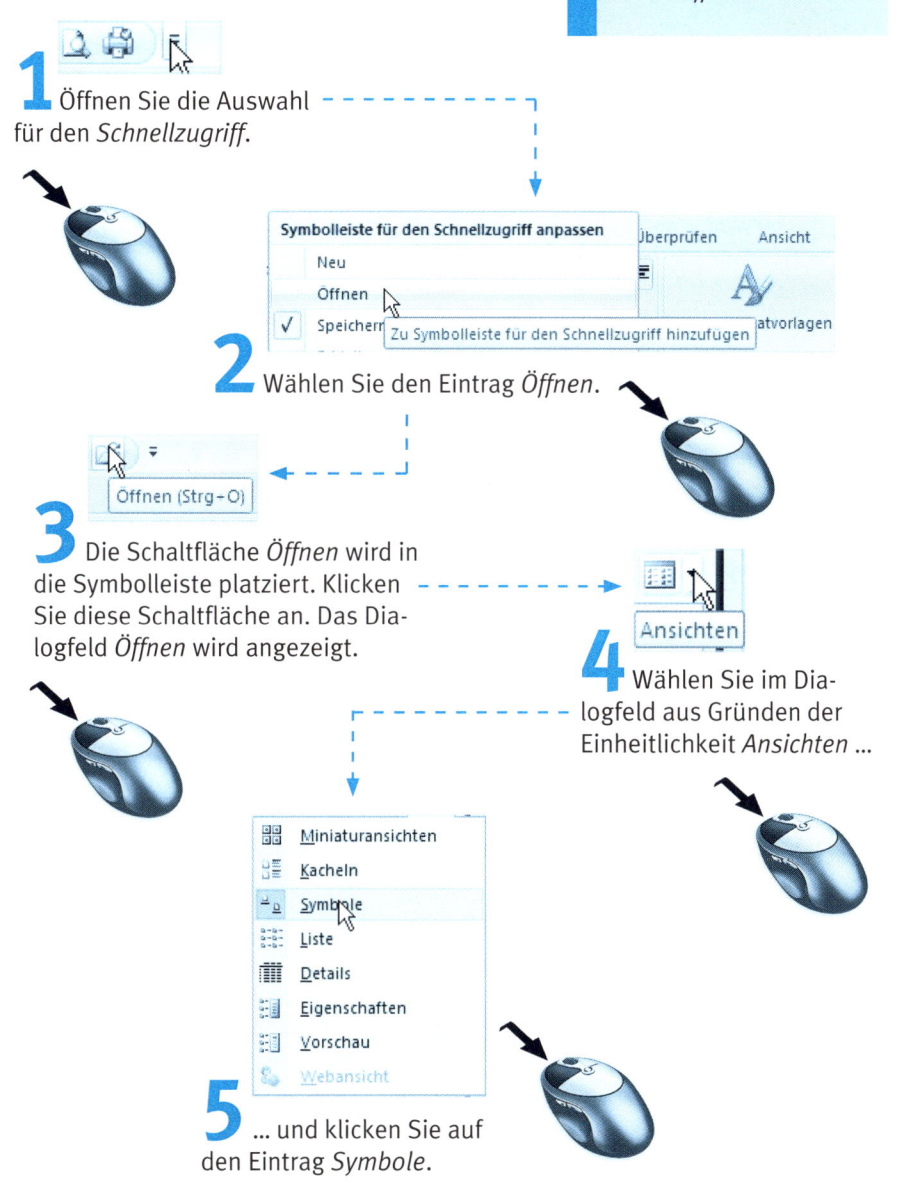

1 Öffnen Sie die Auswahl für den *Schnellzugriff*.

2 Wählen Sie den Eintrag *Öffnen*.

3 Die Schaltfläche *Öffnen* wird in die Symbolleiste platziert. Klicken Sie diese Schaltfläche an. Das Dialogfeld *Öffnen* wird angezeigt.

4 Wählen Sie im Dialogfeld aus Gründen der Einheitlichkeit *Ansichten* ...

5 ... und klicken Sie auf den Eintrag *Symbole*.

Als Letztes geben Sie den Dateinamen des Dokuments an, das Sie öffnen möchten, hier: »Familie Müller«.

Sie klicken entweder doppelt mit der linken Maustaste auf den Namen der Datei oder markieren ihn mit einem einfachen Klick. Anschließend bestätigen Sie über die Schaltfläche *Öffnen*. Beide Wege führen nach Rom – oh, Verzeihung – auf Ihren Monitor: Das gewählte, angeklickte Dokument öffnet sich.

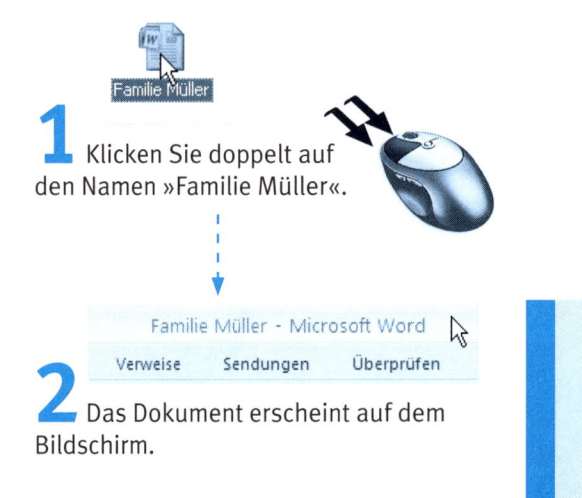

1 Klicken Sie doppelt auf den Namen »Familie Müller«.

2 Das Dokument erscheint auf dem Bildschirm.

Tipp

Platzieren Sie den Mauszeiger auf eine Datei im Dialogfeld *Öffnen*, erhalten Sie Informationen über den Autor und den Titel.

Die letzten Dokumente

Klicken Sie auf die *Office*-Schaltfläche, werden die *zuletzt* von Ihnen *bearbeiteten Dokumente* aufgeführt.

1 Klicken Sie auf die *Office*-Schaltfläche.

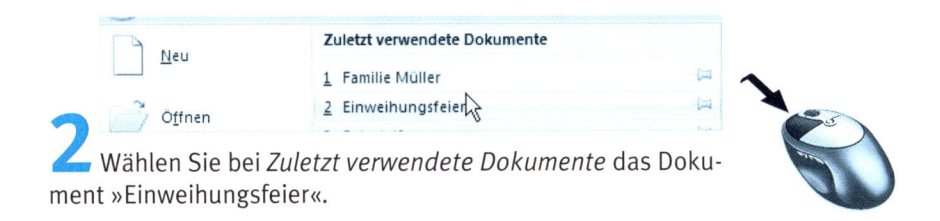

2 Wählen Sie bei *Zuletzt verwendete Dokumente* das Dokument »Einweihungsfeier«.

Klicken Sie wiederum auf die *Office*-Schaltfläche, erkennen Sie, dass sich die *Reihenfolge* der geöffneten Dokumente geändert hat.

Dokumentenwiederherstellung

Mussten Sie das Programm unfreiwillig verlassen, z. B. aufgrund eines Stromausfalls oder einer Überlastung Ihres PCs, bietet Ihnen Word 2007 die Möglichkeit, die anscheinend verlorenen Dokumente wiederherzustellen.

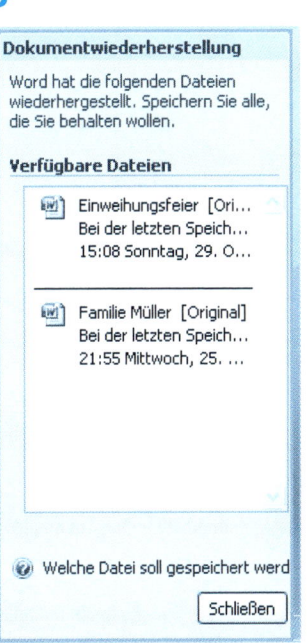

Die Daten sind bis zur letzten automatischen Zwischenspeicherung, die von Word 2007 selbst vorgenommen wird, gesichert. Das ist eine Art von Sicherungsspeicherung.

Ab und zu ist ein Klick auf die Schaltfläche *Speichern* (Tastenkombination [Strg]+[S]) empfehlenswert.

Fenster in Word

Sie wechseln zwischen den einzelnen Dokumenten hin und her. Sie holen eines in den Vordergrund, indem Sie es aktivieren. Dazu haben Sie z. B. zwei Möglichkeiten.

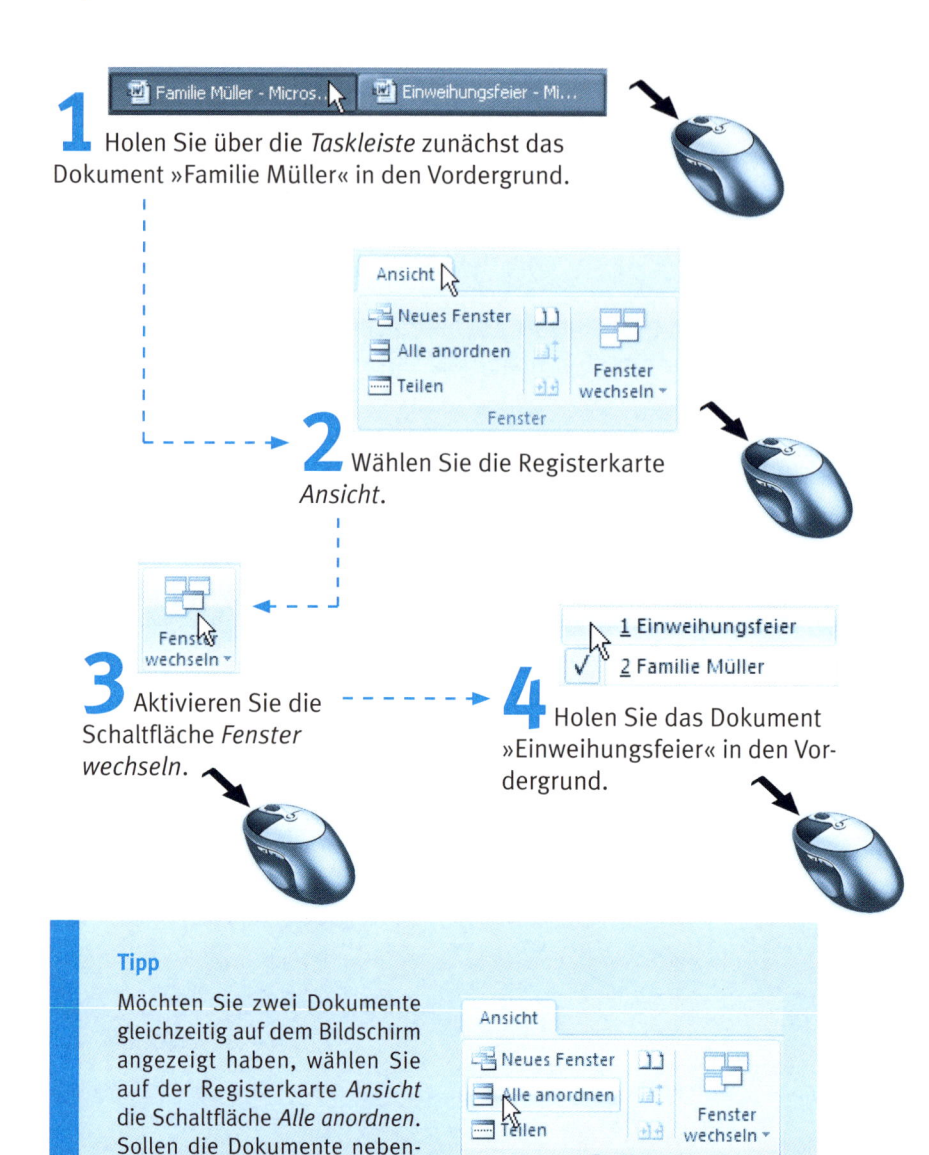

1 Holen Sie über die *Taskleiste* zunächst das Dokument »Familie Müller« in den Vordergrund.

2 Wählen Sie die Registerkarte *Ansicht*.

3 Aktivieren Sie die Schaltfläche *Fenster wechseln*.

4 Holen Sie das Dokument »Einweihungsfeier« in den Vordergrund.

Tipp

Möchten Sie zwei Dokumente gleichzeitig auf dem Bildschirm angezeigt haben, wählen Sie auf der Registerkarte *Ansicht* die Schaltfläche *Alle anordnen*. Sollen die Dokumente nebeneinander auf dem Bildschirm dargestellt werden, aktivieren Sie die Schaltfläche *Nebeneinander anzeigen*.

Daten vor fremden Zugriffen schützen

Sie möchten diese Datei vor fremdem Zugriff schützen, sodass das Dokument nicht geändert werden kann. Dazu müssen Sie sich ein *Passwort* überlegen.

> **Achtung**
>
> Achten Sie bei der Vergabe des Kennworts auf die *Groß- und Kleinschreibung*.

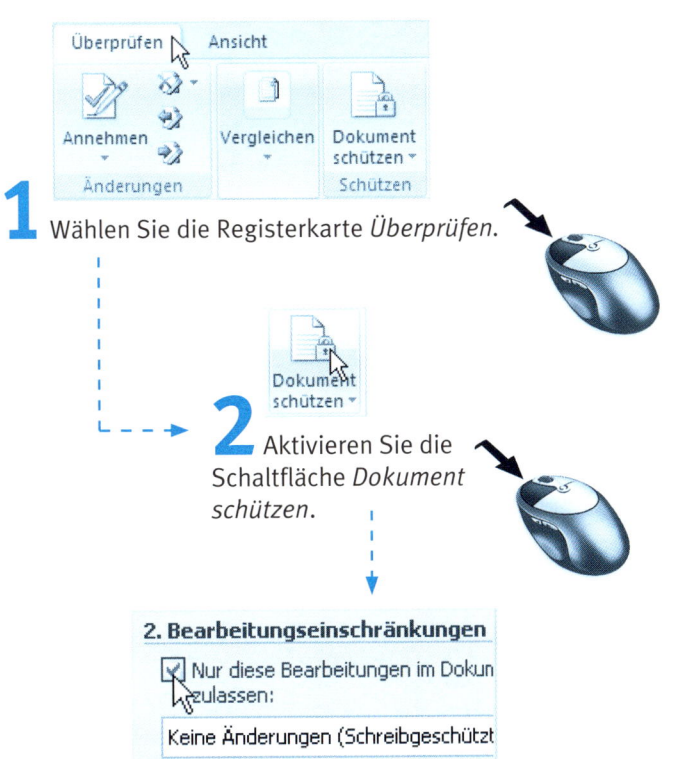

Geben Sie hier für dieses Beispiel als Geheimwort *Easy* ein.

1 Wählen Sie die Registerkarte *Überprüfen*.

2 Aktivieren Sie die Schaltfläche *Dokument schützen*.

3 Der Aufgabenbereich öffnet sich auf der rechten Seite des Bildschirms. Sie können nun die Bearbeitungen für das Dokument einschränken. Geben Sie in diesem Beispiel an, dass keine Änderungen zugelassen sind. Aktivieren Sie dazu das Kontrollkästchen *Nur diese Bearbeitungen im Dokument zulassen*.

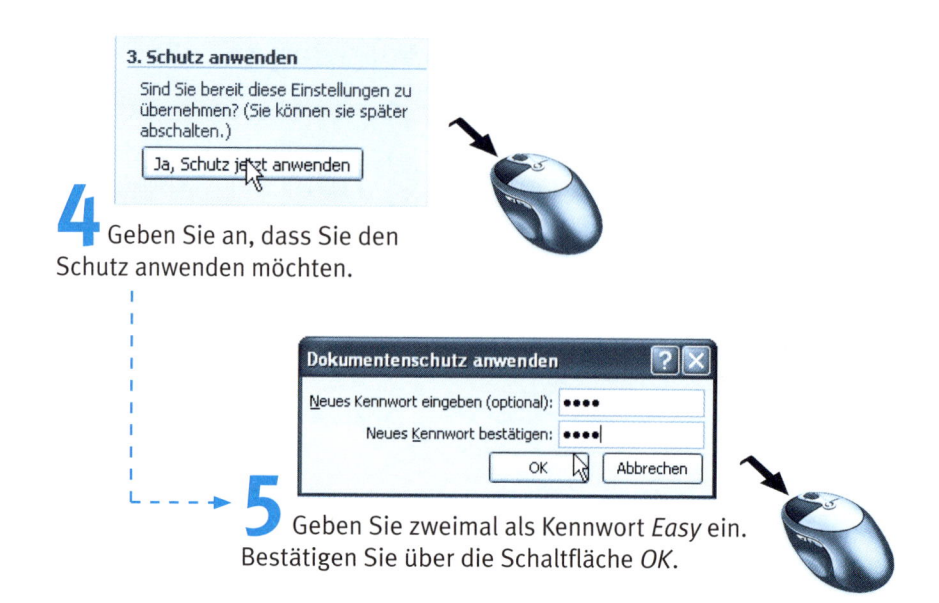

3. Schutz anwenden

Sind Sie bereit diese Einstellungen zu übernehmen? (Sie können sie später abschalten.)

[Ja, Schutz jetzt anwenden]

4 Geben Sie an, dass Sie den Schutz anwenden möchten.

Dokumentenschutz anwenden

Neues Kennwort eingeben (optional): ••••
Neues Kennwort bestätigen: ••••

[OK] [Abbrechen]

5 Geben Sie zweimal als Kennwort *Easy* ein. Bestätigen Sie über die Schaltfläche *OK*.

Das Dokument kann ab jetzt nicht mehr geändert werden. Diese Meldung sehen Sie unten in der Statusleiste.

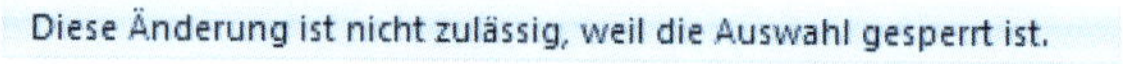

Diese Änderung ist nicht zulässig, weil die Auswahl gesperrt ist.

Sie können jederzeit den Schutz Ihres Dokuments wieder aufheben. Dazu wählen Sie den Weg wie zuvor.

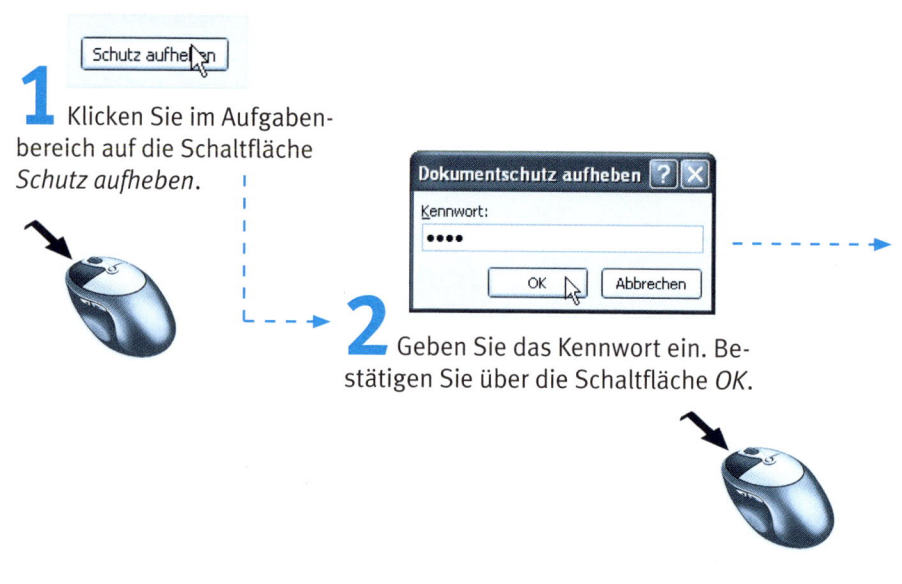

[Schutz aufheben]

1 Klicken Sie im Aufgabenbereich auf die Schaltfläche *Schutz aufheben*.

Dokumentenschutz aufheben

Kennwort:
••••

[OK] [Abbrechen]

2 Geben Sie das Kennwort ein. Bestätigen Sie über die Schaltfläche *OK*.

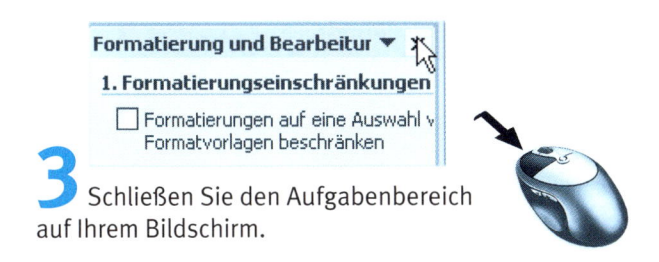

Daten vor fremden Zugriffen schützen **105**

Formatierung und Bearbeitur ▼
1. Formatierungseinschränkungen
☐ Formatierungen auf eine Auswahl v Formatvorlagen beschränken

3 Schließen Sie den Aufgabenbereich auf Ihrem Bildschirm.

Im Dialogfeld *Speichern unter* können Sie sogar festlegen, ob Sie das Öffnen einer Datei ganz verhindern möchten. Auch hier können Sie einen Schreibschutz festlegen.

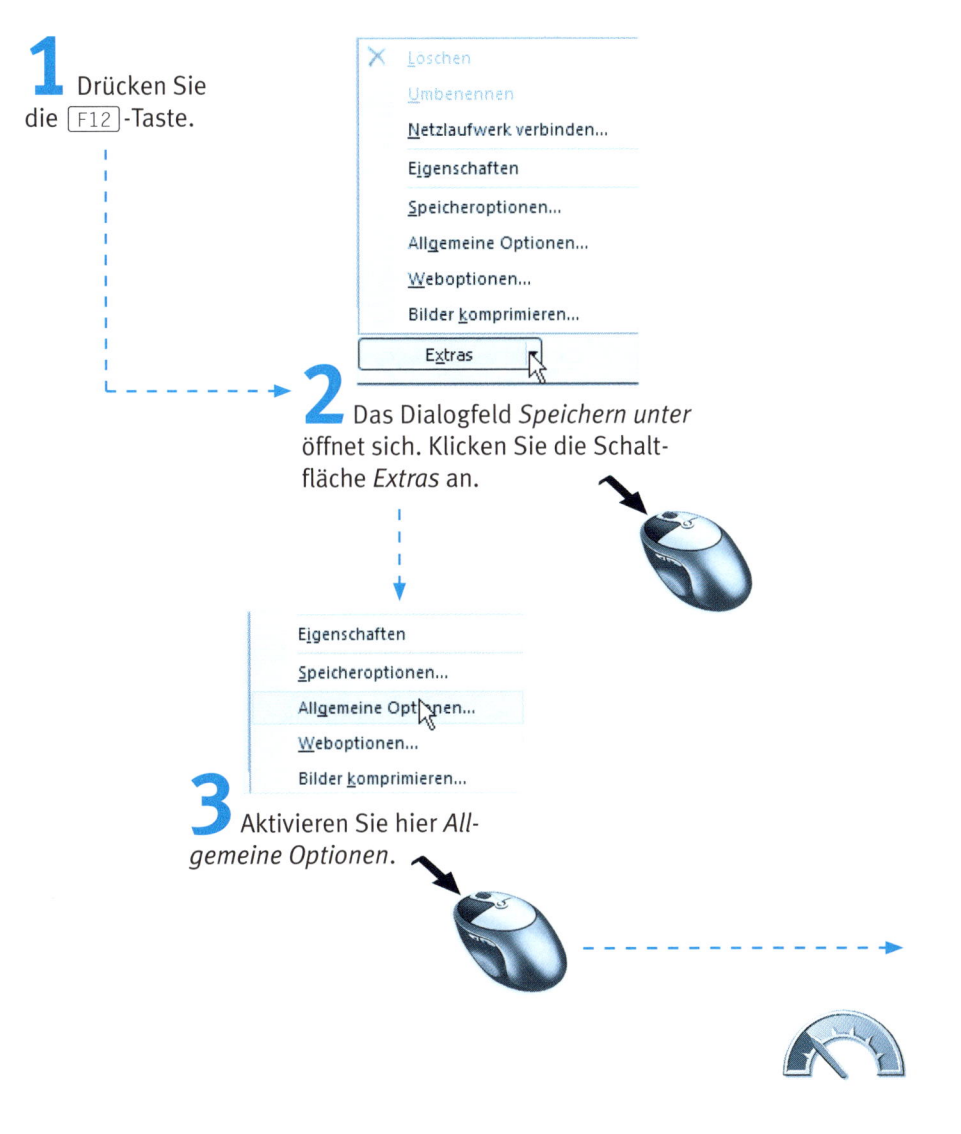

1 Drücken Sie die F12-Taste.

× Löschen
Umbenennen
Netzlaufwerk verbinden...
Eigenschaften
Speicheroptionen...
Allgemeine Optionen...
Weboptionen...
Bilder komprimieren...
Extras

2 Das Dialogfeld *Speichern unter* öffnet sich. Klicken Sie die Schaltfläche *Extras* an.

Eigenschaften
Speicheroptionen...
Allgemeine Optionen...
Weboptionen...
Bilder komprimieren...

3 Aktivieren Sie hier *Allgemeine Optionen*.

4 Tippen Sie das Kennwort *Easy* in das Feld *Kennwort zum Öffnen* ein. Auch hier können Sie einen Schreibschutz festlegen.

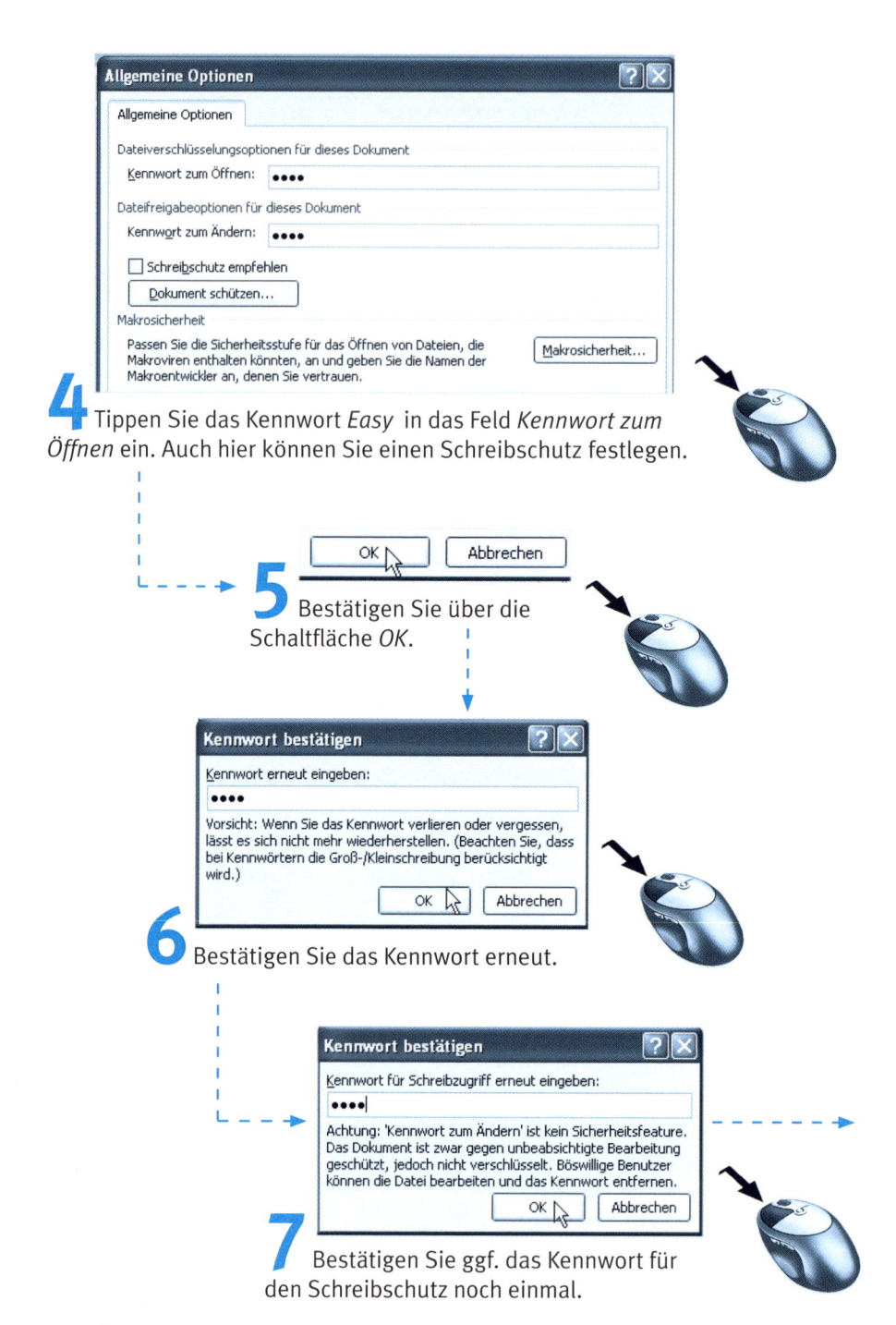

5 Bestätigen Sie über die Schaltfläche *OK*.

6 Bestätigen Sie das Kennwort erneut.

7 Bestätigen Sie ggf. das Kennwort für den Schreibschutz noch einmal.

Daten vor fremden Zugriffen schützen **107**

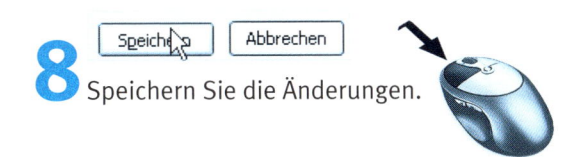

8 Speichern Sie die Änderungen.

Das Kennwort wurde für die Datei angelegt. Das Dokument »Einweihungsfeier« kann nur noch mit dem Wort *Easy* geöffnet werden. Um zu sehen, ob das auch funktioniert, schließen Sie das Dokument »Einweihungsfeier«.

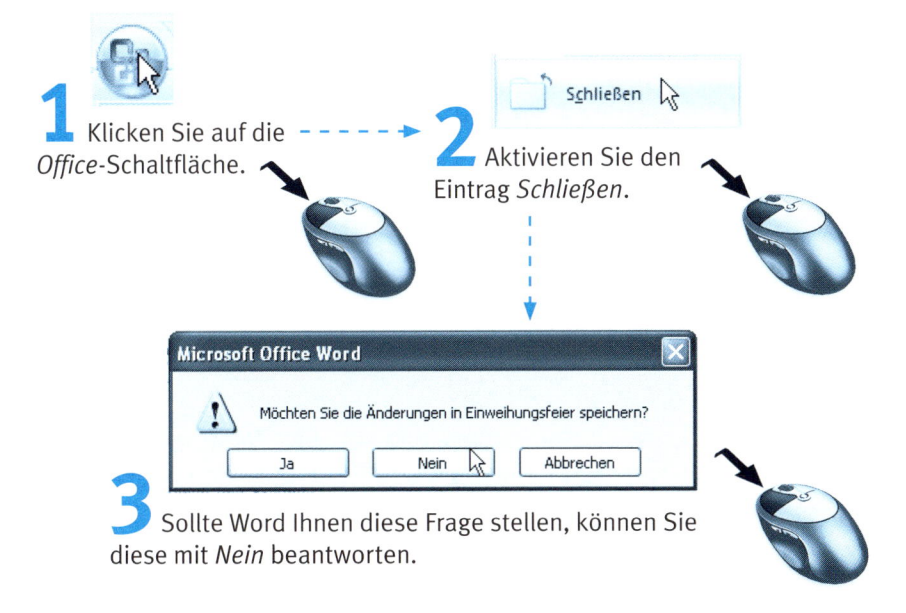

1 Klicken Sie auf die *Office*-Schaltfläche.

2 Aktivieren Sie den Eintrag *Schließen*.

3 Sollte Word Ihnen diese Frage stellen, können Sie diese mit *Nein* beantworten.

Beim nächsten Öffnen des Dokuments »Einweihungsfeier« werden Sie von Word aufgefordert, das *Kennwort* einzugeben, ansonsten können Sie die Datei nicht auf Ihrem Bildschirm anzeigen lassen.

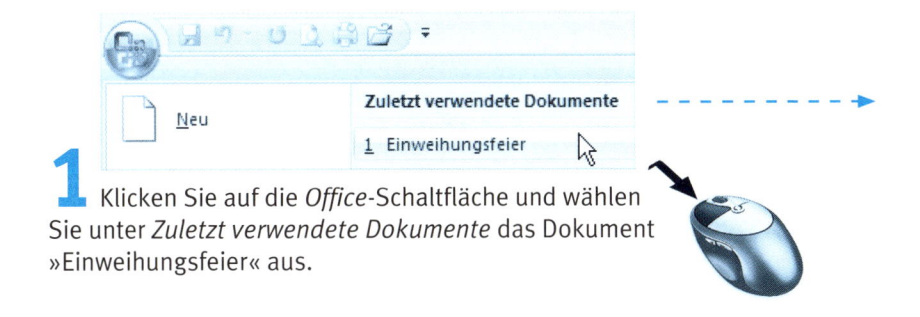

1 Klicken Sie auf die *Office*-Schaltfläche und wählen Sie unter *Zuletzt verwendete Dokumente* das Dokument »Einweihungsfeier« aus.

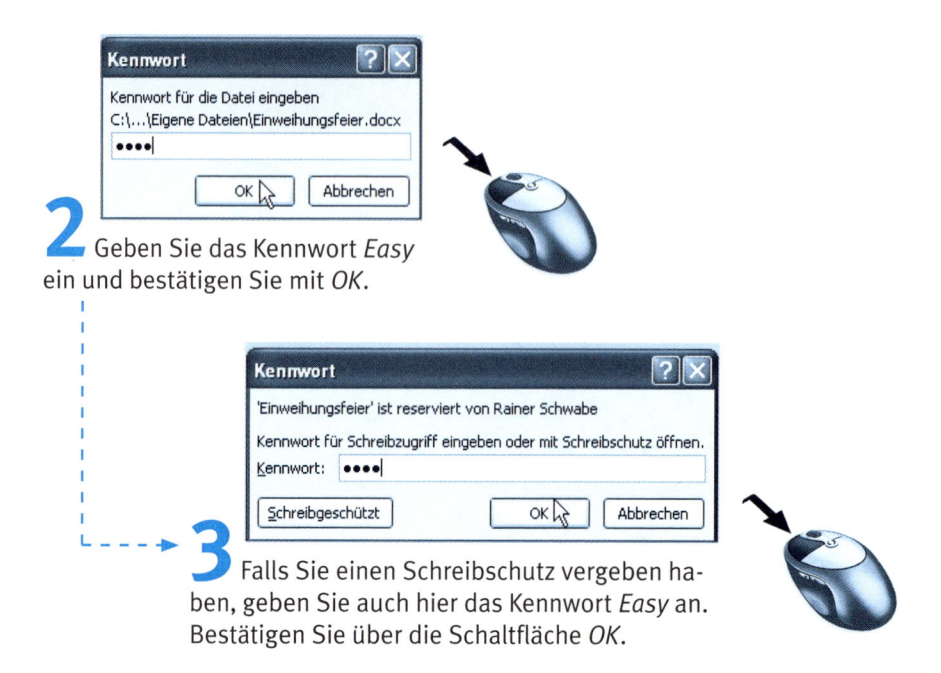

2 Geben Sie das Kennwort *Easy* ein und bestätigen Sie mit *OK*.

3 Falls Sie einen Schreibschutz vergeben haben, geben Sie auch hier das Kennwort *Easy* an. Bestätigen Sie über die Schaltfläche *OK*.

Das Dokument öffnet sich auf dem Bildschirm.

Sie möchten den Lese- und Schreibschutz für das Dokument »Einweihungsfeier« wieder aufheben? Dazu brauchen Sie nur das Kennwort mit der `Entf`-Taste zu löschen.

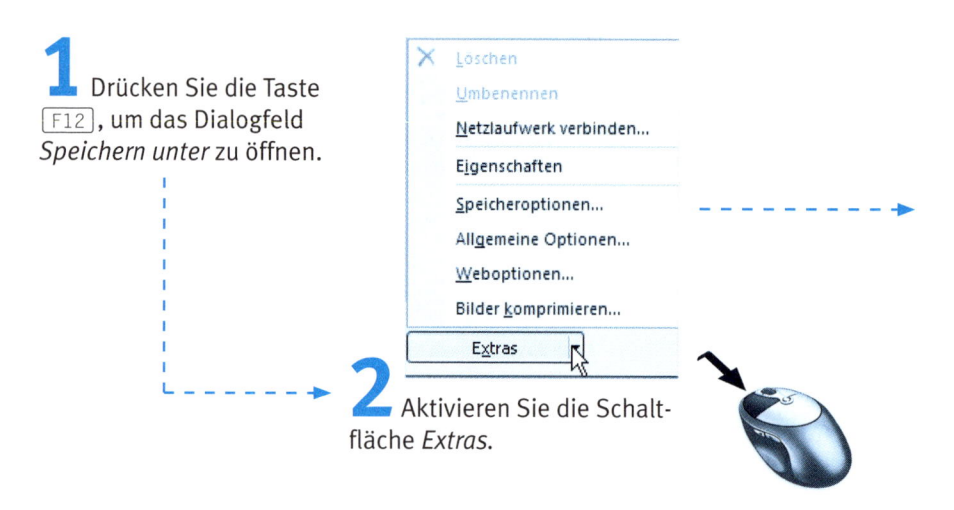

1 Drücken Sie die Taste `F12`, um das Dialogfeld *Speichern unter* zu öffnen.

2 Aktivieren Sie die Schaltfläche *Extras*.

3 Wählen Sie hier wieder den Eintrag *Allgemeine Optionen*.

4 Entfernen Sie die Kennwörter über die ⌨Entf⌨-Taste.

5 Bestätigen Sie über die Schaltfläche *OK*.

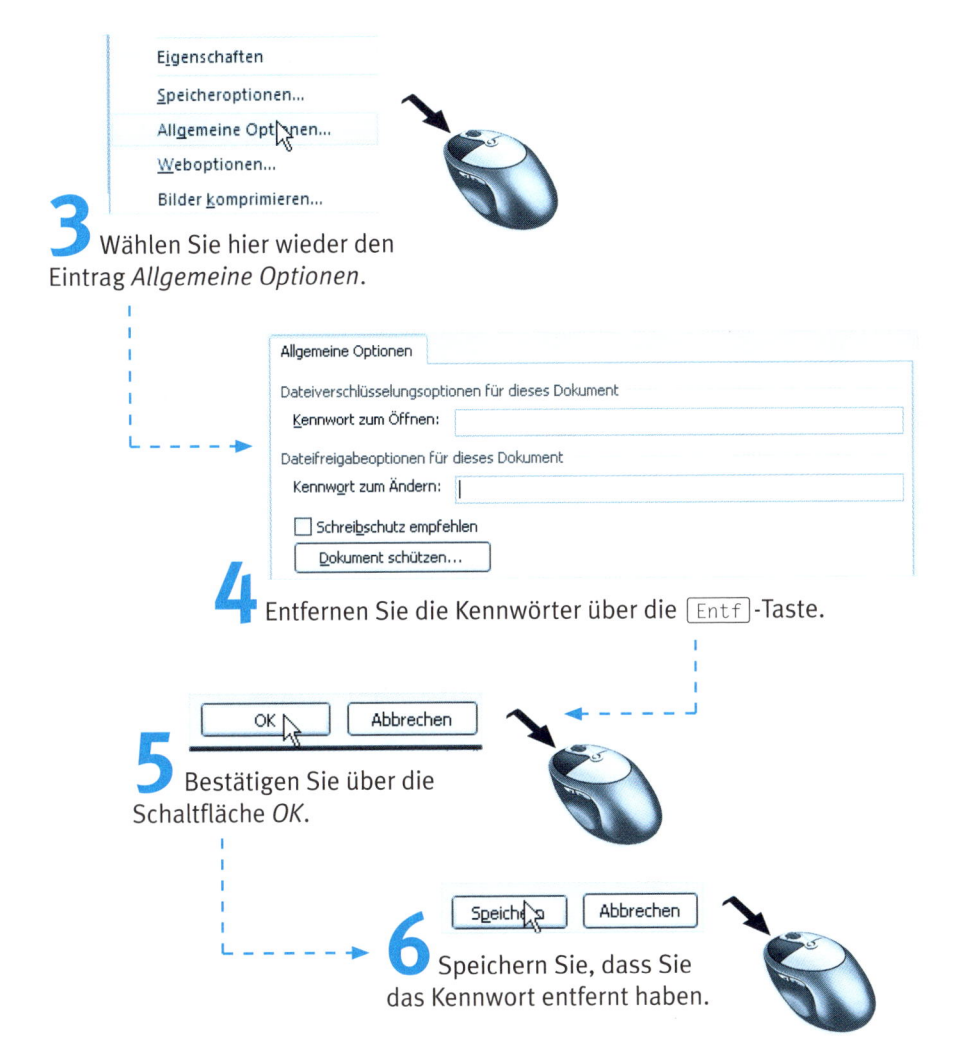

6 Speichern Sie, dass Sie das Kennwort entfernt haben.

Das Dokument erscheint auf Ihrem Bildschirm. Es ist wieder alles beim Alten.

Eine Datei umbenennen

Möchten Sie Ihrer Datei einen anderen Namen zuweisen? Das geschieht auf einfachste Weise. Sie können sich zwischen den Dialogfeldern *Öffnen* und *Speichern unter* entscheiden. Beide Wege führen zum selben Ergebnis.

> **Tipp**
>
> Sie schließen eine Datei auf dem Bildschirm, indem Sie die Tastenkombination ⌜Alt⌝+⌜F4⌝ drücken. Damit schließen Sie nicht nur eine Datei auf dem Bildschirm, sondern Sie beenden auch Word, wenn sich nur noch ein gespeichertes Dokument auf dem Bildschirm befindet.

Beispiel:

Die Datei »Einweihungsfeier« soll in »Einladung« umbenannt werden.

> **Achtung**
>
> Möchten Sie ein Dokument umbenennen, muss das Dokument auf Ihrem Bildschirm geschlossen sein!

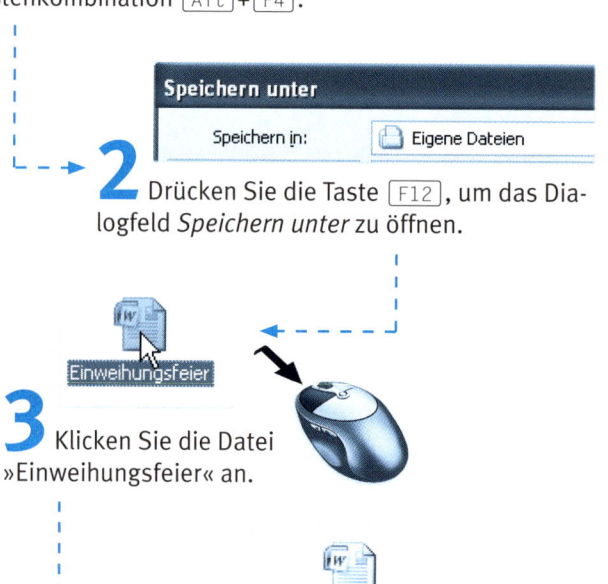

1 Schließen Sie die Datei »Einweihungsfeier« über die Tastenkombination ⌜Alt⌝+⌜F4⌝.

2 Drücken Sie die Taste ⌜F12⌝, um das Dialogfeld *Speichern unter* zu öffnen.

3 Klicken Sie die Datei »Einweihungsfeier« an.

4 Platzieren Sie den Mauszeiger auf den Schriftzug »Einweihungsfeier«. Klicken Sie ihn einmal an. Der Schriftzug ist markiert.

Eine Datei umbenennen **111**

5 Tippen Sie das Wort »Einladung« ein.

6 Bestätigen Sie die Namensänderung über die ⏎-Taste.

7 Schließen Sie das Dialogfeld.

Die Datei heißt von nun an nicht mehr »Einweihungsfeier«, sondern trägt den Namen »Einladung«. Eine Datei mit dem Namen »Einweihungsfeier« existiert nicht mehr! Die Datei »Einladung« muss in Word 2007 zunächst über die Schaltfläche *Öffnen* gestartet werden.

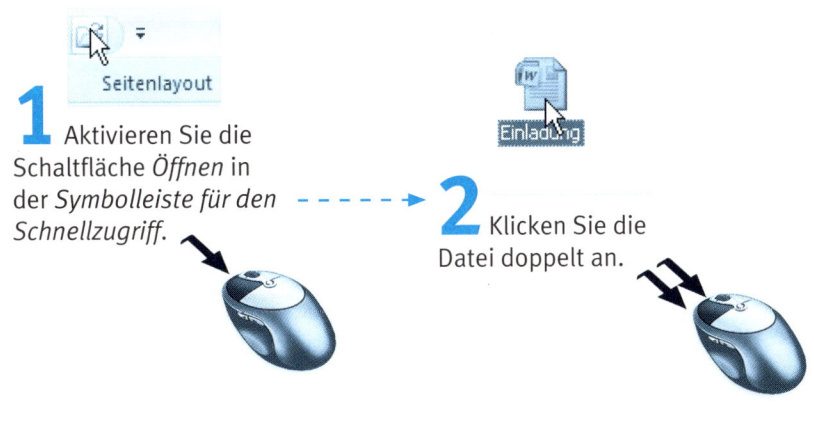

1 Aktivieren Sie die Schaltfläche *Öffnen* in der *Symbolleiste für den Schnellzugriff*.

2 Klicken Sie die Datei doppelt an.

Die Datei erscheint auf dem Bildschirm.

Eine Datei löschen

Sie möchten ein Dokument entfernen, da Sie es nicht mehr benötigen. Also weg damit! Das können Sie auch über Word 2007 direkt erledigen.

Beispiel:

Das Dokument »Familie Müller« soll gelöscht werden.

> **Achtung**
> Um ein Dokument zu löschen, darf es nicht auf Ihrem Bildschirm erscheinen bzw. geöffnet sein.

Sie haben wieder die Qual der Wahl. Sie können entweder das Dialogfeld *Speichern unter* oder das Dialogfeld *Öffnen* wählen. In beiden Fällen können Sie ein bestehendes Dokument bzw. eine Datei löschen.

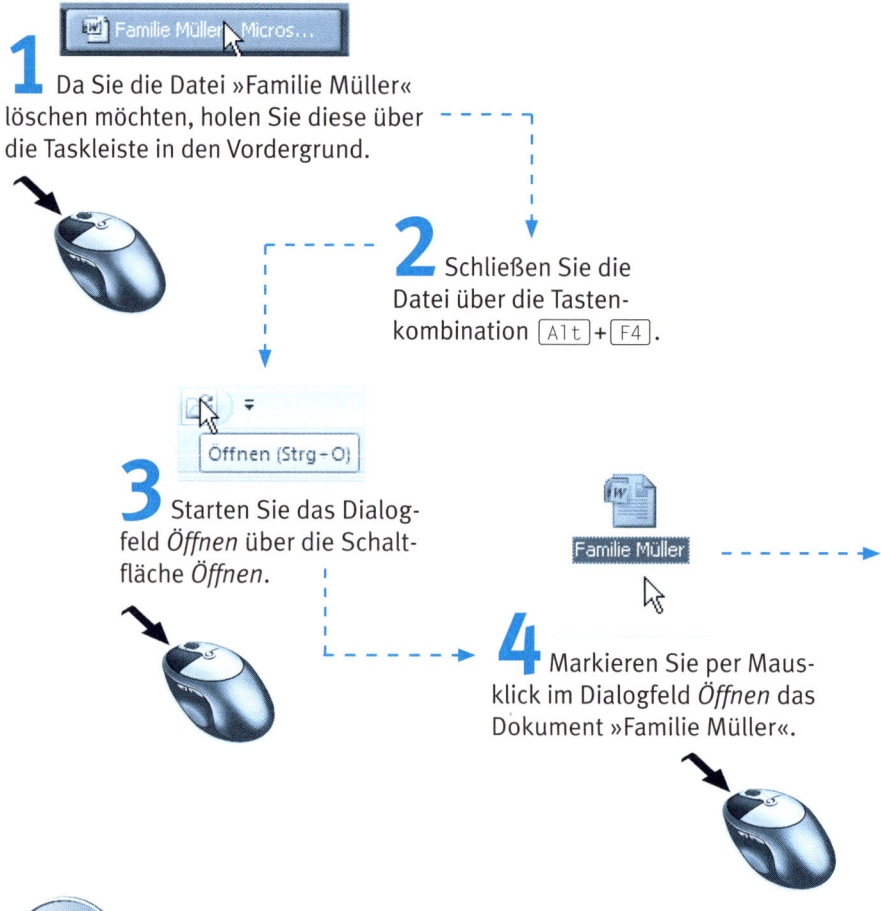

1 Da Sie die Datei »Familie Müller« löschen möchten, holen Sie diese über die Taskleiste in den Vordergrund.

2 Schließen Sie die Datei über die Tastenkombination [Alt]+[F4].

3 Starten Sie das Dialogfeld *Öffnen* über die Schaltfläche *Öffnen*.

4 Markieren Sie per Mausklick im Dialogfeld *Öffnen* das Dokument »Familie Müller«.

Eine Datei löschen 113

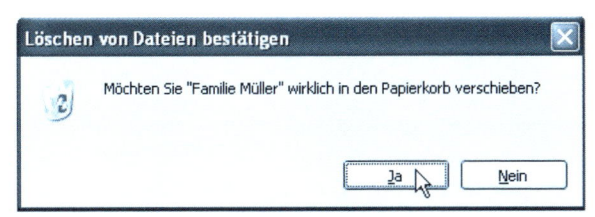

5 Drücken Sie die `Entf`-Taste. Bestätigen Sie die Rückfrage mit *Ja*. Das Dokument wird gelöscht.

Hinweis

Im Dialogfeld *Öffnen* oder *Speichern unter* können Sie auch eine Datei anklicken und über die Schaltfläche *Löschen* im Dialogfeld entfernen.

Das Dokument »Familie Müller« wurde von Ihrem Computer – der Festplatte – entfernt!

Nicht ganz! Keine Sorge, jetzt kommt nicht der »Grüne Punkt«. Sie müssen auch nichts »trennen«, sondern auf dem Windows-Desktop befindet sich ein *Papierkorb*. Hier haben Sie die Möglichkeit, die Datei endgültig zu löschen, können aber auch versehentlich gelöschte Dateien wiederherstellen.

Markieren Sie z. B. per Mausklick die gelöschte Datei im Papierkorb, können Sie diese über die `Entf`-Taste endgültig löschen oder über die Schaltfläche *Element wiederherstellen* wieder zurück an den Ursprungsort verschieben.

> **Achtung**
>
> Obwohl die Dateien umbenannt oder gelöscht worden sind, erscheinen sie, wenn Sie die *Office*-Schaltfläche anklicken, trotzdem noch bei den zuletzt verwendeten Dokumenten.
>
> | Zuletzt verwendete Dokumente |
> | --- |
> | 1 Familie Müller |
> | 2 Einladung |
> | 3 Einweihungsfeier |

Die Schaltfläche »Schließen« anlegen

Sie haben in diesem Kapitel mehrere Wege kennen gelernt, um eine Datei zu schließen:

Dokument schließen	Wege
Tasten	[Alt] + [F4]
Maus	Office-Schaltfläche – *Befehl* Schließen

Natürlich existiert auch eine eigene Schaltfläche *Schließen*, die Sie selbst in der *Symbolleiste für den Schnellzugriff* angeben können.

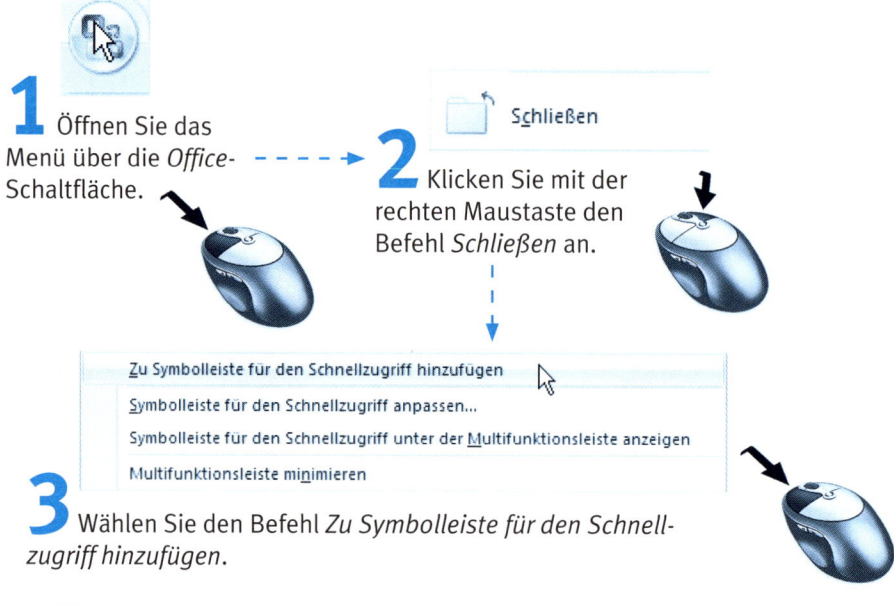

1 Öffnen Sie das Menü über die *Office*-Schaltfläche.

2 Klicken Sie mit der rechten Maustaste den Befehl *Schließen* an.

    Zu Symbolleiste für den Schnellzugriff hinzufügen
    Symbolleiste für den Schnellzugriff anpassen...
    Symbolleiste für den Schnellzugriff unter der Multifunktionsleiste anzeigen
    Multifunktionsleiste minimieren

3 Wählen Sie den Befehl *Zu Symbolleiste für den Schnellzugriff hinzufügen*.

Die Schaltfläche »Schließen« anlegen 115

Sie sehen, dass die Schaltfläche *Schließen* in die Leiste platziert wurde. Mit einem Mausklick können Sie nun ein Dokument schließen.

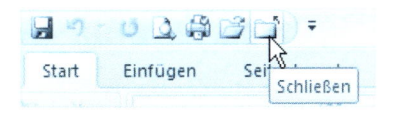

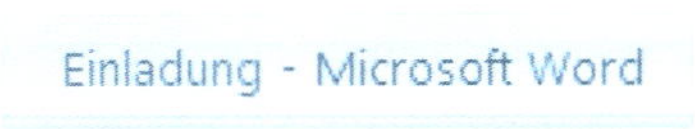

Haben Sie dieses Kapitel Schritt für Schritt bearbeitet, befindet sich noch das Dokument »Einladung« auf dem Bildschirm.

1 Schließen Sie das Dokument über die Schaltfläche *Schließen*.

Sie können eine Schaltfläche schnell wieder entfernen. Dazu bewegen Sie den Mauszeiger auf die Schaltfläche in der *Symbolleiste für den Schnellzugriff*. Klicken Sie mit der rechten Maustaste und geben Sie den entsprechenden Befehl an. Nachdem sich kein Dokument mehr auf dem Bildschirm befindet, können Sie durch einen Doppelklick auf die *Office*-Schaltfläche Word 2007 beenden.

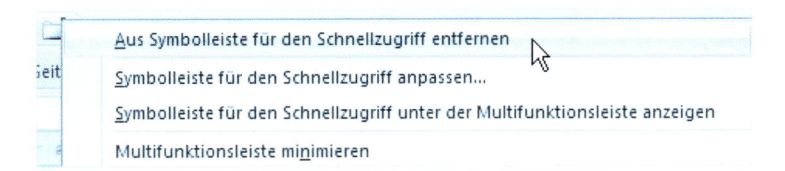

Falls Sie die anschließenden Übungen durchführen möchten, starten Sie Word 2007 erneut oder klicken Sie auf die Schaltfläche *Neu* für ein *Neues Dokument* (oder drücken Sie die Tastenkombination [Strg]+[N]).

Tipps zu diesem Kapitel

1. Sie können Dateien in den Dialogfeldern *Speichern unter* und *Öffnen* über die Schaltfläche *Extras* umbenennen und löschen. Dazu muss die entsprechende Datei markiert sein.

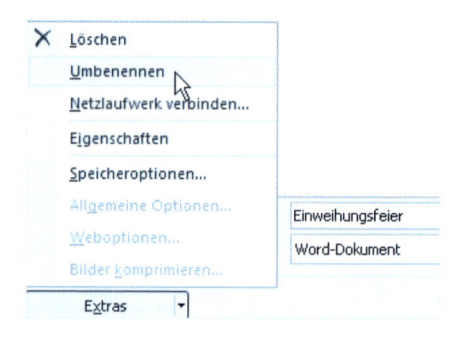

2. Das Zeitintervall der automatischen Speicherung – eingestellt zurzeit auf 10 Minuten – können Sie ändern über folgenden Weg: *Office-Schaltfläche – Schaltfläche Word-Optionen – Speichern*.

3. Mit der Tastenkombination ⌈Strg⌉+⌈W⌉ schließen Sie ebenfalls ein Dokument auf dem Bildschirm.

Üben Sie Word 2007!

Fragen

1. Können Sie eine Datei, die sich auf Ihrem Bildschirm befindet, löschen?

2. Was ist ein Verzeichnis?

3. Welches Laufwerk geben Sie normalerweise an, wenn Sie ein Dokument
   - von einer Diskette
   - von einem USB-Stick

   starten möchten?

Übungen

Mehrere Wege sind für die folgenden Aufgaben möglich. Starten Sie Word. Öffnen Sie zunächst die Datei »Einladung«.

1. Speichern Sie die Datei »Einladung« als »Party« ab.
2. Löschen Sie die Datei »Einladung«!
3. Stellen Sie die gelöschte Datei wieder her!
4. Löschen Sie die Datei »Party«.

Das können Sie schon

Die Multifunktionsleiste	25
Die Zoomfunktion	38
Die Rechtschreibhilfe	48
Das Wörterbuch in Word 2007	52
Die Silbentrennung	55
Die Formatvorlagen in Word 2007	75
Einen Text speichern	82
Der Schnelldruck	91
Dokumente starten	98

Das lernen Sie neu

Aufzählungen in Word	120
Aufzählungen angeben	121
Eine Aufzählung wieder löschen	123
Texte verschieben und kopieren	123
Der Thesaurus	127
Suchen und Ersetzen	130
Formate übertragen	133

Kapitel 7

Texte gestalten

Herr Miesepeter ist außer sich vor Wut, verbrachte er doch einen Urlaub voller Missstände! So gut wie alles war zu beanstanden. Kaum zu Hause angekommen, setzt er sich – noch immer wütend – vor seinen Computer und verfasst einen Beschwerdebrief. Damit die Mängel sofort ins Auge fallen, nummeriert er sie. Als er sich ein wenig beruhigt hat, korrigiert er sein Schreiben. Er stellt Sätze um und ersetzt »häufige« Wörter, die sich zu »häufig« »anhäuften«.

Aufzählungen in Word

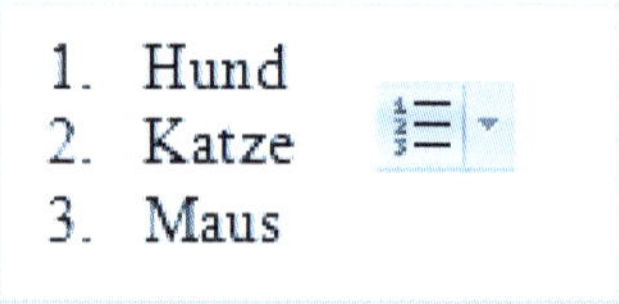

Beim Lesen wird der Blick als Erstes auf die Aufzählungen gerichtet. Die bekannteste Art ist sicherlich »1, 2, 3, ...«. Wie der Zufall es will, existiert eine solche Schaltfläche in Word 2007. Klicken Sie diese auf der Registerkarte *Start* an, erfolgt eine Aufzählung (*Nummerierung*).

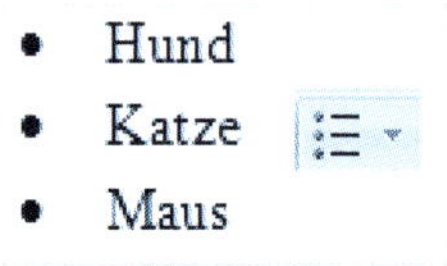

Ein weitere Möglichkeit der Darstellung sind die Punkte (*Aufzählungszeichen*).

Die Arten der einzelnen Aufzählungen sind vielfältig und nicht nur auf diese beiden Schaltflächen beschränkt. Klicken Sie neben der Schaltfläche der Aufzählungszeichen auf den Pfeil, erhalten Sie noch mehr Möglichkeiten zur Gestaltung. Weitere Alternativen finden Sie über den Weg *Neues Aufzählungszeichen definieren* (siehe dazu auch weiter unten unter *»Tipps zum Kapitel«*).

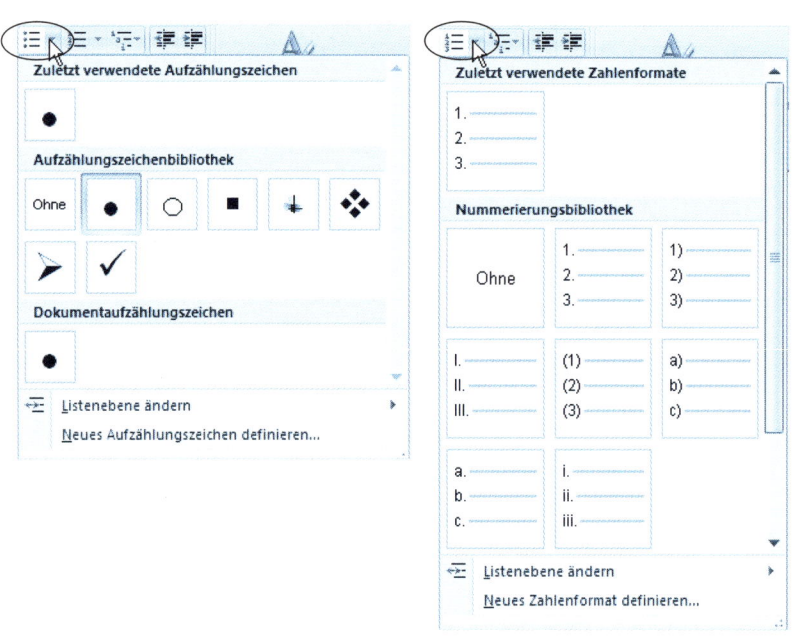

Was für die Aufzählungszeichen gilt, gilt natürlich auch für die Nummerierungen. Auch hier erhalten Sie eine Auswahl, wenn Sie auf den Pfeil neben der Schaltfläche klicken.

Aufzählungen angeben

Haben Sie Ihren Text bereits geschrieben, markieren Sie ihn und wählen die gewünschte Aufzählung aus. Sie können aber auch zuerst die Aufzählung angeben und dann den Text schreiben.

1 Aktivieren Sie ggf. die Registerkarte *Start*.

2 Schreiben Sie den Text.

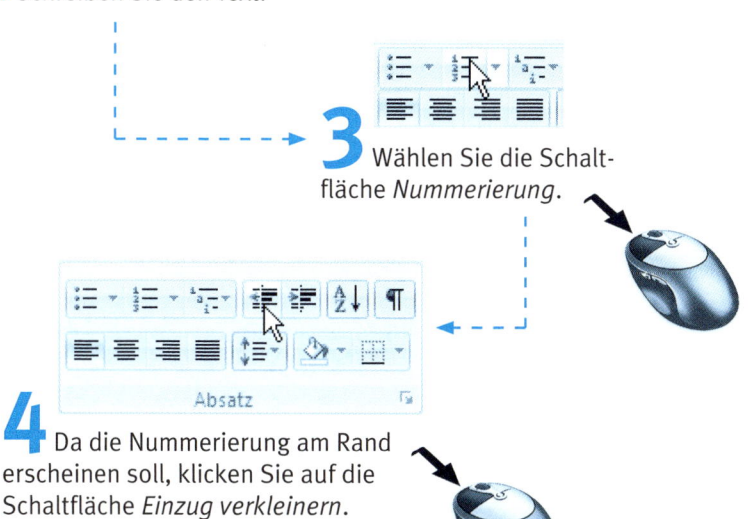

3 Wählen Sie die Schaltfläche *Nummerierung*.

4 Da die Nummerierung am Rand erscheinen soll, klicken Sie auf die Schaltfläche *Einzug verkleinern*.

Word 2007 nummeriert, sobald Sie die ⏎-Taste drücken. Die Aufzählung endet automatisch, wenn Sie die letzte Zeile leer lassen und die ⏎-Taste drücken.

1 1.→ Die Toiletten waren ständig verstopft.¶
Tragen Sie den ersten Text ein.

1.→ Die Toiletten waren ständig verstopft.¶
2.→ In der Küche fehlte das Kochgeschirr.¶
3.→ Die Putzfrau erschien nur jeden 3. Tag.¶
4.→ Die Sonne schien insgesamt nur an fünf Tagen.¶
5.→ Das Wasser im Pool war ständig viel zu kalt.¶

2 Drücken Sie die ⏎-Taste. Geben Sie die folgenden Punkte genau so ein. Haben Sie einen Aufzählungspunkt beendet, drücken Sie die ⏎-Taste.

5.→ Das Wasser im Pool war ständig viel zu kalt.¶
6.→¶

3 Haben Sie sämtliche Punkte eingegeben und befinden sich am Ende Ihrer Eingabe, drücken Sie die ⏎-Taste.

5.→ Das Wasser im Pool war ständig viel zu kalt.¶
¶
¶

4 Lassen Sie die Zeile leer. Drücken Sie die ⏎-Taste.

5.→ Das Wasser im Pool war ständig viel zu kalt.¶
¶
Ich bitte um eine baldige Antwort.¶
¶
Mit freundlichen Grüßen.¶
¶
¶
Hans Miesepeter¶

5 Fahren Sie mit der »normalen« Texteingabe fort.

Eine Aufzählung wieder löschen

Sie können Aufzählungen auch wieder löschen (wie hier bei »Hund, Katze, Maus«). Wichtig dabei ist, dass die komplette Zeile markiert ist.

Sie setzen den Mauszeiger vor die zu entfernende Aufzählung. Hier ist es »2. Katze«. Ist dies markiert, drücken Sie die `Entf`-Taste. Die Katze ist weg.

1. Hund
2. Katze
3. Maus

Die Aufzählung wurde von Word automatisch angepasst. Die Maus, die vorher die Nummer 3 war, erhält die Nummer 2.

In diesem Beispiel möchte Herr Miesepeter ebenfalls einen Aufzählungspunkt löschen. Ihm ist nach Rücksprache mit seiner Frau klar, dass er fehlenden Sonnenschein nicht reklamieren kann. Daher löscht er den Punkt 4.

1. Die Toiletten waren ständig verstopft.
2. In der Küche fehlte das Kochgeschirr.
3. Die Putzfrau erschien nur jeden 3. Tag.
4. Die Sonne schien insgesamt nur an fünf Tagen.
5. Das Wasser im Pool war ständig viel zu kalt.

1 Positionieren Sie den Mauszeiger. Markieren Sie die Zeile durch Mausklick.

1. Die Toiletten waren ständig verstopft.
2. In der Küche fehlte das Kochgeschirr.
3. Die Putzfrau erschien nur jeden 3. Tag.
4. Das Wasser im Pool war ständig viel zu kalt.

2 Löschen Sie den Aufzählungspunkt über die `Entf`-Taste.

Texte verschieben und kopieren

Möchten Sie einen Text *verschieben* oder *kopieren*, sollte er zuerst markiert sein.

in der Zeit vom 17.08. bis 28.08. habe ich Ihr Haus auf der Insel Tobaluba gemietet. Das Haus entsprach nicht meinen Erwartungen, da noch einige Mängel auftraten. Von Erholung konnte keine Rede sein. Hier die Mängel im Einzelnen:

Dann können Sie auf der Registerkarte *Start* die Schaltfläche mit der Schere anklicken. Diese schneidet die Markierung aus.

Soll die Textstelle dagegen dupliziert werden, kopieren Sie diese.

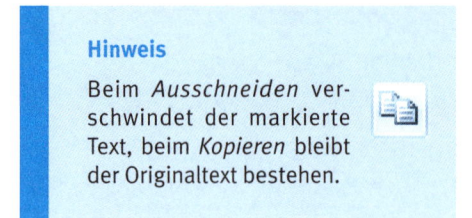

> **Hinweis**
>
> Beim *Ausschneiden* verschwindet der markierte Text, beim *Kopieren* bleibt der Originaltext bestehen.

Gleichgültig, welche Schaltfläche Sie wählen, die darauf folgende Vorgehensweise – das *Einfügen* – bleibt dieselbe.

Die Zwischenablage

Ihr Text befindet sich in der so genannten *Zwischenablage*.

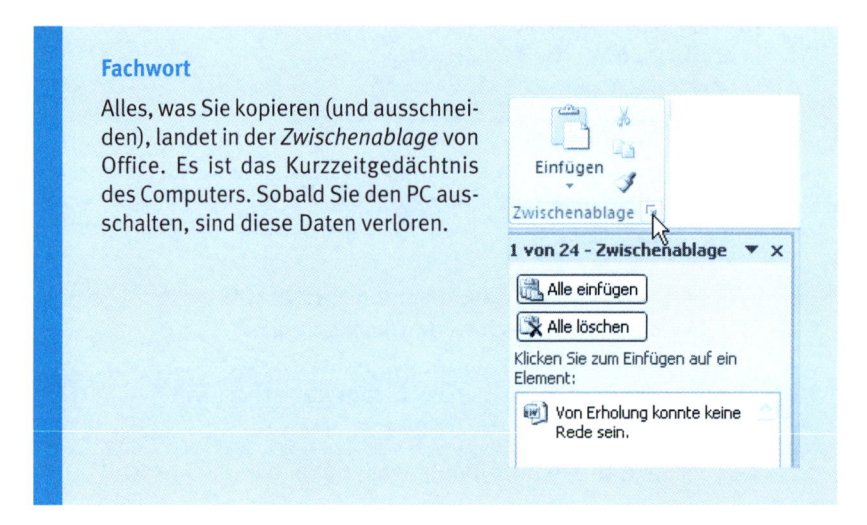

> **Fachwort**
>
> Alles, was Sie kopieren (und ausschneiden), landet in der *Zwischenablage* von Office. Es ist das Kurzzeitgedächtnis des Computers. Sobald Sie den PC ausschalten, sind diese Daten verloren.

Stellen Sie sich die Zwischenablage im Aufgabenbereich wie einen Kleiderschrank vor, der für 24 Kleidungsstücke Platz hat. Bei Bedarf holen Sie sich das passende heraus. Kaufen Sie ein neues Kleidungsstück, verschwindet das älteste. Genau so ist es mit der Zwischenablage. Sie können bis zu 24 Kleidungsstücke – oh, Verzeihung – Elemente wieder einfügen, die Sie selbst einmal z. B. kopiert haben.

Das Einfügen

Sie müssen dazu die Schreibmarke dorthin setzen, wo die Textpassage eingefügt werden soll. Dann klicken Sie einfach auf der Registerkarte *Start* auf die Schaltfläche *Einfügen*.

Mit der Maus verschieben und kopieren

> **Fachwort**
>
> *Drag&Drop* ermöglicht es unter Windows, den Mauszeiger auf ein Symbol zu bewegen, die linke Maustaste zu drücken und zu halten, bis das Symbol an eine andere Stelle bewegt und abgelegt wird.

Hier kommt die Maus! Für geübte Mausbenutzer ist die Nutzung der Maus schneller. Dabei verwenden Sie die so genannte *Drag&Drop*-Methode.

Übersetzt heißt das ungefähr »Ziehen und Ablegen«. Sie positionieren den Mauszeiger vor der Markierung und halten die linke Maustaste fest. Unter dem Mauszeiger erscheint ein *gestricheltes Rechteck*. Word teilt Ihnen mit: Sie können verschieben.

> **Tipp**
>
> Einen ganzen Satz können Sie auch markieren, indem Sie die [Strg]-Taste gedrückt halten und in den entsprechenden Satz klicken.

1 Markieren Sie den Text, indem Sie die [Strg]-Taste gedrückt halten und in den Satz klicken.

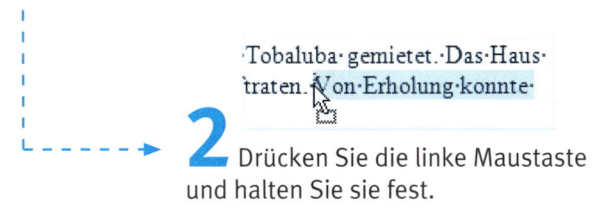

2 Drücken Sie die linke Maustaste und halten Sie sie fest.

Vor dem Mauszeiger erscheint eine *gestrichelte Linie*. Die Maustaste halten Sie weiterhin gedrückt. Sie setzen die gestrichelte Linie an die Stelle, an die Sie den Text neu einfügen möchten. Dann lassen Sie die Maustaste los.

1 Ziehen Sie den Text an die neue Stelle. Die gestrichelte Linie »wandert« mit!

2 Sobald Sie die Maustaste loslassen, ist der Text verschoben.

Der Text verschwindet von der alten Position und erscheint an der neuen. Er wurde in diesem Fall *verschoben*.

Smarttags

Nach dem Kopiervorgang sehen Sie einen *Smarttag*. Der Smarttag verschwindet, sobald Sie z. B. die `Esc`-Taste drücken.

Sie platzieren den Mauszeiger auf den Smarttag und öffnen die Liste. Sie können das Kopieren entsprechend den Einträgen definieren.

Fachwort

Mit *Smarttags* erhalten Sie einen Überblick über alle möglichen Aktionen. Ein Smarttag macht Sie *aufgabenorientiert* auf Funktionen in Word 2007 aufmerksam.

Fachwort

Eine Formatierung besteht z. B. aus einer Fettschrift, Kursivschrift oder Unterstreichung. Das kann aber auch die Schriftart und Schriftgröße sein.

Kopieren mit Drag&Drop

Übrigens können Sie mit der Maustaste auch *kopieren*. Es ist dieselbe Prozedur wie beim Verschieben. Nur drücken Sie hier zusätzlich die ⌈Strg⌉-Taste. Am Mauszeiger erscheint dann ein *Plus* (+).

> **Tipp**
>
> Wenn's einmal mit dem Verschieben bzw. Drag&Drop danebengeht und der Text an eine falsche Stelle eingefügt wird, klicken Sie auf die Schaltfläche *Rückgängig* in der *Symbolleiste für den Schnellzugriff*. Sie können auch die Tastenkombination ⌈Strg⌉+⌈Z⌉ drücken.
>
> Hiermit heben Sie den letzten Befehl wieder auf. Ihr Bildschirm sieht dann genauso aus wie vorher, so als wenn nichts passiert wäre. Sie können es mit Drag&Drop noch einmal versuchen.

Ausschneiden, kopieren und einfügen können Sie auch über die Tasten:

Tasten	Funktion
⌈Strg⌉+⌈X⌉	Ausschneiden
⌈⇧⌉+⌈Entf⌉	Ausschneiden
⌈Strg⌉+⌈C⌉	Kopieren
⌈Strg⌉+⌈V⌉	Einfügen
⌈⇧⌉+⌈Einfg⌉	Einfügen

Der Thesaurus

»Das Haus neben unserem Haus war größer als das Haus schräg gegenüber.« Jetzt seien Sie aber nicht aus dem »Häuschen«, wenn Sie diesen wenig poetischen Satz lesen.
Es geht hier um ständige *Wortwiederholungen*. Ein Haus bleibt ein Haus? Es gibt eine Funktion namens *Thesaurus*. Das hört sich an wie eine wiederbelebte Dinosaurierart aus Jurassic Park. Doch weit gefehlt! Hier erhalten Sie Vorschläge für den Ausdruck von gleichartigen Begriffen. Schriftsteller benutzen häufig diese Funktion – so auch der Autor dieses Buches!

> **Fachwort**
>
> Mit Hilfe des *Thesaurus* können Sie sich zu einem Wort »Synonyme« anzeigen lassen, um Ihren Text abwechslungsreicher zu gestalten. Definition des Ausdrucks Thesaurus lautet gemäß Duden: Wortschatz, Titel besonders umfangreicher Wörterbücher.

Beispiele: Fahrzeug statt Auto, Mauer statt Wand, Erde statt Boden.

Beispiel:

In seinem Brief benutzte Herr Miesepeter im Übereifer ebenfalls die gleichen Wörter.

in der Zeit vom 17.08. bis 28.08. habe ich Ihr Haus auf der Insel Tobaluba gemietet. Von Erholung konnte keine Rede sein. Das Haus entsprach nicht meinen Erwartungen, da noch einige Mängel auftraten. Hier die Mängel im Einzelnen:

Sie brauchen nur die Schreibmarke auf ein Wort zu positionieren. Word 2007 weiß dann, dass Sie für diesen Begriff eine andere Ausdrucksweise suchen.

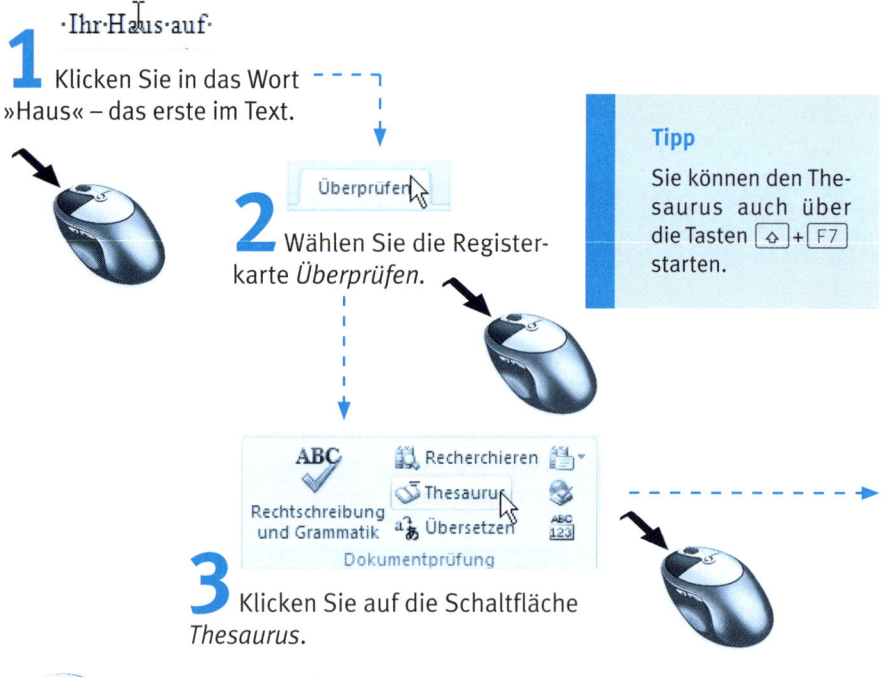

1 Klicken Sie in das Wort »Haus« – das erste im Text.

2 Wählen Sie die Registerkarte *Überprüfen*.

3 Klicken Sie auf die Schaltfläche *Thesaurus*.

> **Tipp**
>
> Sie können den Thesaurus auch über die Tasten ⇧ + F7 starten.

Der Thesaurus **129**

Der Aufgabenbereich *Recherchieren* öffnet sich rechts auf dem Bildschirm.

Hätten Sie per Mausklick kein Wort angegeben, könnten Sie das unter *Suchen nach* nachholen. Der Thesaurus für Deutsch ist bereits aktiviert.

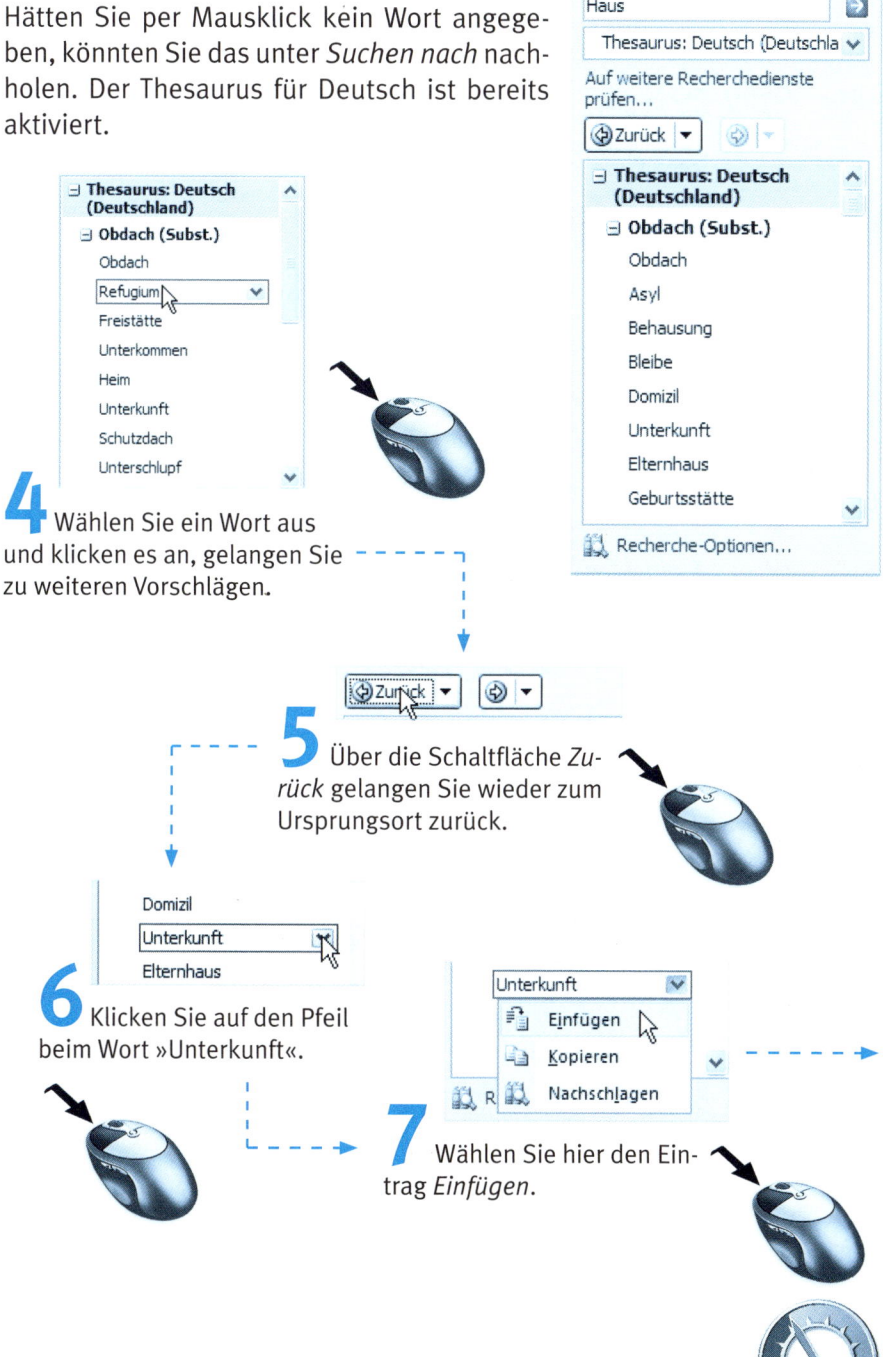

4 Wählen Sie ein Wort aus und klicken es an, gelangen Sie zu weiteren Vorschlägen.

5 Über die Schaltfläche *Zurück* gelangen Sie wieder zum Ursprungsort zurück.

6 Klicken Sie auf den Pfeil beim Wort »Unterkunft«.

7 Wählen Sie hier den Eintrag *Einfügen*.

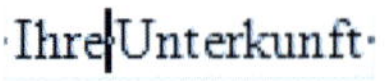

8 Ihre|Unterkunft·
Vergessen Sie nicht, noch ein »e« an »Ihr« anzufügen, denn aus »Ihr Haus« wird nun »Ihre Unterkunft«.

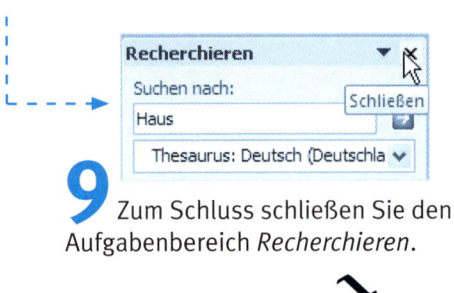

9 Zum Schluss schließen Sie den Aufgabenbereich *Recherchieren*.

Was wird wohl der »kleine« Unterschied zwischen »Mann« und »Frau« sein? Wer das nicht weiß, der Thesaurus verrät es!

Suchen und Ersetzen

Wer suchet, der findet. Dieses Motto gilt auch bei Word 2007. Gerade bei sehr langen, mehrseitigen Dokumenten kann diese Suchfunktion sehr hilfreich sein. Mit Word können Sie leicht Wörter suchen.

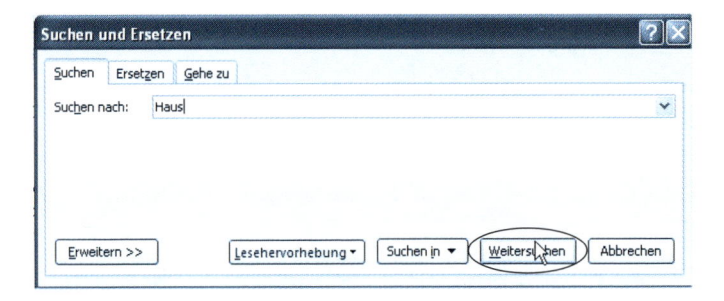

Möchten Sie dagegen ein Wort durch einen anderen Ausdruck ersetzen, bietet sich hier die Funktion *Ersetzen* an.

Wie oft passiert es, dass Sie beim Verfassen eines Briefes die falschen Ausdrücke verwenden.

Schreiben Sie beispielsweise eine Gebrauchsanweisung für den Betrieb einer Batterie und verwechseln dabei »Plus« und »Minus«, kann das für den Leser fatale Folgen haben.

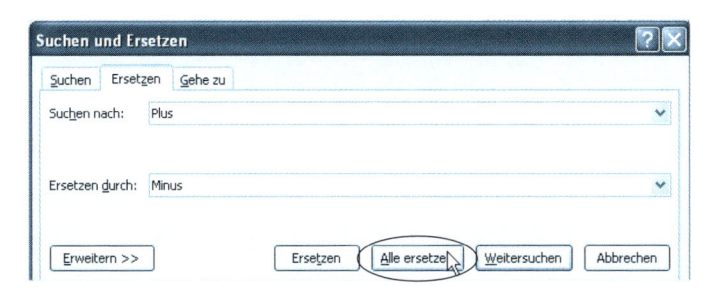

Bei einem kurzen Brief ist der Überblick noch vorhanden. Doch was ist, wenn das Schreiben 5, 10, 50 oder noch mehr Seiten umfasst? Möchten Sie das Dokument Seite für Seite am Monitor durchblättern? Das kann ganz schön ins Auge gehen. Wie leicht übersieht man trotzdem einen Begriff.

Der Brieftext im Beispiel ist (extra) kurz gehalten, damit Sie die Veränderung sofort nachvollziehen können.

Beispiel:

Herr Miesepeter möchte im Nachhinein die Bezeichnung »Putzfrau« durch »Reinigungskraft« ersetzen. Natürlich erkennt er dies auf dem Bildschirm. Doch Sie, als Word 2007-Anfänger, lernen dadurch die Funktion kennen. Setzen Sie die Schreibmarke für dieses Beispiel am besten an den Anfang des Textes (Tastenkombination Strg+Pos1).

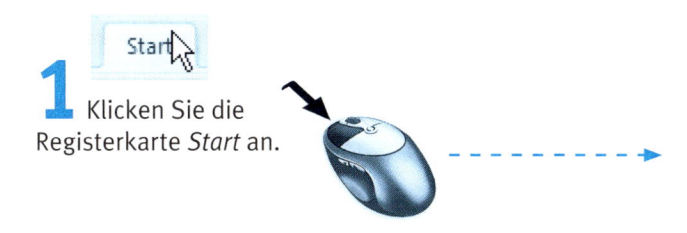

1 Klicken Sie die Registerkarte *Start* an.

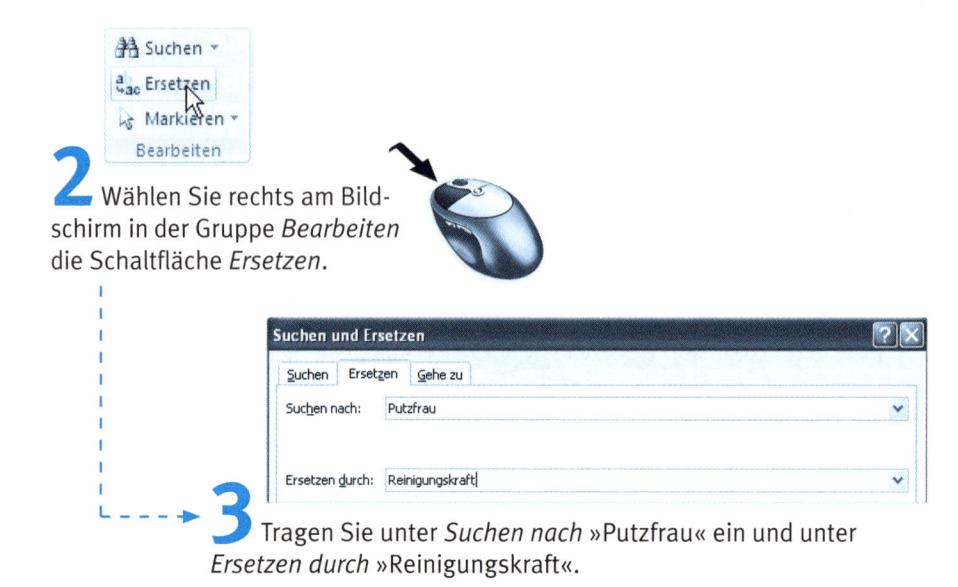

2 Wählen Sie rechts am Bildschirm in der Gruppe *Bearbeiten* die Schaltfläche *Ersetzen*.

3 Tragen Sie unter *Suchen nach* »Putzfrau« ein und unter *Ersetzen durch* »Reinigungskraft«.

Mit der Schaltfläche *Ersetzen* markiert Word den Begriff jeweils einzeln, falls er mehrmals vorhanden ist. Das Programm fragt jedes Mal, ob der Ausdruck ersetzt werden soll. Mit der Schaltfläche *Weitersuchen* geht's dann weiter.

Schneller ist ein Mausklick auf die Schaltfläche *Alle ersetzen*. Hier werden alle Suchbegriffe sofort ersetzt.

Zum Schluss teilt Word mit, wie viele Ausdrücke gefunden und ersetzt wurden.

> **Tipp**
>
> Sie können über die Schaltfläche *Erweitern* >> die Suche detaillieren, z. B. ob die Groß- und Kleinschreibung von Bedeutung sein soll und/oder der Suchbegriff ein separates Wort ist.

1 Ersetzen Sie alle Begriffe.

Word informiert Sie, wie viel Ausdrücke (»1 Ersetzungen«!) ausgetauscht wurden.

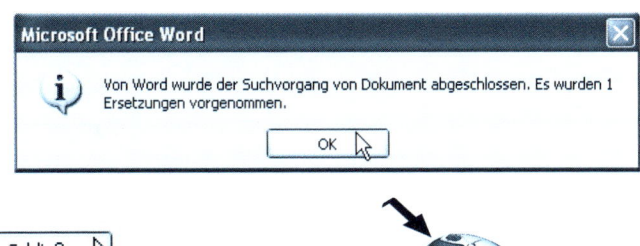

2 Verlassen Sie das Dialogfeld über die Schaltfläche *Schließen*.

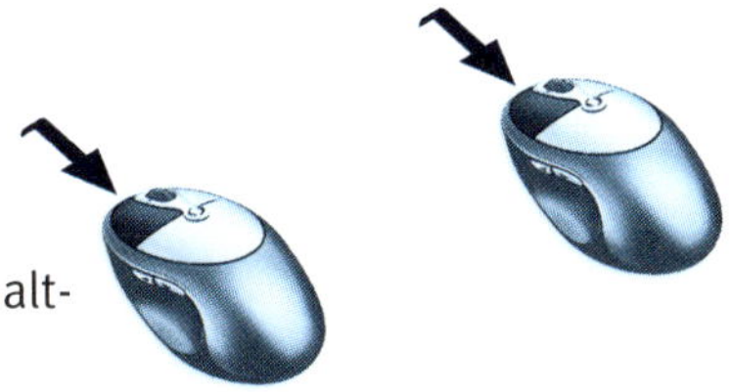

Formate übertragen

Die Schaltfläche mit dem *Pinsel* auf der Registerkarte *Start* ist Ihnen sicherlich schon aufgefallen, und vielleicht fragen Sie sich, welche Funktion sie hat? Diese Schaltfläche heißt *Format übertragen*.

Beispiel:

Herr Miesepeter möchte nun einige Wörter, die ihm wichtig erscheinen, durch Fettschrift hervorheben. Sie können das mit jedem Ausdruck einzeln durchführen. Doch es geht auch schneller.

> **Tipp**
> Mit einem Klick auf das Pinselsymbol können Sie Formate nur einmal übertragen. Per Doppelklick verwenden Sie die Funktion dagegen beliebig oft.

Sie wissen, wie Sie Texte oder Zahlen hervorheben. Möchten Sie eine bereits *vorhandene Formatierung* mehrmals vergeben, verwenden Sie am besten die Schaltfläche mit dem Pinsel.

Klicken Sie mit der linken Maustaste auf die Schaltfläche, ändert sich das Aussehen des Mauszeigers in die Form eines Pinsels.

> **Hinweis**
> Mit der [Esc]-Taste schalten Sie die Funktion wieder aus oder klicken noch einmal auf die Schaltfläche.

Schaltfläche Format übertragen	Auswirkung
Einmal anklicken	Sie können das Format einmal übertragen.
Doppelt *anklicken*	Sie können das Format beliebig *oft* übertragen.
Die [Esc]-Taste betätigen oder die Schaltfläche mit dem Pinsel noch einmal anklicken	Die Funktion ist wieder ausgeschaltet.

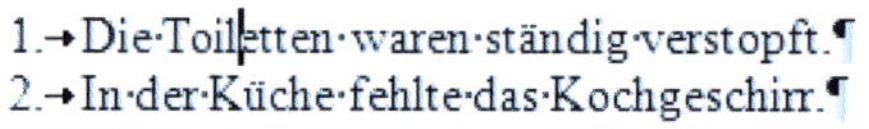

1. → Die Toiletten waren ständig verstopft.
2. → In der Küche fehlte das Kochgeschirr.

1 Setzen Sie die Schreibmarke auf »Toiletten«.

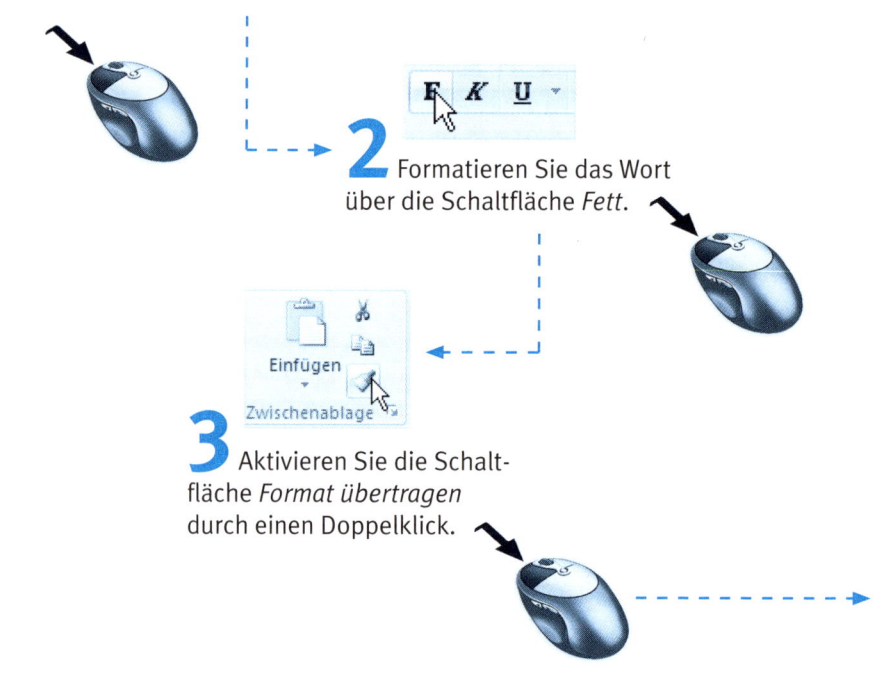

2 Formatieren Sie das Wort über die Schaltfläche *Fett*.

3 Aktivieren Sie die Schaltfläche *Format übertragen* durch einen Doppelklick.

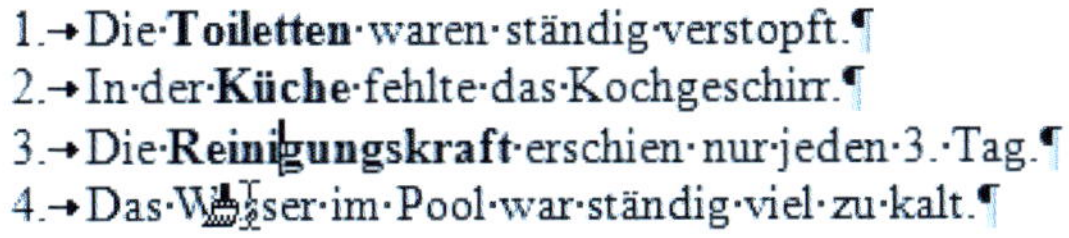

1. → Die **Toiletten** waren ständig verstopft.
2. → In der **Küche** fehlte das Kochgeschirr.
3. → Die **Reinigungskraft** erschien nur jeden 3. Tag.
4. → Das Wasser im Pool war ständig viel zu kalt.

4 Klicken Sie nacheinander auf die Wörter »Küche«, »Reinigungskraft« und »Wasser«.

5 Schalten Sie den Pinsel über die `Esc`-Taste aus (Sie können auch die Schaltfläche *Format übertragen* nochmals anklicken).

Tipps zum Kapitel

1. Über die Tastenkombination `Strg`+`Y` wiederholen Sie Ihre letzte Aktivität in Word.

2. Symbole können auch als Aufzählungszeichen angegeben werden. Dazu klicken Sie z. B. auf den Pfeil bei *Aufzählungszeichen*.

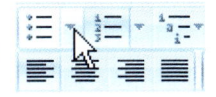

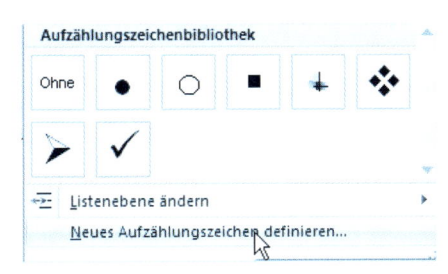

Sie gelangen in die Bibliothek der Aufzählungszeichen. Hier können Sie bereits Aufzählungszeichen festlegen. Weitere Möglichkeiten finden Sie, wenn Sie nun den Eintrag *Neues Aufzählungszeichen definieren* wählen. Sie haben die Auswahl zwischen *Symbol*, *Bild* und *Schriftart*.

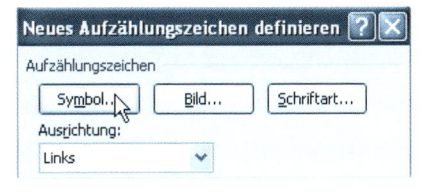

Wählen Sie die Schaltfläche *Symbol* und aktivieren Sie z. B. *Wingdings*. Das ist eine Schriftart, die aus Symbolen besteht. Wählen Sie innerhalb des Dialogfelds per Mausklick ein Symbol aus. Bestätigen Sie jeweils zweimal über die Schaltfläche *OK*, wird das neue Aufzählungszeichen eingefügt.

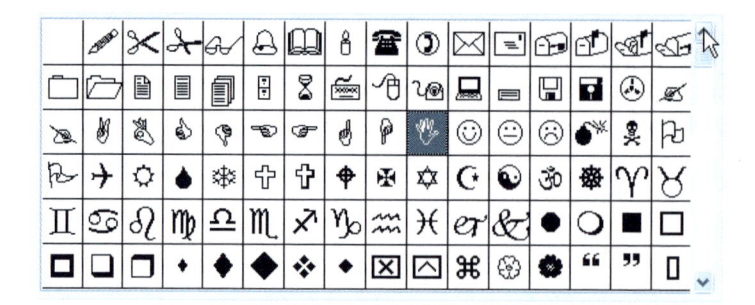

3. Über die Schaltfläche *Liste mit mehreren Ebenen* legen Sie Aufzählungen und Nummerierungen mit mehreren Ebenen an.

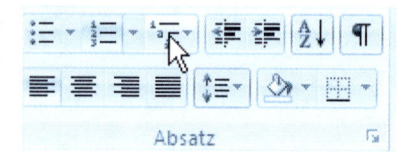

4. Ausschneiden, kopieren und einfügen können Sie auch über das Kontextmenü, indem Sie mit der rechten Maustaste auf die entsprechende Stelle im Dokument klicken.

5. Mit der Tastenkombination [Strg]+[H] öffnet sich das Dialogfeld *Suchen und Ersetzen*.

6. Sie können im Dokument Texte bearbeiten und das Dialogfeld *Suchen und Ersetzen* gleichzeitig auf dem Bildschirm aktiviert lassen.

7. Klicken Sie ein Wort mit der rechten Maustaste an, erhalten Sie direkt über den Eintrag *Synonyme* weitere Wortvorschläge. Auch hier können Sie den Thesaurus starten.

8. Halten Sie die [Alt]-Taste auf Ihrer Tastatur gedrückt und klicken mit der linken Maustaste gleichzeitig in ein Wort, startet der Thesaurus sofort.

Üben Sie Word 2007!

1. Legen Sie die folgende Aufzählung an:

    - Übung macht den Meister.
    - Aller Anfang ist schwer.
    - Wer nicht fragt, bleibt dumm.

2. Was ist der Unterschied zwischen Ausschneiden und Kopieren?
3. Nutzen Sie die Funktion *Thesaurus* und versuchen Sie, für die Wörter die entsprechenden Synonyme in das Kreuzworträtsel einzutragen.

Programm
Befehl
Auto
Frau

			1	A		L			F					
			2	A					O				N	G
	3	S		A	S	S			K					R
	4		E	A				N						

Das können Sie schon

Die Rechtschreibhilfe	48
Die Silbentrennung	55
Die Formatvorlagen in Word 2007	75
Einen Text speichern	82
Der Schnelldruck	91
Aufzählungen in Word	120
Texte verschieben und kopieren	123
Der Thesaurus	127
Suchen und Ersetzen	130
Formate übertragen	133

Das lernen Sie neu

Eine ClipArt-Grafik einfügen	140
Eine ClipArt-Grafik suchen	140
Eine Grafik bearbeiten	141
Eine Grafik drehen	147
Den Hintergrund festlegen	149
Formen anlegen	151
WordArt – Schrifteffekte	155
Grafiken verschieben	159
Textfelder	160
Legenden: Bilder sprechen lassen	164
Schnell die Registerkarten wechseln	168

Kapitel 8

Eine Glückwunschkarte erstellen

Ob zu Ostern, Weihnachten oder zum Geburtstag, herzliche Grüße sind immer eine gelungene Aufmerksamkeit, vor allem wenn sie persönlich in Handarbeit erstellt werden. Mit Word 2007 verleihen Sie Ihren Glückwunschkarten sogar einen individuellen Touch, können Sie diese doch nach Ihrem persönlichen Geschmack gestalten. Ihrer Fantasie sind hier kaum Grenzen gesetzt.

Eine ClipArt-Grafik einfügen

Word bietet Ihnen über die Registerkarte *Einfügen* Grafiken an. Diese heißen *ClipArts*. Mit den ClipArts haben Sie vielfältige Gestaltungsmöglichkeiten. Einige davon lernen Sie in diesem Kapitel kennen, weitere finden Sie in den nächsten Kapiteln beschrieben.

1 Öffnen Sie die Registerkarte *Einfügen*.

2 Klicken Sie auf die Schaltfläche *ClipArt*.

Eine ClipArt-Grafik suchen

Im rechten Teil des Bildschirms öffnet sich der Aufgabenbereich *ClipArt*.

In diesem Beispiel nehmen Sie für eine Osterkarte den Hasen. Oder ist es ein Kaninchen? Jedenfalls legt es Ostereier!

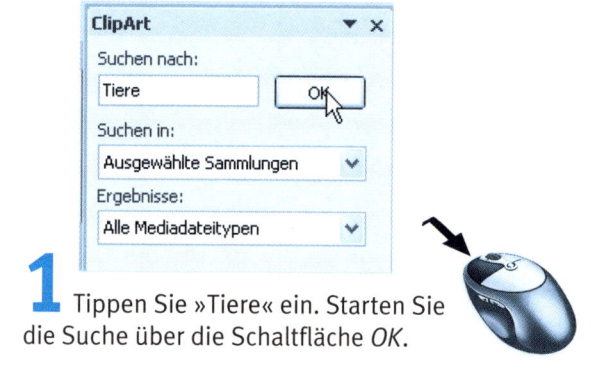

1 Tippen Sie »Tiere« ein. Starten Sie die Suche über die Schaltfläche *OK*.

Sie finden den Hasen in der gesuchten Kategorie als ClipArt.

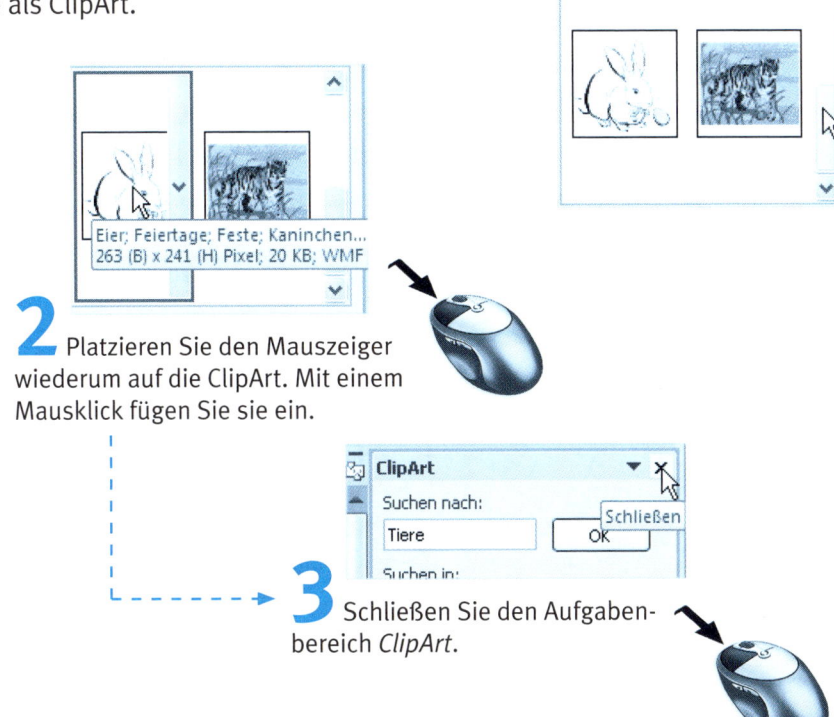

2 Platzieren Sie den Mauszeiger wiederum auf die ClipArt. Mit einem Mausklick fügen Sie sie ein.

3 Schließen Sie den Aufgabenbereich *ClipArt*.

Eine Grafik bearbeiten

Möchten Sie eine ClipArt-Grafik bearbeiten, muss diese aktiviert sein. Dazu klicken Sie – in unserem Beispiel – in den »Hasen«. Eine Umrandung und kleine Punkte – *Ziehpunkte* genannt – erscheinen.

1 Klicken Sie in die Grafik.

Um die Grafik herum erscheinen eine Umrandung und die Ziehpunkte.

Anhand des angezeigten Rahmens erkennen Sie die Größe der ClipArt-Grafik. Der Rahmen verschwindet, wenn Sie außerhalb des Bildes an eine beliebige Stelle im Dokument klicken.

1 Klicken Sie außerhalb der Grafik in das Dokument.

Die Begrenzungen der ClipArt-Grafik sind verschwunden.

Positionieren Sie den Mauszeiger auf einem der Ziehpunkte, *verändern* Sie *die Größe* des Bildes entsprechend der Pfeilrichtung. Mit gedrückter linker Maustaste vergrößern oder verkleinern Sie hier den »Hasen«.

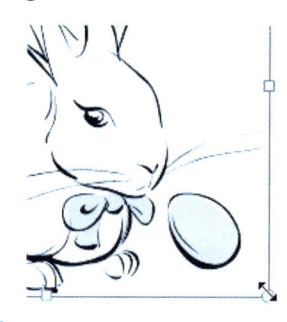

1 Klicken Sie ggf. in die Grafik. Platzieren Sie den Mauszeiger auf den rechten unteren Ziehpunkt.

Eine Grafik bearbeiten **143**

2 Verändern Sie die Größe der ClipArt-Grafik.

> **Tipp**
> Sollte der »Hase« auf Ihrem Monitor ein wenig zu groß oder zu klein sein und dadurch die Übersichtlichkeit einschränken, verkleinern Sie einfach Ihren *Zoom*. Das ist kein Muss, sondern nur ein Vorschlag. Die Einstellung des Zooms hat keinen Einfluss auf den späteren Ausdruck.

Um die Grafik auf dem Bildschirm zu bewegen, muss diese *formatiert* werden.

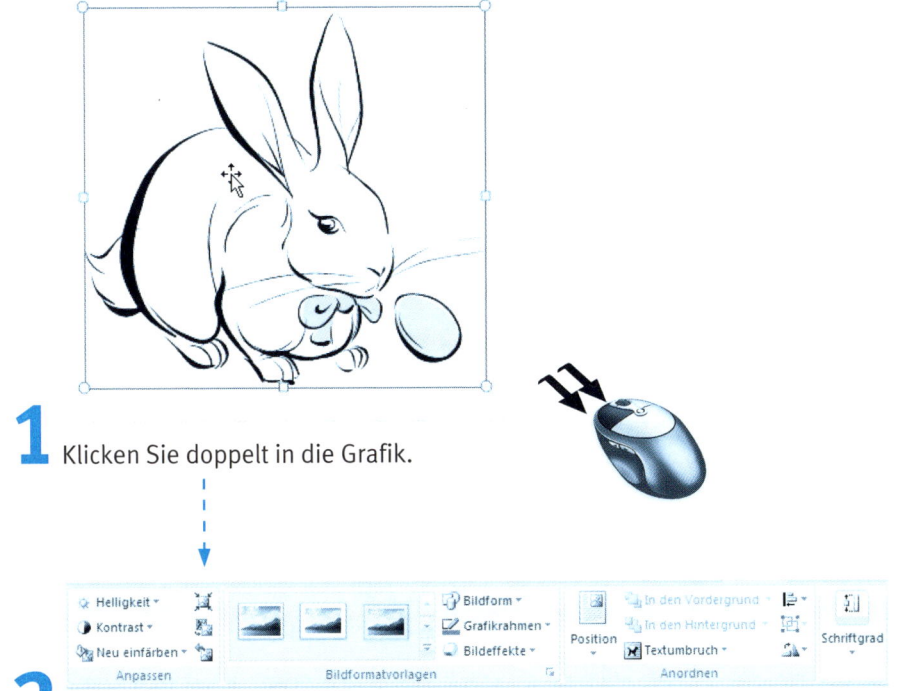

1 Klicken Sie doppelt in die Grafik.

2 Die Registerkarte *Bildtools/Format* wird eingeblendet. Hier können Sie Grafiken wie ClipArts bearbeiten.

Bei *Textumbruch* geben Sie an, wie ein Text später um die Grafik platziert werden bzw. fließen soll.

- Mit Text in Zeile
- Quadrat
- Passend
- Hinter den Text
- Vor den Text
- Oben und unten
- Transparent
- Rahmenpunkte bearbeiten
- Weitere Layoutoptionen…

Übersicht des Textumbruchs	Auswirkung des Textes im Dokument
Mit Text in Zeile	Das ist ein Osterhase. Das ist ein Osterhase Osterhase Osterhase Osterhase Osterhase … Osterhase Osterhase Osterhase
Quadrat	Das ist ein Osterhase. Das ist ein Osterhase

Eine Grafik bearbeiten **145**

Übersicht des Textumbruchs	Auswirkung des Textes im Dokument
Passend	Das ist ein Osterhase. Das ist ein Osterhase Osterhase Osterhase Osterh Osterhase
Hinter den Text	Das ist ein Osterhase. Das ist ein Osterhase Osterhase Osterhase Osterha Osterhase Osterhase Osterhase Osterhase Osterhase Osterhase Osterhase Osterhase Osterhase Osterhase Osterhase Osterhase Osterhase Osterhase Osterhase Osterhase Osterhase Osterhase Osterhase
Vor den Text	Das ist ein Osterhase. Das ist ein Osterhase Osterhase Osterhase Osterhas Osterhase Osterhase Osterhase Osterhase Osterhase Osterh Osterhase rhase Osterhase Osterh hase hase Osterhase Osterh se hase Osterha hase

Übersicht des Textumbruchs	Auswirkung des Textes im Dokument
Oben und unten	Das ist ein Osterhase. Das ist ein Osterhase Osterhase Osterhase ... Osterhase Osterhase Osterhase Osterhase Osterhase Osterhase Osterhase Osterhase
Transparent	Das ist ein Osterhase. Das ist ein Osterhase Osterhase Osterhase Osterhe Osterhase Osterhase Osterhase Osterhase Osterhase Osterhase Osterhase Osterhase Osterhase Osterhase Osterhase Osterhase Osterhase Osterhase Osterhase Osterhase Osterhase (

Für welche Umbruchart Sie sich in diesem Beispiel auch entscheiden, die Grafik muss formatiert werden, sonst lassen sich die nachfolgenden Schritte nicht durchführen. Sie können sonst die Grafik nicht bewegen!

1 Öffnen Sie die Auswahl bei der Schaltfläche *Textumbruch*.

2 Wählen Sie die Umbruchart *Passend*.

- Mit Text in Zeile
- Quadrat
- Passend
- Hinter den Text
- Vor den Text

Eine Grafik drehen

In Word 2007 können Sie die Welt auf den Kopf stellen. Sie haben die Möglichkeit, Grafiken bis zu 360 Grad zu drehen.

Positionieren Sie den Mauszeiger auf den »grünen Punkt«, ändert der sich in einen *Drehpunkt*. Sie können das »arme Kaninchen« drehen. Wenn Sie wollen, um die ganze Achse.

1 Platzieren Sie den Mauszeiger auf den »grünen Punkt«.

2 Drehen Sie mit gedrückter Maustaste den »Hasen« ein wenig nach rechts. Haben Sie das gewünschte Aussehen erreicht, lassen Sie die Maustaste los.

Bewegen Sie den Mauszeiger in die Grafik hinein, erscheint am Mauszeiger eine Art »Fadenkreuz«. Wird diese Darstellung angezeigt, können Sie das Bild mit gedrückter linker Maustaste in dem Dokument beliebig verschieben.

1 Platzieren Sie den Mauszeiger in die ClipArt-Grafik.

Den Hintergrund festlegen **149**

2 Verschieben Sie mit gedrückter linker Maustaste die ClipArt-Grafik in die Mitte des Dokuments.

Den Hintergrund festlegen

Sie bestimmen die *Füllfarbe* des Bildes, geben also an, mit welcher Farbe eine Fläche ausgemalt (ausgefüllt) werden soll.

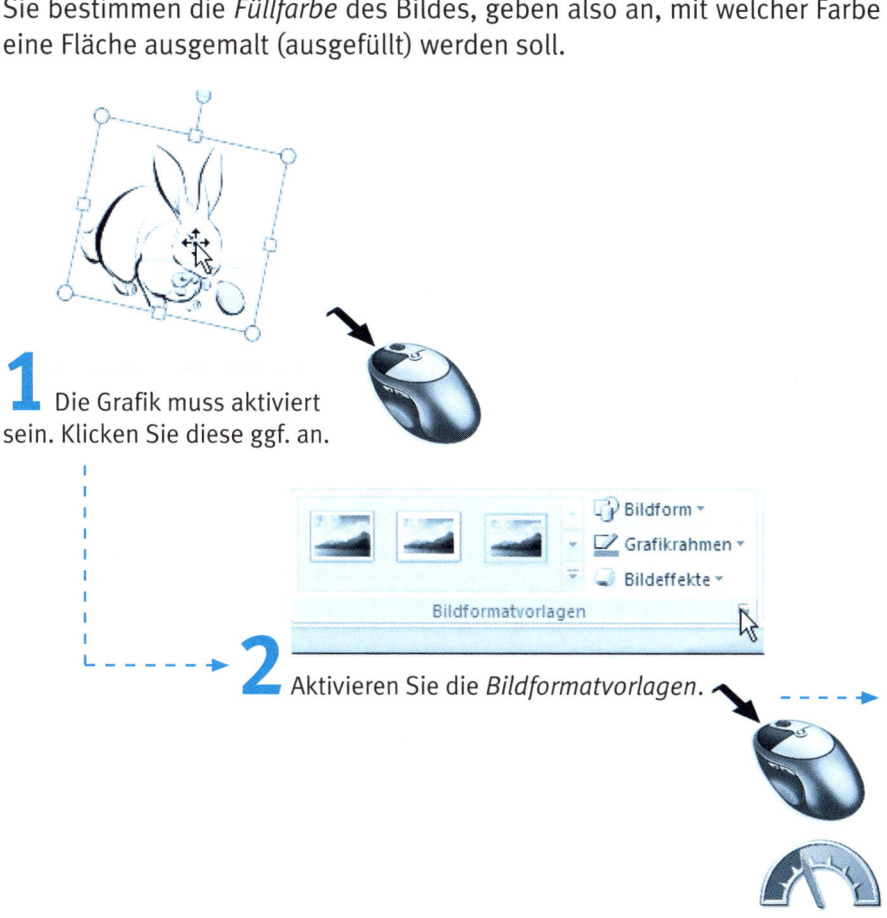

1 Die Grafik muss aktiviert sein. Klicken Sie diese ggf. an.

2 Aktivieren Sie die *Bildformatvorlagen*.

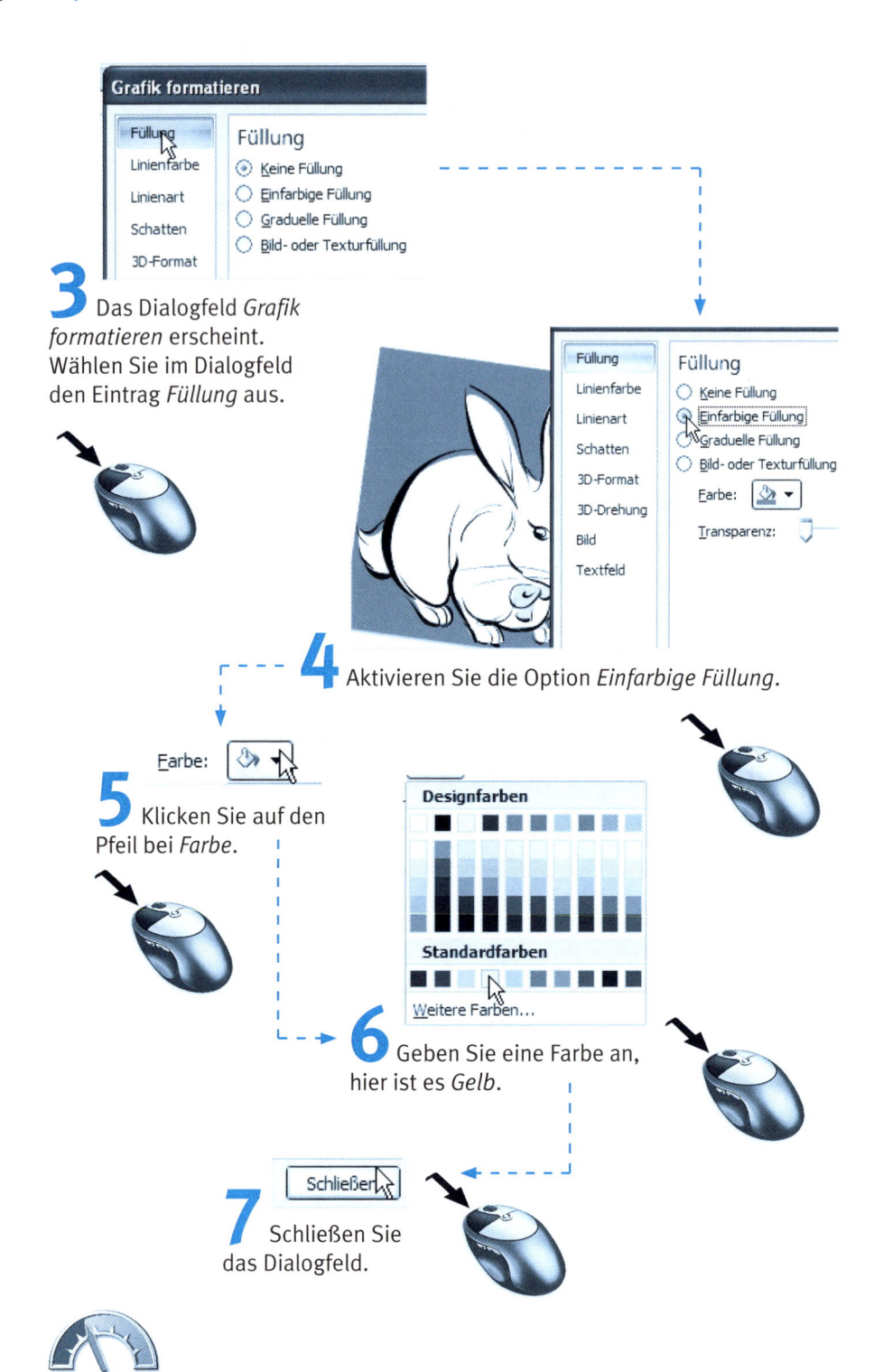

3 Das Dialogfeld *Grafik formatieren* erscheint. Wählen Sie im Dialogfeld den Eintrag *Füllung* aus.

4 Aktivieren Sie die Option *Einfarbige Füllung*.

5 Klicken Sie auf den Pfeil bei *Farbe*.

6 Geben Sie eine Farbe an, hier ist es *Gelb*.

7 Schließen Sie das Dialogfeld.

> **Hinweis**
>
> In das Dialogfeld *Grafik formatieren* gelangen Sie auch über ein *Kontextmenü*. Dazu platzieren Sie den Mauszeiger in die Grafik und drücken die rechte Maustaste. Wählen Sie hier den Eintrag *Grafik formatieren*.

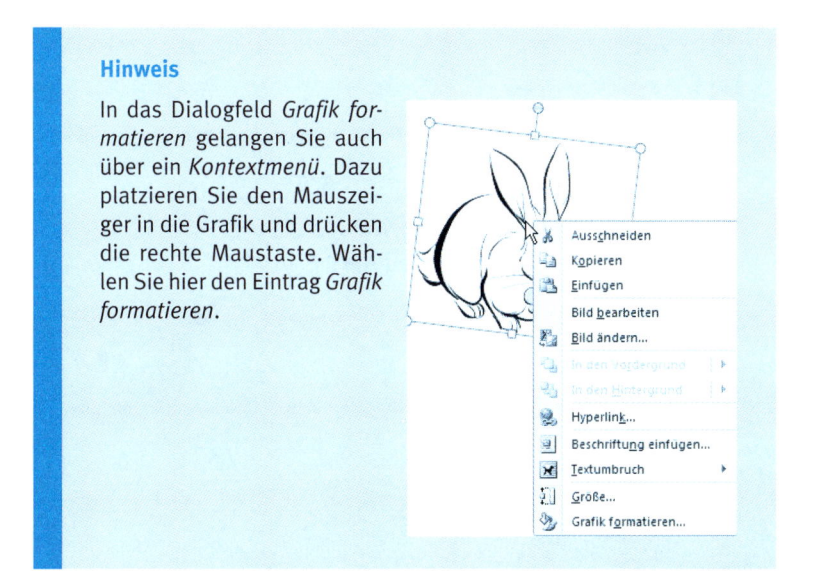

Wünschen Sie keine Farbe oder wollen Sie eine bereits zugewiesene Farbe wieder löschen, starten Sie wieder das Dialogfeld *Grafik formatieren* und wählen hier die Option *Keine Farbe* aus.

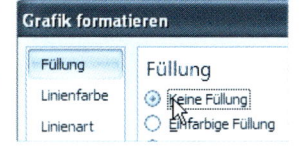

Formen anlegen

Wählen Sie die Registerkarte *Einfügen* und aktivieren die Schaltfläche *Formen*, können Sie bestimmte Formen anlegen. Dazu zählen *Linien*, *Standardformen*, *Blockpfeile*, *Flussdiagramm*, *Legenden*, *Sterne und Banner*.

Was liegt bei einem Osterhasen da näher, als ihm ein Ei »unterzuschieben«. Dazu eignet sich am besten die *Ellipse*, mit der Sie übrigens auch einen Kreis anlegen können. Sie finden diese Form unter *Standardformen*. Sie klicken auf die Ellipsenform und bestimmen mit gedrückter linker Maustaste ihre Größe.

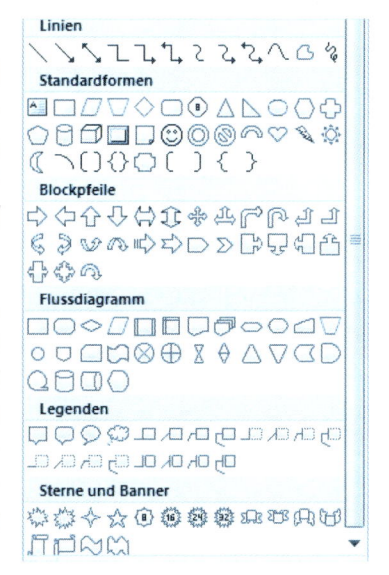

152 Kapitel 8

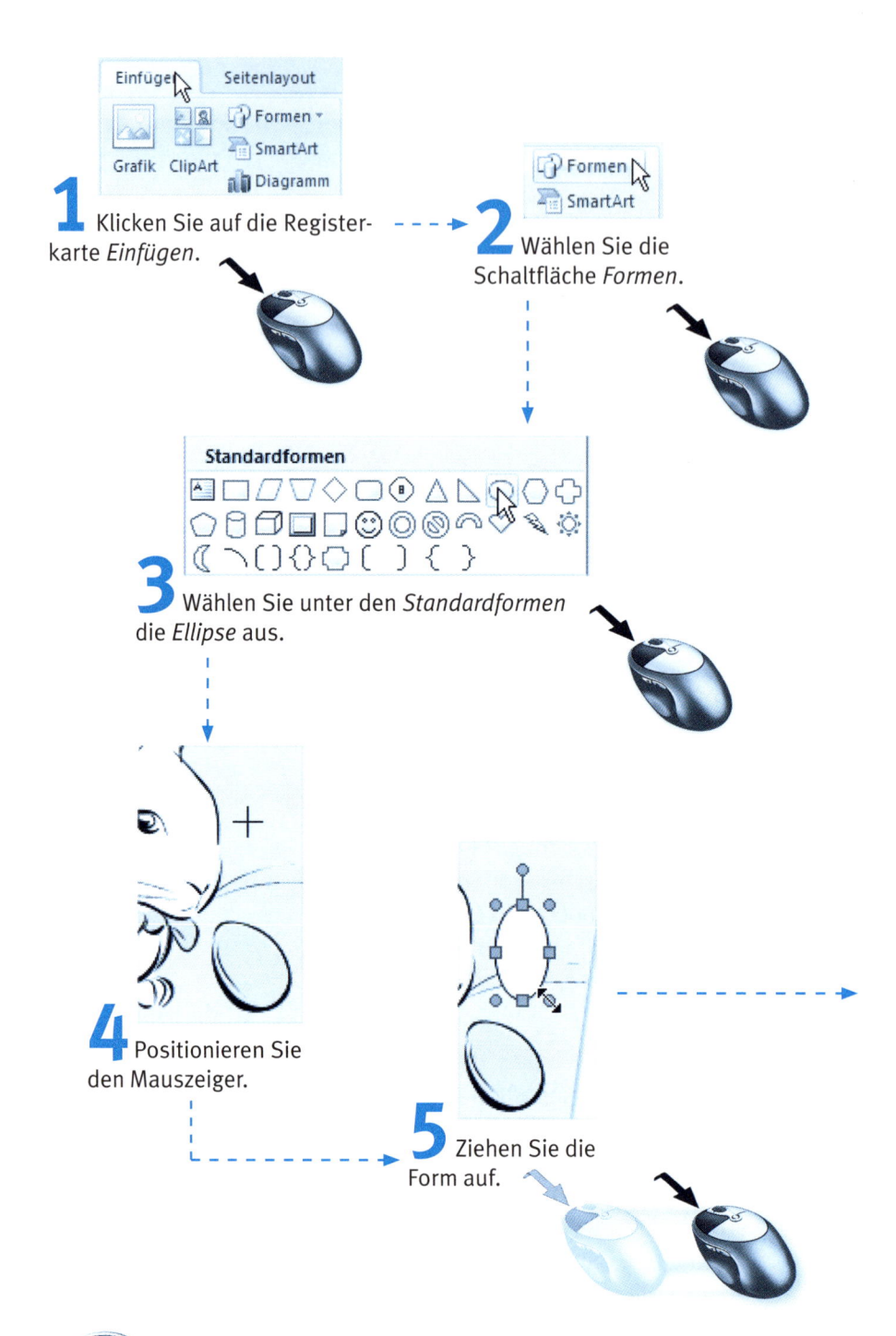

1 Klicken Sie auf die Registerkarte *Einfügen*.

2 Wählen Sie die Schaltfläche *Formen*.

3 Wählen Sie unter den *Standardformen* die *Ellipse* aus.

4 Positionieren Sie den Mauszeiger.

5 Ziehen Sie die Form auf.

Formen anlegen 153

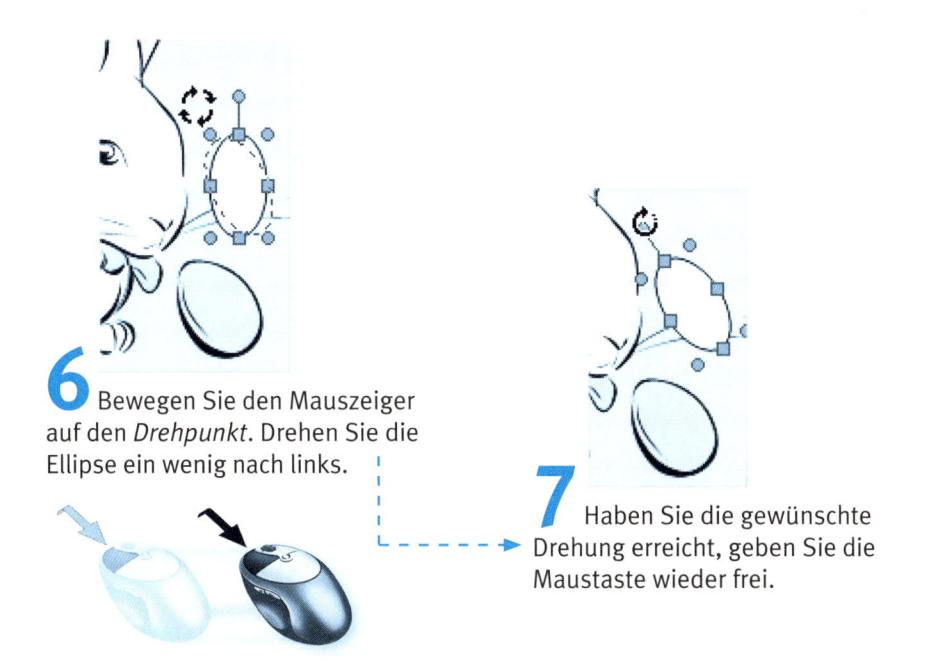

6 Bewegen Sie den Mauszeiger auf den *Drehpunkt*. Drehen Sie die Ellipse ein wenig nach links.

7 Haben Sie die gewünschte Drehung erreicht, geben Sie die Maustaste wieder frei.

Sobald Sie die Form angelegt haben, wechselt Word 2007 automatisch zur Registerkarte *Zeichentools/Format*. Hier finden Sie die nächsten von Ihnen benötigten Funktionen. So können Sie sofort auf die Formen zugreifen. Doch zunächst kopieren Sie die angelegte Ellipse.

Formen kopieren

Formen lassen sich leicht kopieren. Dazu klicken Sie die Form an und drücken beim Verschieben die [Strg]-Taste. Die Kopierfunktion ist aktiviert.

1 Klicken Sie in die Ellipse.

Kapitel 8

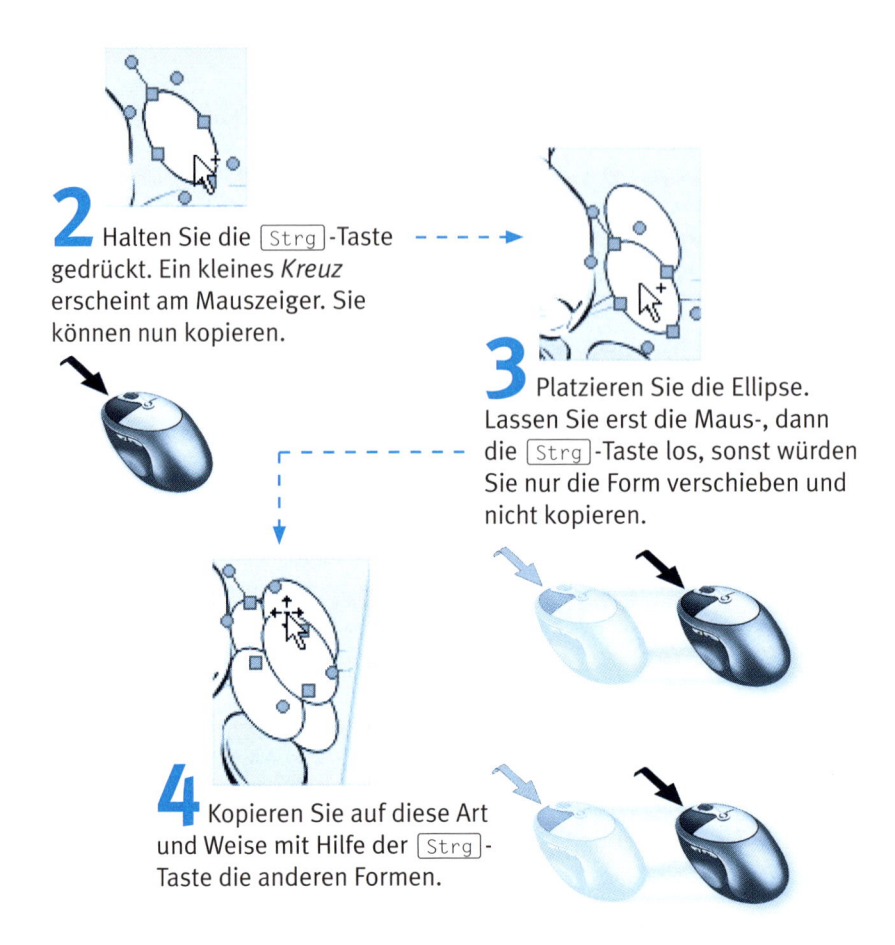

2 Halten Sie die ⌈Strg⌉-Taste gedrückt. Ein kleines *Kreuz* erscheint am Mauszeiger. Sie können nun kopieren.

3 Platzieren Sie die Ellipse. Lassen Sie erst die Maus-, dann die ⌈Strg⌉-Taste los, sonst würden Sie nur die Form verschieben und nicht kopieren.

4 Kopieren Sie auf diese Art und Weise mit Hilfe der ⌈Strg⌉-Taste die anderen Formen.

Die Füllfarbe wählen

Zu Ostern gibt es bunte Ostereier. Kein Problem, diese farbig zu gestalten. Sie verwenden die Auswahl *Fülleffekt*. Dazu muss wiederum eine Form, hier ein Ei bzw. eine Ellipse, angeklickt (aktiviert) sein.

1 Aktivieren Sie eine Ellipse. Klicken Sie neben der Schaltfläche *Fülleffekt* auf den kleinen Pfeil.

2 Wählen Sie eine »schöne bunte« Farbe aus.

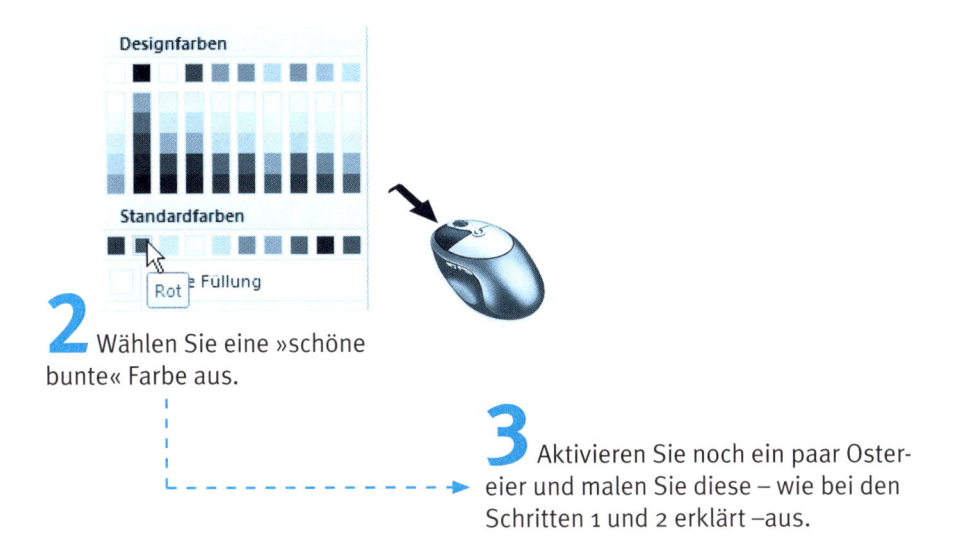

3 Aktivieren Sie noch ein paar Ostereier und malen Sie diese – wie bei den Schritten 1 und 2 erklärt –aus.

WordArt – Schrifteffekte

Sie möchten jemanden mit dem Schriftzug »Frohe Ostern« beglücken. Das kann bei einer Geburtstagskarte auch »Herzlichen Glückwunsch zum Geburtstag« oder »Alles Gute zum ... « sein.

Sie können mit Hilfe von *WordArt* Texte originell gestalten. Sie starten das Zusatzprogramm mit einem Klick.

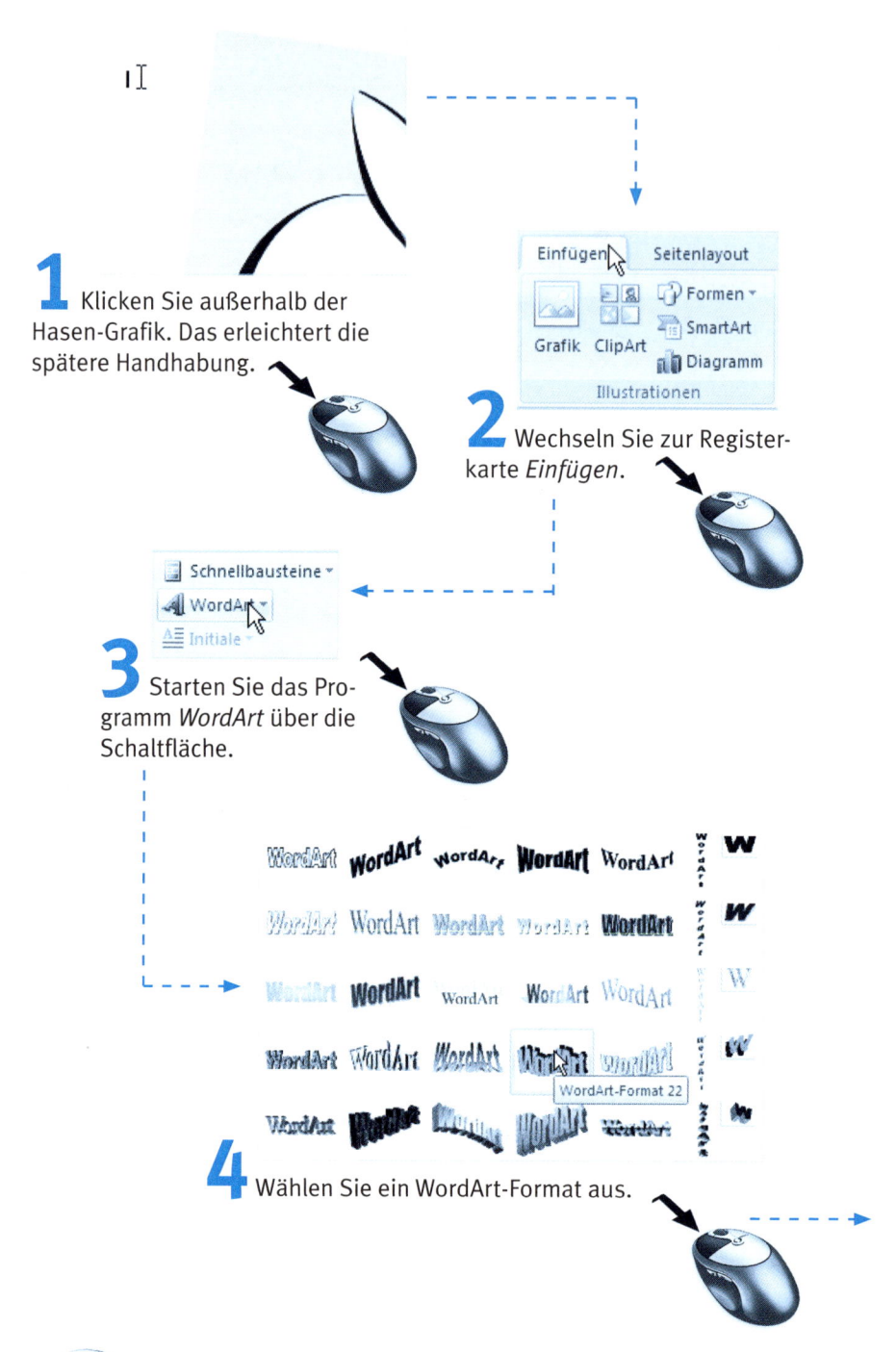

1 Klicken Sie außerhalb der Hasen-Grafik. Das erleichtert die spätere Handhabung.

2 Wechseln Sie zur Registerkarte *Einfügen*.

3 Starten Sie das Programm *WordArt* über die Schaltfläche.

4 Wählen Sie ein WordArt-Format aus.

WordArt – Schrifteffekte 157

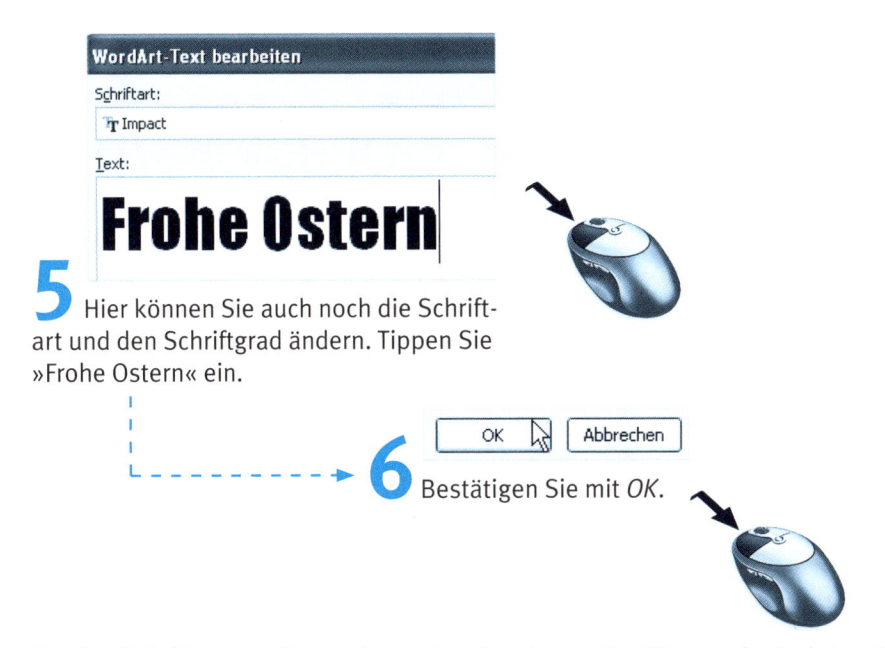

5 Hier können Sie auch noch die Schriftart und den Schriftgrad ändern. Tippen Sie »Frohe Ostern« ein.

6 Bestätigen Sie mit *OK*.

Da der Schriftzug stellenweise unter der Hasen-Grafik verschwindet, müssen Sie nun angeben, dass er vor dieser Grafik liegen soll.

Dadurch, dass Sie eine WordArt-Grafik eingebunden haben, können Sie gleich mit der richtigen Registerkarte weiterarbeiten. Dazu muss nur die WordArt-Grafik angeklickt sein.

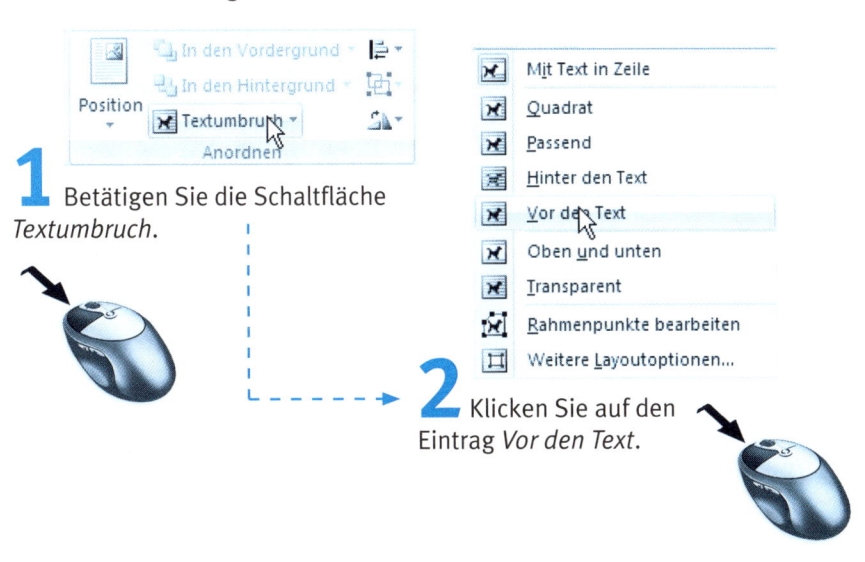

1 Betätigen Sie die Schaltfläche *Textumbruch*.

2 Klicken Sie auf den Eintrag *Vor den Text*.

Der Schriftzug befindet sich über dem Bild bzw. der Grafik mit dem Hasen.

Die »Frohe Ostern«-Wünsche wurden in das Dokument eingebunden. Gleichzeitig erscheint die Symbolleiste für die Bearbeitung von *WordArt* am Bildschirm. Immer wenn die WordArt-Grafik angeklickt ist, erscheint sie ebenfalls. Klicken Sie außerhalb der Grafik, wechselt die Symbolleiste.

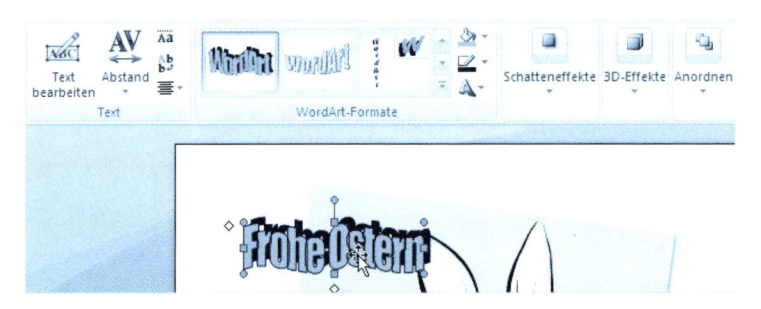

Sie ändern hier auch noch die Form des WordArt-Schriftzugs.

1 Klicken Sie auf die Schaltfläche *WordArt-Form*.

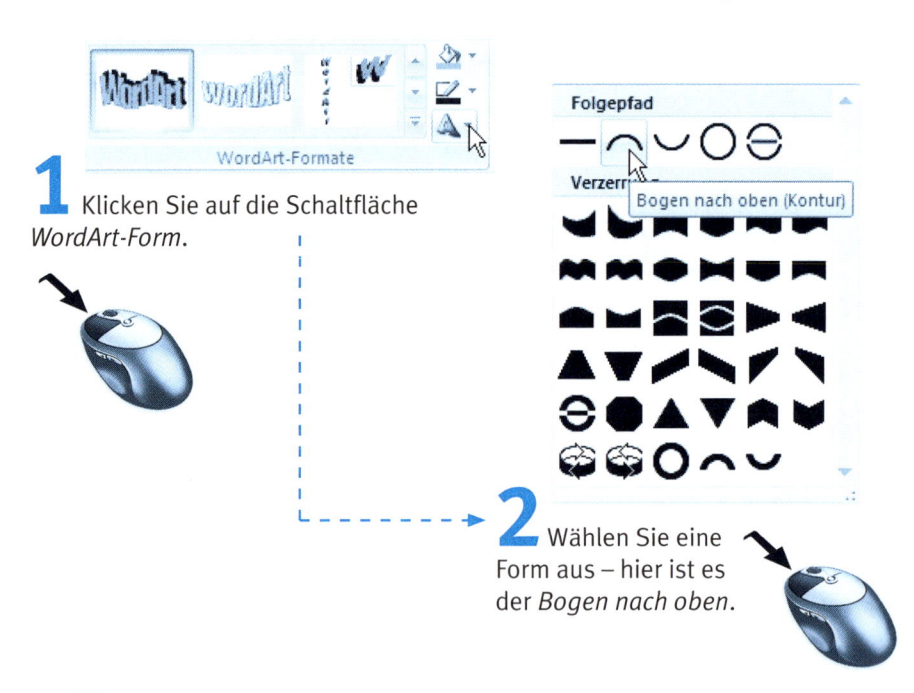

2 Wählen Sie eine Form aus – hier ist es der *Bogen nach oben*.

Die Form des Schriftzugs wurde geändert.

Grafiken verschieben

Sie bearbeiten den Schrifteffekt – die WordArt – wie eine normale Grafik. Klicken Sie darauf, erscheinen außen wiederum die kleinen Kreise, mit denen Sie die Größe verändern können.

Wenn Sie den Mauszeiger mitten in dem Schrifteffekt positionieren, erscheint der Mauszeiger als eine Art »Fadenkreuz«. Dann können Sie den Schriftzug im Dokument verschieben.

1 Bewegen Sie den Mauszeiger auf den Schriftzug.

2 Verschieben Sie die WordArt-Grafik ein wenig nach rechts.

3 Bewegen Sie den Mauszeiger auf den unteren Ziehpunkt.

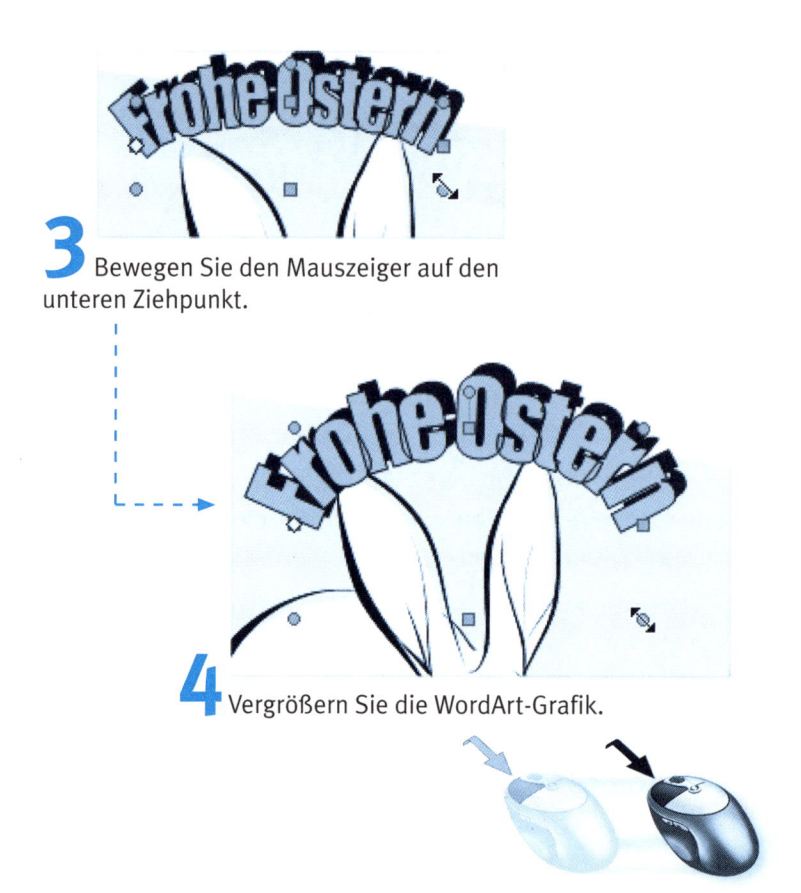

4 Vergrößern Sie die WordArt-Grafik.

Textfelder

In die Grafik können Sie Texte schreiben. Sie müssen dazu ein *Textfeld* einfügen.

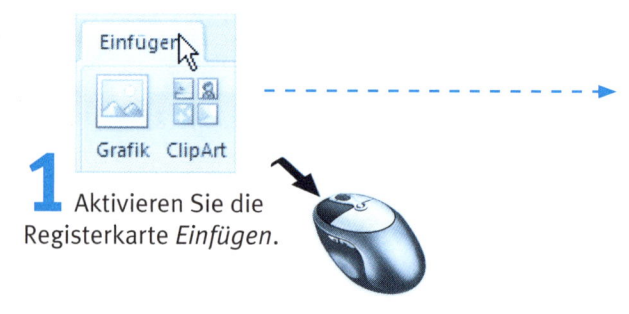

1 Aktivieren Sie die Registerkarte *Einfügen*.

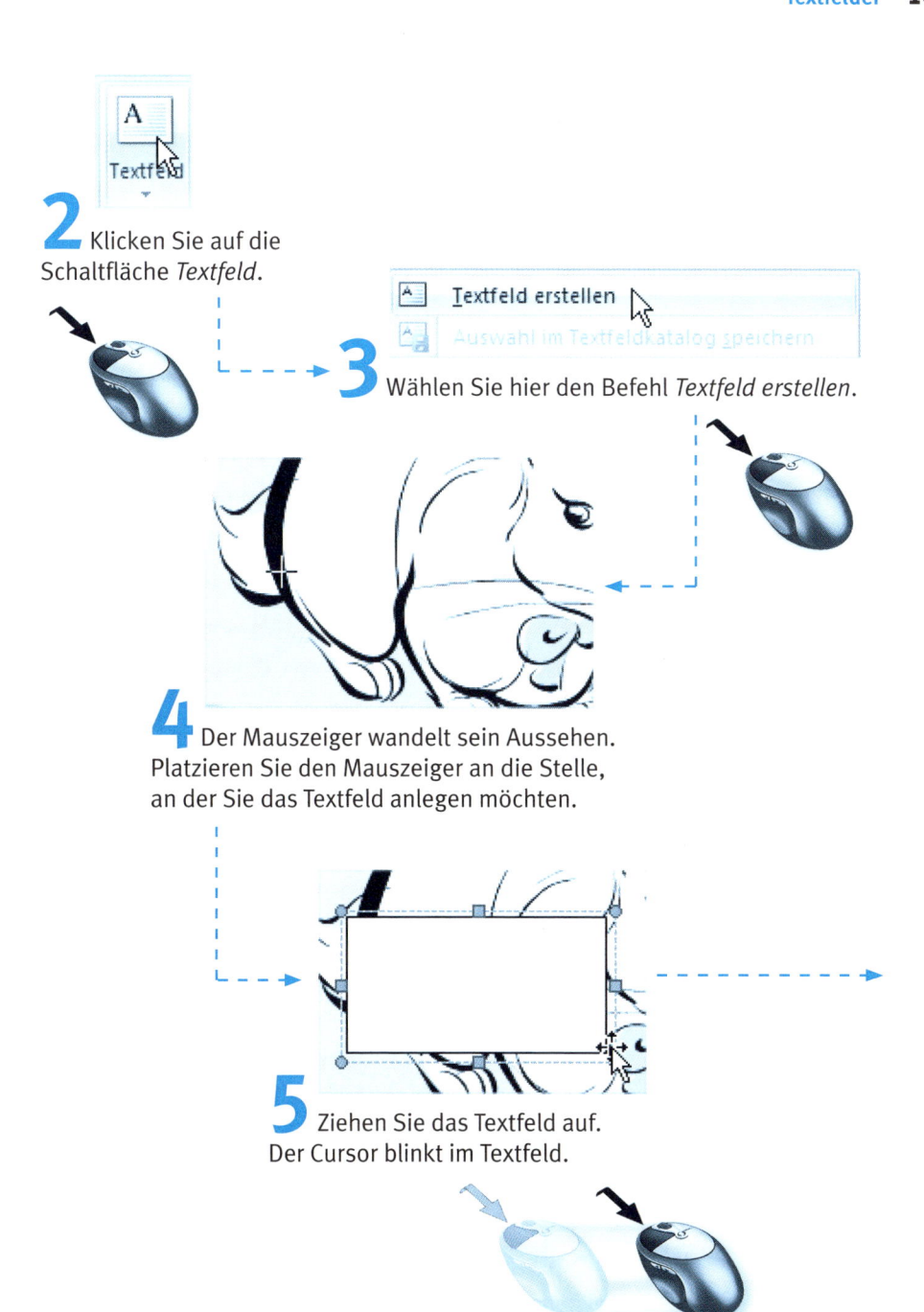

Textfelder **161**

2 Klicken Sie auf die Schaltfläche *Textfeld*.

3 Wählen Sie hier den Befehl *Textfeld erstellen*.

4 Der Mauszeiger wandelt sein Aussehen. Platzieren Sie den Mauszeiger an die Stelle, an der Sie das Textfeld anlegen möchten.

5 Ziehen Sie das Textfeld auf. Der Cursor blinkt im Textfeld.

6 Klicken Sie doppelt in das Textfeld. Die Silhouette einer Leiste erscheint. Hier können Sie schnell formatieren.

7 Bewegen Sie den Mauszeiger auf die Leiste. Geben Sie hier einen höheren *Schriftgrad* an.

8 Aktivieren Sie die Schaltfläche *Fett*.

9 Tippen Sie den Text »Mama und Papa« in das Textfeld.

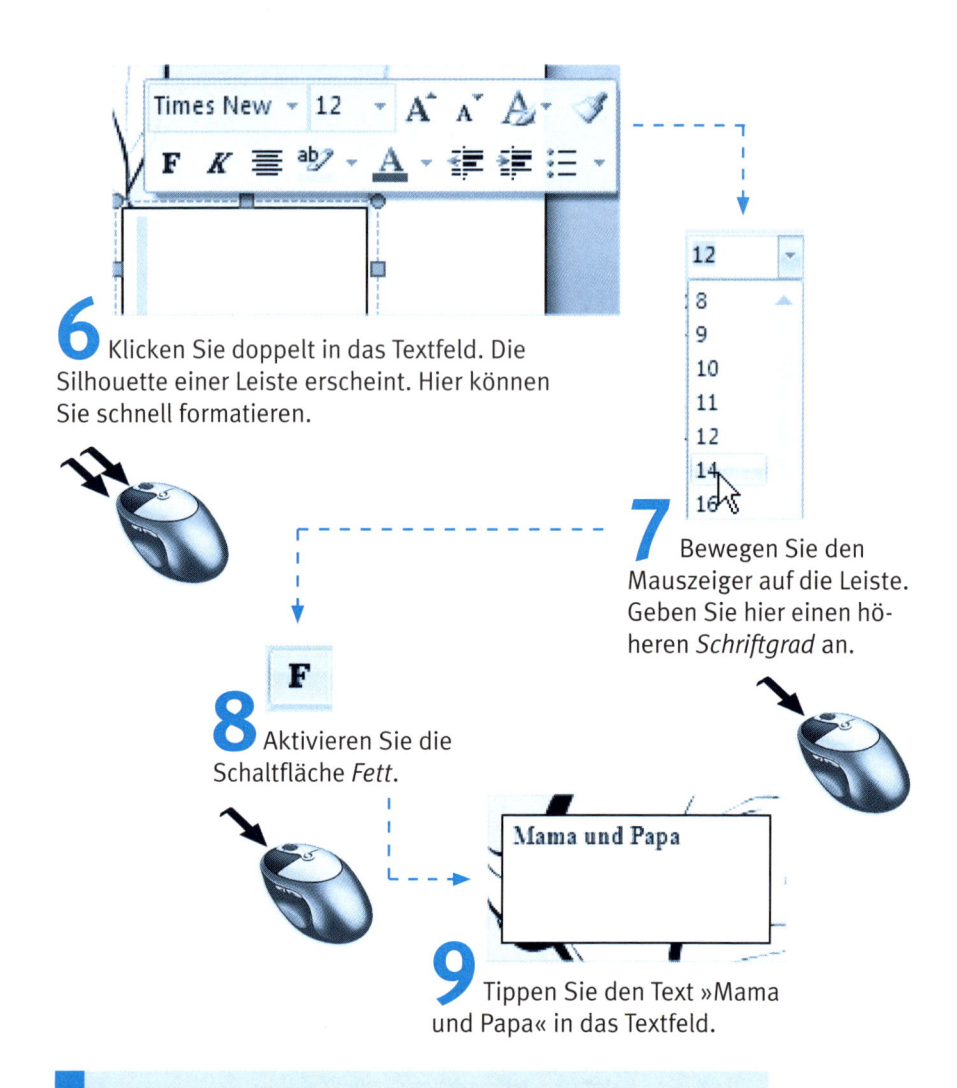

Tipp

Klicken Sie auf die Registerkarte *Textfeldtools/Format*, sehen Sie rechts auf der Registerkarte die Ausmaße des angelegten Textfelds. Diese können Sie hier auch noch ändern: Legen Sie Höhe und Breite neu fest.

Textfelder **163**

Anhand der bereits erwähnten Ziehpunkte ändern Sie die Größe eines Textfelds. Bewegen Sie einen Ziehpunkt so, dass der Text »Mama und Papa« in eine Zeile passt. Danach bewegen Sie das Textfeld an die richtige Stelle.

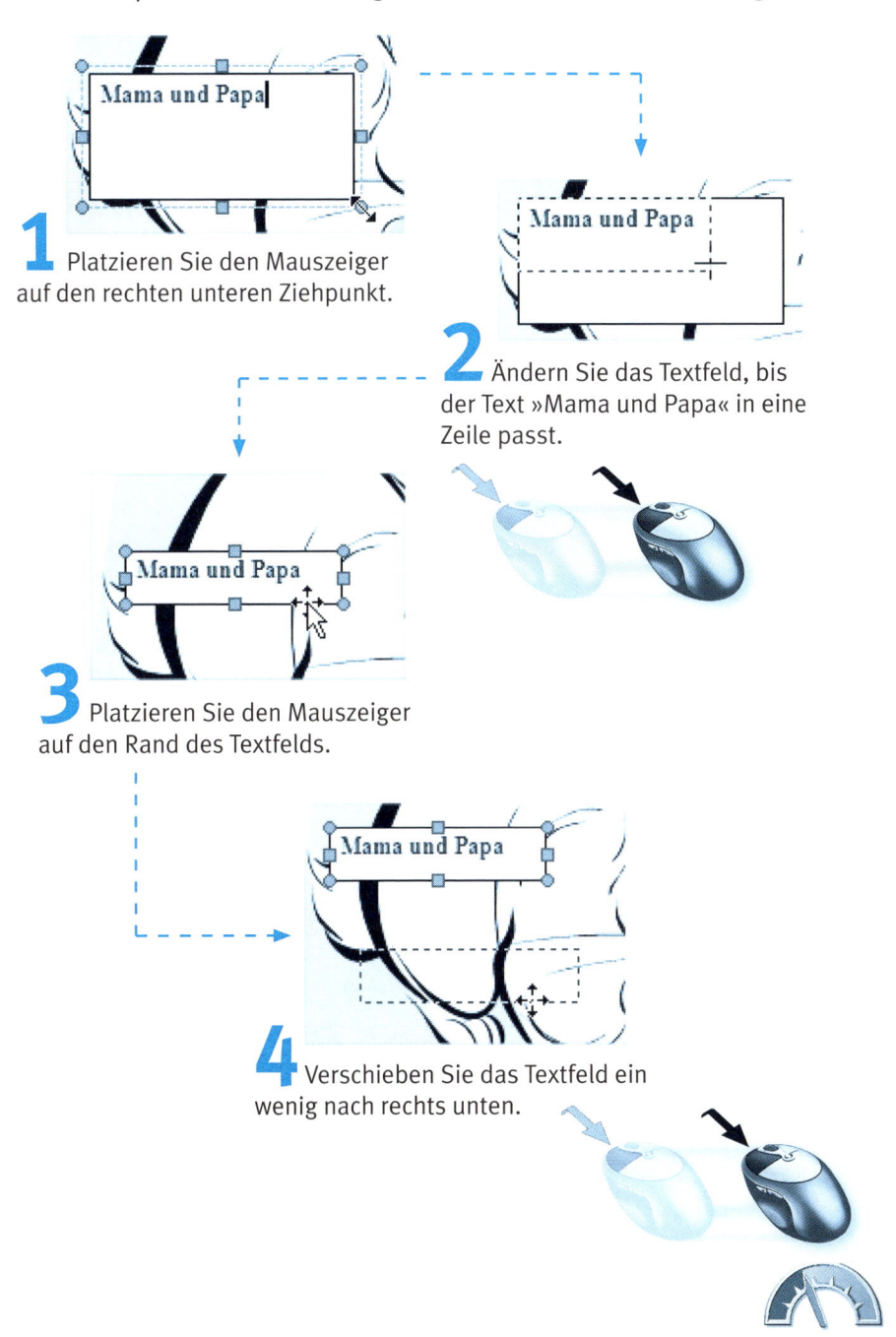

1 Platzieren Sie den Mauszeiger auf den rechten unteren Ziehpunkt.

2 Ändern Sie das Textfeld, bis der Text »Mama und Papa« in eine Zeile passt.

3 Platzieren Sie den Mauszeiger auf den Rand des Textfelds.

4 Verschieben Sie das Textfeld ein wenig nach rechts unten.

Textfeld-Formatvorlagen

Das Weiße im Textfeld stört ein wenig. Mit Textfeld-Formatvorlagen können Sie das ändern. Das sind bereits vorgefertigte Vorlagen, die bestimmte Umrandungen und Fülleffekte beinhalten.

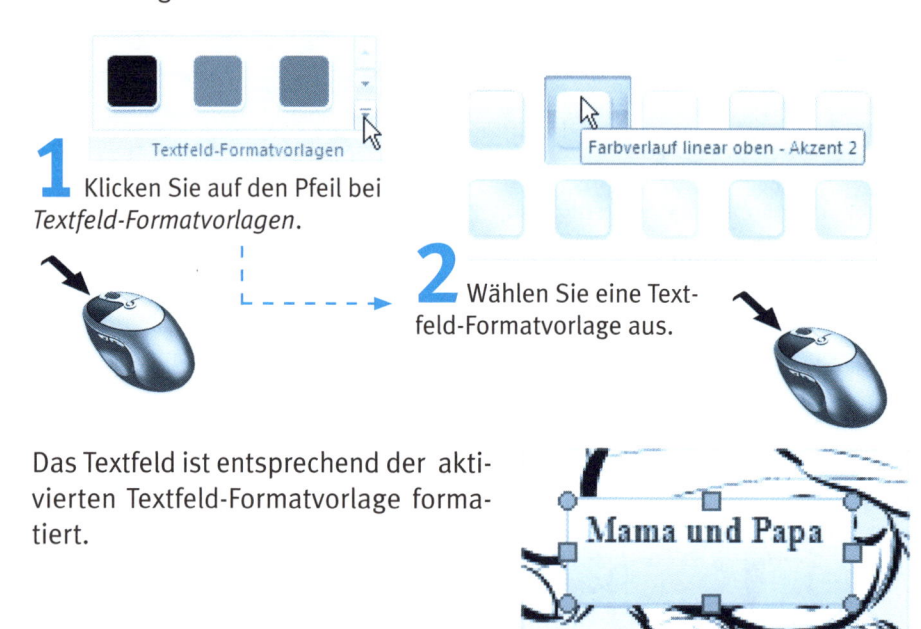

1 Klicken Sie auf den Pfeil bei *Textfeld-Formatvorlagen*.

2 Wählen Sie eine Textfeld-Formatvorlage aus.

Das Textfeld ist entsprechend der aktivierten Textfeld-Formatvorlage formatiert.

Legenden: Bilder sprechen lassen

Wie Sie es vielleicht aus zahlreichen Comics wie »Asterix und Obelix« oder »Donald Duck« kennen, können Sie Bilder mit »Sprechblasen« zum Reden bringen.

Dazu verwenden Sie eine *Legende*.

Legenden: Bilder sprechen lassen **165**

1 Aktivieren Sie die Registerkarte *Einfügen*.

2 Klicken Sie auf die Schaltfläche *Formen*.

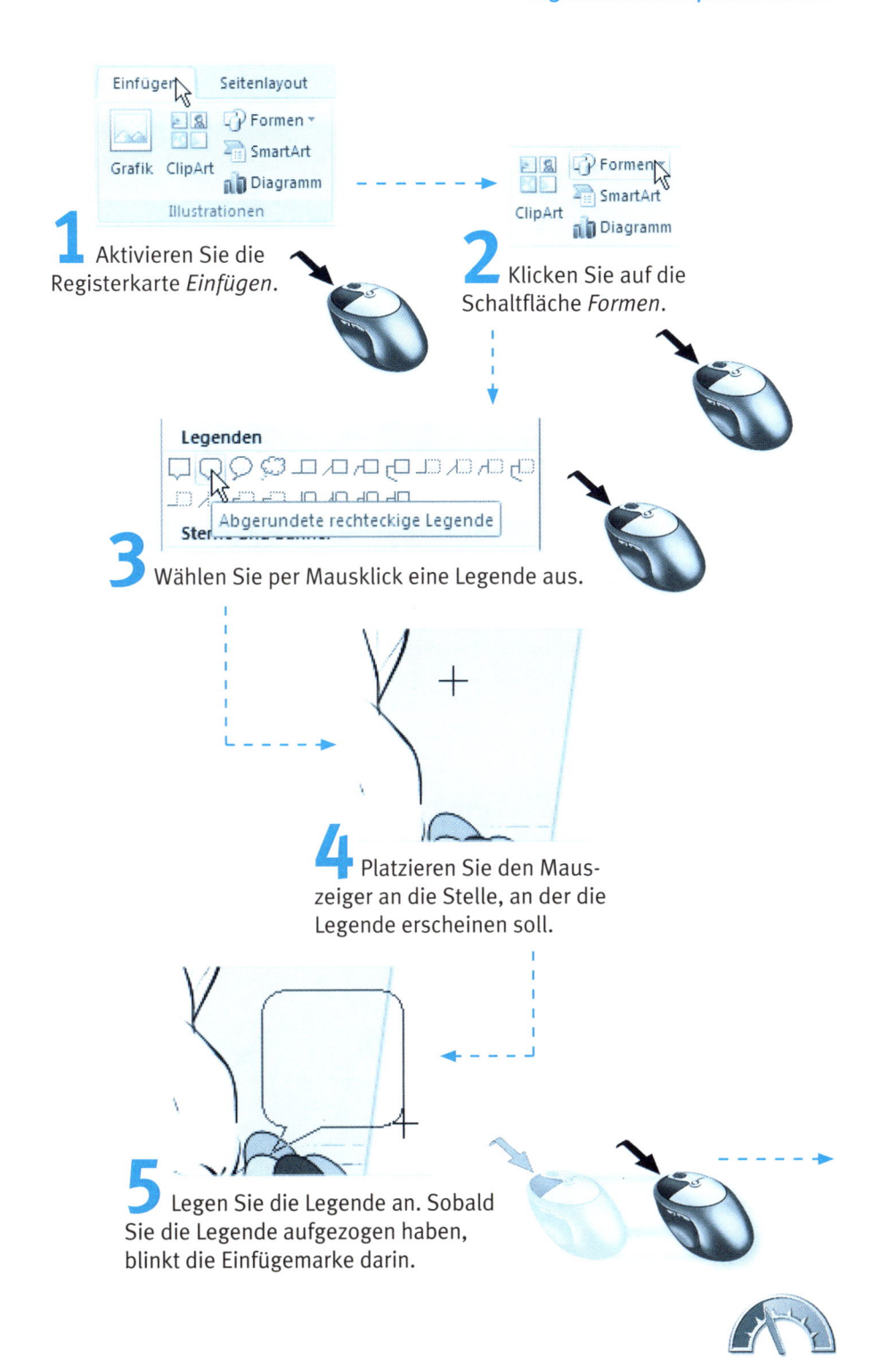

3 Wählen Sie per Mausklick eine Legende aus.

4 Platzieren Sie den Mauszeiger an die Stelle, an der die Legende erscheinen soll.

5 Legen Sie die Legende an. Sobald Sie die Legende aufgezogen haben, blinkt die Einfügemarke darin.

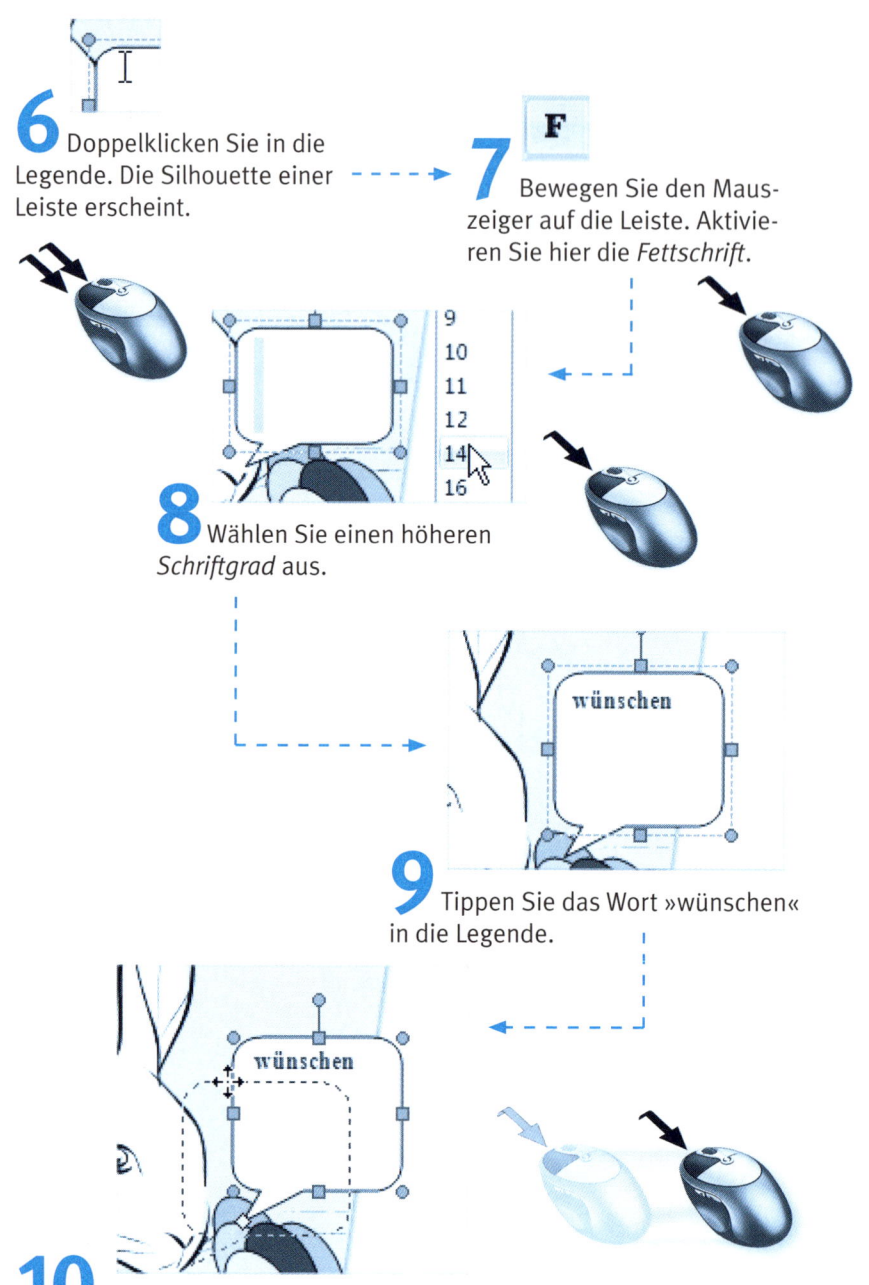

6 Doppelklicken Sie in die Legende. Die Silhouette einer Leiste erscheint.

7 Bewegen Sie den Mauszeiger auf die Leiste. Aktivieren Sie hier die *Fettschrift*.

8 Wählen Sie einen höheren *Schriftgrad* aus.

9 Tippen Sie das Wort »wünschen« in die Legende.

10 Platzieren Sie den Mauszeiger auf den Rand der Legende. Bewegen Sie die Legende näher zum Hasen.

Legenden: Bilder sprechen lassen **167**

11 Ändern Sie anhand der Ziehpunkte die Größe der Legende.

Bei der Legende erkennen Sie eine kleine *gelbe Raute*. Mit dieser können Sie die Legende präzise ausrichten, d. h. sie dem Urheber der Äußerung direkt zuordnen.

1 Positionieren Sie den Mauszeiger auf der kleinen gelben Raute der Legende.

2 Verschieben Sie diese mit gedrückter Maustaste. Richten Sie so die Sprechblase (näher zum Mund) aus.

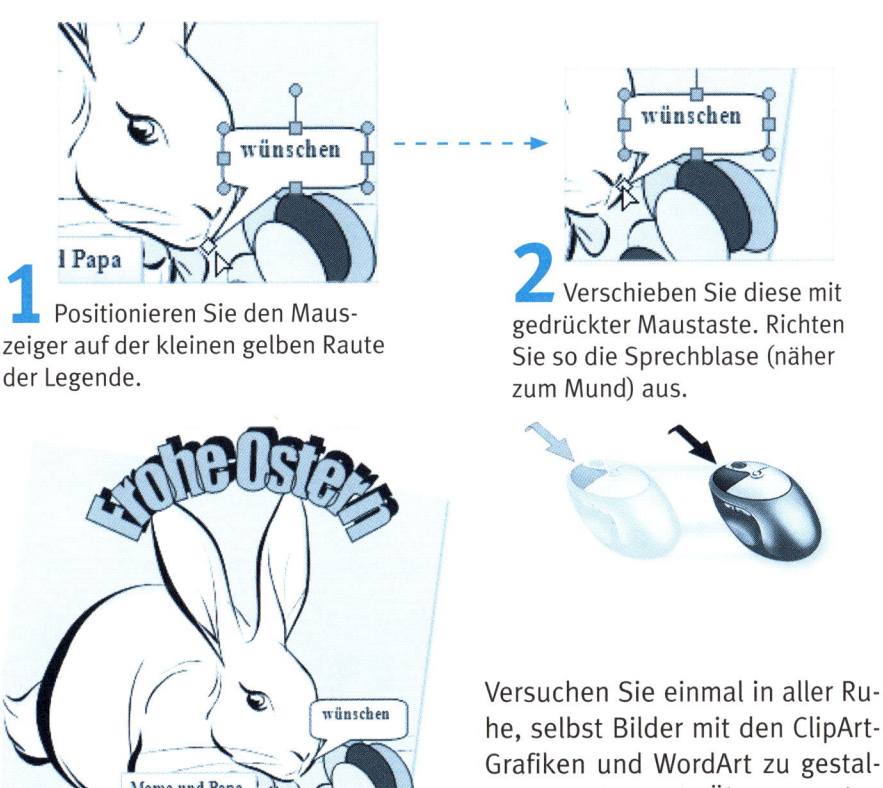

Versuchen Sie einmal in aller Ruhe, selbst Bilder mit den ClipArt-Grafiken und WordArt zu gestalten. Mit ein wenig Übung werden Sie feststellen, wie viel Spaß Sie dabei haben werden.

Schnell die Registerkarten wechseln

In diesem Kapitel erkennen Sie schnell die Vorzüge von Word 2007. Abhängig davon, welches Objekt Sie aktivieren, wechseln Sie schnell zur Registerkarte, die Sie für Ihre Arbeit benötigen. In den nächsten Schritten wird das noch einmal verdeutlicht.

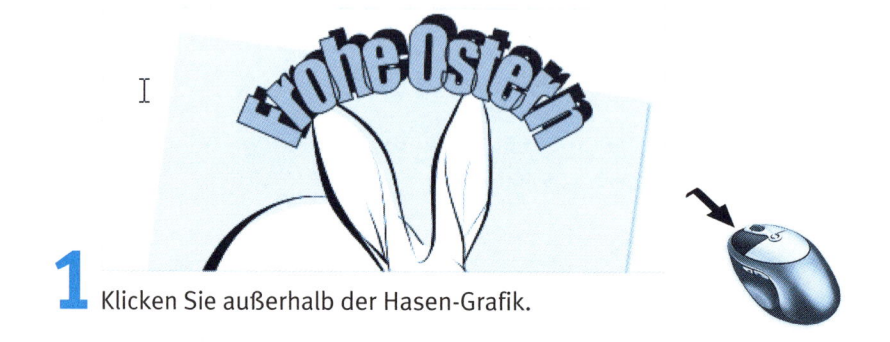

1 Klicken Sie außerhalb der Hasen-Grafik.

Sie wechseln zur Registerkarte *Start*.

2 Klicken Sie mit der linken Maustaste doppelt in die Hasen-Grafik.

Schnell die Registerkarten wechseln **169**

Die Registerkarte *Bildtools/Format* erscheint.

3 Klicken Sie doppelt auf die WordArt-Grafik.

Die Registerkarte *WordArt-Tools/Format* erscheint.

4 Klicken Sie doppelt auf den Rand des Textfelds oder in das Textfeld. Dasselbe gilt, wenn Sie die Legende doppelt anklicken.

Die Registerkarte *Textfeldtools/Format* erscheint.

5 Klicken Sie doppelt die Form – in diesem Beispiel – der Ellipse an.

Die Registerkarte *Zeichentools/Format* erscheint.

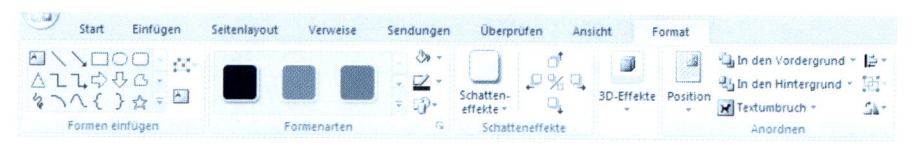

Tipps zum Kapitel

1. In Word 2007 steht Ihnen der *Clip Organizer* zur Verfügung.

   Sie aktivieren ihn im Aufgabenbereich *ClipArt* (Registerkarte *Einfügen* – Schaltfläche *ClipArt*). Hier finden Sie zahlreiche Sammlungslisten und können die ClipArts organisieren. Zahlreiche Kategorien stehen Ihnen dazu zur Verfügung.

   Die in diesem Beispiel verwendete Hasen-ClipArt finden Sie unter *Office-Sammlungen/Tiere*.

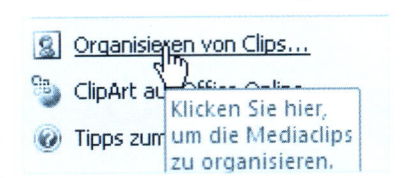

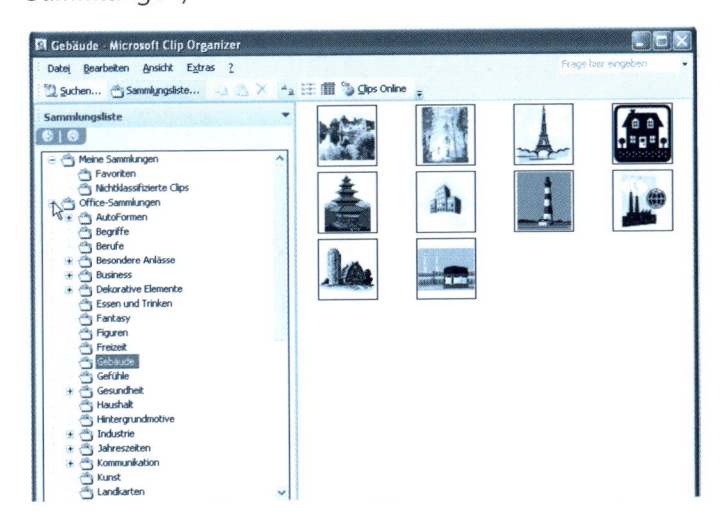

2. Verfügen Sie über einen Internetanschluss, können Sie sich im Aufgabenbereich *ClipArt* über die Schaltfläche *ClipArt auf Office Online* auf der Webseite der Firma Microsoft Bilder kostenlos herunterladen.

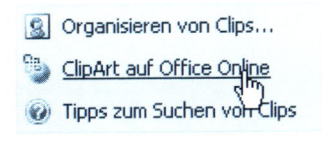

   Dort finden Sie auch saisonbedingte ClipArts. Damit zu Weihnachten auch wirklich der Weihnachtsmann kommt!

3. Sie können einer Form oder einer Grafik einen Schatten hinzufügen. Dazu legen Sie z. B. die Form an (hier ist es ein Dreieck) und aktivieren sie. Die Schaltfläche *Schatteneffekte* finden Sie auf der Registerkarte *Zeichentools/Format*.

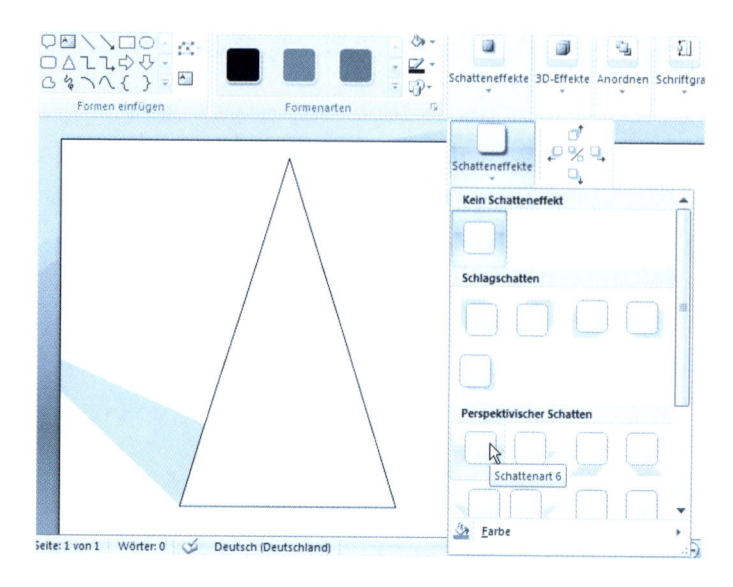

4. Eine Form kann auch dreidimensional dargestellt werden. Sie müssen hier eine 2D-Form auswählen und diese aktiviert lassen. Dann wählen Sie eine 3D-Darstellung auf der Registerkarte *Zeichentools/Format* über die Schaltfläche *3D-Effekte* aus.

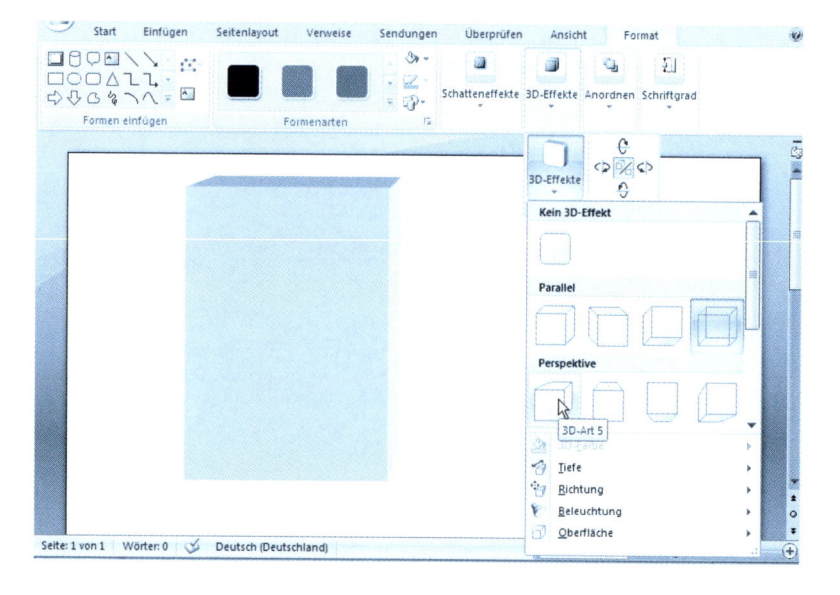

Üben Sie Word 2007!

1. Versuchen Sie, die zwei ClipArts – wie abgebildet – zusammen darzustellen.

2. Versuchen Sie, zwei ClipArts – wie abgebildet – zusammen mit der Legende darzustellen.

Das können Sie schon

Die Rechtschreibhilfe	48
Die Silbentrennung	55
Die Formatvorlagen in Word 2007	75
Einen Text speichern	82
Der Schnelldruck	91
Aufzählungen in Word	120
Texte verschieben und kopieren	123
Der Thesaurus	127
Suchen und Ersetzen	130
Formate übertragen	133
Eine ClipArt-Grafik einfügen	140
WordArt – Schrifteffekte	155
Textfelder	160

Das lernen Sie neu

Die Seitenränder festlegen	176
Ein Bild einfügen	176
Die Bildformatvorlagen	183
Bildeffekte festlegen	184
Einen Grafikrahmen erstellen	186
Bildformen anlegen	188
Bilder komprimieren	189

Kapitel 9

Ein persönliches Fotoalbum

Mit Word 2007 legen Sie leicht ein individuell gestaltetes Fotoalbum an. Dazu brauchen Sie nur Ihre eigenen Bilder einzubinden. Word 2007 stellt Ihnen die verschiedensten Werkzeuge zur Verfügung, mit denen Sie Ihre Bilder veredeln und hervorheben können – so bleiben Ihre Erlebnisse unvergesslich!

Die Seitenränder festlegen

Bevor Sie mehrere Bilder (= *Grafiken*) einbinden, sollten Sie die Seitenränder Ihres Dokuments ändern. Dies erleichtert die spätere Platzierung der Bilder und Sie nutzen den Platz innerhalb des Dokumentes besser aus.

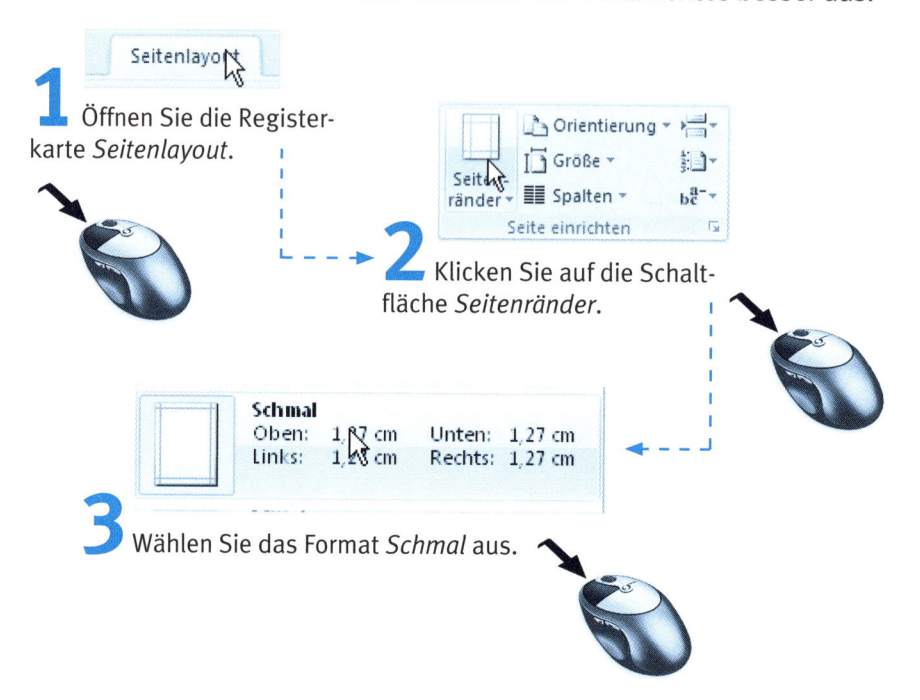

1 Öffnen Sie die Registerkarte *Seitenlayout*.

2 Klicken Sie auf die Schaltfläche *Seitenränder*.

3 Wählen Sie das Format *Schmal* aus.

Ein Bild einfügen

Sie können eigene Bilder einfügen, die Sie mit Ihrer Kamera gemacht haben. Diese sehen natürlich anders aus als in diesem Beispiel. Aber Sie lernen die Werkzeuge dazu kennen und den Umgang mit Ihnen.

Die Bilder befinden sich bereits auf der Festplatte Ihres Rechners. Sie haben sie in einem *Verzeichnis* gespeichert.

Jetzt müssen die Bilder nur noch in Word eingebunden werden. Dazu verwenden Sie die Schaltfläche *Grafik aus Datei einfügen*. Da Sie mehrere Bilder nacheinander einfügen, binden Sie die Schaltfläche am besten in die *Symbolleiste für den Schnellzugriff* ein.

Ein Bild einfügen **177**

1 Öffnen Sie die Registerkarte *Einfügen*.

2 Bewegen Sie den Mauszeiger auf die Schaltfläche *Grafik aus Datei einfügen*.

3 Drücken Sie die rechte Maustaste. Geben Sie an, dass Sie die Schaltfläche zur *Symbolleiste für den Schnellzugriff* hinzufügen möchten.

4 Klicken Sie auf die Schaltfläche *Grafik aus Datei einfügen*.

5 Geben Sie im Dialogfeld bei *Suchen in* den Ort (das Verzeichnis) an, wo Sie das Bild gespeichert haben.

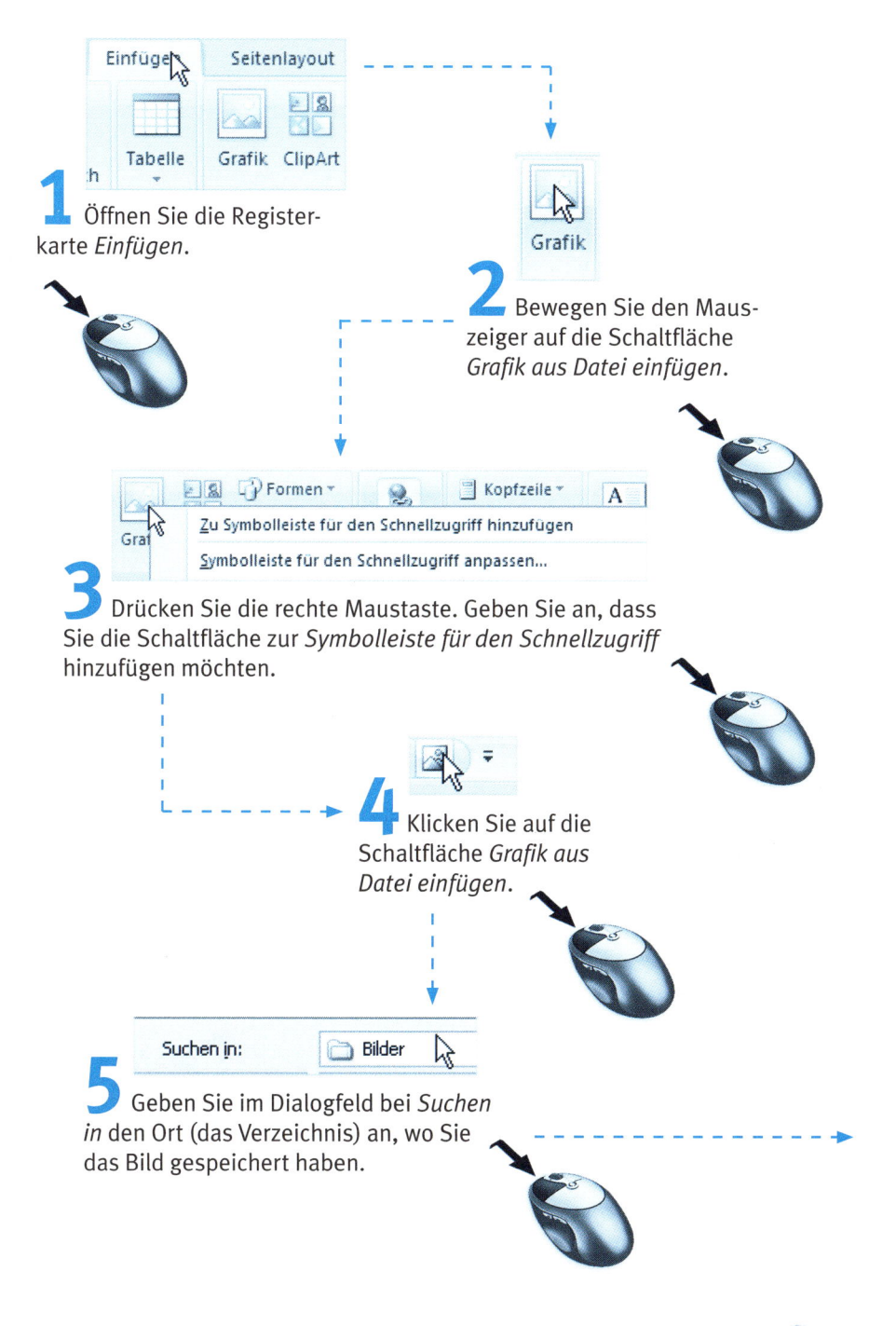

6 Aktivieren Sie im Dialogfeld *Grafik einfügen* die *Miniaturansichten*. Das erleichtert die Suche, da Sie eine Vorschau sämtlicher Bilder erhalten.

> **Achtung**
> Wählen Sie ggf. unter *Dateityp* den Eintrag *Alle Grafiken* aus. Das erleichtert die Suche.

7 Fügen Sie das Bild mit einem Doppelklick ein.

8 Verändern Sie unten rechts am Bildschirm ggf. die *Zoomeinstellung*, indem Sie diese reduzieren. Das erleichtert die spätere Handhabung.

Sobald Sie das Bild eingefügt haben, wechselt Word 2007 automatisch zur Registerkarte *Bildtools/Format*. Alle nötigen Werkzeuge finden Sie hier.

Ein Bild einfügen **179**

Möchten Sie eine Grafik wie ein Bild bearbeiten, muss sie aktiviert sein. Dazu klicken Sie diese an. Eine Umrandung und kleine Punkte – *Ziehpunkte* genannt – erscheinen.

Positionieren Sie den Mauszeiger auf einem der Ziehpunkte, verändern Sie mit gedrückter linker Maustaste die *Größe* des Bildes entsprechend der *Pfeilrichtung*.

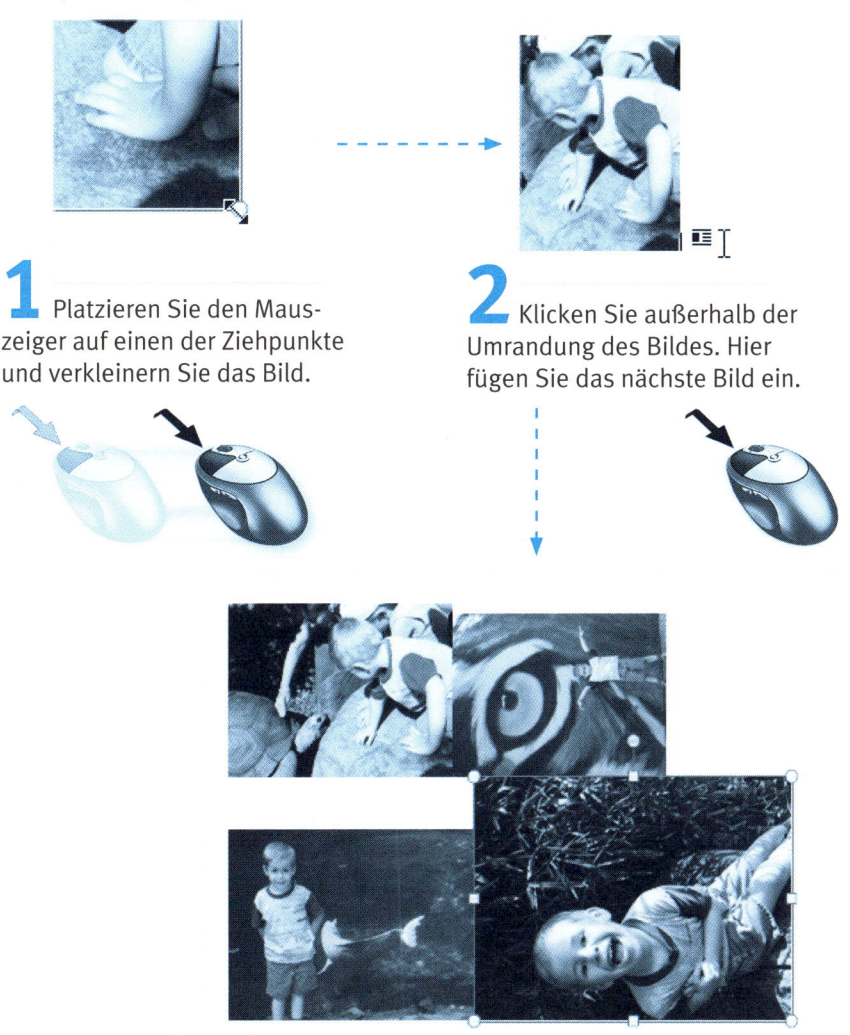

1 Platzieren Sie den Mauszeiger auf einen der Ziehpunkte und verkleinern Sie das Bild.

2 Klicken Sie außerhalb der Umrandung des Bildes. Hier fügen Sie das nächste Bild ein.

3 Fügen Sie auf diese Art und Weise die übrigen Bilder ein – in diesem Beispiel sind es vier Fotos.

> **Hinweis**
>
> Da Sie alle Bilder eingefügt haben, können Sie die Schaltfläche *Grafik aus Datei einfügen* wieder aus der *Symbolleiste für den Schnellzugriff* entfernen. Dazu bewegen Sie den Mauszeiger auf die Schaltfläche, drücken die rechte Maustaste und aktivieren den entsprechenden Befehl.

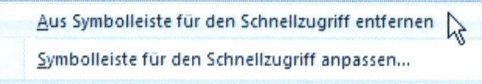

Bei *Textumbruch* geben Sie an, wie ein Text später um das Bild platziert werden bzw. fließen soll.

Für welche Umbruchart Sie sich in diesem Beispiel auch entscheiden, die Grafik muss formatiert werden. Sie können sonst die Grafik im Dokument nicht bewegen, um sie mit der Maus an einer anderen Stelle unterzubringen!

1 Klicken Sie ggf. ein Bild an. Wählen Sie die Schaltfläche *Textumbruch*.

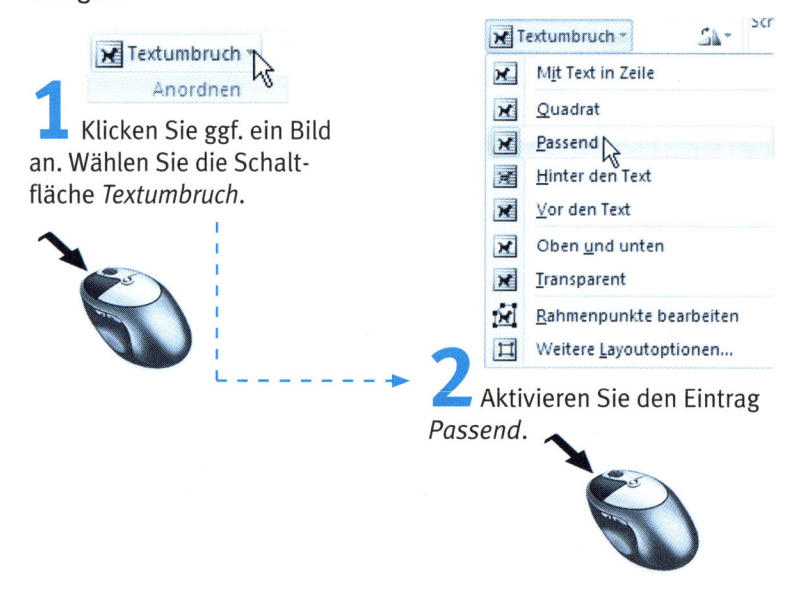

2 Aktivieren Sie den Eintrag *Passend*.

Bewegen Sie den Mauszeiger auf die Grafik, erscheint am Mauszeiger eine Art »Fadenkreuz«. Wird diese Darstellung angezeigt, können Sie das Bild mit gedrückter linker Maustaste in dem Dokument beliebig *verschieben*. Dazu müssen aber erst sämtliche Bilder mit einem *Textumbruch* versehen werden. Sie brauchen nur die letzte Aktion zu wiederholen.

Ein Bild einfügen **181**

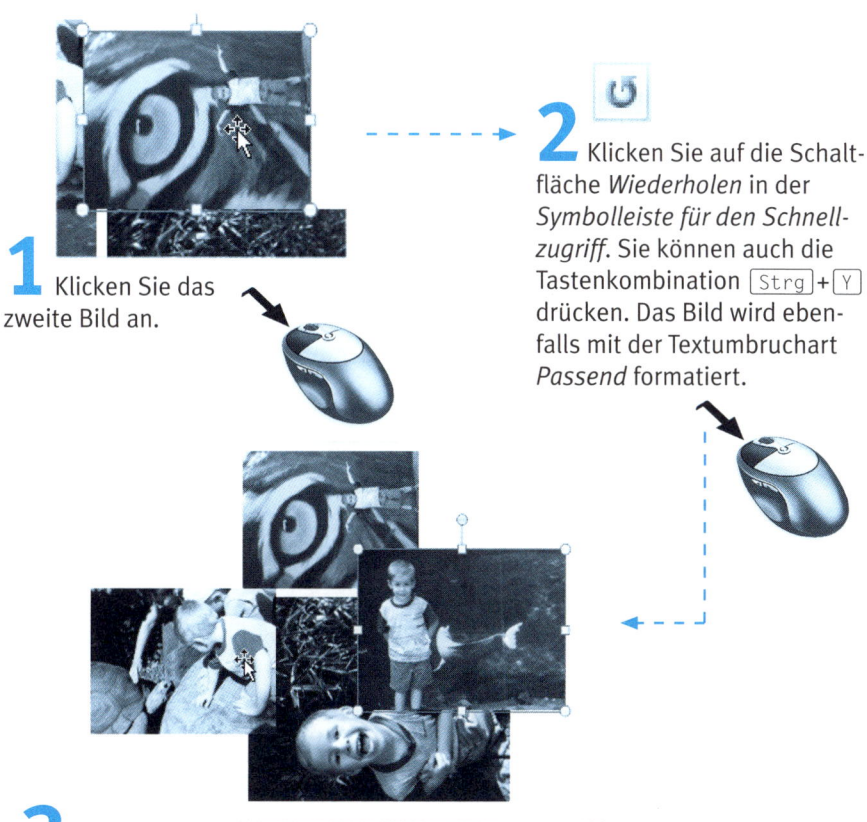

1 Klicken Sie das zweite Bild an.

2 Klicken Sie auf die Schaltfläche *Wiederholen* in der *Symbolleiste für den Schnellzugriff*. Sie können auch die Tastenkombination Strg+Y drücken. Das Bild wird ebenfalls mit der Textumbruchart *Passend* formatiert.

3 Wiederholen Sie den Vorgang für die restlichen Bilder.

4 Bewegen Sie die Bilder im Dokument und positionieren Sie diese übersichtlicher. Ändern Sie ggf. noch einmal deren Größe.

Es kann sein, das Bilder nicht korrekt dargestellt werden, d. h., sie müssen gedreht werden.

In Word 2007 können Sie die Welt auf den Kopf stellen. Sie haben die Möglichkeit, Bilder bis zu 360 Grad zu drehen.

Positionieren Sie den Mauszeiger auf den »grünen Punkt«, verwandelt er sich in einen *Drehpunkt*.

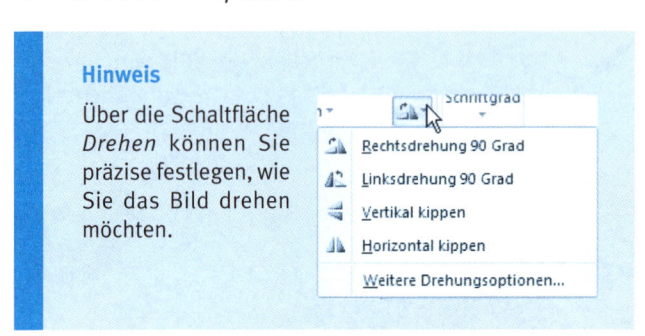

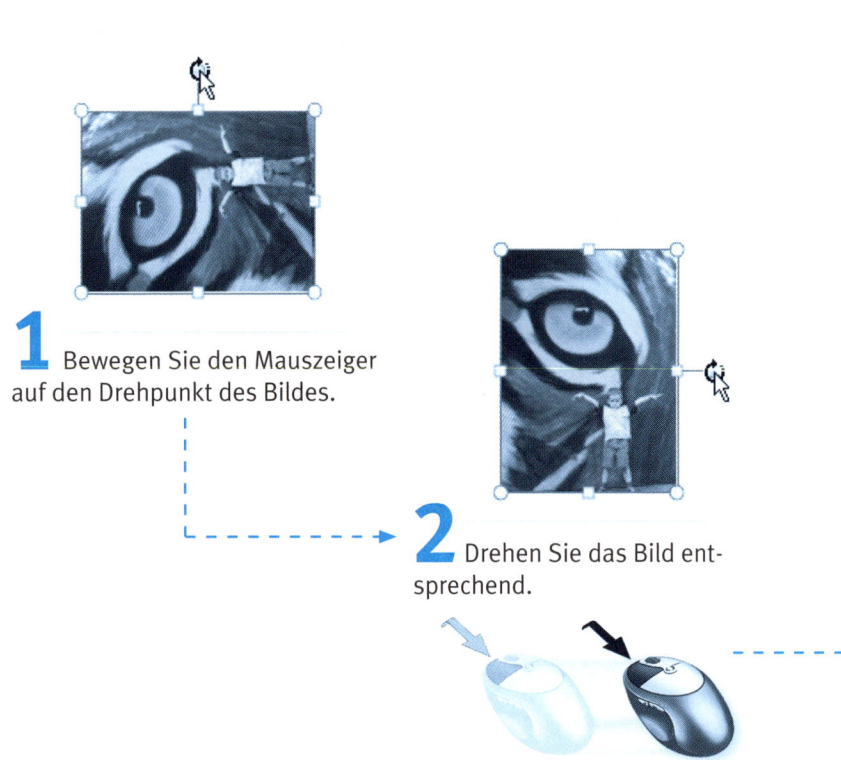

Hinweis

Über die Schaltfläche *Drehen* können Sie präzise festlegen, wie Sie das Bild drehen möchten.

- Rechtsdrehung 90 Grad
- Linksdrehung 90 Grad
- Vertikal kippen
- Horizontal kippen
- Weitere Drehungsoptionen…

1 Bewegen Sie den Mauszeiger auf den Drehpunkt des Bildes.

2 Drehen Sie das Bild entsprechend.

3 Wiederholen Sie ggf. den Vorgang für ein anderes bzw. andere Bilder. Die Bilder sind nun alle korrekt angeordnet.

Die Bildformatvorlagen

Word 2007 verfügt über eine Auswahl von Bildformatvorlagen. Diese werden auf das aktivierte Bild übertragen.

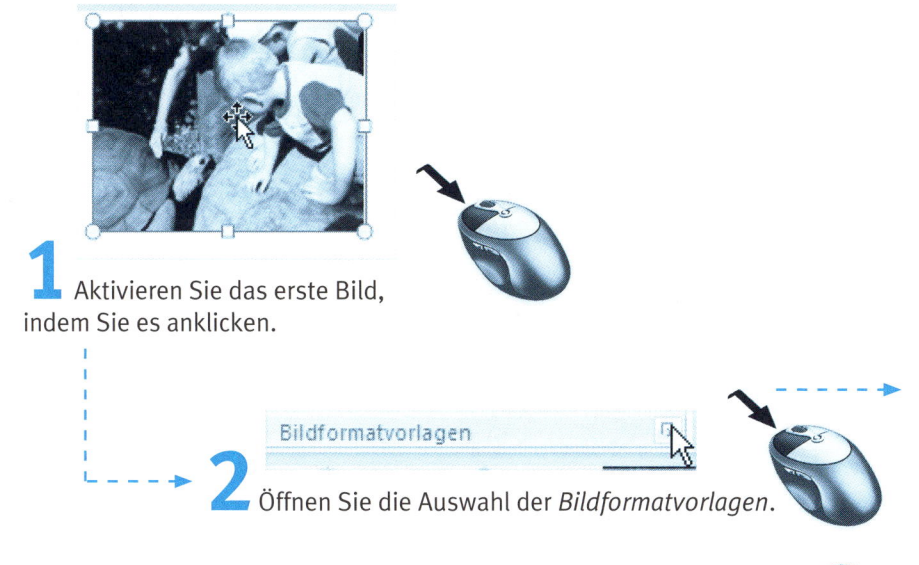

1 Aktivieren Sie das erste Bild, indem Sie es anklicken.

2 Öffnen Sie die Auswahl der *Bildformatvorlagen*.

184 Kapitel 9

3 Wählen Sie eine *Bildformatvorlage* aus.

4 Das Bild wird in der ausgewählten Bildformatvorlage dargestellt.

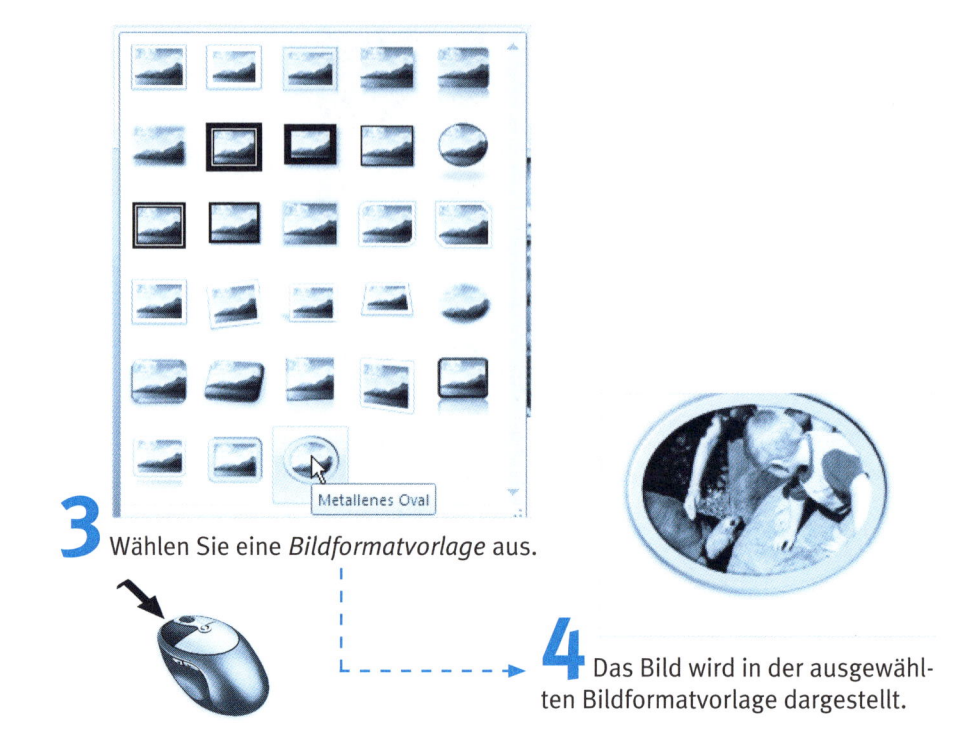

Bildeffekte festlegen

Word 2007 bietet Ihnen einige Bildeffekte über die gleichnamige Schaltfläche an, die Sie nutzen sollten. In diesem Beispiel geben Sie eine *Spiegelung* an.

1 Die Grafik muss aktiviert sein. Klicken Sie diese ggf. an.

Bildeffekte festlegen **185**

2 Wählen Sie die Schaltfläche *Bildeffekte*.

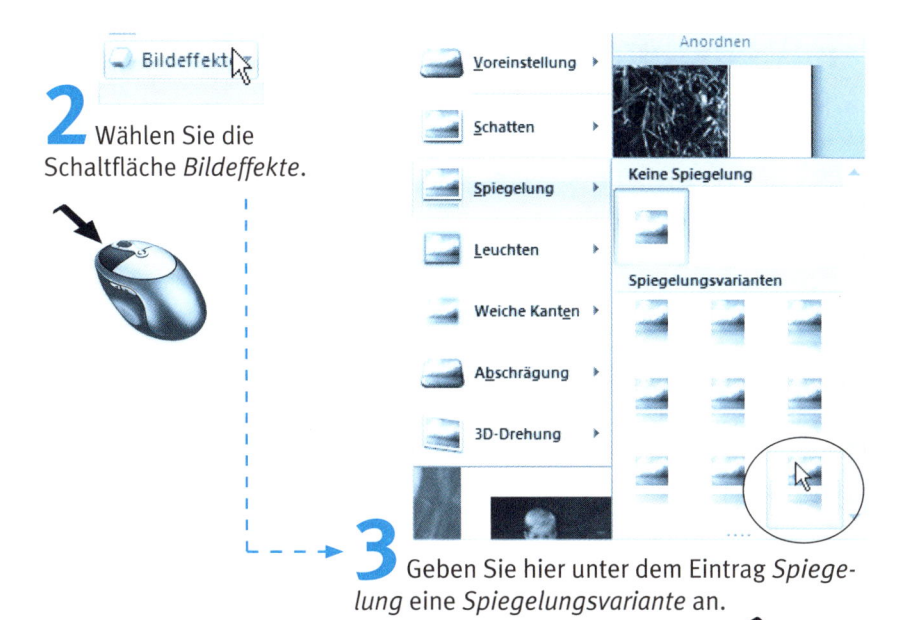

3 Geben Sie hier unter dem Eintrag *Spiegelung* eine *Spiegelungsvariante* an.

Das Bild wird entsprechend gespiegelt.

Einen Grafikrahmen erstellen

Als Nächstes legen Sie einen Rahmen – schwarz oder farbig – um ein Bild an. Die Rahmen können unterschiedlich aussehen, z. B. als durchgezogene Linie oder gestrichelt. Wie Sie sich entscheiden, hängt ganz von Ihrem Geschmack ab. Dazu wählen Sie die Schaltfläche *Grafikrahmen* aus. Die Reihenfolge, ob Sie zuerst die Farbe oder den Rahmen auswählen, spielt keine Rolle.

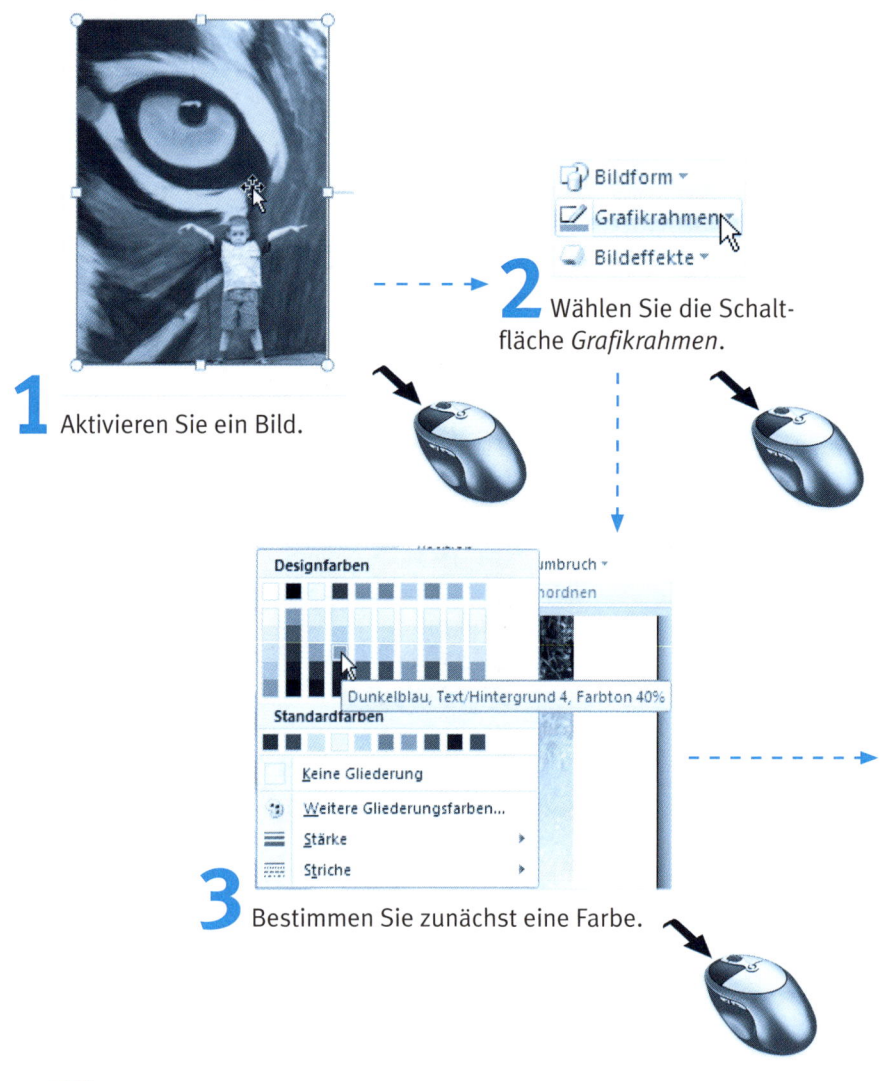

1 Aktivieren Sie ein Bild.

2 Wählen Sie die Schaltfläche *Grafikrahmen*.

3 Bestimmen Sie zunächst eine Farbe.

Einen Grafikrahmen erstellen **187**

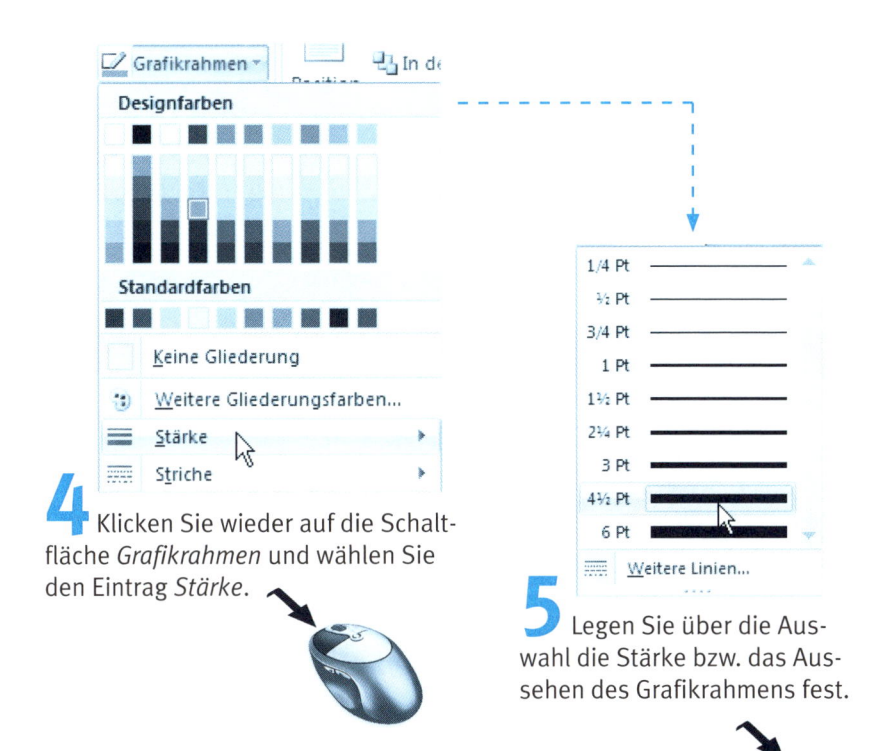

4 Klicken Sie wieder auf die Schaltfläche *Grafikrahmen* und wählen Sie den Eintrag *Stärke*.

5 Legen Sie über die Auswahl die Stärke bzw. das Aussehen des Grafikrahmens fest.

Der ausgewählte Grafikrahmen wird um das Bild gelegt.

Bildformen anlegen

Dem letzten Bild im Beispiel weisen Sie eine bestimmte Form zu. Dazu verwenden Sie Formen, die eigentlich »ein wenig zweckentfremdet werden«. Aber Sie haben hier zahlreiche Möglichkeiten, bestimmte Bildeffekte zu erzielen.

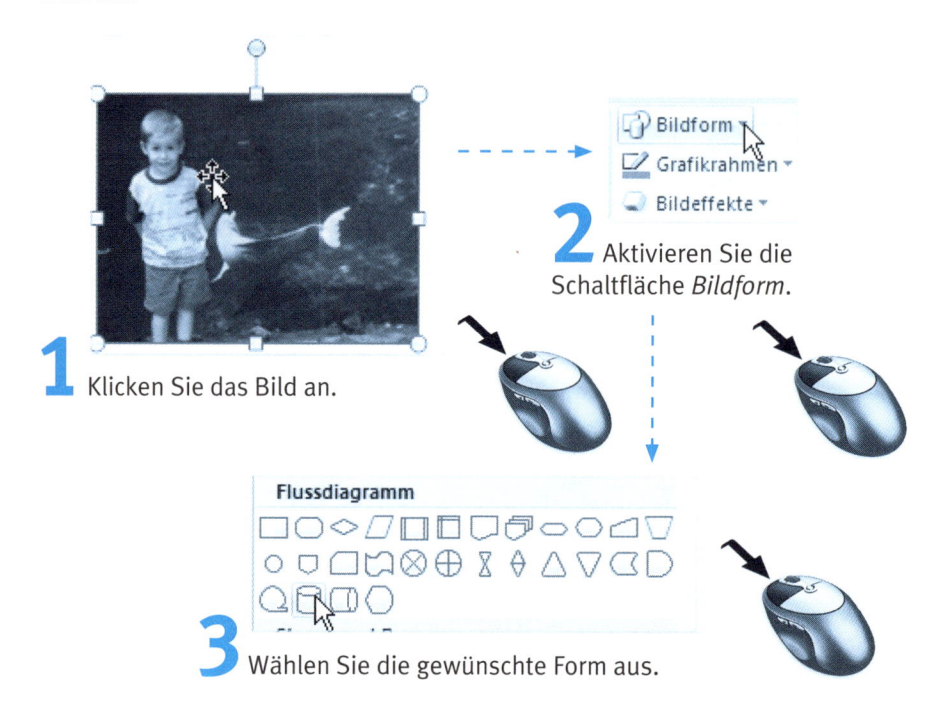

1 Klicken Sie das Bild an.

2 Aktivieren Sie die Schaltfläche *Bildform*.

3 Wählen Sie die gewünschte Form aus.

Das Bild wird an die ausgewählte Form angepasst.

Probieren Sie hier einfach die vielfältigen Möglichkeiten aus. Zahlreiche Formen stehen Ihnen zur Verfügung. Nicht alle passen zu einem bestimmten Bild. Aber Sie werden feststellen, dass es Spaß macht, Bilder »in Form zu bringen«.

Bilder komprimieren

Besonders farbige Bilder nehmen viel Speicherplatz in Anspruch. Bei der Komprimierung wird die Größe einer Datei zum Speichern, Drucken oder Übertragen reduziert. Diese Komprimierungseinstellungen für Bilder können Sie in Word 2007 vornehmen. Dazu muss das Bild, das Sie komprimieren möchten, aktiviert sein.

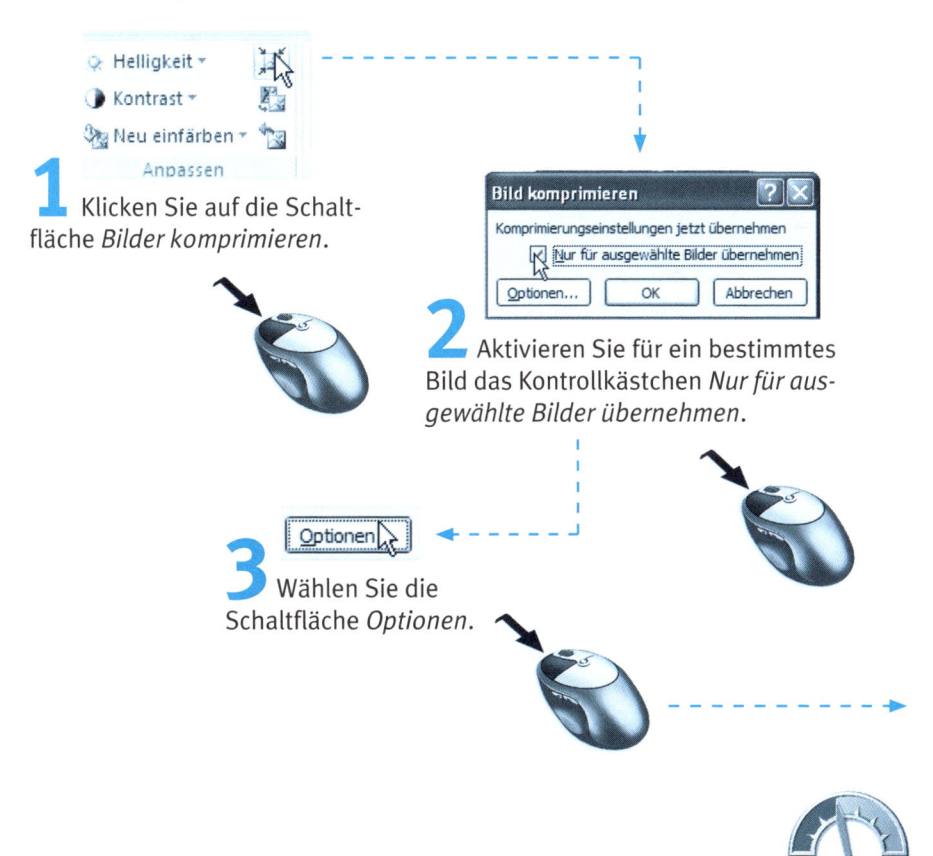

1 Klicken Sie auf die Schaltfläche *Bilder komprimieren*.

2 Aktivieren Sie für ein bestimmtes Bild das Kontrollkästchen *Nur für ausgewählte Bilder übernehmen*.

3 Wählen Sie die Schaltfläche *Optionen*.

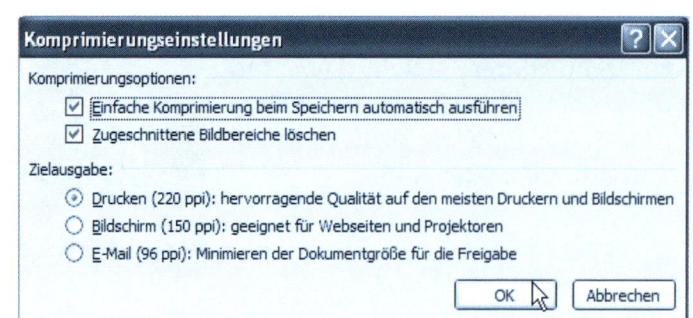

4 Überprüfen Sie und legen Sie fest, für welchen Zweck Sie das Bild komprimieren möchten. Bestätigen Sie dann mit *OK*.

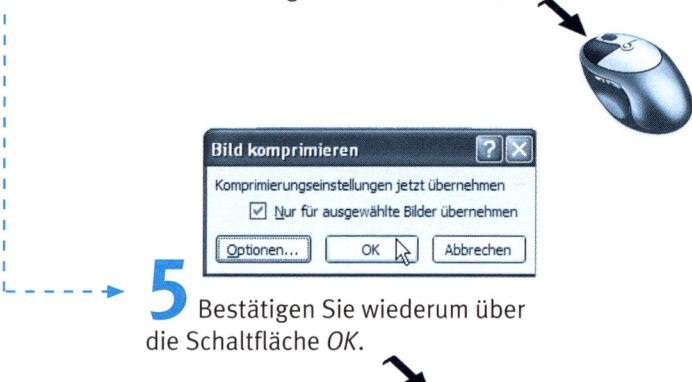

5 Bestätigen Sie wiederum über die Schaltfläche *OK*.

Tipps zum Kapitel

1. Sie können Bilder einfärben und so ihre Darstellung ändern. Dazu klicken Sie das Bild an. Wählen Sie die Schaltfläche *Neu einfärben*. Bewegen Sie den Mauszeiger auf die jeweilige Einfärbung, sehen Sie als Vorschau, wie die Darstellung des Bildes sich ändert.

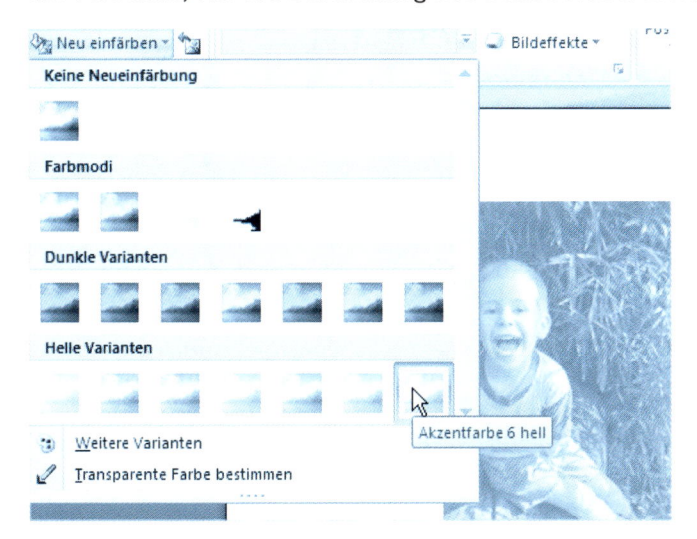

2. Über die gleichnamigen Schaltflächen ändern Sie die *Helligkeit* und den *Kontrast* eines ausgewählten Bildes.

3. Über die Schaltfläche *Ausrichten* geben Sie an, wo ein Bild genau positioniert werden soll.

4. Mit der ⌈Strg⌉-Taste können Sie mehrere Bilder gleichzeitig aktivieren.

   Sie halten die ⌈Strg⌉-Taste gedrückt und klicken die einzelnen Bilder mit der linken Maustaste an.

   So können Sie gleichzeitig z. B. eine Formatierung zuweisen.

5. Die Seite Ihres Dokuments können Sie färben. Auf der Registerkarte *Seitenlayout* geben Sie über die Schaltfläche *Seitenfarbe* die Farbe an. Überprüfen Sie die Farbe in der Vorschau, bevor Sie eine festlegen.

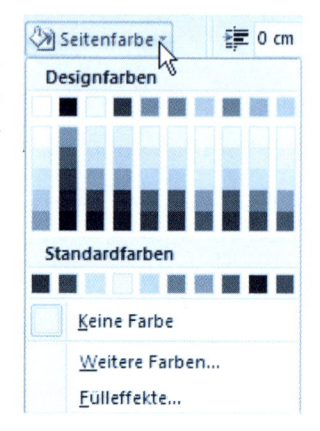

6. Sie schreiben bisher in Ihrem Dokument einspaltig. In Zeitschriften z. B. werden Texte zwei- oder dreispaltig dargestellt.

   Sie legen die Anzahl der *Spalten* über die Schaltfläche *Spalten* auf der Registerkarte *Seitenlayout* fest. Um die Auswirkungen der Spalten besser am Bildschirm zu sehen, sollten Sie dazu zunächst einen bereits vorhandenen Text nehmen.

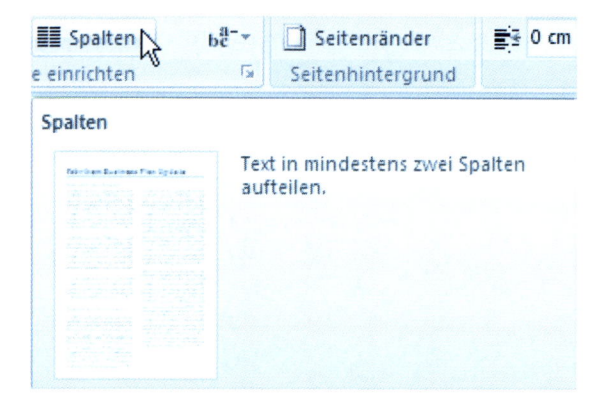

Hier können Sie Grafiken wie Bilder oder ClipArts einbinden. Beachten Sie dazu den Textumbruch, wie es in diesem und in *Kapitel 8* beschrieben ist.

7. Bildunterschriften können Sie auf der Registerkarte *Verweise* über die Schaltfläche *Beschriftung einfügen* anlegen.

8. Seitenzahlen legen Sie auf der Registerkarte *Einfügen* über die Schaltfläche *Seitenzahl* fest. Geben Sie z. B. hier den Befehl *Seitenende* an, erscheint die Angabe der Seitenzahl in der Fußzeile. Die Seitenzahlen können Sie dann »ganz normal« formatieren, indem Sie diese z. B. *linksbündig*, *zentriert* oder *rechtsbündig* ausrichten. Für den Umgang mit Fußzeilen beachten Sie ggf. *Kapitel 13*.

Üben Sie Word 2007!

Versuchen Sie eine ClipArt-Grafik – wie im Beispiel abgebildet – zusammen mit einem eingefügten Bild darzustellen.

Das können Sie schon

Die Rechtschreibhilfe	48
Die Silbentrennung	55
Einen Text speichern	82
Der Schnelldruck	91
Aufzählungen in Word	120
Texte verschieben und kopieren	123
Formate übertragen	133
Eine ClipArt-Grafik einfügen	140
Textfelder	160
Ein Bild einfügen	176

Das lernen Sie neu

Eine Visitenkarte anlegen	196
Gitternetzlinien einblenden	199
Den Visitenkartentext schreiben	200
Die Designfarben	202
Den Zeileneinzug ändern	203
Einen Farbverlauf einbinden	207
Ein Bild einfügen	209
Der Zeichenabstand	212
Die Visitenkarte kopieren	213

Kapitel 10

Präsentieren Sie sich mit Visitenkarten

Visitenkarten sollen immer einen guten Eindruck hinterlassen. Mit ein paar Schritten sind sie in Word 2007 angelegt. Sie müssen dazu zwar nicht unbedingt über einen Farbdrucker verfügen, eine Farbausgabe würde aber für eine bessere Optik sorgen. Besorgen Sie sich im Handel das Papier für Visitenkarten, legen Sie es in den Drucker ein und los geht's.

Eine Visitenkarte anlegen

Das Aussehen der Visitenkarte in diesem Kapitel ist nur ein Beispiel für die zahlreichen Möglichkeiten in Word 2007.

Natürlich können Sie Ihre Visitenkarte individuell selbst gestalten. Sie lernen hier kurz und bündig das Handwerkszeug kennen und können danach Ihren persönlichen Gestaltungsideen freien Lauf lassen.

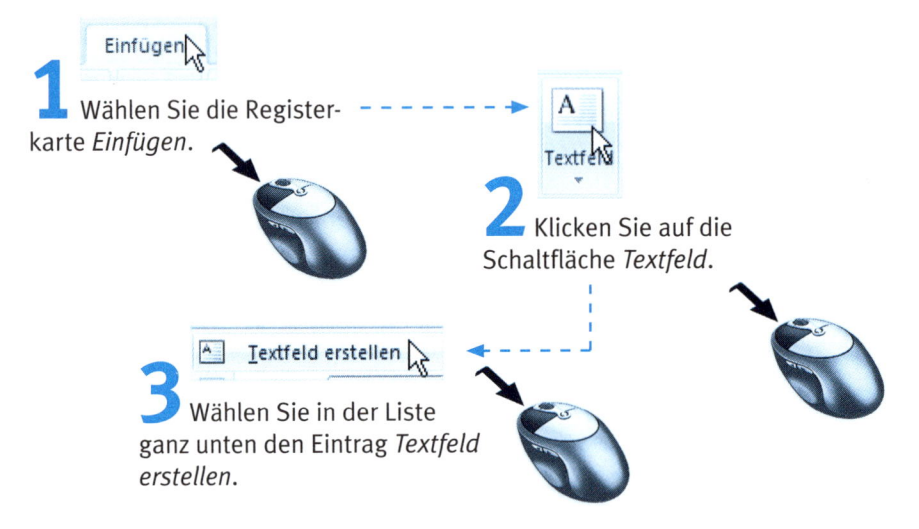

1 Wählen Sie die Registerkarte *Einfügen*.

2 Klicken Sie auf die Schaltfläche *Textfeld*.

3 Wählen Sie in der Liste ganz unten den Eintrag *Textfeld erstellen*.

Der *Mauszeiger* nimmt das Aussehen eines Kreuzes an. Dort, wo Sie ihn platzieren, können Sie mit gedrückter linker Maustaste ein Textfeld aufziehen.

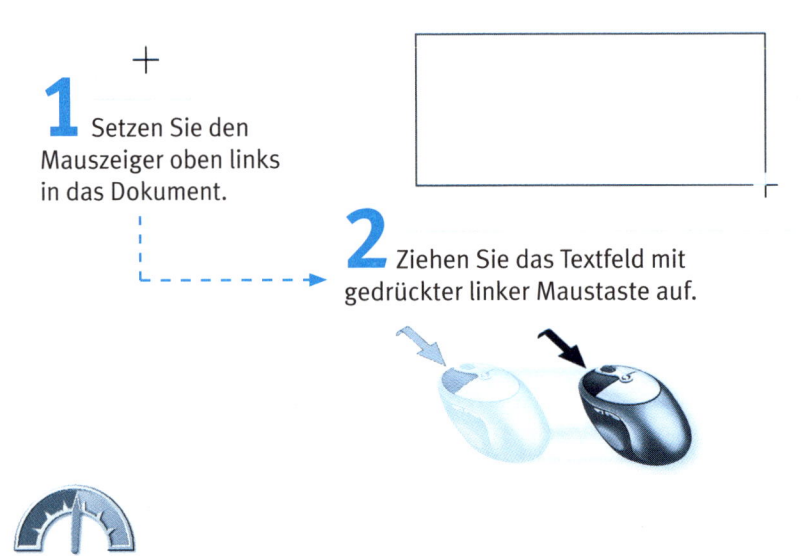

1 Setzen Sie den Mauszeiger oben links in das Dokument.

2 Ziehen Sie das Textfeld mit gedrückter linker Maustaste auf.

Das so erstellte Textfeld formatieren Sie. Es soll keine Füllfarbe haben, also transparent sein, nach links ausgerichtet werden und eine bestimmte Größe haben, die der einer Visitenkarte entspricht.

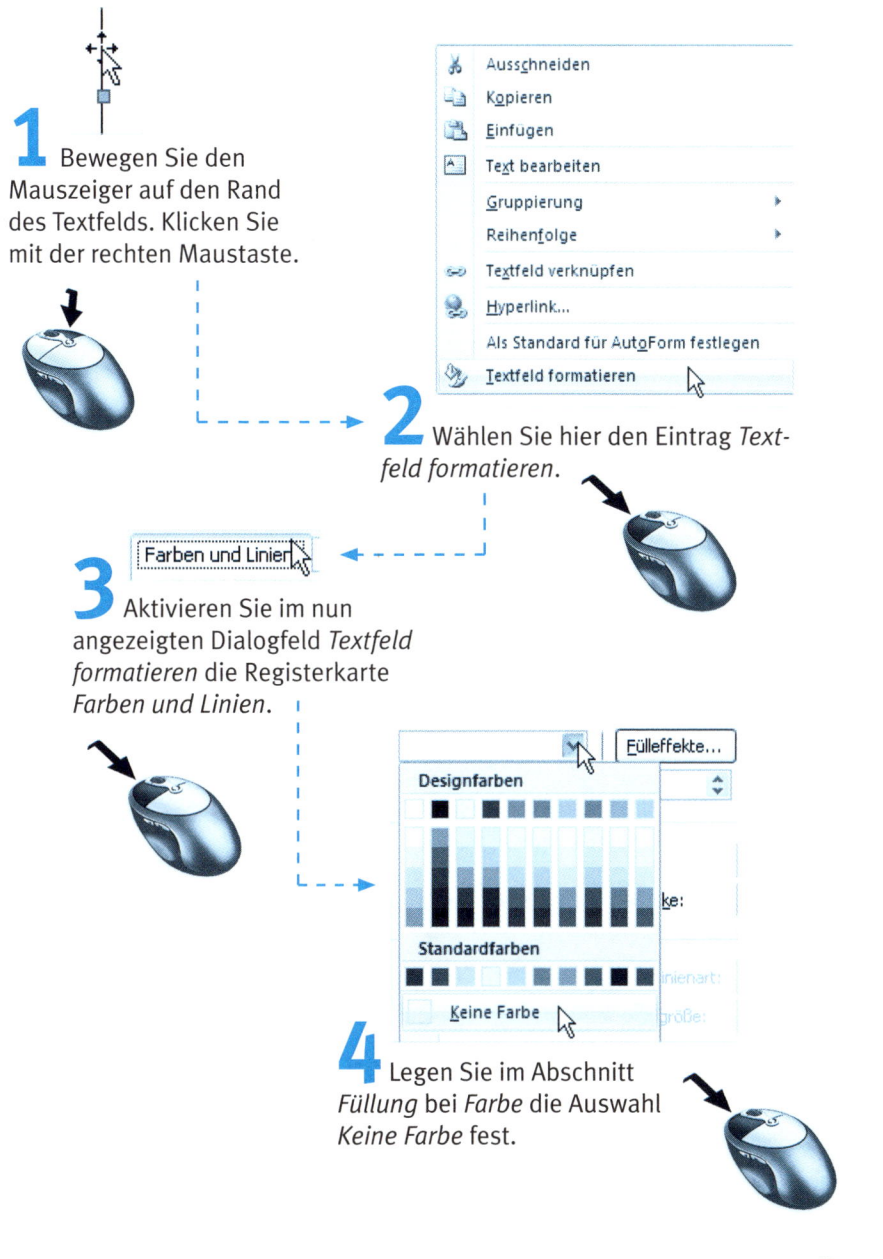

1 Bewegen Sie den Mauszeiger auf den Rand des Textfelds. Klicken Sie mit der rechten Maustaste.

2 Wählen Sie hier den Eintrag *Textfeld formatieren*.

3 Aktivieren Sie im nun angezeigten Dialogfeld *Textfeld formatieren* die Registerkarte *Farben und Linien*.

4 Legen Sie im Abschnitt *Füllung* bei *Farbe* die Auswahl *Keine Farbe* fest.

Hinweis

Sie können ein aktiviertes Textfeld auch transparent gestalten, indem Sie auf der Registerkarte *Tabellenfeldtools/Format* die Schaltfläche *Fülleffekt* wählen und dann *Keine Füllung* aktivieren.

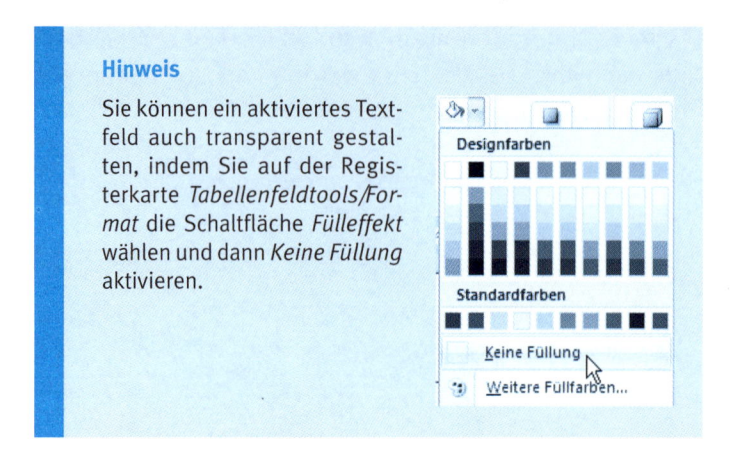

Sie geben nun die Maße einer Visitenkarte an. Diese können Sie natürlich auch selbst bestimmen.

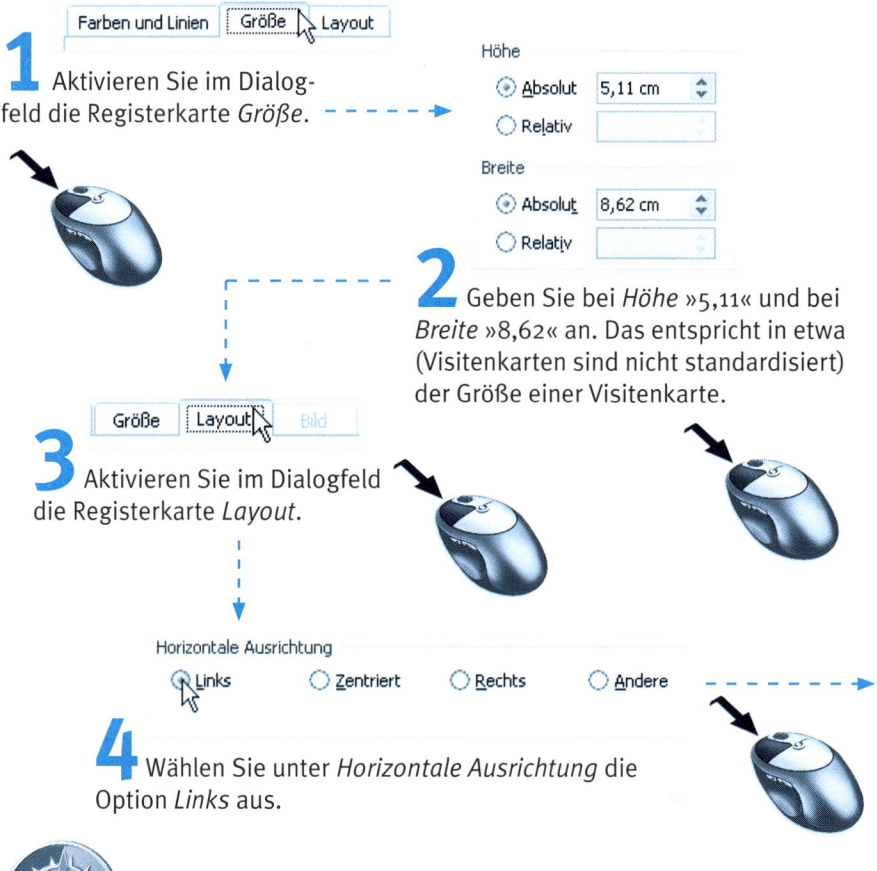

1 Aktivieren Sie im Dialogfeld die Registerkarte *Größe*.

2 Geben Sie bei *Höhe* »5,11« und bei *Breite* »8,62« an. Das entspricht in etwa (Visitenkarten sind nicht standardisiert) der Größe einer Visitenkarte.

3 Aktivieren Sie im Dialogfeld die Registerkarte *Layout*.

4 Wählen Sie unter *Horizontale Ausrichtung* die Option *Links* aus.

5 Bestätigen Sie das Dialogfeld mit einem Klick auf die Schaltfläche *OK*.

Gitternetzlinien einblenden

Mit dem so genannten Zeichnungsraster, auch Gitternetzlinien genannt, können Sie Objekte im Dokument präzise positionieren.

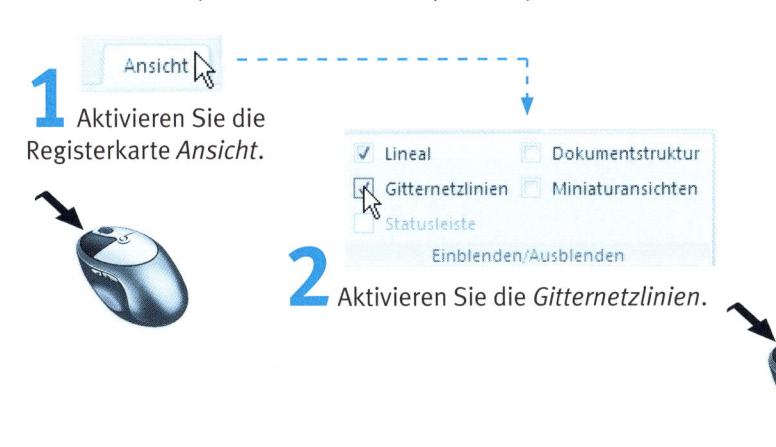

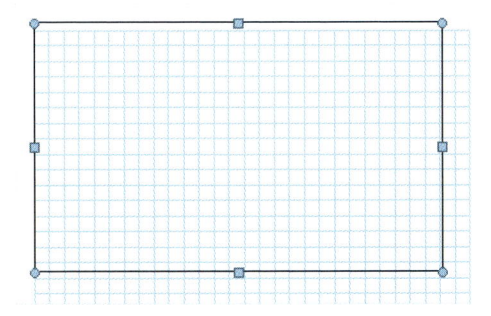

1 Aktivieren Sie die Registerkarte *Ansicht*.

2 Aktivieren Sie die *Gitternetzlinien*.

Die Gitternetzlinien werden im Dokument eingeblendet.

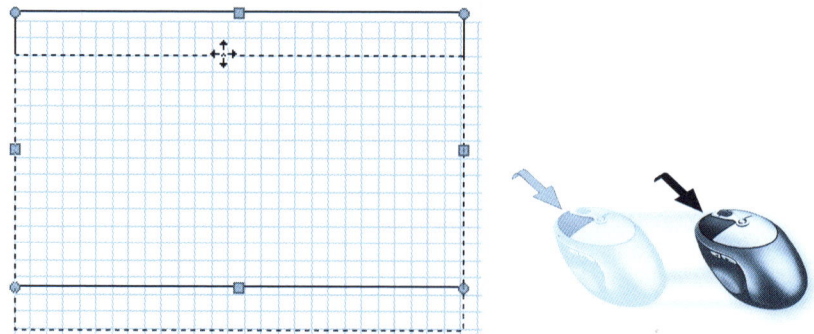

3 Platzieren Sie den Mauszeiger auf den Rand des Textfelds und bewegen Sie das Textfeld mit gedrückter linker Maustaste auf die zweite Reihe der Gitternetzlinien.

Den Visitenkartentext schreiben

Es folgt der Text der Visitenkarte, den Sie groß, klein oder auch farbig gestalten können. Die Texte werden aus optischen Gründen entsprechend eingerückt. Dazu verwenden Sie das Lineal.

> **Hinweis**
>
> Wenn Sie die ⇆-Taste drücken, **springt** die Schreibmarke im Dokument. Das ist nicht nur schneller, Sie sparen sich auch das zigfache Drücken der Leertaste. Im Zusammenhang mit Tabulatoren werden mehrere Begriffe wie »Tab, Tabstopp oder Tabulatorstopp« verwendet, die aber alle das Gleiche bezeichnen.
>
> Mit Hilfe der ⇆-Taste und Tabulatoren springt die Einfügemarke um eine bestimmte Anzahl von Leerstellen weiter. Sie können dadurch Texte, die untereinander stehen sollen, exakt anordnen.

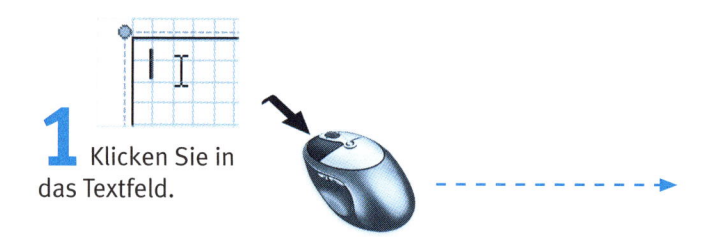

1 Klicken Sie in das Textfeld.

Den Visitenkartentext schreiben **201**

2 Klicken Sie mit der rechten Maustaste. Eine Symbolleiste erscheint.

3 Legen Sie in der Symbolleiste die Schriftart *Arial* fest und wählen Sie als Schriftgrad *20*.

4 Hier im Beispiel schreiben Sie zunächst Initialen bzw. ein Kürzel. Tippen Sie »FS« in das Textfeld.

5 Bewegen Sie den Mauszeiger auf das Lineal und setzen Sie bei »2,5« einen linksbündigen Tabstopp.

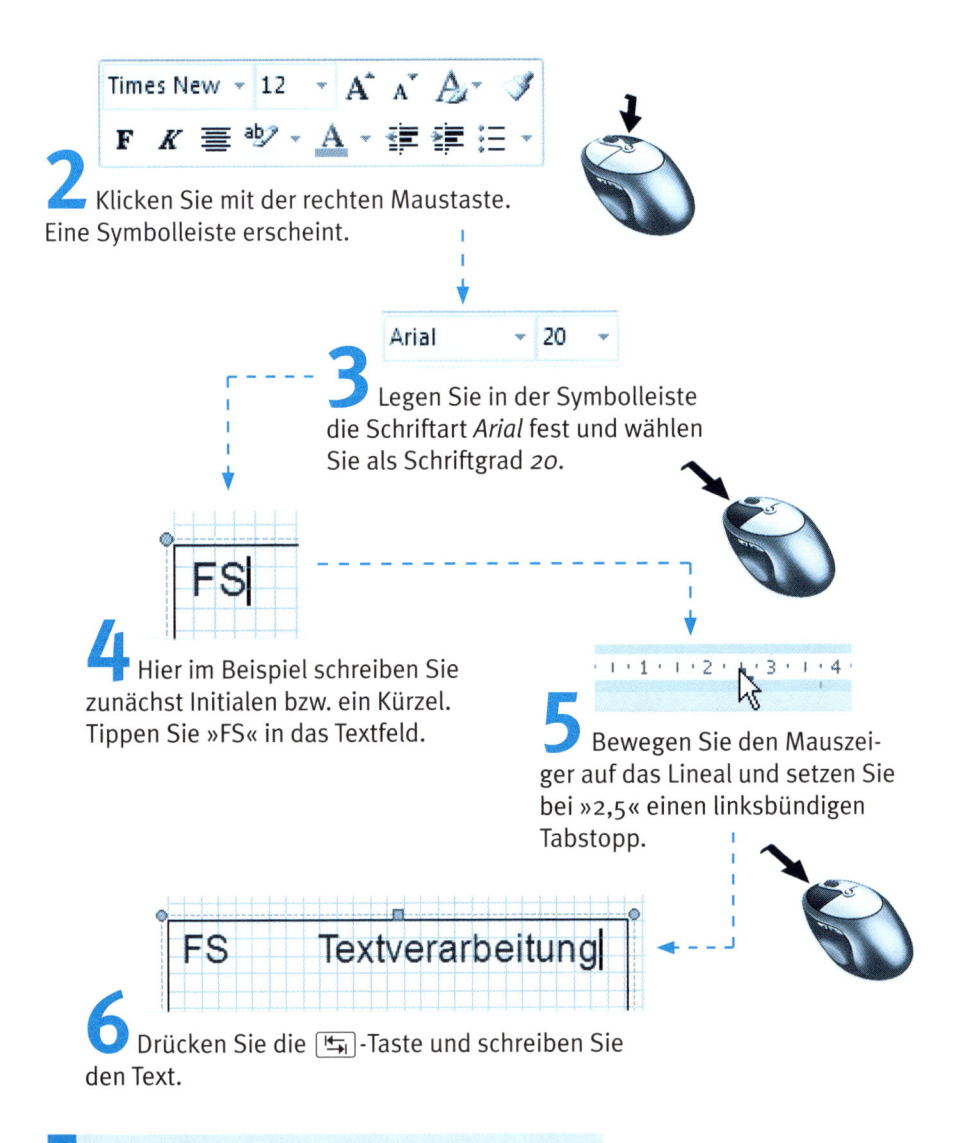

6 Drücken Sie die ⇆-Taste und schreiben Sie den Text.

Hinweis

Sollte das *Lineal* auf Ihrem Bildschirm nicht aktiviert sein, blenden Sie es über die Schaltfläche rechts oben am Bildschirm schnell ein (oder auf der Registerkarte *Ansicht*).

Die Designerfarben

Es folgt die zweite Zeile im Textfeld. Da die einzelnen Zeilen unterschiedliche Formatierungen haben sollen, ändern Sie zunächst diese. Für die nächsten Zeilen verwenden Sie in Word 2007 eine Designerfarbe.

1 Der Cursor befindet sich in der ersten Zeile am Ende des Textes innerhalb des Textfelds. Betätigen Sie einmal die ⏎-Taste.

2 Der Cursor befindet sich nun in der zweiten Zeile des Textfelds. Klicken Sie mit der rechten Maustaste.

Wiederum erscheint die Symbolleiste.

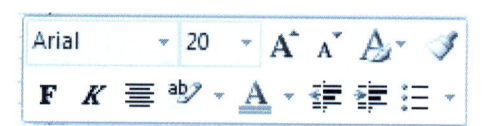

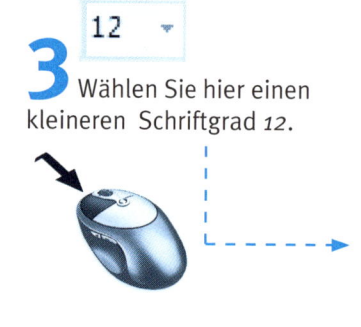

3 Wählen Sie hier einen kleineren Schriftgrad 12.

4 Öffnen Sie die Auswahl der Schaltfläche, indem Sie auf das kleine Dreieck klicken.

5 Geben Sie eine Designfarbe – hier *Blau* – an.

6 Klicken Sie beliebig in das Textfeld. Die Symbolleiste verschwindet.

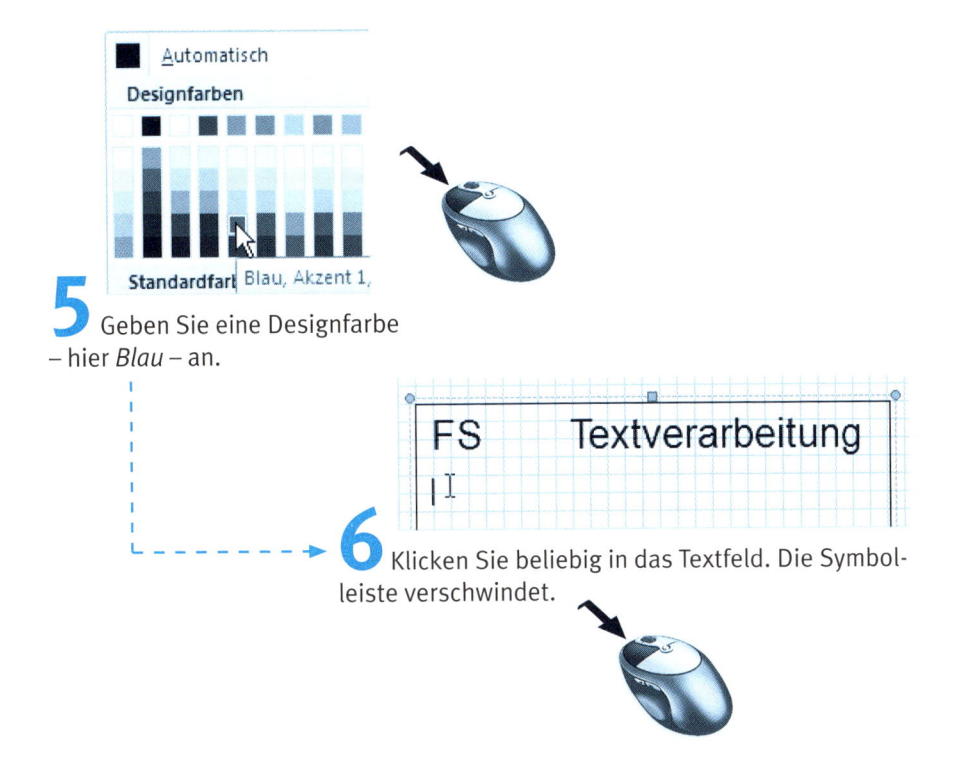

Den Zeileneinzug verändern

Damit der nachfolgende Text auf der Visitenkarte ein wenig eingerückt wird, verwenden Sie den Zeileneinzug im *Lineal*.

1 Bewegen Sie den Mauszeiger auf das kleine *Rechteck* beim Zeileneinzug.

2 Verschieben Sie mit gedrückter Maustaste den Zeileneinzug ein wenig nach rechts. Der nachfolgende Text soll eingerückt werden.

3 Tippen Sie hier den Beispielnamen »Frauke Schmitz« ein.

4 Betätigen Sie einmal die ⏎-Taste.

5 Danach klicken Sie wieder mit der rechten Maustaste. Wiederum erscheint die Symbolleiste.

6 Wählen Sie mit Hilfe der Schaltfläche *Schriftgrad verkleinern* einen kleineren Schriftgrad 10 aus. Klicken Sie also zweimal auf die Schaltfläche.

> **Hinweis**
>
> Pro Klick auf die Schaltfläche *Schriftgrad verkleinern* ändern Sie den Schriftgrad um jeweils einen Punkt.

Als Nächstes geben Sie Straße, Ort und Telefonnummer ein. Um hier nicht einen *Absatz*-Abstand über die ⏎-Taste anzugeben, verwenden Sie die Tastenkombination ⇧+⏎. So geben Sie in Word 2007 eine *Zeile* an.

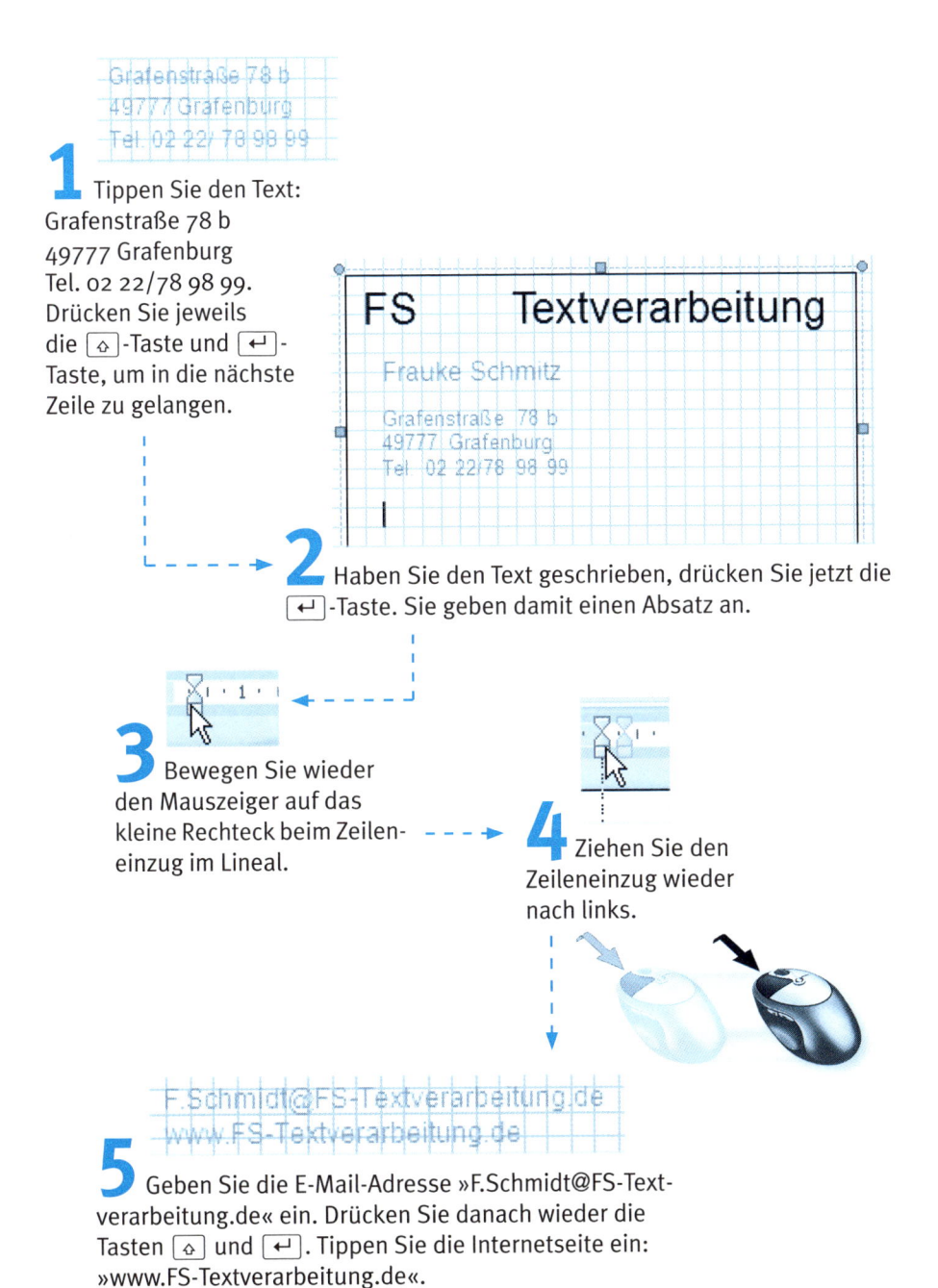

Den Zeileneinzug verändern **205**

1 Tippen Sie den Text:
Grafenstraße 78 b
49777 Grafenburg
Tel. 02 22/78 98 99.
Drücken Sie jeweils die ⇧-Taste und ↵-Taste, um in die nächste Zeile zu gelangen.

2 Haben Sie den Text geschrieben, drücken Sie jetzt die ↵-Taste. Sie geben damit einen Absatz an.

3 Bewegen Sie wieder den Mauszeiger auf das kleine Rechteck beim Zeileneinzug im Lineal.

4 Ziehen Sie den Zeileneinzug wieder nach links.

5 Geben Sie die E-Mail-Adresse »F.Schmidt@FS-Textverarbeitung.de« ein. Drücken Sie danach wieder die Tasten ⇧ und ↵. Tippen Sie die Internetseite ein: »www.FS-Textverarbeitung.de«.

Um die Visitenkarte farblich etwas mehr zu gestalten, verwenden Sie eine Form, hier das *Rechteck*. Diese Form füllen Sie mit Farbe aus. Dazu wechseln Sie zunächst auf die Registerkarte *Einfügen*.

1 Wählen Sie die Registerkarte *Einfügen* aus.

2 Klicken Sie auf die Schaltfläche *Formen*.

3 Wählen Sie das *Rechteck* aus.

4 Platzieren Sie den Mauszeiger und ziehen Sie die Form des Rechtecks auf. Mit Hilfe der Gitternetzlinien können Sie das Rechteck genau innerhalb der Visitenkarte platzieren.

5 Öffnen Sie die Auswahl bei der Schaltfläche *Formkontur*.

6 Geben Sie hier *Keine Gliederung* an. Die Außenlinien des Rechtecks sind verschwunden.

Wichtig ist, dass das Rechteck aktiviert bleibt. Als nächsten Schritt geben Sie einen Farbverlauf an.

Einen Farbverlauf einbinden

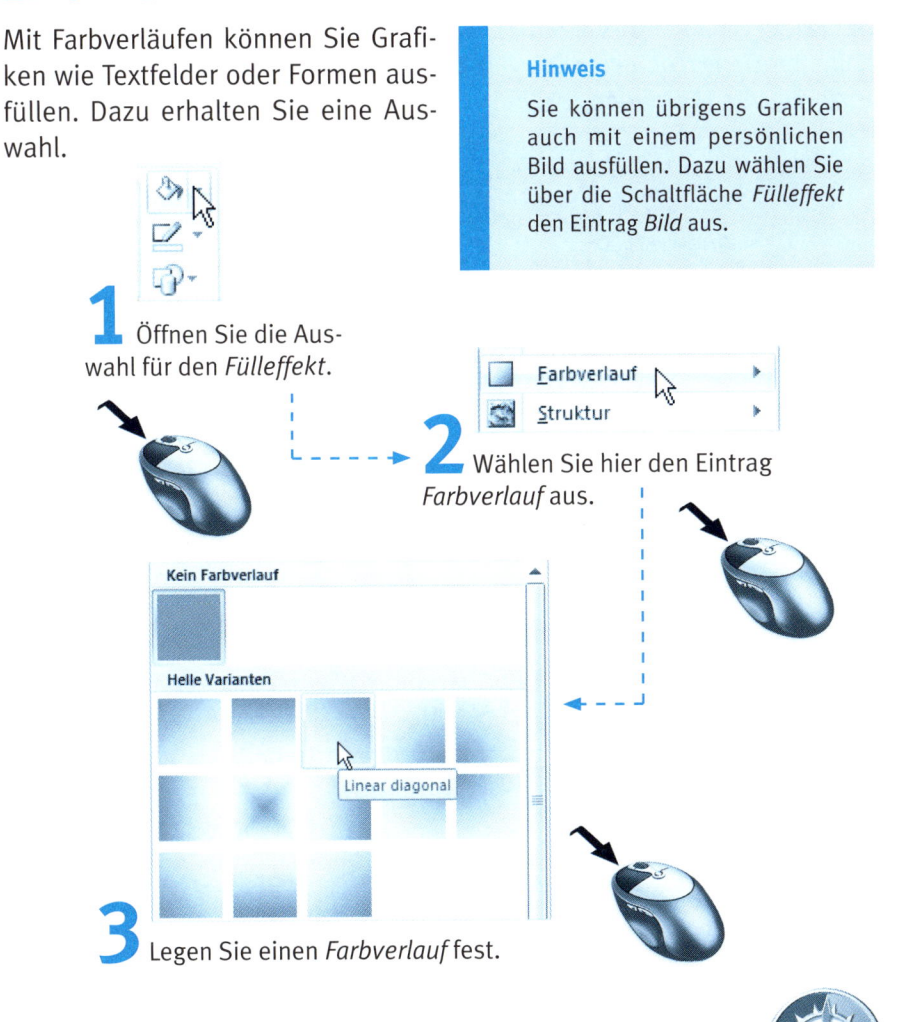

Mit Farbverläufen können Sie Grafiken wie Textfelder oder Formen ausfüllen. Dazu erhalten Sie eine Auswahl.

Hinweis

Sie können übrigens Grafiken auch mit einem persönlichen Bild ausfüllen. Dazu wählen Sie über die Schaltfläche *Fülleffekt* den Eintrag *Bild* aus.

1 Öffnen Sie die Auswahl für den *Fülleffekt*.

2 Wählen Sie hier den Eintrag *Farbverlauf* aus.

3 Legen Sie einen *Farbverlauf* fest.

Der Farbverlauf wurde eingefügt. Allerdings befindet sich teilweise der Text dahinter. Damit Sie nun alles vollständig erkennen können, geben Sie als Textumbruch *Hinter den Text* an.

1 Klicken Sie auf die Schaltfläche *Textumbruch*.

2 Wählen Sie den Befehl *Hinter den Text*.

Der Text befindet sich vor dem Rechteck mit dem Farbverlauf.

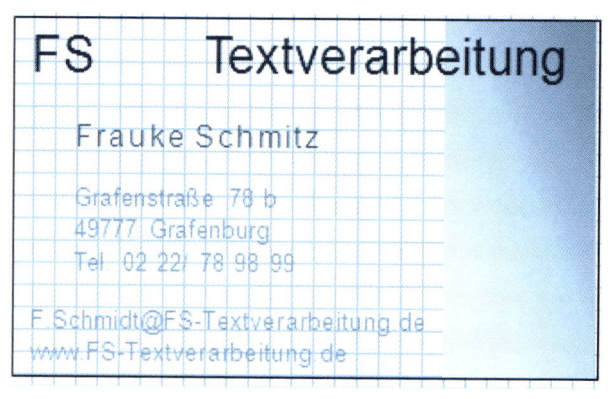

Ein Bild einfügen

Sie fügen noch ein Bild in die Visitenkarte ein. Das kann natürlich auch ein eigenes sein. In diesem Beispiel verwenden Sie ein *ClipArt*-Bild. Wie Sie eine ClipArt einfügen, haben Sie zuvor in diesem Buch kennen gelernt.

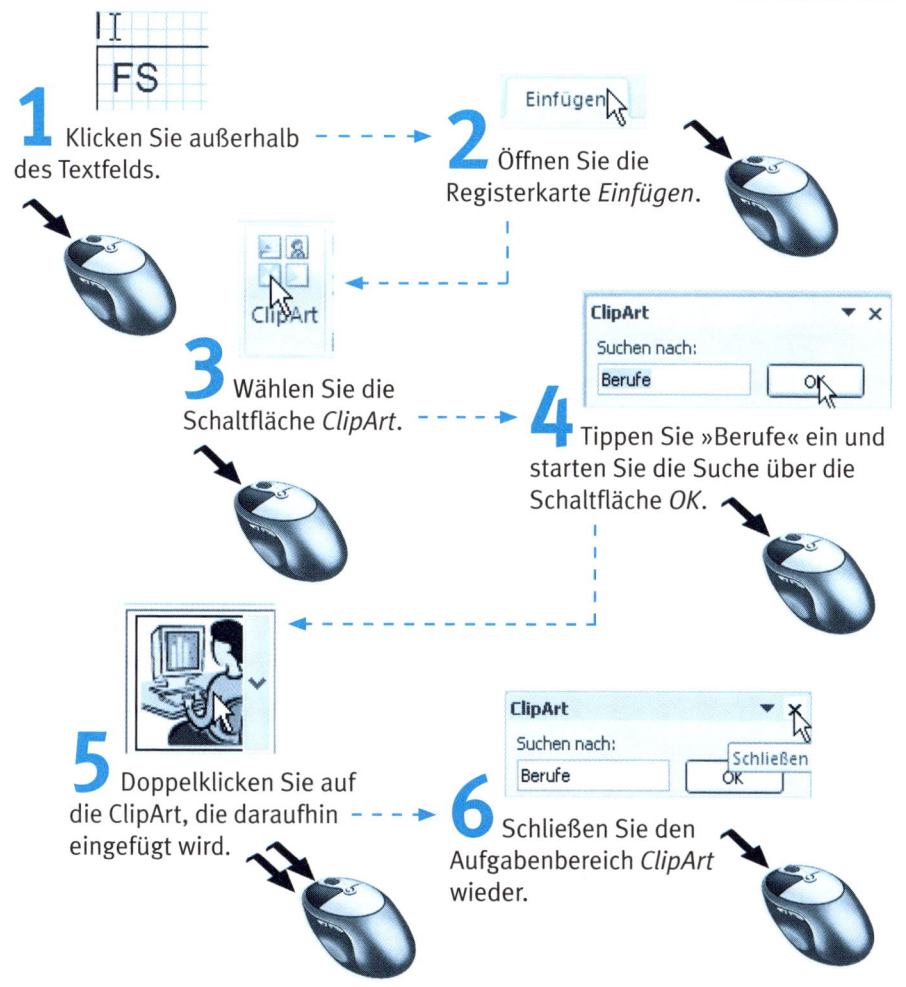

1 Klicken Sie außerhalb des Textfelds.

2 Öffnen Sie die Registerkarte *Einfügen*.

3 Wählen Sie die Schaltfläche *ClipArt*.

4 Tippen Sie »Berufe« ein und starten Sie die Suche über die Schaltfläche *OK*.

5 Doppelklicken Sie auf die ClipArt, die daraufhin eingefügt wird.

6 Schließen Sie den Aufgabenbereich *ClipArt* wieder.

Die ClipArt muss aktiviert bleiben. Als *Textumbruch* geben Sie hier *Vor den Text* an. Ferner ändern Sie die *Größe* der ClipArt so, dass sie auf die Visitenkarte passt. Zum Schluss *positionieren* Sie die ClipArt auf der Visitenkarte.

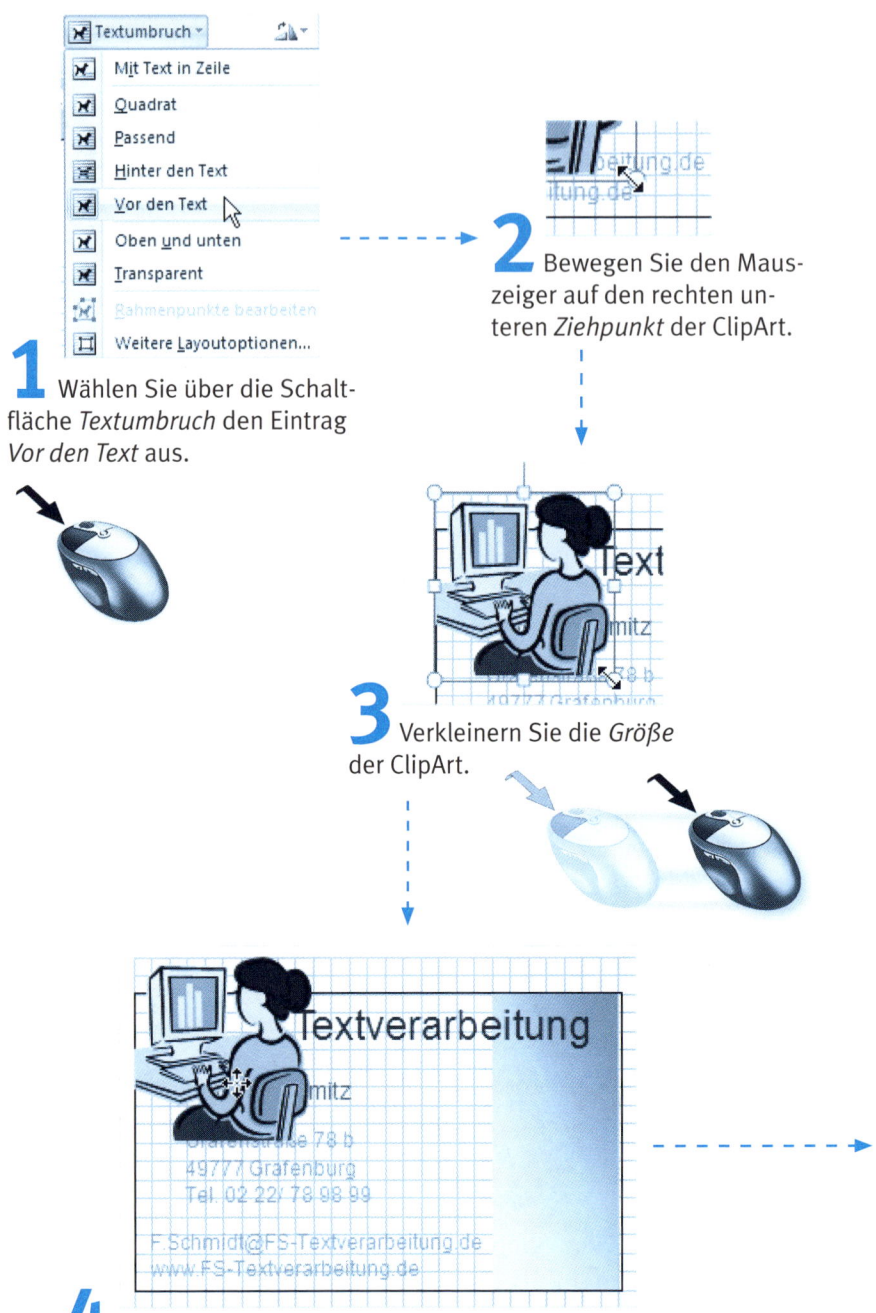

1 Wählen Sie über die Schaltfläche *Textumbruch* den Eintrag *Vor den Text* aus.

2 Bewegen Sie den Mauszeiger auf den rechten unteren *Ziehpunkt* der ClipArt.

3 Verkleinern Sie die *Größe* der ClipArt.

4 Platzieren Sie den Mauszeiger auf die ClipArt.

Ein Bild einfügen **211**

5 Bewegen Sie die ClipArt auf die freie Fläche der Visitenkarte.

Mit Hilfe der *Gitternetzlinien* können Sie die ClipArt präzise ausrichten.

Die Visitenkarte ist fertig. Alle Objekte dazu sind angelegt. Sie können die Gitternetzlinien wieder ausblenden. Sie werden nicht mehr benötigt.

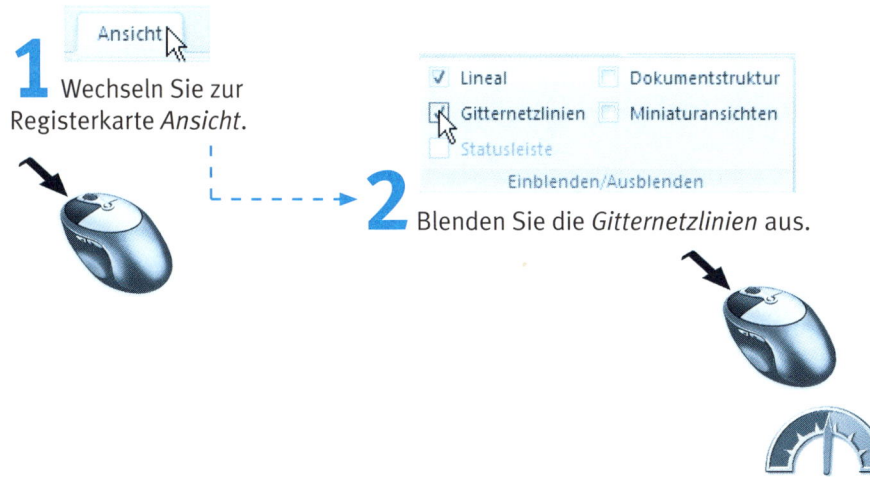

1 Wechseln Sie zur Registerkarte *Ansicht*.

2 Blenden Sie die *Gitternetzlinien* aus.

Der Zeichenabstand

Der Name, hier im Beispiel »Frauke Schmitz«, soll besonders hervorgehoben werden. Dazu ändern Sie den Zeichenabstand.

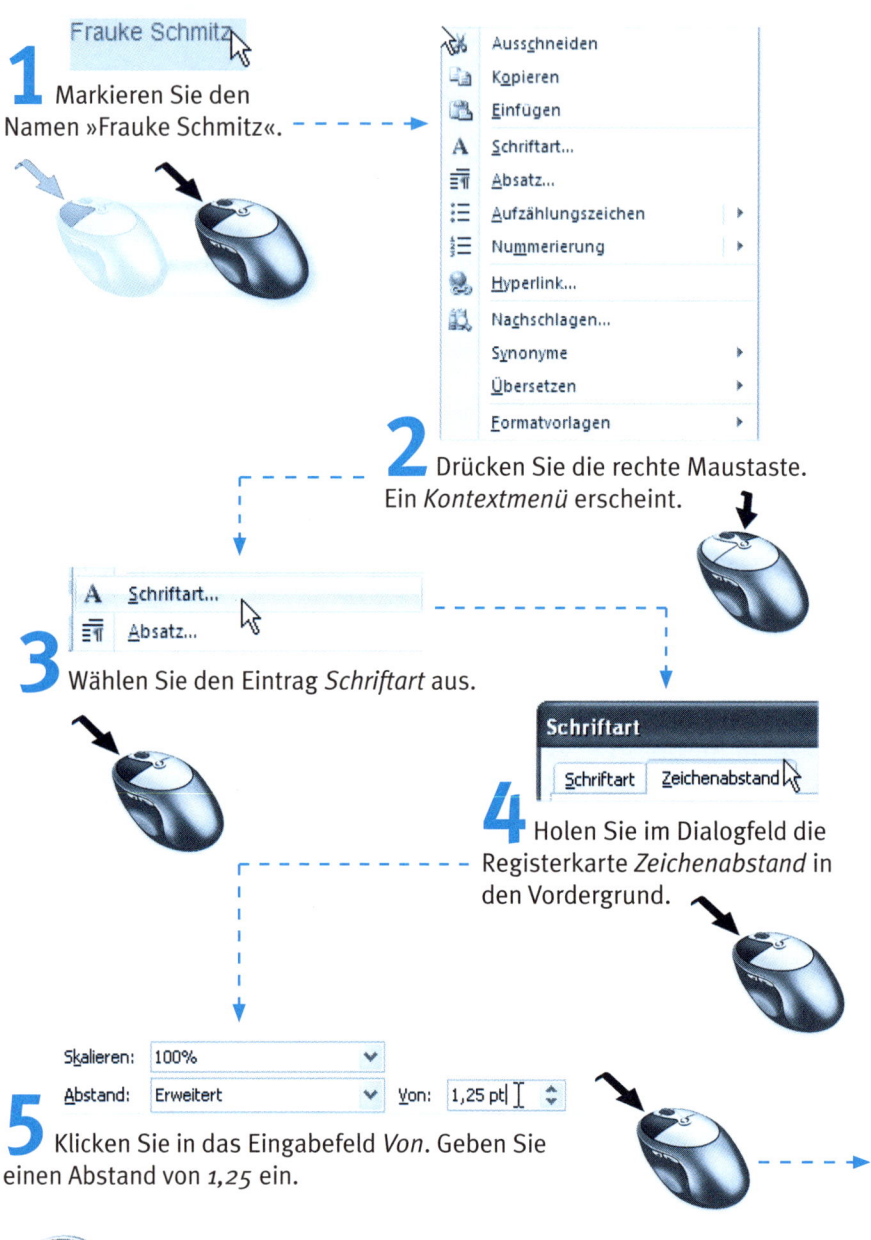

1 Markieren Sie den Namen »Frauke Schmitz«.

2 Drücken Sie die rechte Maustaste. Ein *Kontextmenü* erscheint.

3 Wählen Sie den Eintrag *Schriftart* aus.

4 Holen Sie im Dialogfeld die Registerkarte *Zeichenabstand* in den Vordergrund.

5 Klicken Sie in das Eingabefeld *Von*. Geben Sie einen Abstand von 1,25 ein.

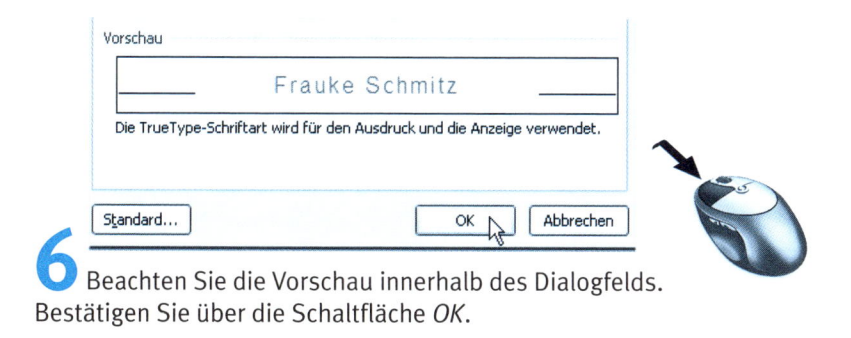

6 Beachten Sie die Vorschau innerhalb des Dialogfelds. Bestätigen Sie über die Schaltfläche *OK*.

Der Zeichenabstand innerhalb des Namens »Frauke Schmitz« wurde entsprechend der Angabe *1,25* vergrößert und dadurch hervorgehoben.

Die Visitenkarte kopieren

Eine Visitenkarte ist erstellt. Allerdings können Sie auch gleich mehrere anlegen, indem Sie diese kopieren. So brauchen Sie nicht jede Visitenkarte einzeln auszudrucken und sparen das Druckerpapier.

Sie haben drei Objekte, die Sie kopieren müssen: das *Textfeld*, das *Rechteck* und das *Bild*. Das Rechteck liegt hinter dem Text. Was auch korrekt ist. Deswegen können Sie es aber nicht anklicken bzw. aktivieren. Dazu wenden Sie einen kleinen Trick an: Sie weisen dem Textfeld den Textumbruch *Hinter den Text* zu.

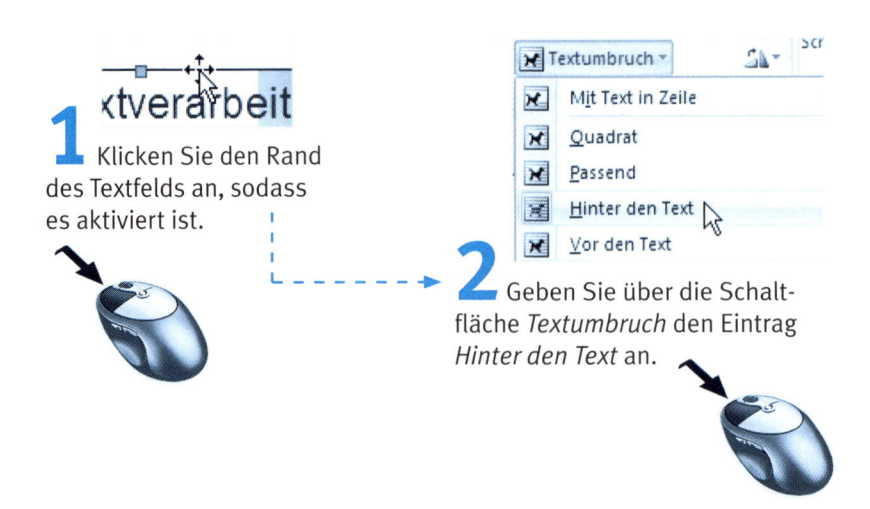

1 Klicken Sie den Rand des Textfelds an, sodass es aktiviert ist.

2 Geben Sie über die Schaltfläche *Textumbruch* den Eintrag *Hinter den Text* an.

Jetzt können Sie die drei Objekte innerhalb des Textfelds aktivieren: das *Textfeld*, das *Rechteck* und das *Bild*. Dazu verwenden Sie die ⇧-Taste.

Hinweis

Beim Aktivieren sämtlicher Grafikobjekte ist es gleichgültig, ob Sie hier die ⇧- oder Strg-Taste verwenden.

1 Halten Sie die ⇧-Taste gedrückt. Klicken Sie den Rand des Textfelds, das Bild und das Rechteck mit der linken Maustaste an.

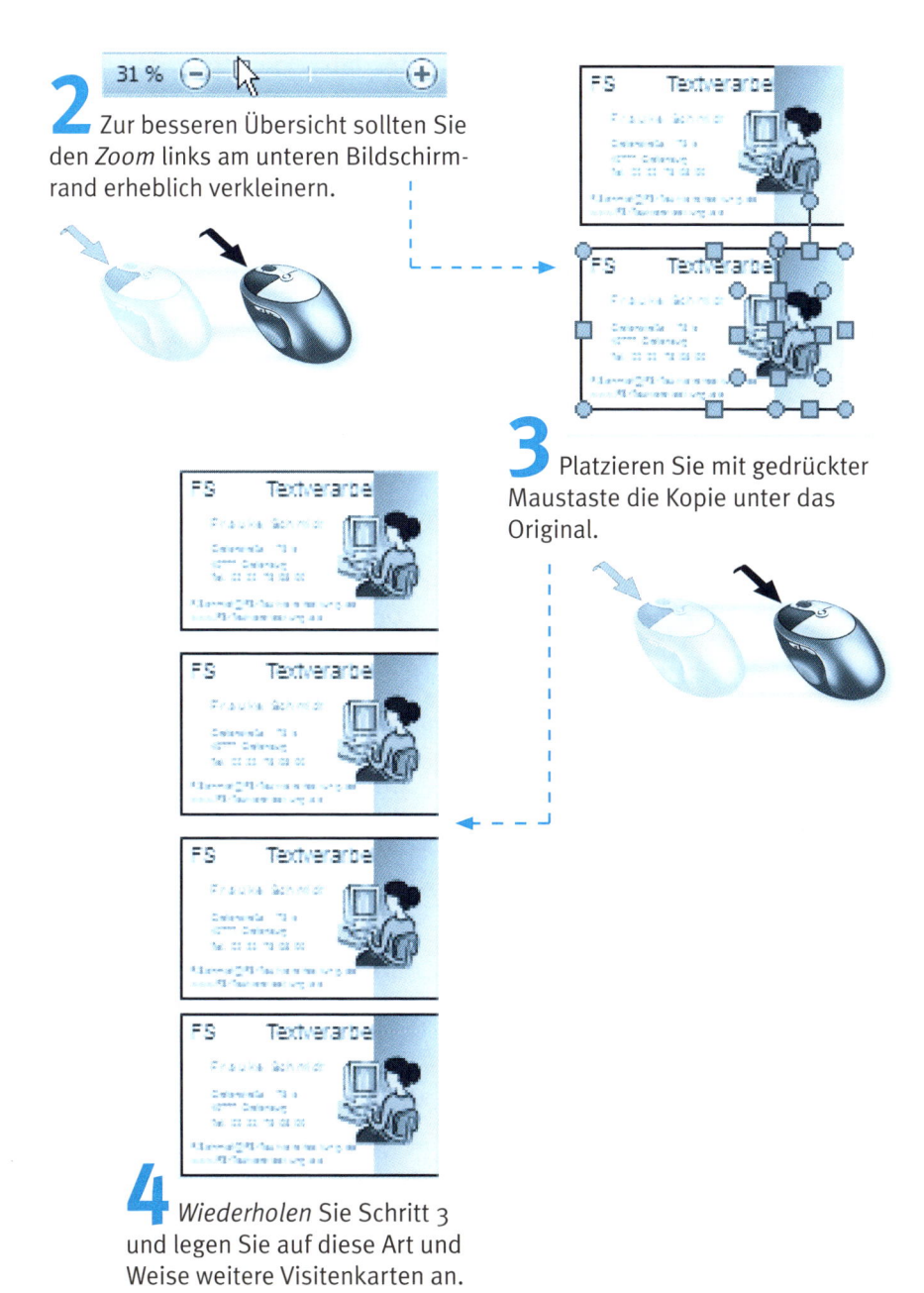

Die Visitenkarte kopieren **215**

2 Zur besseren Übersicht sollten Sie den *Zoom* links am unteren Bildschirmrand erheblich verkleinern.

3 Platzieren Sie mit gedrückter Maustaste die Kopie unter das Original.

4 *Wiederholen* Sie Schritt 3 und legen Sie auf diese Art und Weise weitere Visitenkarten an.

Jetzt müssen Sie nur noch das Rechteck hinter den Text bringen, damit sich die Schrift wieder im Vordergrund befindet.

Das müssen Sie nicht für jedes Rechteck einzeln angeben, sondern Sie aktivieren wieder mit der ⇧-Taste und der linken Maustaste die einzelnen Rechtecke aller Visitenkarten.

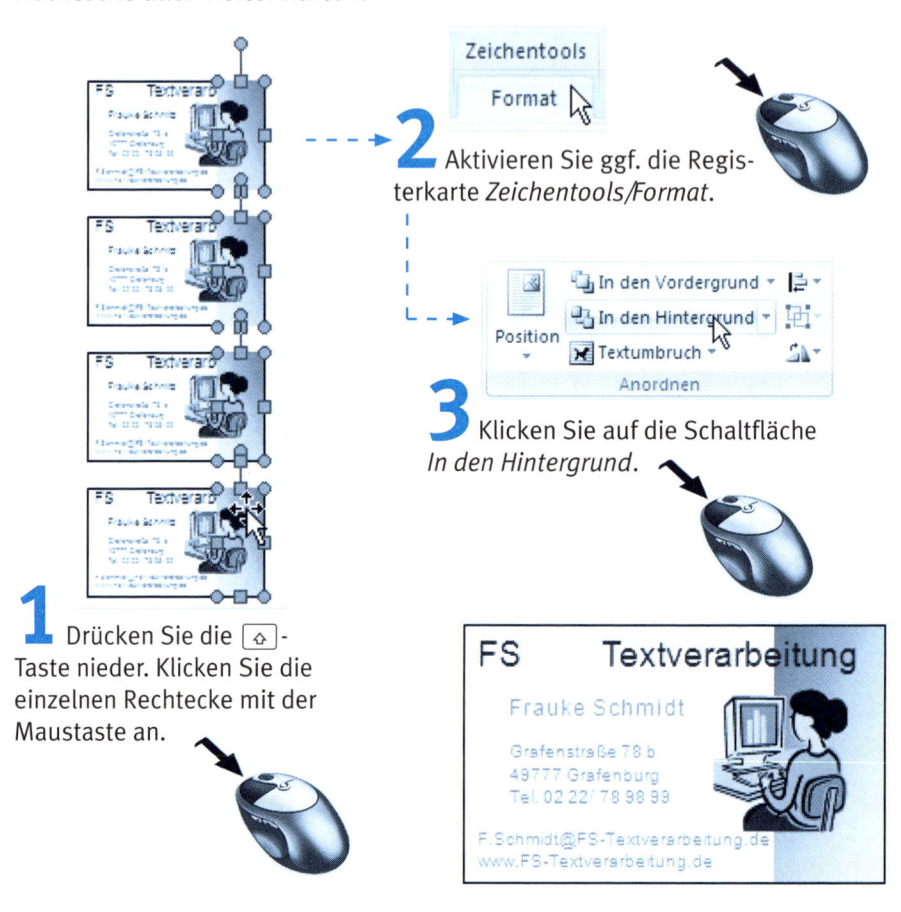

2 Aktivieren Sie ggf. die Registerkarte *Zeichentools/Format*.

3 Klicken Sie auf die Schaltfläche *In den Hintergrund*.

1 Drücken Sie die ⇧-Taste nieder. Klicken Sie die einzelnen Rechtecke mit der Maustaste an.

Der Text befindet sich wieder vor dem Rechteck.

Tipps zum Kapitel

1. Sie können auch Postkarten anfertigen. Hier arbeiten Sie mit zwei Textfeldern.

   Legen Sie ein Textfeld an.

   Öffnen Sie die Auswahl bei *Fülleffekt* und aktivieren Sie den Eintrag *Bild*. Fügen Sie das Bild ein. Das Bild füllt das Textfeld aus.

   Danach legen Sie in dem Textfeld ein weiteres Textfeld über die Schaltfläche *Textfeld erstellen* an.

   Tippen Sie den Text in das zweite Textfeld ein.

   Machen Sie das Textfeld *transparent*, indem Sie über die Schaltfläche *Effekt* den Befehl *Keine Füllung* auswählen.

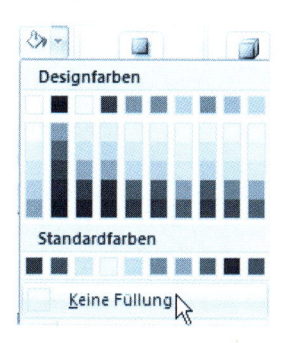

218 Kapitel 10

Entfernen Sie von diesem Textfeld noch die *Rahmenlinien*, also die *Formkontur*. Dazu wählen Sie über die Schaltfläche *Formkontur* die Angabe *Keine Gliederung*.

2. Auf der Registerkarte *Einfügen* finden Sie die Schaltfläche *SmartArt*. Eine *SmartArt-Grafik* dient zur Veranschaulichung von Informationen. Sie brauchen nur die Schaltfläche *SmartArt* anzuklicken und eine Auswahl zu treffen. Sie tippen die Informationen hier in Textfelder ein.

3. Sie können die Textrichtung in einem Textfeld ändern. Dazu muss das Textfeld aktiviert sein. Klicken Sie auf der Registerkarte *Textfeldtools/Format* die Schaltfläche *Textrichtung* an. Pro Mausklick auf die Schaltfläche ändern Sie die Textrichtung.

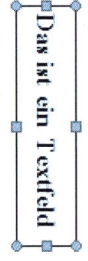

Üben Sie Word 2007!

1. Erstellen Sie die Visitenkarte. Hier wurde statt einer ClipArt ein Bild eingefügt. Ein solches Bild (Buddha) finden Sie in ähnlicher Form auch innerhalb der ClipArts (geben Sie als Suchbegriff »Buddhas« ein).

2. Erstellen Sie die Visitenkarte. Hier wurde ein Bild in die Form eines Rechtecks eingebunden. Das vorliegende Hundebild können Sie natürlich nicht einfügen. Verwenden Sie stattdessen eines Ihrer eigenen Bilder. Es geht hier nur um die Übung.

Das können Sie schon

Die Rechtschreibhilfe	48
Die Silbentrennung	55
Einen Text speichern	82
Der Schnelldruck	91
Aufzählungen in Word	120
Texte verschieben und kopieren	123
Eine ClipArt-Grafik einfügen	140
Textfelder	160
Ein Bild einfügen	176
Eine Visitenkarte anlegen	196
Gitternetzlinien einblenden	199

Das lernen Sie neu

Was ist ein Serienbrief?	222
Einen Serienbrief erstellen	222
Die Quelle eines Serienbriefs	224
Seriendruckfelder einfügen	234
Die persönliche Anrede	236
Wenn ... Dann ... Sonst ...	237
Datenquelle und Serienbrief verbinden	241

Kapitel 11

Serienbriefe mit Word 2007

Ein Brief geht in Serie! Wenn Sie einen Brief an mehrere Empfänger versenden, müssen Sie nicht jedes Mal die Adressen einfügen. Das können Sie sich sparen, denn es gibt in Word 2007 die Serienbrief-Funktion. Sie sparen sich Zeit und Mühe, indem Sie die Anrede einbinden. So werden Frauen mit »Sehr geehrte Frau ...« und Männer mit »Sehr geehrter Herr ...« angesprochen. Dazu erfahren Sie etwas über den kleinen Unterschied, ob der Empfänger männlich oder weiblich ist.

Was ist ein Serienbrief?

Briefe wie etwa Einladungen können an mehrere Personen gleichzeitig verschickt werden.

Sie brauchen einen Brief nicht immer wieder neu anzufertigen, sondern verwenden die Funktion der Serienbriefe in Word 2007. So müssen nicht jedes Mal die Adressen und Anreden einzeln eingefügt werden.

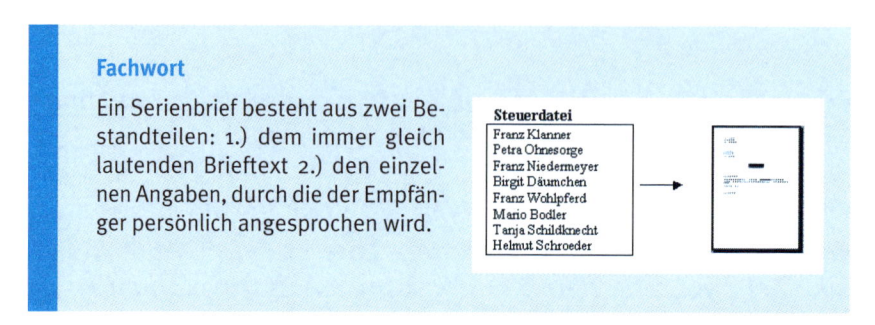

> **Fachwort**
>
> Ein Serienbrief besteht aus zwei Bestandteilen: 1.) dem immer gleich lautenden Brieftext 2.) den einzelnen Angaben, durch die der Empfänger persönlich angesprochen wird.
>
> Steuerdatei
> Franz Klanner
> Petra Ohnesorge
> Franz Niedermeyer
> Birgit Däumchen
> Franz Wohlpferd
> Mario Bodler
> Tanja Schildknecht
> Helmut Schroeder

Sie schreiben die Angaben der Briefempfänger (Name, Straße, Ort usw.) in eine separate Datei und verbinden diese mit dem Hauptdokument.

Einen Serienbrief erstellen

Sie teilen Word 2007 mit, dass Sie einen Serienbrief erstellen möchten.

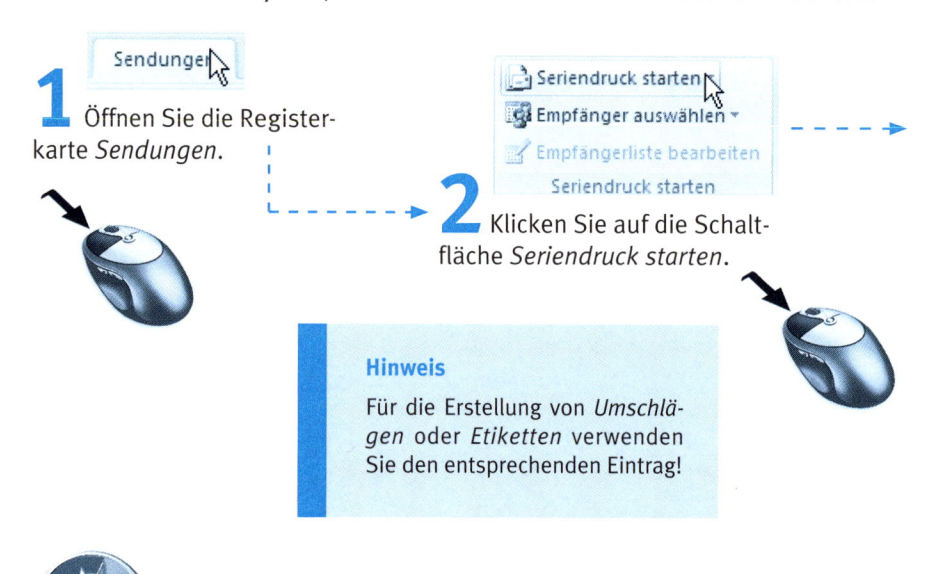

1 Öffnen Sie die Registerkarte *Sendungen*.

2 Klicken Sie auf die Schaltfläche *Seriendruck starten*.

> **Hinweis**
>
> Für die Erstellung von *Umschlägen* oder *Etiketten* verwenden Sie den entsprechenden Eintrag!

Einen Serienbrief erstellen **223**

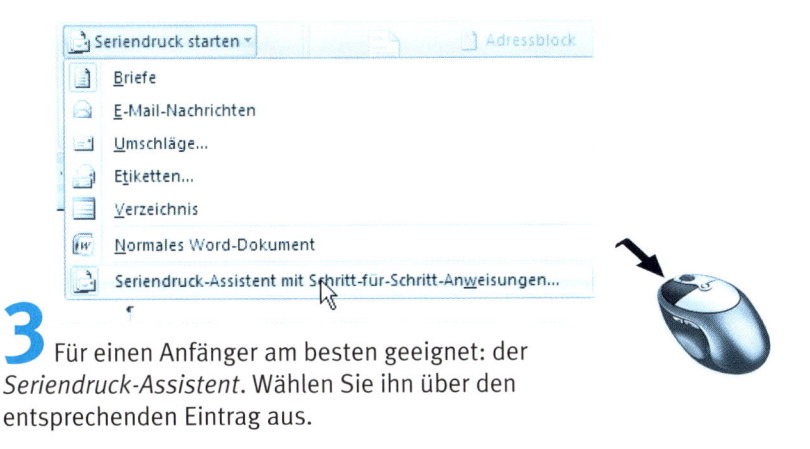

3 Für einen Anfänger am besten geeignet: der *Seriendruck-Assistent*. Wählen Sie ihn über den entsprechenden Eintrag aus.

Der Aufgabenbereich *Seriendruck* wird am rechten Bildschirmrand geöffnet. Da Sie Serienbriefe erstellen wollen, wählen Sie die Option *Briefe* aus.

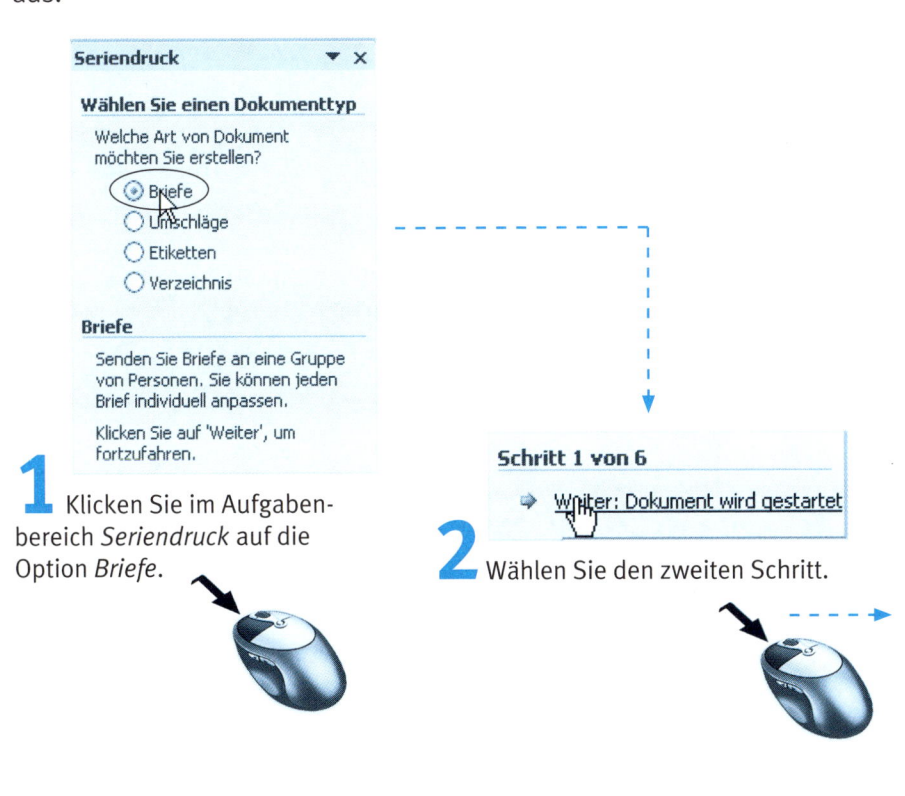

1 Klicken Sie im Aufgabenbereich *Seriendruck* auf die Option *Briefe*.

2 Wählen Sie den zweiten Schritt.

Startdokument wählen

Wie möchten Sie Ihre Briefe einrichten?
- Aktuelles Dokument verwenden
- Mit Vorlage beginnen

> **Fachwort**
>
> *Aktuelles Dokument* bedeutet, dass Sie sich auf das Dokument beziehen, das auf dem Monitor gerade geöffnet ist.

3 Achten Sie darauf, dass die Option *Aktuelles Dokument verwenden* aktiviert ist.

Schritt 2 von 6
- Weiter: Empfänger wählen
- Zurück: Dokumenttyp wählen

4 Klicken Sie auf *Weiter: Empfänger wählen*.

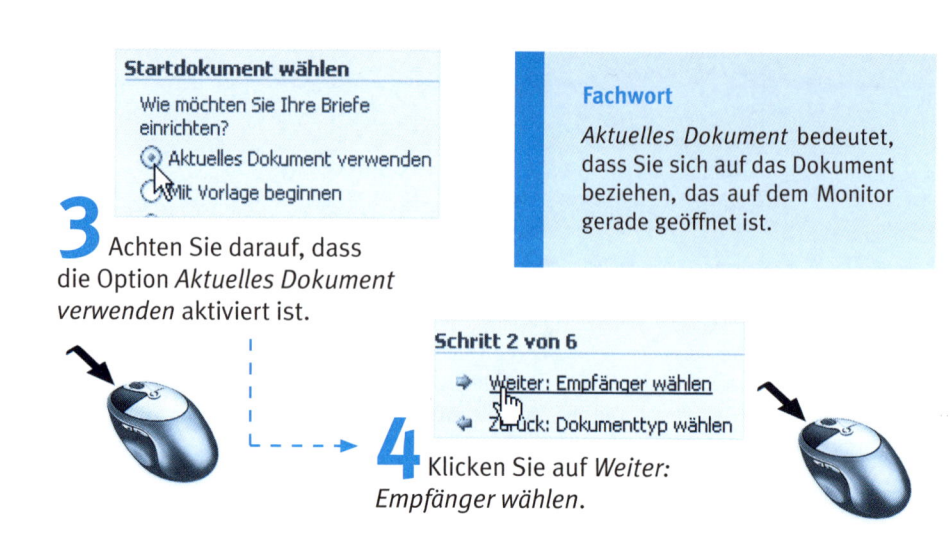

Die Quelle eines Serienbriefs

Sie müssen die Adressen für Ihren Brief noch anlegen, also eine Datenquelle erstellen. Verfügen Sie bereits z. B. über eine Adressenliste, wählen Sie die Option *Vorhandene Liste verwenden*.

Sobald Sie – wie nach diesem Kapitel – z. B. eine Adressdatei erstellt haben, können Sie diese über *Vorhandene Liste verwenden* stets im Serienbrief einbinden. Achten Sie aber immer auf den Speicherort!

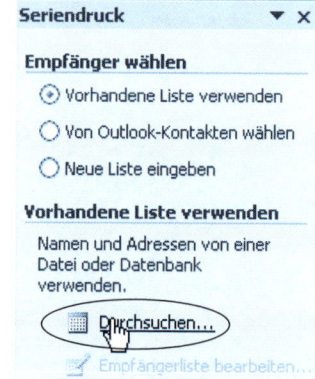

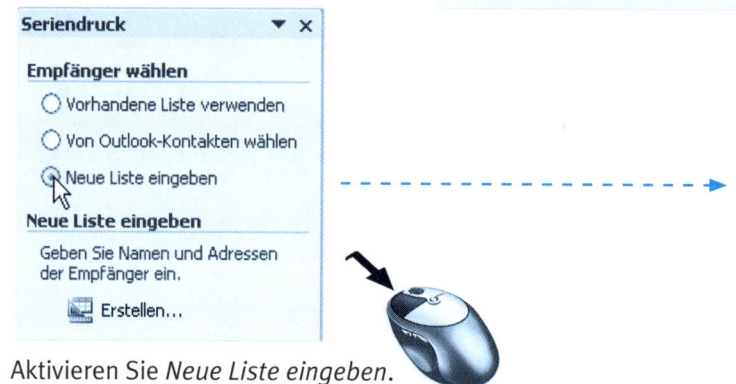

Seriendruck

Empfänger wählen
- Vorhandene Liste verwenden
- Von Outlook-Kontakten wählen
- Neue Liste eingeben

Vorhandene Liste verwenden

Namen und Adressen von einer Datei oder Datenbank verwenden.

- Durchsuchen...
- Empfängerliste bearbeiten...

Seriendruck

Empfänger wählen
- Vorhandene Liste verwenden
- Von Outlook-Kontakten wählen
- Neue Liste eingeben

Neue Liste eingeben

Geben Sie Namen und Adressen der Empfänger ein.
- Erstellen...

1 Aktivieren Sie *Neue Liste eingeben*.

Die Quelle eines Serienbriefs **225**

2 Klicken Sie auf *Erstellen*.

3 Klicken Sie im erscheinenden Dialogfeld auf die Schaltfläche *Spalten anpassen*.

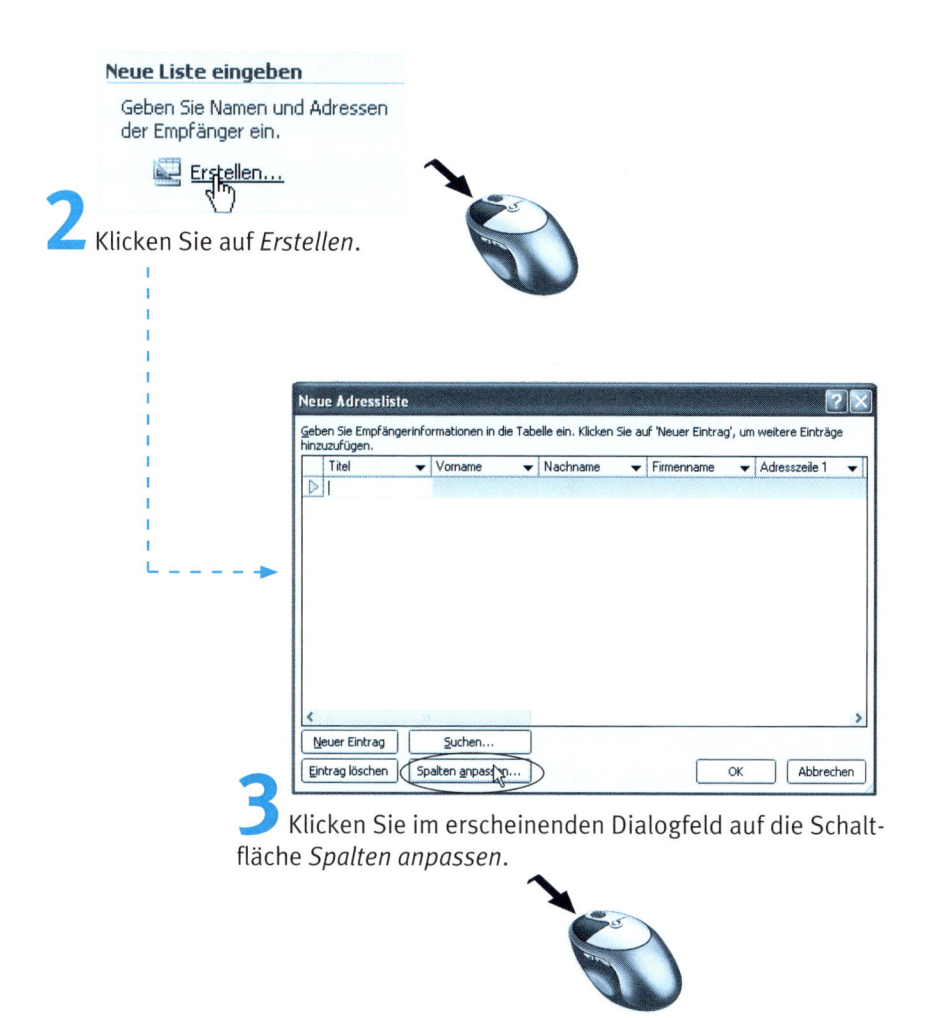

Auch ohne auf die Schaltfläche *Spalten anpassen* zu klicken, könnten Sie bereits Ihre Daten eintragen!

Im nächsten Schritt des Seriendrucks werden bereits einige *Voreinstellungen* für den späteren Serienbrief vorgenommen. Sie müssen sich überlegen, welche Felder Sie im Brief benötigen, da Sie diese im nächsten Punkt angeben müssen.

Adressliste anpassen

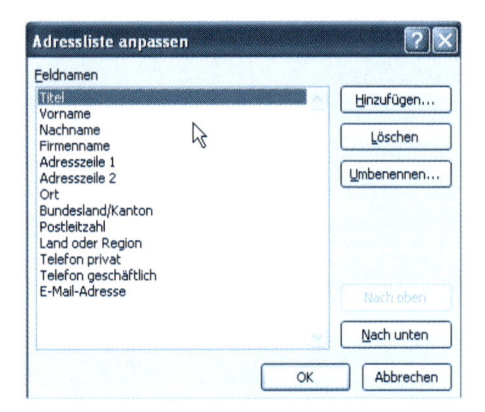

Feldnamen:
- Titel
- Vorname
- Nachname
- Firmenname
- Adresszeile 1
- Adresszeile 2
- Ort
- Bundesland/Kanton
- Postleitzahl
- Land oder Region
- Telefon privat
- Telefon geschäftlich
- E-Mail-Adresse

Im Text fügen Sie später die Platzhalter für Anrede, Name, Straße usw. ein. Diese werden *Feldnamen* genannt.

> **Hinweis**
>
> Postleitzahlen gehören zum Wohnort. Aus Gründen der Einfachheit werden im Beispiel Postleitzahl und Wohnort zu einem Feld zusammengefasst.

Welche Feldnamen benötigen Sie für diesen Brief?

Allgemein	Beispiel
Anrede	Herrn
Vorname	Franz
Nachname	Kanner
Straße	Albrecht-Dürer-Str. 13
Wohnort	56789 Hinterhausen

Feldnamen löschen

Wie Sie Ihre Liste anfertigen, bleibt Ihnen überlassen. Word 2007 gibt meist zu viele Feldnamen vor. Solche Angaben können Sie für den späteren Beispieltext aus der Liste entfernen. Dazu klicken Sie zuerst den Namen, anschließend die Schaltfläche *Löschen* an.

Die Quelle eines Serienbriefs **227**

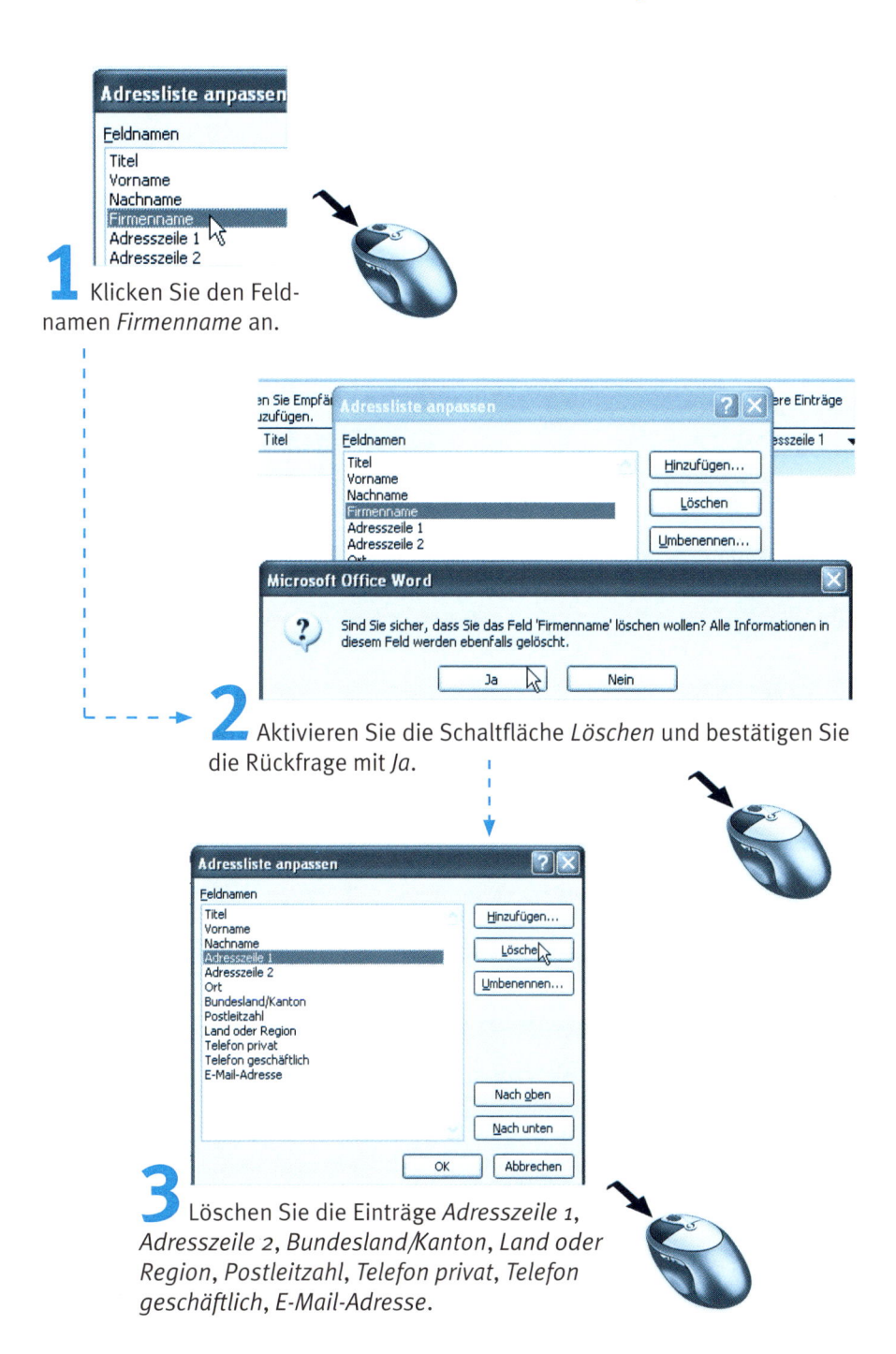

1 Klicken Sie den Feldnamen *Firmenname* an.

2 Aktivieren Sie die Schaltfläche *Löschen* und bestätigen Sie die Rückfrage mit *Ja*.

3 Löschen Sie die Einträge *Adresszeile 1*, *Adresszeile 2*, *Bundesland/Kanton*, *Land oder Region*, *Postleitzahl*, *Telefon privat*, *Telefon geschäftlich*, *E-Mail-Adresse*.

Die Liste sollte nun so aussehen.

Feldnamen einfügen

Über die Schaltfläche *Hinzufügen* tragen Sie *neue Feldnamen* ein. In diesem Beispiel fügen Sie noch die Angabe *Straße* hinzu.

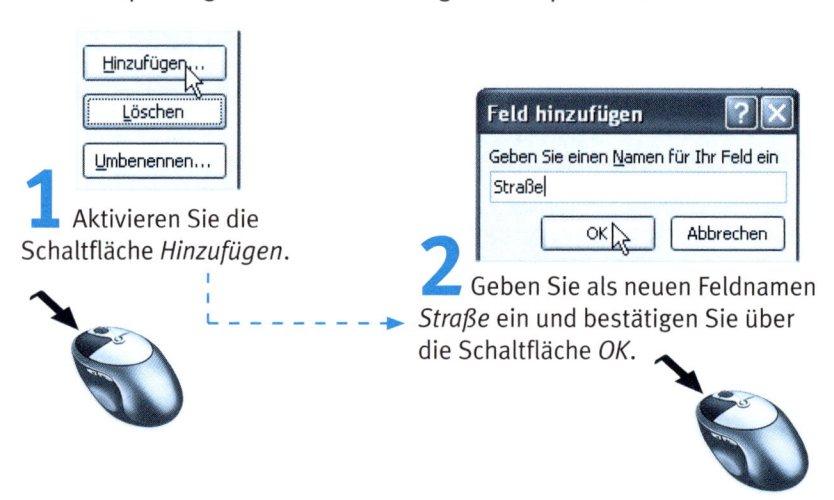

1 Aktivieren Sie die Schaltfläche *Hinzufügen*.

2 Geben Sie als neuen Feldnamen *Straße* ein und bestätigen Sie über die Schaltfläche *OK*.

Der neue Feldname wurde in die Liste aufgenommen.

Feldnamen umbenennen

Über die Schaltfläche *Umbenennen* ändern Sie Feldnamen. In diesem Beispiel wandeln Sie den Namen *Titel* in *Anrede* um.

1 Aktivieren Sie den Eintrag *Titel*.

Die Quelle eines Serienbriefs **229**

2 Klicken Sie auf die Schaltfläche *Umbenennen*.

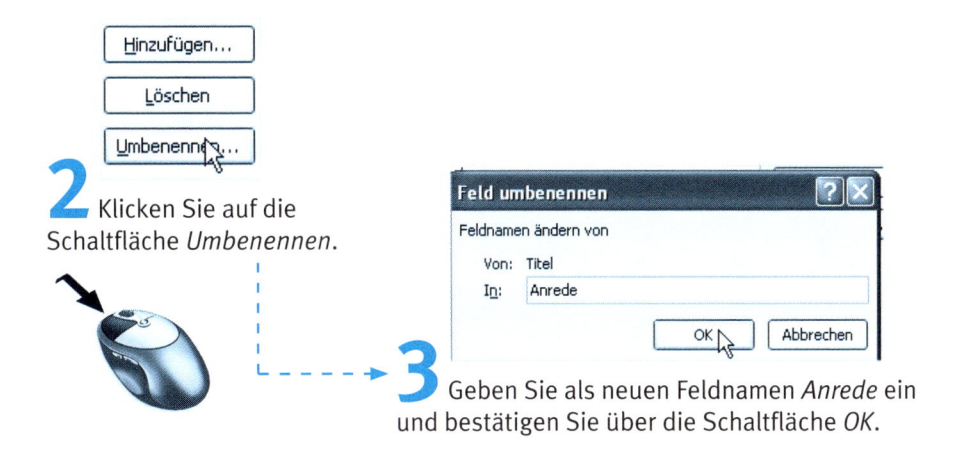

3 Geben Sie als neuen Feldnamen *Anrede* ein und bestätigen Sie über die Schaltfläche *OK*.

Feldnamen sortieren

Analog zum Aufbau des Briefs sollte hier die *Reihenfolge* der Einträge (Anrede, Vorname, Nachname, Straße, Ort) sein.

Die richtige Reihenfolge vereinfacht die Sache später erheblich. Mithilfe der Schaltflächen *Nach oben* und *Nach unten* können Sie Ihre Liste entsprechend ändern.

1 Verändern Sie die Reihenfolge der Feldnamen, indem Sie *Straße* ...

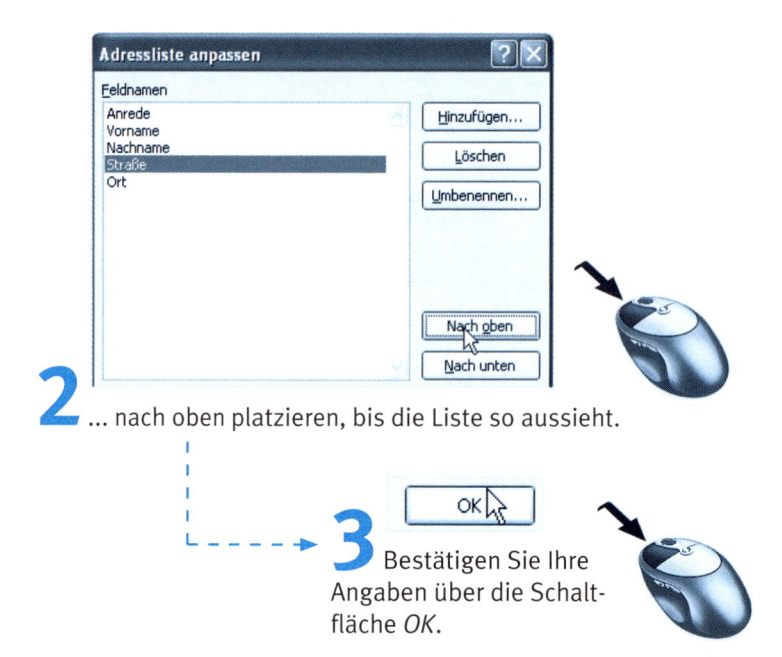

2 ... nach oben platzieren, bis die Liste so aussieht.

3 Bestätigen Sie Ihre Angaben über die Schaltfläche *OK*.

Tragen Sie die Angaben zu den einzelnen Personen ein. Dazu klicken Sie in das jeweilige Eingabefeld. Alternativ dazu bewegen Sie die Einfügemarke von einem Feld zum anderen durch Drücken der ⇆-Taste.

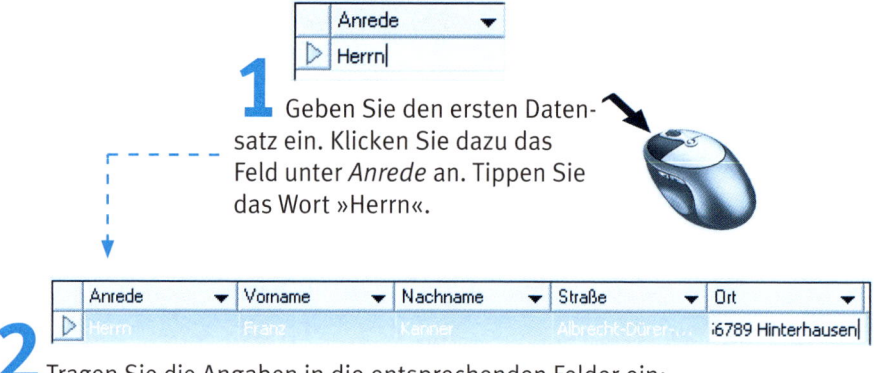

1 Geben Sie den ersten Datensatz ein. Klicken Sie dazu das Feld unter *Anrede* an. Tippen Sie das Wort »Herrn«.

2 Tragen Sie die Angaben in die entsprechenden Felder ein:

Herrn
Franz
Kanner
Albrecht-Dürer-Str. 13
56789 Hinterhausen

Die Quelle eines Serienbriefs   **231**

Haben Sie Ihre ersten Eingaben (den ersten Eintrag) beendet, aktivieren Sie die Schaltfläche *Neuer Eintrag*.

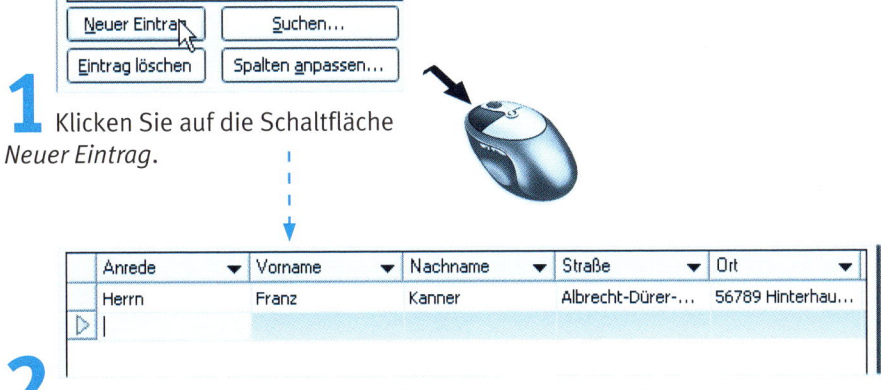

1 Klicken Sie auf die Schaltfläche *Neuer Eintrag*.

2 Sie gelangen in ein neues Eingabefeld – die zweite Zeile.

Zur Vereinfachung der Übung sind hier nur zwei Adressen aufgeführt. Das reicht vollkommen aus, um die Funktion der Serienbriefe zu erklären. Allerdings verwenden Sie jeweils einen männlichen und einen weiblichen Empfänger.

Fleißige können allerdings zur Übung gern noch mehr eingeben:

Anrede	Vorname	Name	Straße	Ort
Herrn	Peter	Unrath	Unkerstr. 66	53225 Bonnhausen
Herrn	Hansi	Fort	Schuldenberg 15	77777 Sonderheim
Frau	Petra	Futsch	Einbahnstr. 45	89899 Greismühlen
Herrn	Franz	Laus	Spinnweber Allee 1	22222 Dorfstadt
Herrn	Boris	Korrupt	Dagobert-Duck-Str. 7	78888 Endenhausen
Frau	Frieda	Pleite	Gabenstr. 88	21200 Irgendwo

Haben Sie sämtliche Adressen eingetragen, verlassen Sie das Eingabefenster über die Schaltfläche *OK*.

Anrede	Vorname	Nachname	Straße	Ort
Herrn	Franz	Kanner	Albrecht-Dürer-...	56789 Hinterhau...
Frau	Petra	Ohnesorg	Heidi-Kabel-Str. ...	12345 Dorfeln

1 Geben Sie den zweiten Datensatz ein. Fügen Sie die Angaben in die entsprechenden Felder ein:

Frau
Petra
Ohnesorg
Heidi-Kabel-Str. 34 b
12345 Dorfeln

2 Wenn Sie alle Datensätze eingetragen haben, bestätigen Sie über die Schaltfläche *OK*.

Damit Sie die Adressdatei (also sämtliche Adressen), die Sie gleich anlegen, auch für andere Serienbriefe verwenden können, speichern Sie diese ab. Beachten Sie den Speicherort (meist Verzeichnis *Eigene Datenquellen*), falls Sie später Ihre Adressdatei für einen anderen Serienbrief verwenden möchten.

> **Tipp**
>
> Verwenden Sie so genannte *sprechende Namen* (wie Kunden, Lieferanten, Verwandte), damit Sie später wissen, welche Daten in welcher Datei stehen. In diesem Beispiel geben Sie den Namen »Adressen Privat« an.

Dateiname:	Adressen privat
Dateityp:	Microsoft Office Adresslisten

1 Geben Sie als *Dateiname* »Adressen privat« ein.

Die Quelle eines Serienbriefs **233**

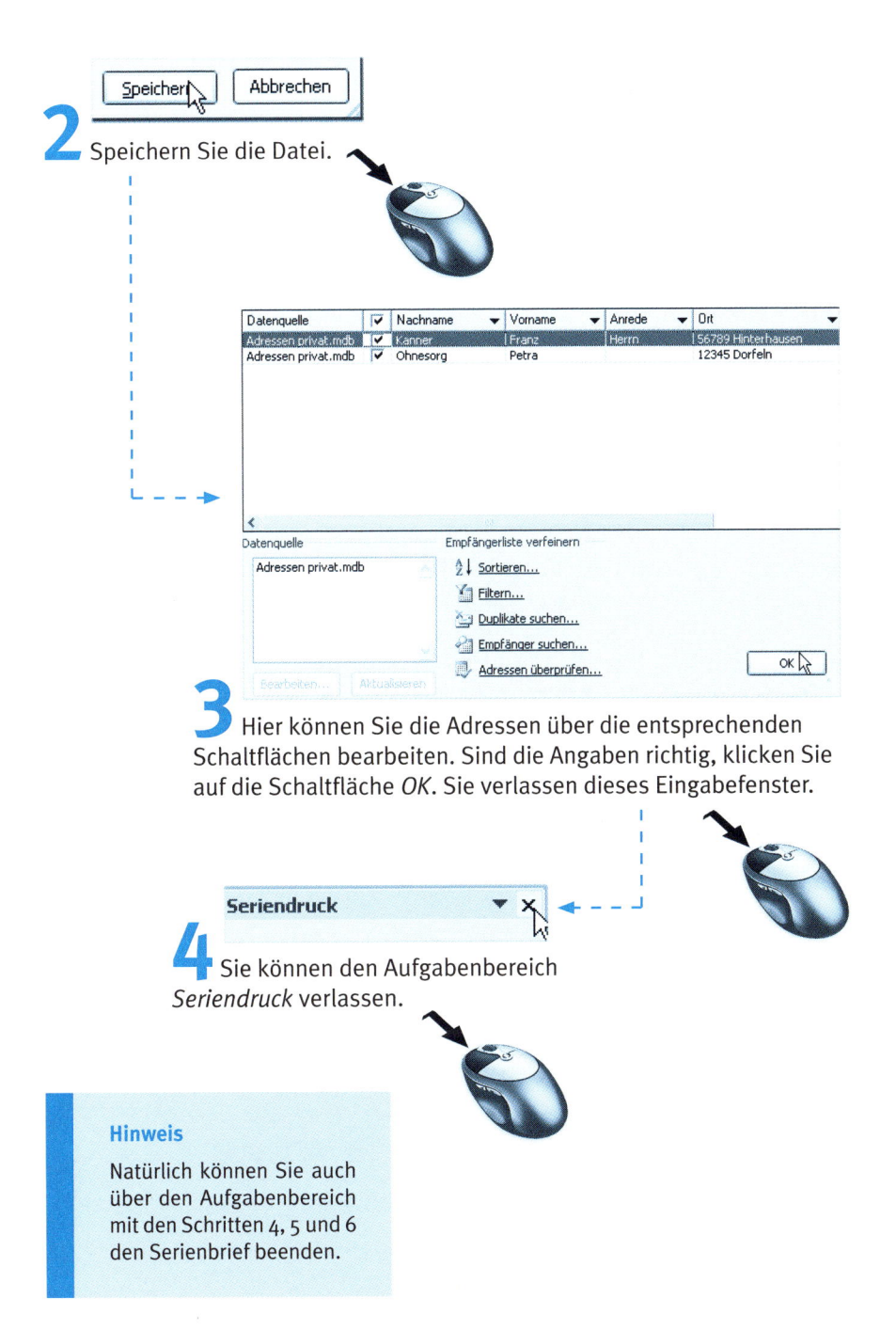

2 Speichern Sie die Datei.

3 Hier können Sie die Adressen über die entsprechenden Schaltflächen bearbeiten. Sind die Angaben richtig, klicken Sie auf die Schaltfläche *OK*. Sie verlassen dieses Eingabefenster.

4 Sie können den Aufgabenbereich *Seriendruck* verlassen.

> **Hinweis**
>
> Natürlich können Sie auch über den Aufgabenbereich mit den Schritten 4, 5 und 6 den Serienbrief beenden.

Seriendruckfelder einfügen

Nachdem Sie die Schaltfläche *OK* aktiviert haben, gelangen Sie in das Dokument zurück.

Über die Schaltfläche *Empfängerliste bearbeiten* bearbeiten Sie die Datenquelle. Sie können beispielsweise neue Datensätze anlegen oder Korrekturen durchführen.

Zurück zum Brief. Sie müssen noch die *Felder* selbst und deren Position innerhalb des Briefs angeben.

1 Tippen Sie zunächst den Absender ein. Wenn Sie in die nächste Zeile schalten, drücken Sie die Tasten ⇧+↵. So erzeugen Sie einen Zeilenabstand. Wenn Sie lediglich die ↵-Taste drücken, gibt Word einen Abstand für Absätze an.

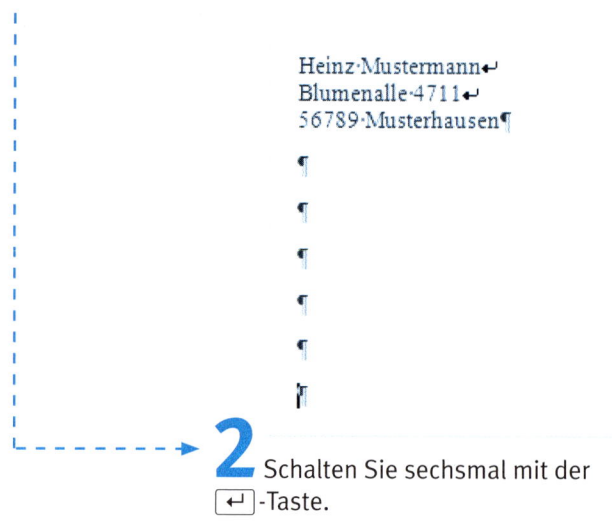

2 Schalten Sie sechsmal mit der ↵-Taste.

Als nächsten Schritt binden Sie nun die Seriendruckfelder ein, die Sie zuvor angelegt haben: *Anrede*, *Vorname*, *Name*, *Straße* und *Wohnort*.

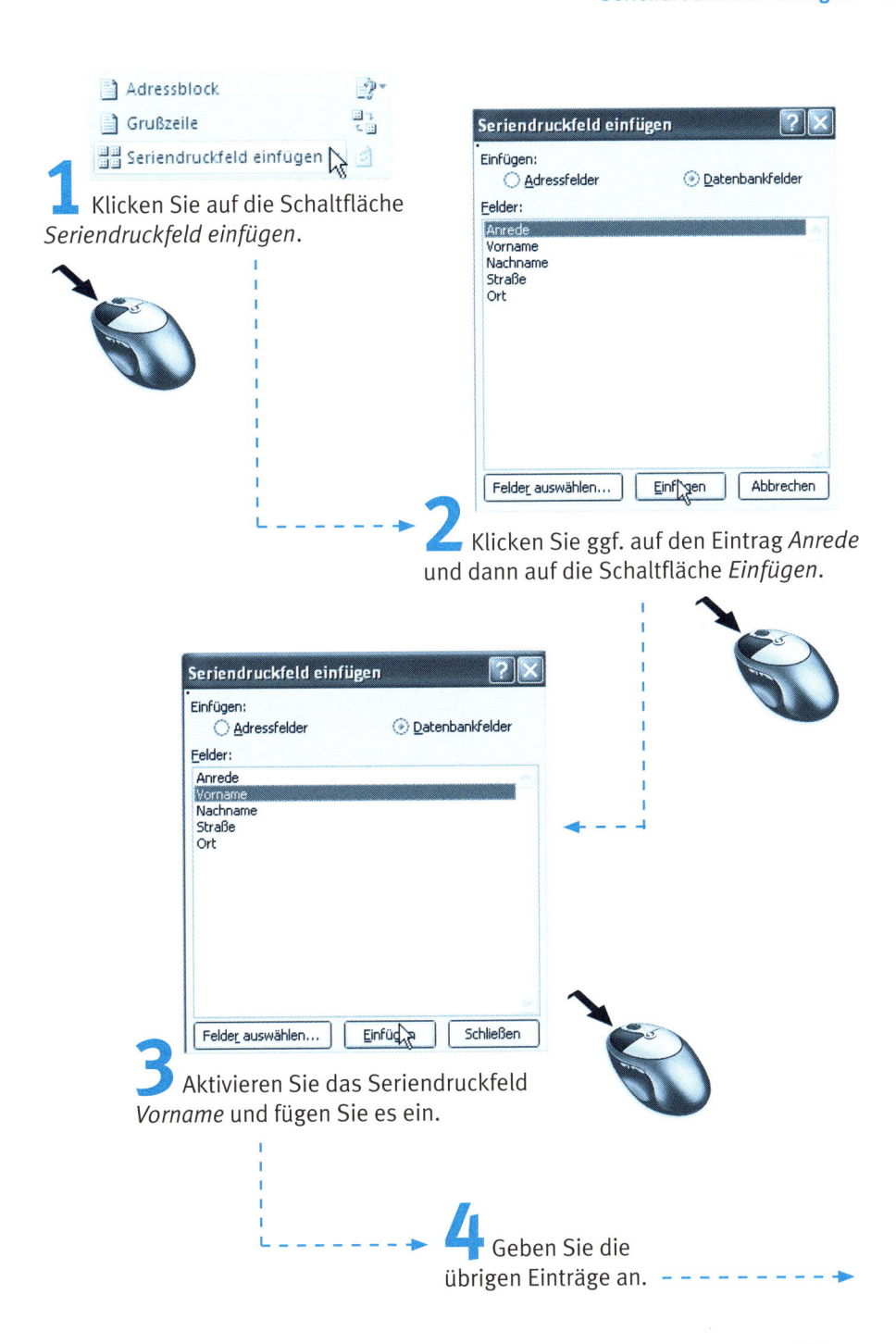

Seriendruckfelder einfügen **235**

1 Klicken Sie auf die Schaltfläche *Seriendruckfeld einfügen*.

2 Klicken Sie ggf. auf den Eintrag *Anrede* und dann auf die Schaltfläche *Einfügen*.

3 Aktivieren Sie das Seriendruckfeld *Vorname* und fügen Sie es ein.

4 Geben Sie die übrigen Einträge an.

5 Zum Schluss aktivieren Sie die Schaltfläche *Schließen*.

«Anrede»↵
«Vorname» «Nachname»↵
«Straße»↵
↵
«Ort»¶

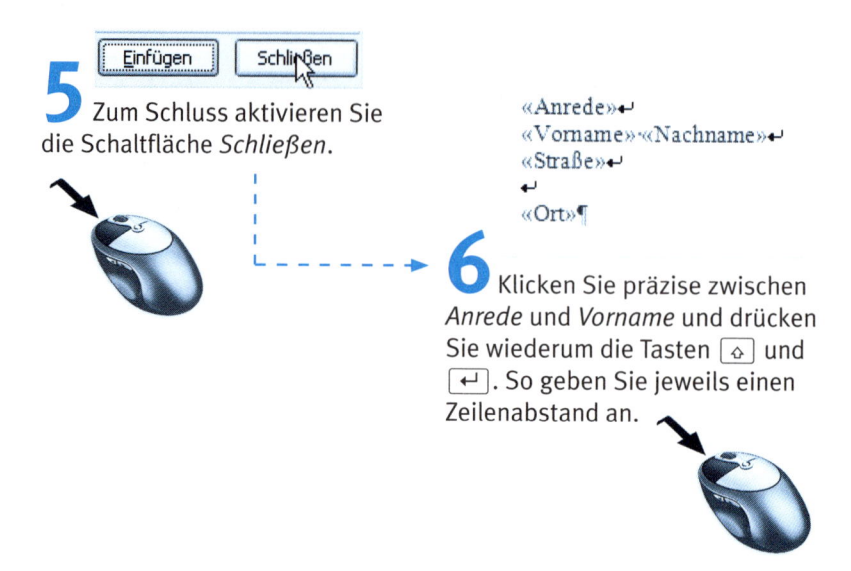

6 Klicken Sie präzise zwischen *Anrede* und *Vorname* und drücken Sie wiederum die Tasten ⇧ und ↵. So geben Sie jeweils einen Zeilenabstand an.

Passen Sie die übrigen *Seriendruckfelder* (*Vorname*, *Name*, *Straße* und *Ort*) in der korrekten Reihenfolge an.

Geben Sie zwischen *Vorname* und *Name* mit der Leer-Taste ein Leerzeichen ein.

Hinweis

Wenn Sie genau auf das kleine Dreieck klicken, öffnet sich die *Auswahl der Seriendruckfelder*. Die Vorgehensweise ähnelt den gerade angegebenen Schritten. Sie positionieren den Cursor an die Stelle im Dokument und geben das Seriendruckfeld ein. Allerdings müssen Sie hier jedes Mal die Schaltfläche anklicken und die Seriendruckfelder einzeln angeben.

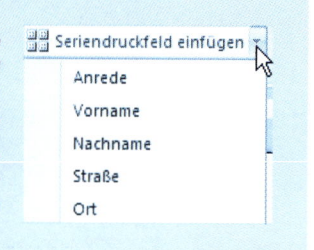

Die persönliche Anrede

Nicht jeder Briefempfänger erhält den gleichen Text. Am deutlichsten wird das am Beispiel der *persönlichen Anrede* (Sehr geehrter Herr ..., Sehr geehrte Frau ...).

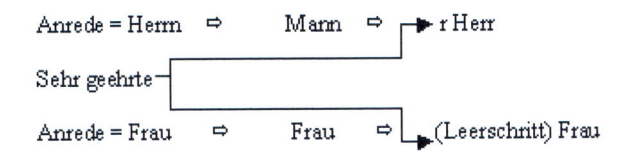

```
Anrede = Herrn  ⇨   Mann  ⇨  ┌─► r Herr
Sehr geehrte ─┤
Anrede = Frau   ⇨   Frau  ⇨  └─► (Leerschritt) Frau
```

Eine *Frau* sollte mit »Sehr geehrte Frau«, ein *Mann* dagegen mit »Sehr geehrter Herr« angesprochen werden. Welche Buchstaben haben diese Anreden gemein?

»Sehr geehrte« kommt bei beiden Geschlechtern vor.

```
«Anrede»↵
«Vorname» «Nachname»↵
«Straße»↵
↵
«Ort»¶
¶
¶
¶
¶
¶
```

1 Platzieren Sie den Cursor hinter *«Ort»*. Drücken Sie fünfmal die ↵-Taste.

2 Sehr·geehrte¶
Tippen Sie den Text ein.

Wenn ... Dann ... Sonst ...

Wenn das Wörtchen »Wenn« nicht wäre! Der Computer kennt nur zwei Fälle bzw. Zustände:

Ja oder Nein

Wenn ...

Wenn es keine Frau ist, dann ist es für das Programm ein Mann. Eine Mitte gibt es nicht (für die Software).

Bedingung	Bedingung trifft nicht zu
Mann	Frau
Hören	Taub
Sehen	Blind
Tod	Leben
Ein	Aus

Gibt es ein Kriterium, mit dem das Programm Word 2007 unterscheiden kann, ob es sich jeweils um einen Mann oder eine Frau handelt? Ja, es ist das Feld *Anrede* in der Adressdatei. Dieses Feld ist jeweils anders aufgebaut. Die Schaltfläche *Regeln* hilft Entscheidungen zu treffen.

Geschlecht	Unterschied
Mann	Herrn
Frau	Frau

1 Klicken Sie auf die Schaltfläche *Regeln*.

2 Aktivieren Sie den Eintrag *Wenn ... Dann ... Sonst ...*.

3 Klicken Sie in das Feld *Vergleichen mit*.

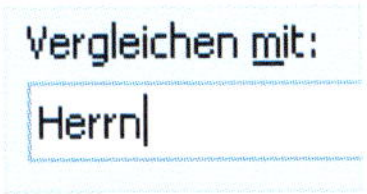

4 Tippen Sie »Herrn« ein.

Geschlecht	Auswirkung in der Anrede »Sehr geehrte ...«
Mann	r Herr
Frau	Frau

Dann ...

Wenn das Feld *Anrede* den Eintrag »Herr« enthält, dann soll Word die Anweisung »r Herr« ausführen.

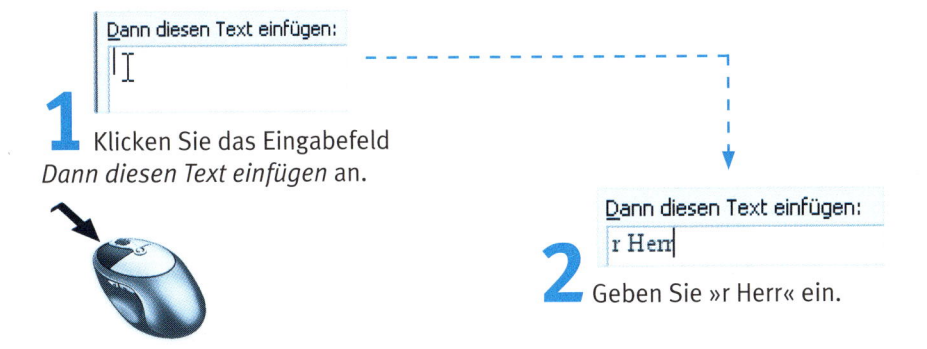

1 Klicken Sie das Eingabefeld *Dann diesen Text einfügen* an.

2 Geben Sie »r Herr« ein.

Sonst ...

Ist es kein »Herr«, soll ein Leerschritt und »Frau« eingetragen werden.

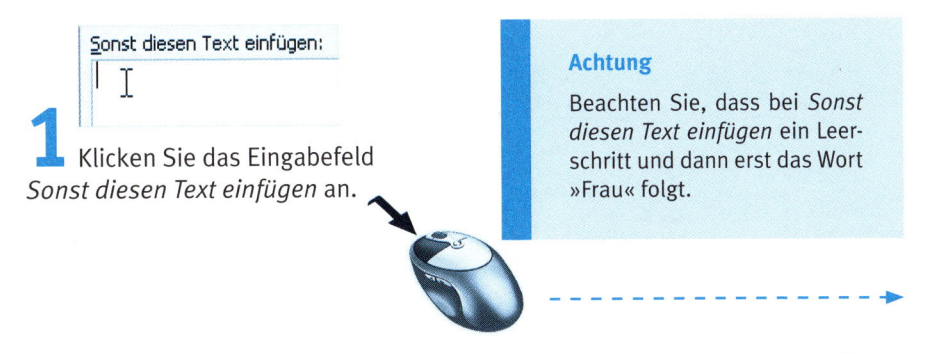

1 Klicken Sie das Eingabefeld *Sonst diesen Text einfügen* an.

Achtung

Beachten Sie, dass bei *Sonst diesen Text einfügen* ein Leerschritt und dann erst das Wort »Frau« folgt.

Sonst diesen Text einfügen:
Frau

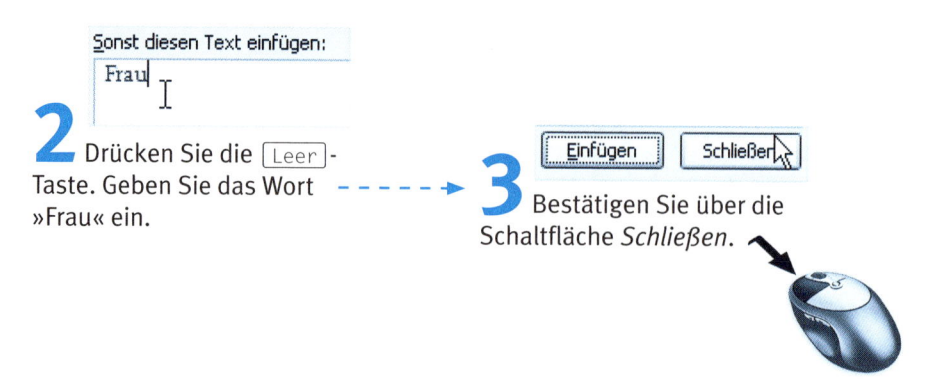

2 Drücken Sie die ⌈Leer⌉-Taste. Geben Sie das Wort »Frau« ein.

3 Bestätigen Sie über die Schaltfläche *Schließen*.

Sie gelangen zum Dokument zurück und sehen jetzt in der Anrede »Sehr geehrter Herr«.

Der Ausdruck erscheint, da Sie den Brief mit der *Datenquelle* noch nicht verbunden haben. Im 1. Datensatz steht ein Herr!

In der Anrede werden die Empfänger mit dem *Nachnamen* angesprochen. Vervollständigen Sie die Anrede, indem Sie einen Leerschritt durch Drücken der ⌈Leer⌉-Taste und anschließend das Seriendruckfeld *Nachname* einfügen.

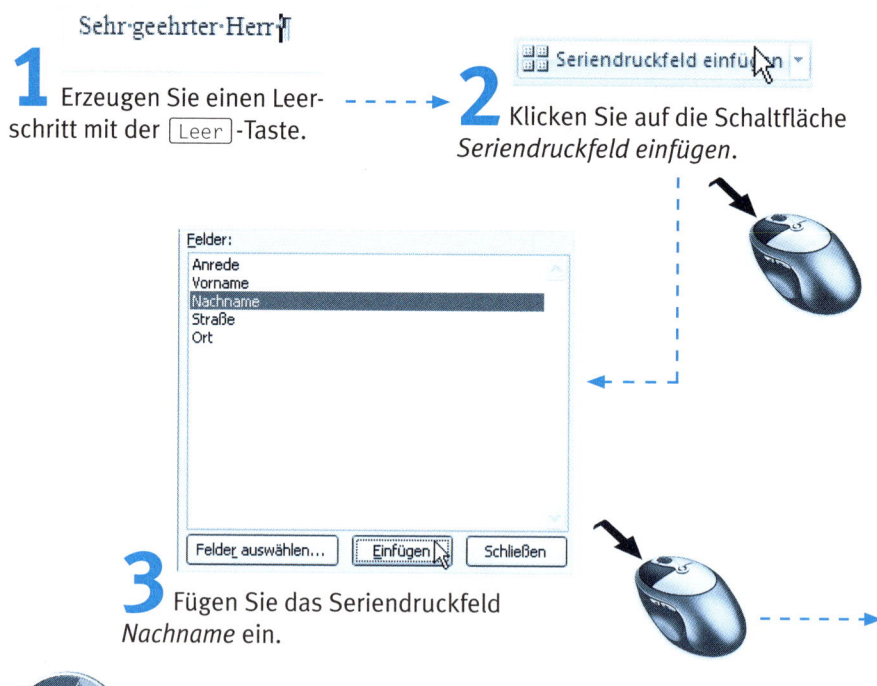

Sehr geehrter Herr

1 Erzeugen Sie einen Leerschritt mit der ⌈Leer⌉-Taste.

2 Klicken Sie auf die Schaltfläche *Seriendruckfeld einfügen*.

Felder:
Anrede
Vorname
Nachname
Straße
Ort

3 Fügen Sie das Seriendruckfeld *Nachname* ein.

Datenquelle und Serienbrief verbinden **241**

4 Schließen Sie das Dialogfeld. Das Seriendruckfeld *«Nachname»* wurde in das Dokument eingefügt.

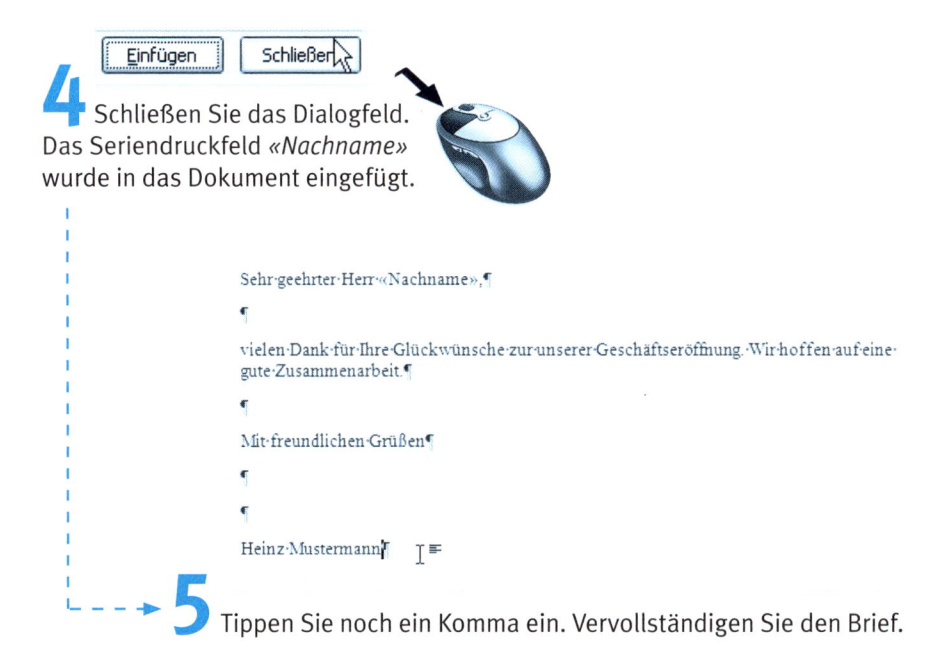

Sehr geehrter Herr «Nachname»,

vielen Dank für Ihre Glückwünsche zur unserer Geschäftseröffnung. Wir hoffen auf eine gute Zusammenarbeit.

Mit freundlichen Grüßen

Heinz Mustermann

5 Tippen Sie noch ein Komma ein. Vervollständigen Sie den Brief.

Datenquelle und Serienbrief verbinden

Über die Schaltfläche *Vorschau Ergebnisse* können Sie sich die Serienbriefe bzw. die Empfängerdaten auf dem Bildschirm ansehen.

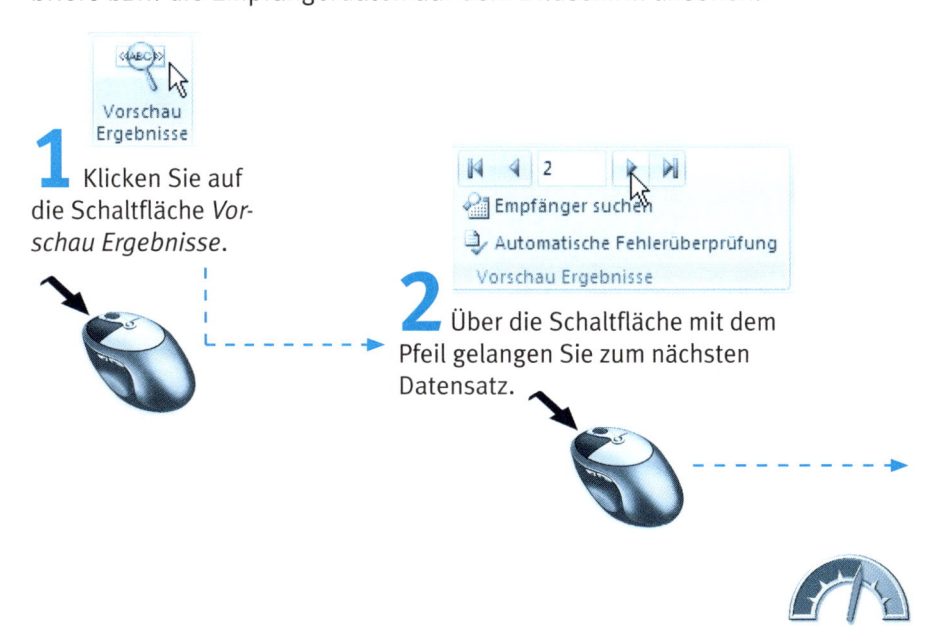

1 Klicken Sie auf die Schaltfläche *Vorschau Ergebnisse*.

2 Über die Schaltfläche mit dem Pfeil gelangen Sie zum nächsten Datensatz.

3 Klicken Sie wieder auf die Schaltfläche *Vorschau Ergebnisse*. Sie gelangen zum alten Erscheinungsbild.

Den Serienbrief drucken Sie, wenn Sie die Schaltfläche *Fertig stellen und zusammenführen* aktivieren.

Hier können Sie sich die Briefe zunächst auf dem Bildschirm anzeigen lassen und dann drucken. Oder Sie drucken diese ohne Bildschirmanzeige sofort.

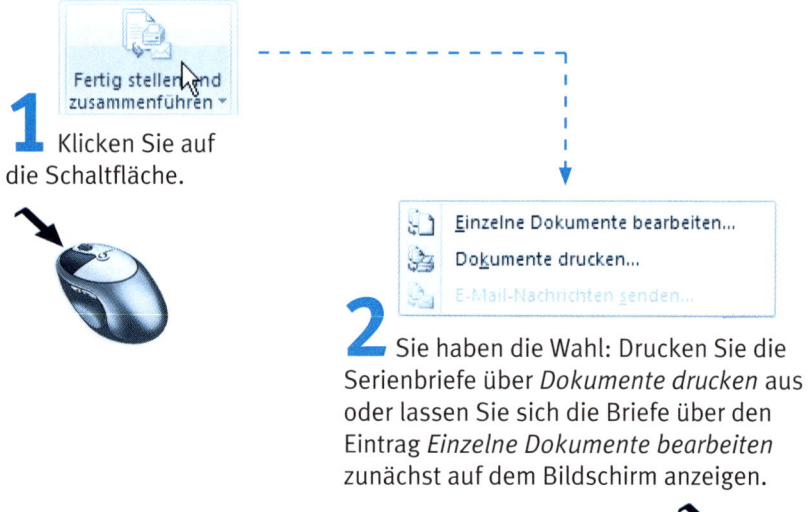

1 Klicken Sie auf die Schaltfläche.

2 Sie haben die Wahl: Drucken Sie die Serienbriefe über *Dokumente drucken* aus oder lassen Sie sich die Briefe über den Eintrag *Einzelne Dokumente bearbeiten* zunächst auf dem Bildschirm anzeigen.

Tipps zum Kapitel

1. Über die Schaltfläche *Grußzeile* können Sie direkt eine Anrede im Serienbrief eingeben. Der Nachteil ist hier allerdings die Anrede »Sehr geehrte(r)«.

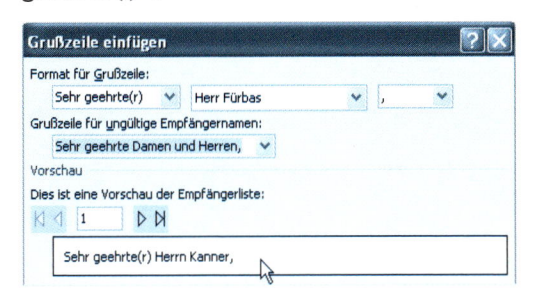

2. Über die Schaltfläche *Empfänger auswählen* können Sie andere Datenquellen angeben.

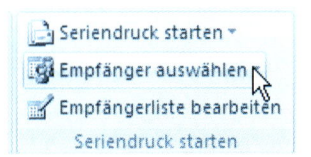

3. Die aktuelle Datenquelle des Serienbriefs ändern Sie über die Schaltfläche *Empfängerliste bearbeiten*.

4. Über die *Office*-Schaltfläche wählen Sie den Eintrag *Neu* aus. Unter *Installierte Vorlagen* erhalten Sie Vorlagen zum Serienbrief. Sie brauchen dann nur die jeweiligen Angaben zu machen.

5. Geben Sie das Kürzel *mfg* ein und drücken dann die ⎵-Taste, ersetzt Word das Kürzel automatisch durch »Mit freundlichen Grüßen«.

6. Über die Schaltfläche *Seriendruck starten* können Sie nicht nur Briefe, sondern auch *Umschläge* oder *Etiketten* erstellen (beachten Sie dazu Kapitel 12).

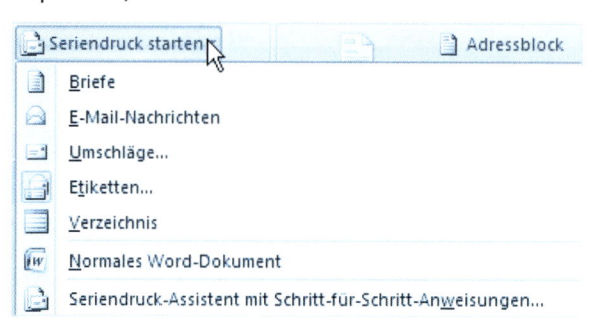

- Seriendruck starten
- Adressblock
- Briefe
- E-Mail-Nachrichten
- Umschläge...
- Etiketten...
- Verzeichnis
- Normales Word-Dokument
- Seriendruck-Assistent mit Schritt-für-Schritt-Anweisungen...

Üben Sie Word 2007!

1. Legen Sie die folgenden Daten in einer Adressdatei an:

Anrede	Vorname	Name	Straße	PLZ	Ort	Betrag in €
Herrn	Peter	Unrath	Unkerstr. 66	53225	Bonnhausen	250
Herrn	Hansi	Fort	Schuldenberg 15	77777	Sonderheim	450
Frau	Petra	Futsch	Einbahnstr. 45	89899	Greismühlen	890
Herrn	Franz	Laus	Spinnweber Allee 1	22222	Dorfstadt	300
Herrn	Boris	Korrupt	Dagobert-Duck-Str. 7	78888	Endenhausen	120
Frau	Frieda	Pleite	Gabenstr. 88	21200	Irgendwo	450

2. Erstellen Sie den Serienbrief! Lösen Sie die persönliche Anrede elegant mit *Wenn ... Dann ... Sonst* ....

Versandhaus Schicke
Klamottenstr. 7
12345 Versandhausen

«Anrede»
«Vorname» «Nachname»
«Straße»

«Postleitzahl» «Ort»

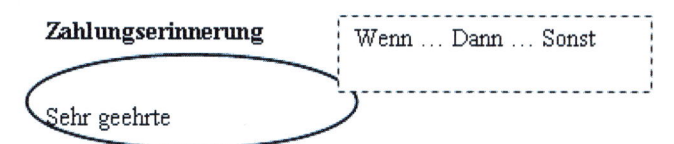

Zahlungserinnerung   Wenn ... Dann ... Sonst

Sehr geehrte

sicherlich haben Sie es übersehen, den fälligen Betrag von «Betrag»,-- € an uns zu überweisen. Wir bitten um Erledigung in den nächsten Tagen.

Sollten Sie bereits gezahlt haben, betrachten Sie dieses Schreiben als gegenstandslos.

Mit freundlichen Grüßen

Das können Sie schon

Die Rechtschreibhilfe	48
Die Silbentrennung	55
Einen Text speichern	82
Der Schnelldruck	91
Aufzählungen in Word	120
Texte verschieben und kopieren	123
Eine ClipArt-Grafik einfügen	140
Textfelder	160
Ein Bild einfügen	176
Eine Visitenkarte anlegen	196
Einen Serienbrief erstellen	222

Das lernen Sie neu

Ein Kuvert erstellen	248
Das Kuvert detailliert angeben	248
Das Kuvert bearbeiten	249

Kapitel 12

Ein Kuvert beschriften

Um einen Brief zu versenden, stecken Sie ihn in ein Kuvert. Wenn Sie Kuverts ohne Fenster verwenden, können Sie diese in Word anlegen und ausdrucken. Word platziert Empfänger und Absender automatisch. Auch die Adressen für Serienbriefe lassen sich hier leicht einbinden und in Massen versenden.

Ein Kuvert erstellen

Sie geben in Word 2007 auf der Registerkarte *Sendungen* an, dass Sie ein Kuvert oder mehrere Kuverts (z. B. für den Serienbrief) erstellen möchten. Dazu aktivieren Sie die Schaltfläche *Erstellen* und klicken auf *Umschläge*. Um *Etiketten* zu erstellen, verwenden Sie hier die Schaltfläche *Beschriftungen*. Der Ablauf ist dann ähnlich wie bei den Umschlägen.

1 Öffnen Sie die Registerkarte *Sendungen*.

2 Klicken Sie auf die Schaltfläche *Umschläge*.

Das Kuvert detailliert angeben

Sie gelangen in das Dialogfeld *Umschläge und Etiketten*. Hier legen Sie das Aussehen oder auch die Größe des Kuverts fest.

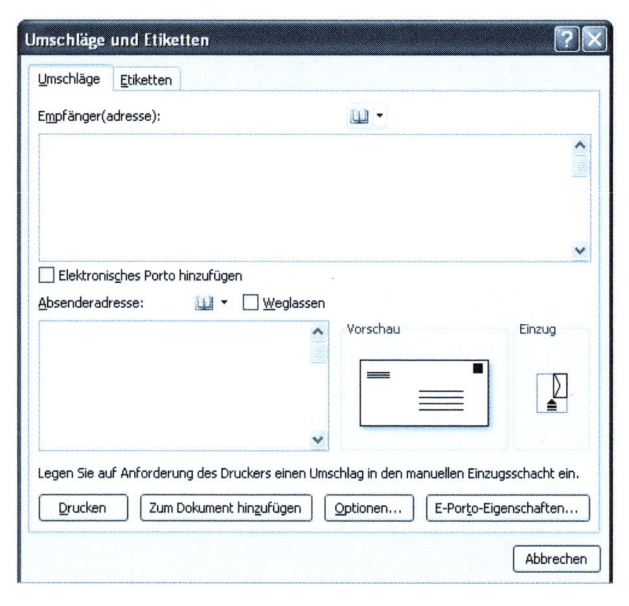

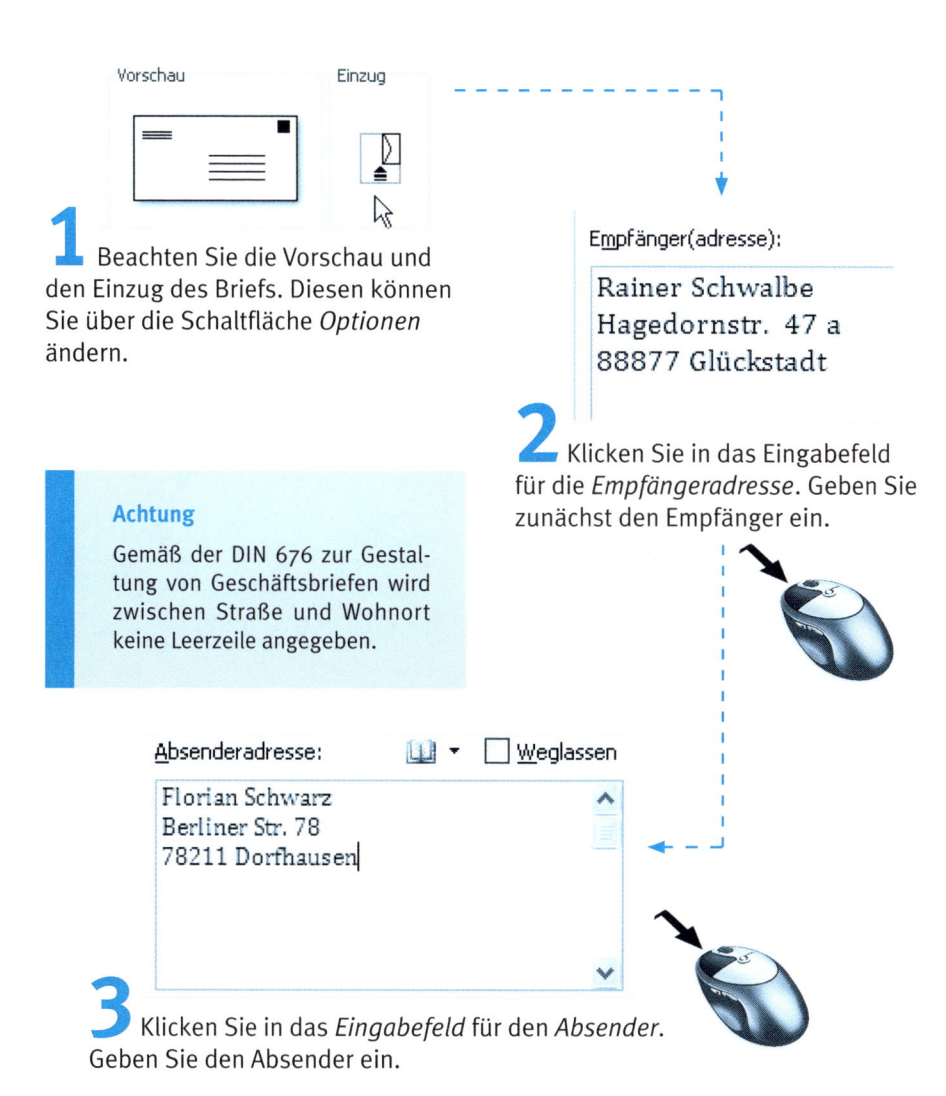

1 Beachten Sie die Vorschau und den Einzug des Briefs. Diesen können Sie über die Schaltfläche *Optionen* ändern.

2 Klicken Sie in das Eingabefeld für die *Empfängeradresse*. Geben Sie zunächst den Empfänger ein.

Empfänger(adresse):

Rainer Schwalbe
Hagedornstr. 47 a
88877 Glückstadt

Achtung

Gemäß der DIN 676 zur Gestaltung von Geschäftsbriefen wird zwischen Straße und Wohnort keine Leerzeile angegeben.

Absenderadresse:

Florian Schwarz
Berliner Str. 78
78211 Dorfhausen

3 Klicken Sie in das *Eingabefeld* für den *Absender*. Geben Sie den Absender ein.

Das Kuvert bearbeiten

Sie können das angelegte Kuvert über die Schaltfläche *Drucken* sofort ausdrucken. In diesem Beispiel möchten Sie das Kuvert noch ein wenig bearbeiten, indem Sie z. B. die Schriftart wechseln. Sie haben hier mehrere Möglichkeiten. Daher sollten Sie auch die Tipps in diesem Kapitel beachten.

1 Aktivieren Sie die Schaltfläche *Zum Dokument hinzufügen*.

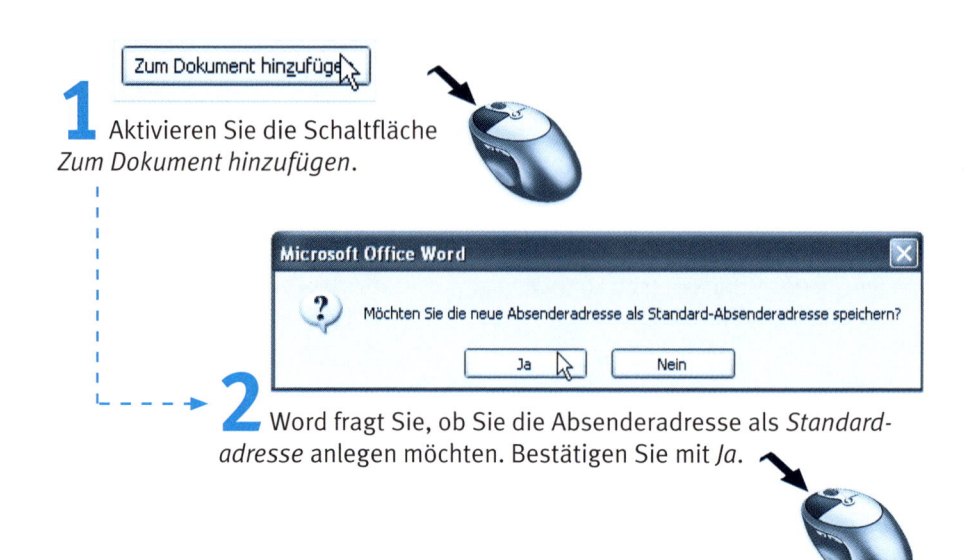

2 Word fragt Sie, ob Sie die Absenderadresse als *Standardadresse* anlegen möchten. Bestätigen Sie mit *Ja*.

Sie gelangen zurück zum Dokument. Absender und Empfänger sind hier bereits mit den Angaben platziert, die Sie zuvor im Dialogfeld gemacht haben.

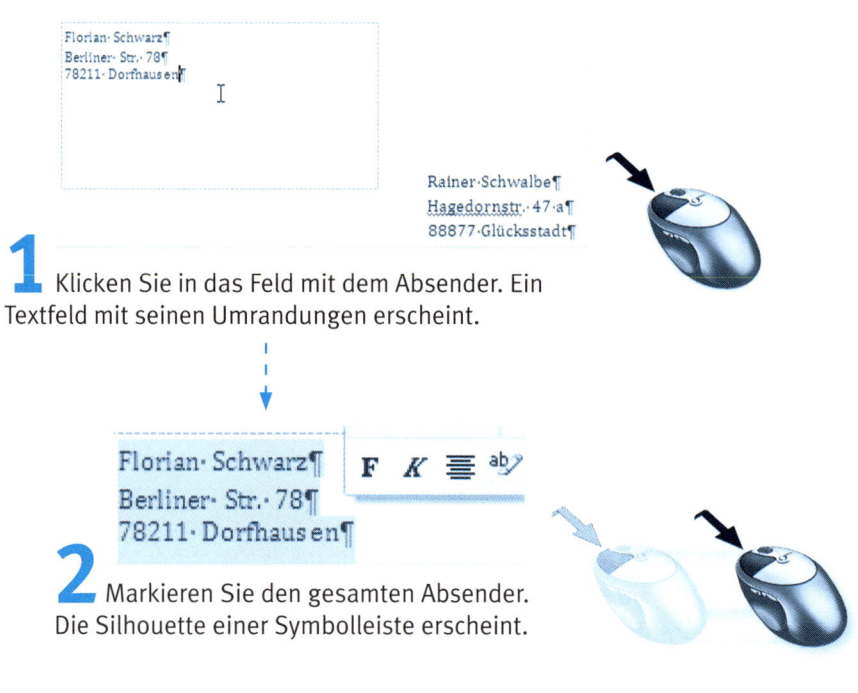

1 Klicken Sie in das Feld mit dem Absender. Ein Textfeld mit seinen Umrandungen erscheint.

2 Markieren Sie den gesamten Absender. Die Silhouette einer Symbolleiste erscheint.

Das Kuvert bearbeiten 251

3 Bewegen Sie den Mauszeiger auf die Symbolleiste. Wählen Sie eine andere *Schriftart* aus.

4 Wiederholen Sie die Schritte für das Empfängerfeld.

Die Textfelder können Sie bearbeiten, wie Sie es in den vorherigen Kapiteln kennen gelernt haben (siehe auch hier den Abschnitt »*Tipps zum Kapitel*«).

Möchten Sie die Adressen für *Serienbriefe* einbinden, geben Sie die Adressdatei über die Schaltfläche *Empfänger auswählen* an. Dann fügen Sie in das Empfängerfeld die *Seriendruckfelder* ein. Über die Schaltfläche *Fertig stellen und zusammenführen* drucken Sie dann die Kuverts aus (siehe auch *Kapitel 11*).

1 Klicken Sie wiederum auf die Schaltfläche *Umschläge*.

Die Änderungen wurden in das Dialogfeld *Umschläge und Etiketten* übertragen.

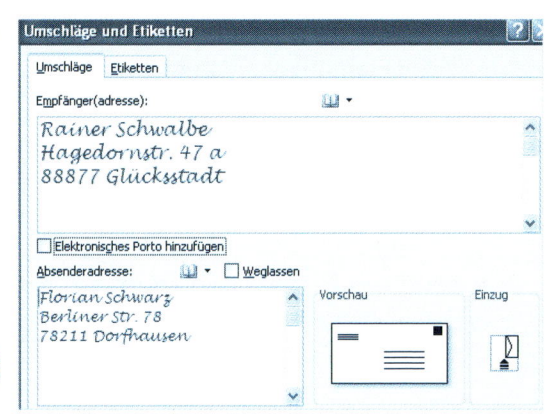

2 Drucken Sie das Kuvert aus.

Tipps zum Kapitel

1. Für das Kuvert können Sie auch den Absender weglassen. Das geben Sie im Dialogfeld *Umschläge und Etiketten* an.

2. Klicken Sie im Dialogfeld *Umschläge und Etiketten* in das Empfänger- oder Absendereingabefeld mit der rechten Maustaste, können Sie auch hier über den Eintrag *Schriftart* die Schriftart ändern.

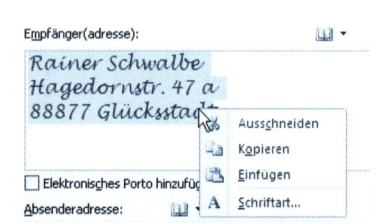

   Im erscheinenden Dialogfeld *Schriftart* können Sie noch weitere Formatierungen und Effekte angeben.

3. Die Textfelder für den Absender und den Empfänger auf dem Kuvert können Sie bearbeiten. Klicken Sie auf den Rand des Textfelds. Mit gedrückter linker Maustaste können Sie das Textfeld an eine andere Stelle auf dem Kuvert platzieren.

   Anhand der Ziehpunkte vergrößern bzw. verkleinern Sie ein Textfeld (siehe auch z. B. *Kapitel 8*).

4. Klicken Sie mit der rechten Maustaste in das Textfeld für Absender oder Empfänger, öffnet sich ein Kontextmenü. Hier legen Sie einen Rahmen an und schattieren ihn.

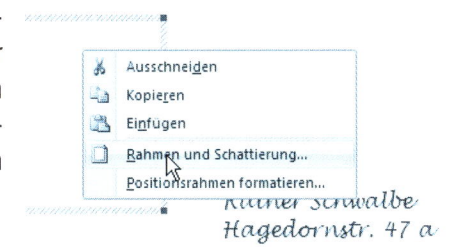

5. Möchten Sie im Dialogfeld *Umschläge und Etiketten* die Angabe *Elektronisches Porto* aktivieren, müssen Sie dies erst installieren. Starten Sie Ihre Internetverbindung, werden Sie mit der entsprechenden Internetseite von Microsoft verbunden und können sich hier zunächst informieren.

Üben Sie Word 2007!

1. Erstellen Sie die Kuverts für den Serienbrief aus *Kapitel 11*.

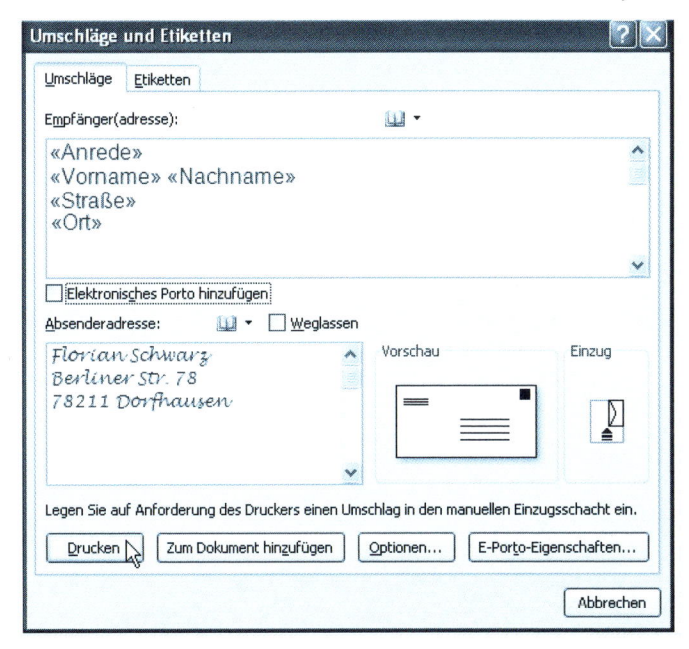

Das können Sie schon

Die Rechtschreibhilfe	48
Einen Text speichern	82
Der Schnelldruck	91
Aufzählungen in Word	120
Texte verschieben und kopieren	123
Eine ClipArt-Grafik einfügen	140
Textfelder	160
Ein Bild einfügen	176
Eine Visitenkarte anlegen	196
Einen Serienbrief erstellen	222
Ein Kuvert erstellen	248

Das lernen Sie neu

Kopf- und Fußzeile	256
Absender und Empfänger	260
Ein stets aktuelles Datum angeben	262
Eine eigene Vorlage speichern	265
Eine Vorlage starten	267

Kapitel 13

Ein Briefformular entwerfen

Um Ihre kostbare Zeit effektiver zu nutzen, fertigen Sie einmalig ein Briefformular an, das Sie immer verwenden können. Ob Sie an eine Behörde schreiben oder Bekannten und Freunden einen lieben Gruß senden: Ein persönlich gestalteter Brief macht immer einen guten Eindruck. Sie können ein Datum so angeben, dass es sich selbst aktualisiert, gleichgültig, wann Sie das dazugehörige Dokument öffnen: Es erscheint immer das Datum »von heute«!

Kopf- und Fußzeile

Ein Brief besteht immer aus dem Brieftext. Ein Mensch besteht aus Kopf, Körper mit Gliedmaßen und Füßen.

In Anlehnung an den menschlichen Körper wäre dann der Brieftext der »Körper«, also das Mittelstück. In einem Dokument finden Sie auch einen *Kopf* (= Kopfzeile) und einen *Fuß* (= Fußzeile). Sie dienen dazu, Texte auf dem Blatt an den oberen bzw. unteren Seitenrand zu platzieren.

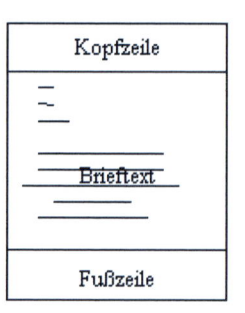

Die Kopfzeile

Zunächst legen Sie die Kopfzeile an. Dazu verwenden Sie die Registerkarte *Einfügen*.

1 Öffnen Sie die Registerkarte *Einfügen*.

2 Aktivieren Sie die Schaltfläche *Kopfzeile*.

3 Geben Sie den Befehl *Kopfzeile bearbeiten* an.

Die Registerkarte *Kopf- und Fußzeilentools* erscheint auf dem Bildschirm. Hier erhalten Sie die Werkzeuge, um die Kopf- und Fußzeilen zu bearbeiten.

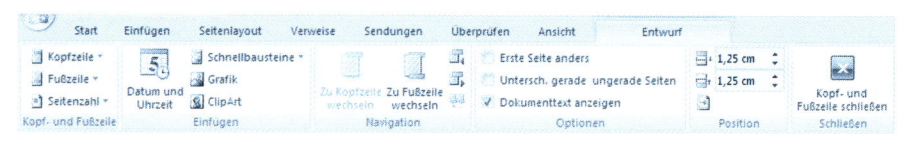

Kopf- und Fußzeile

In die Kopfzeile tippen Sie den Text ein. Sie ändern die Schriftgröße, wählen die Fettschrift und zentrieren alles.

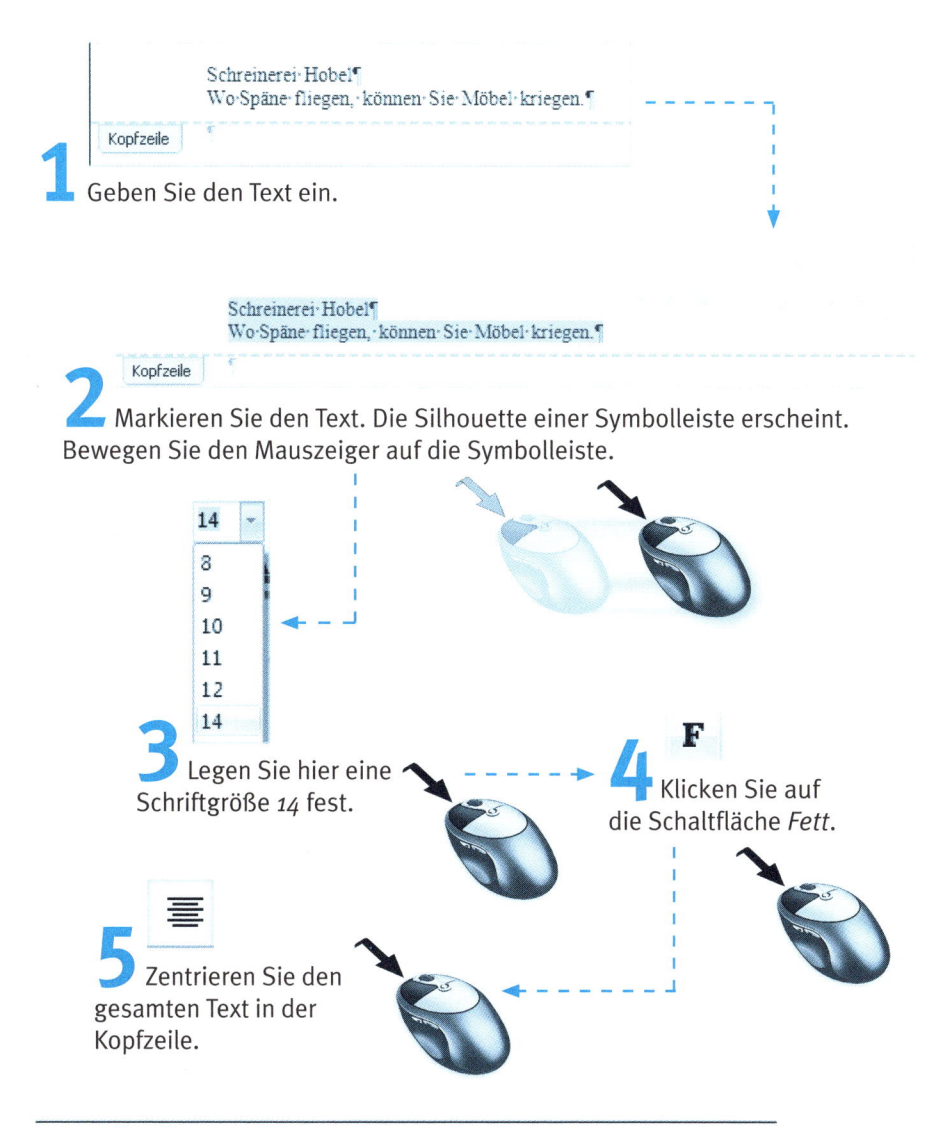

1 Geben Sie den Text ein.

2 Markieren Sie den Text. Die Silhouette einer Symbolleiste erscheint. Bewegen Sie den Mauszeiger auf die Symbolleiste.

3 Legen Sie hier eine Schriftgröße *14* fest.

4 Klicken Sie auf die Schaltfläche *Fett*.

5 Zentrieren Sie den gesamten Text in der Kopfzeile.

Die Fußzeile

Wie beim menschlichen Körper befindet sich der Fuß bzw. die Fußzeile ganz unten, am unteren Seitenrand. Als Beispiel geben Sie hier eine Bankverbindung an. Mit einem Mausklick auf die entsprechende Schaltfläche gelangen Sie entweder zur Kopf- oder zur Fußzeile.

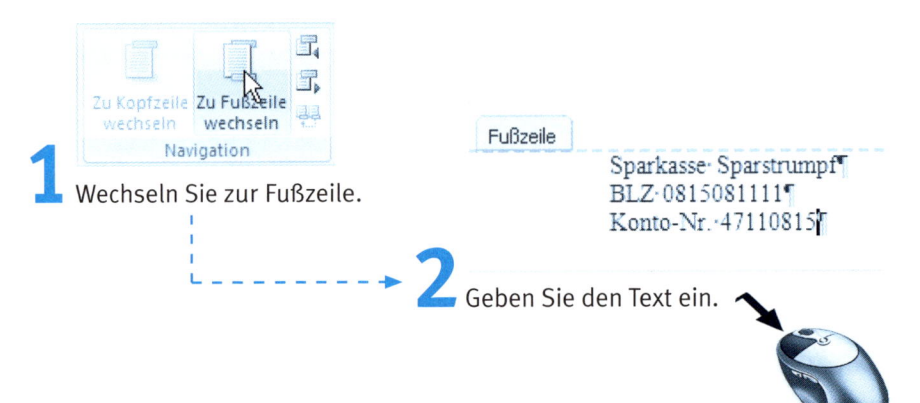

1 Wechseln Sie zur Fußzeile.

2 Geben Sie den Text ein.

Nachdem Sie den Fußzeilentext eingegeben haben, zentrieren Sie ihn und formatieren ihn fett. Dazu geben Sie Tastenkombinationen an. Sie werden sehen, wie schnell das dann geht.

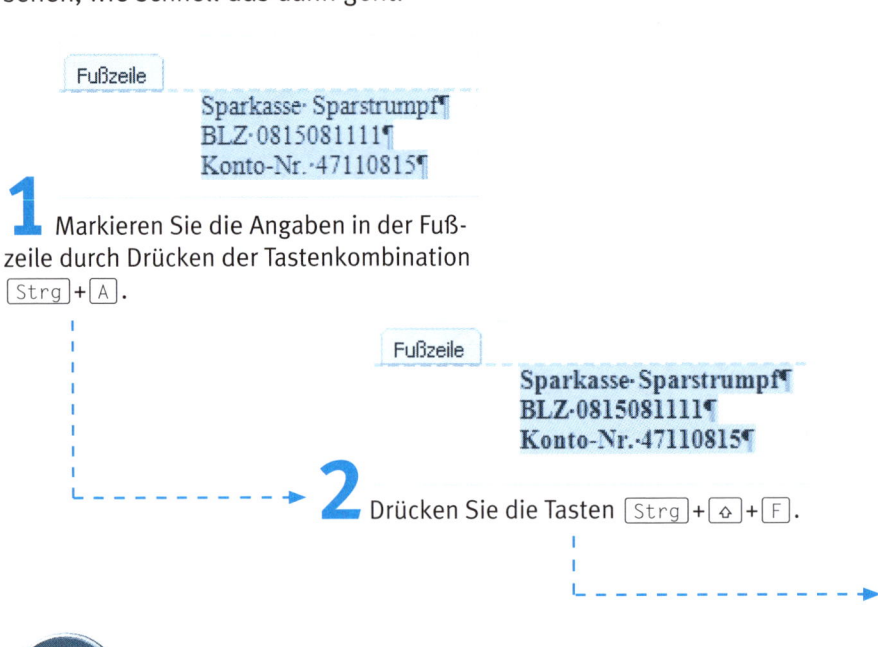

1 Markieren Sie die Angaben in der Fußzeile durch Drücken der Tastenkombination [Strg]+[A].

2 Drücken Sie die Tasten [Strg]+[⇧]+[F].

Kopf- und Fußzeile **259**

3 Aktivieren Sie die Fettschrift. Zentrieren Sie den Text über die Tastenkombination ⌈Strg⌉+⌈E⌉.

4 Beenden Sie die Eingaben und verlassen Sie die Fuß- und Kopfzeile über die Schaltfläche. Sie wechseln zur Registerkarte *Start*.

Sie haben den Kopf- und Fußzeilenbereich verlassen.

> **Hinweis**
>
> Über die Schaltfläche *Ausrichtungsregisterkarte einfügen* auf der Registerkarte *Kopf- und Fußzeilentools* können Sie Kopf- und Fußzeilen ausrichten. Zusätzlich können Sie diese mit Füllzeichen ausfüllen.

Klicken Sie im Dokument doppelt auf die Kopf- oder Fußzeile, können Sie diese weiterbearbeiten. Die Registerkarte *Kopf- und Fußzeilentools* erscheint dann wieder.

Absender und Empfänger

DIN-A4-Standardbriefe werden normalerweise in einem länglichen Umschlag verschickt. Verwenden Sie Umschläge mit Sichtfenster, können Sie sich die Zeit und Mühe sparen, das Kuvert extra zu beschriften.

Absender und Empfänger werden in den Brief so platziert, dass sie im Sichtfenster erkennbar sind. Zunächst geben Sie den Absender an.

Achtung

Bei den nächsten Schritten wäre es für Sie hilfreich, wenn die *Formatierungssymbole* eingeblendet sind (siehe auch *Kapitel 2*). Sie blenden diese über die Registerkarte *Start* ein. Sie können dazu aber auch die Tastenkombination [Strg]+[*] drücken.

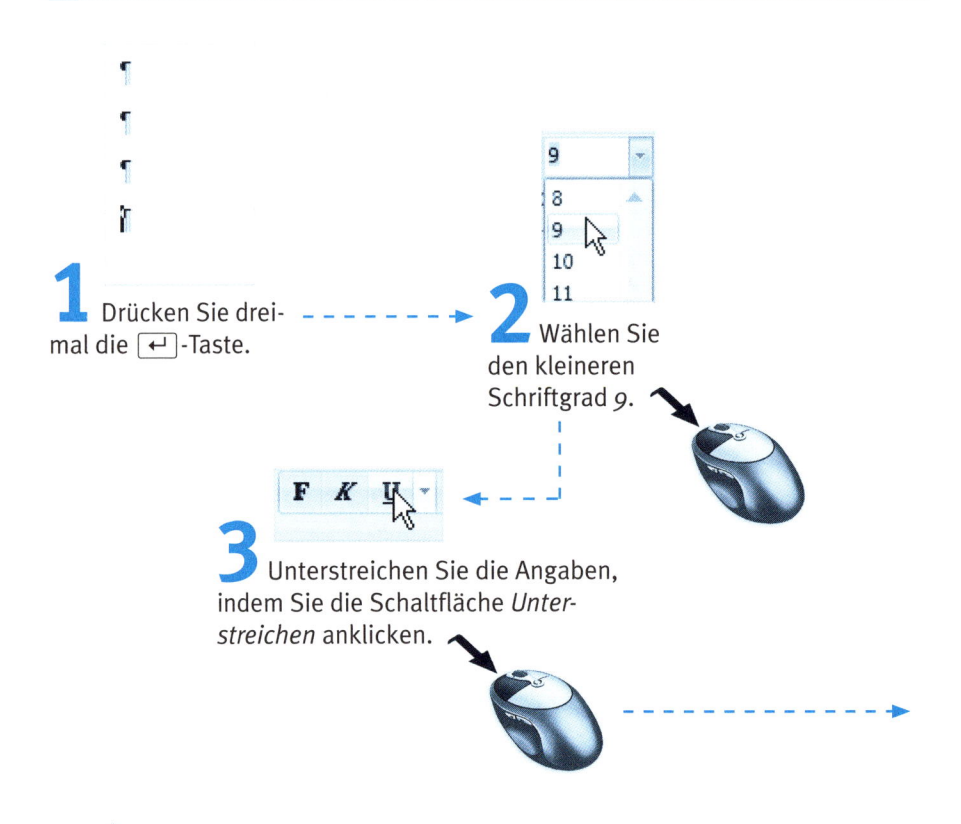

1 Drücken Sie dreimal die [⏎]-Taste.

2 Wählen Sie den kleineren Schriftgrad *9*.

3 Unterstreichen Sie die Angaben, indem Sie die Schaltfläche *Unterstreichen* anklicken.

Absender und Empfänger **261**

4 Schreiben Sie den Absender. Lassen Sie zwischen den einzelnen Angaben (Name, Straße, Ort) zwei Leerschritte.

So sieht es einfach besser aus!

5 Drücken Sie die ⏎-Taste.

6 Um die Formatierungen der letzten Zeile nicht zu übernehmen, klicken Sie auf die Schaltfläche *Formatierung löschen*.

7 Tippen Sie das Wort »Anrede«.

8 Betätigen Sie die Tasten ⇧+⏎. So geben Sie einen Zeilenabstand ein. Tippen Sie »Vorname Nachname«, drücken Sie dann wieder ⇧+⏎ und geben Sie in die nächste Zeile »Straße Hausnummer« ein.

9 Drücken Sie die ⏎-Taste. So geben Sie zwischen den Zeilen einen Abstand für Absätze an. Tippen Sie »PLZ Ort«.

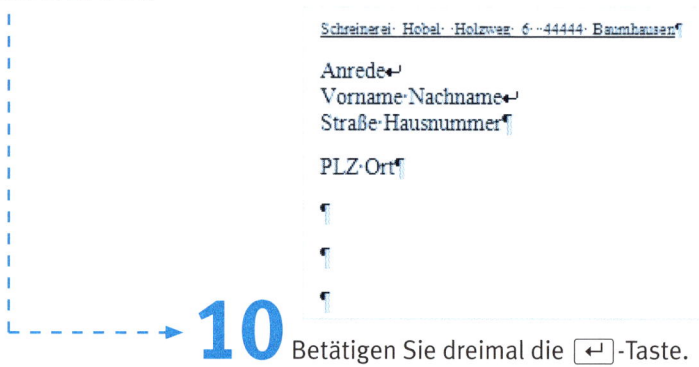

10 Betätigen Sie dreimal die ⏎-Taste.

Ein stets aktuelles Datum angeben

Wann wurde das Dokument geschrieben? Mit den folgenden Schritten fügen Sie in Ihren Brief zunächst den Ort, dann das *aktuelle Datum* ein.

Sie geben das Datum so ein, dass es sich beim jeweiligen Öffnen des Formulars automatisch aktualisiert. Entscheidend dafür ist die Angabe *Automatisch aktualisieren*.

Würden Sie die Option nicht aktivieren, stünde stets das gleiche Datum dort, gleichgültig, wann Sie den Brief öffnen.

1 Setzen Sie die Zeile rechtsbündig.

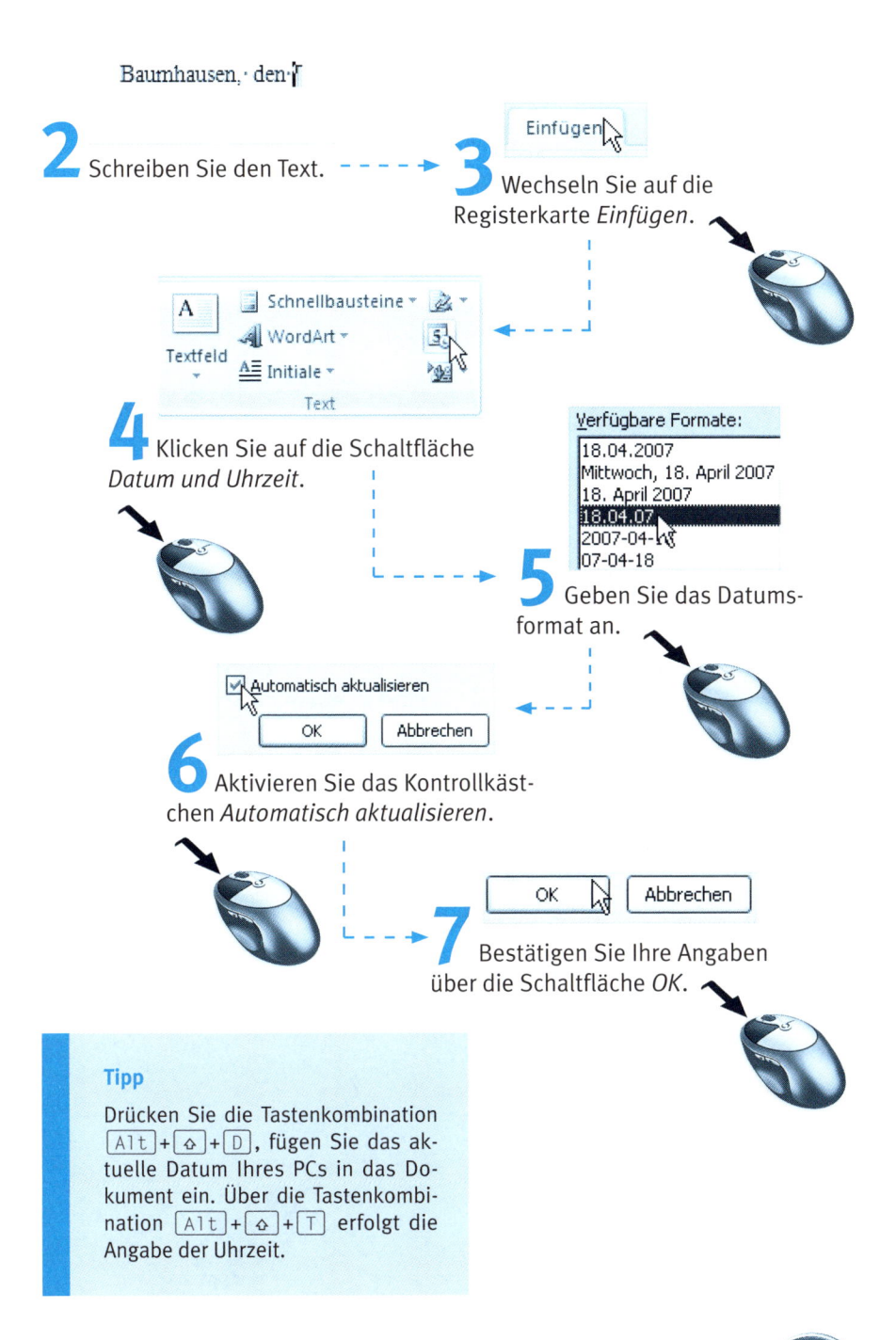

Ein stets aktuelles Datum angeben

Baumhausen, den

2 Schreiben Sie den Text.

3 Wechseln Sie auf die Registerkarte *Einfügen*.

4 Klicken Sie auf die Schaltfläche *Datum und Uhrzeit*.

5 Geben Sie das Datumsformat an.

6 Aktivieren Sie das Kontrollkästchen *Automatisch aktualisieren*.

7 Bestätigen Sie Ihre Angaben über die Schaltfläche *OK*.

Tipp

Drücken Sie die Tastenkombination [Alt]+[⇧]+[D], fügen Sie das aktuelle Datum Ihres PCs in das Dokument ein. Über die Tastenkombination [Alt]+[⇧]+[T] erfolgt die Angabe der Uhrzeit.

In diesem Dokument erscheint nun bei jedem Öffnen das korrekte, stets aktuelle Datum. Gleichgültig, ob morgen, nächste Woche oder nächstes Jahr; Word 2007 aktualisiert es immer. Vorausgesetzt, Ihr Computer tickt richtig!

Wie ändern sich die Zeiten?

Ihr Computer sollte stets auf dem neuesten Stand des Datums oder der Uhrzeit sein. Als Benutzer von Windows sind Sie immer darüber informiert, was die Zeit schlägt. Sie erkennen es unten in der *Taskleiste*.

Ist Ihr Computer nicht gerade an eine Funkuhr angeschlossen, gibt es natürlich keine Garantie, ob die angezeigte Uhrzeit oder das Datum auch stimmen. Setzen Sie den Mauszeiger auf die *Uhranzeige* in der Taskleiste und klicken Sie doppelt. Auf der Registerkarte *Datum und Uhrzeit* stellen Sie das korrekte Datum und die Uhrzeit ein.

Der Betreff

Als Nächstes folgt die Angabe des Worts »Betreff«. Dieses Wort können Sie später im Brief überschreiben. Es dient nur als eine Art Platzhalter, damit Sie wissen, wo der Betreff erscheinen soll.

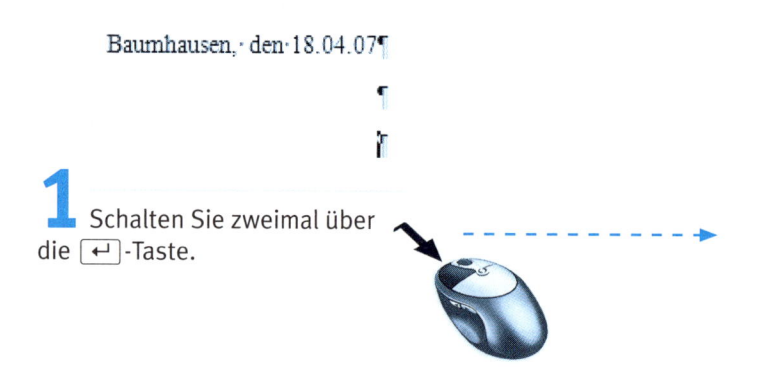

1 Schalten Sie zweimal über die ⏎-Taste.

2 Wechseln Sie auf die Registerkarte *Start*.

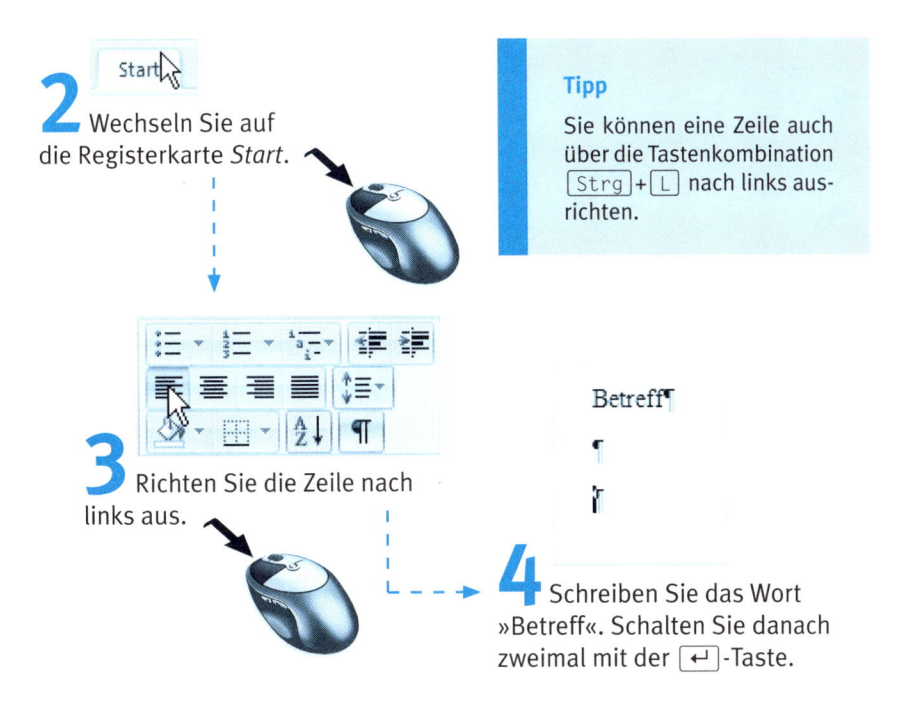

Tipp
Sie können eine Zeile auch über die Tastenkombination [Strg]+[L] nach links ausrichten.

3 Richten Sie die Zeile nach links aus.

4 Schreiben Sie das Wort »Betreff«. Schalten Sie danach zweimal mit der [↵]-Taste.

An dieser Position soll der spätere Text des Briefs stehen. Sie brauchen dann das Formular nur zu öffnen und geben hier den Brieftext ein.

Eine eigene Vorlage speichern

Den Briefvordruck möchten Sie immer wieder verwenden? Dann brauchen Sie die Kopf- und Fußzeile, das Empfangsfeld oder das Datum nicht jedes Mal neu zu erstellen.

Sie legen das Dokument einfach auf *Wiedervorlage* und holen die Vorlage bei Bedarf wieder hervor. Sie speichern das Dokument ganz normal ab. Nur bei *Dateityp* geben Sie nicht *Word-Dokument*, sondern *Word-Vorlage* an. Als Dateinamen verwenden Sie »Formular«.

Fachwort
Vorlagen sind Muster zur Erstellung von Dokumenten.

1 Klicken Sie auf die Schaltfläche *Speichern*.

2 Geben Sie als *Dateiname* »Formular« ein.

3 Wählen Sie als *Dateityp* …

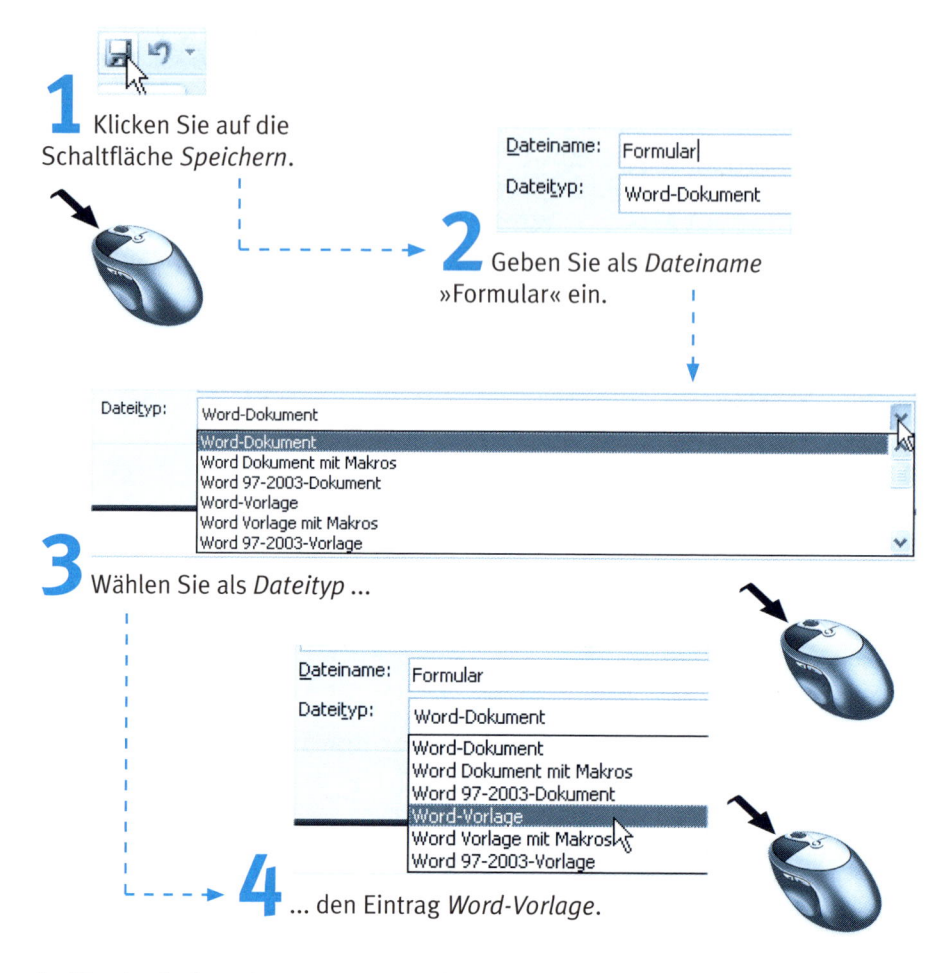

4 … den Eintrag *Word-Vorlage*.

In Word existiert ein separater *Ordner für Vorlagen*. Wenn Sie als Dateityp *Word-Vorlage* angeben, »springt« Word automatisch in dieses Verzeichnis.

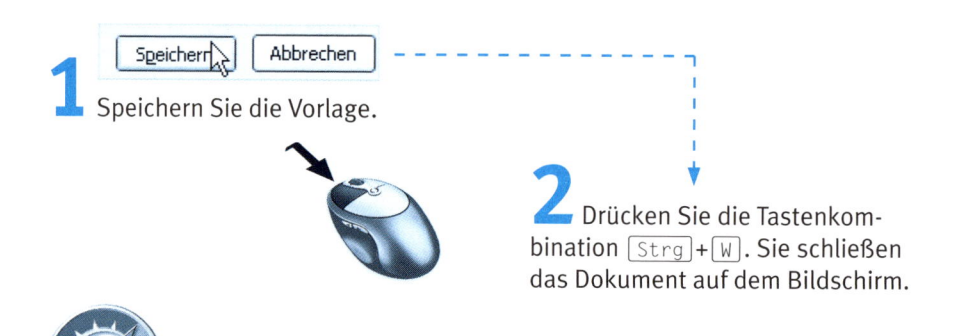

1 Speichern Sie die Vorlage.

2 Drücken Sie die Tastenkombination ⌜Strg⌝+⌜W⌝. Sie schließen das Dokument auf dem Bildschirm.

Eine Vorlage starten

Um eine Vorlage zu starten, müssen Sie immer den Weg über die *Office*-Schaltfläche gehen.

1 Wählen Sie die *Office*-Schaltfläche.

2 Geben Sie den Eintrag *Neu* an.

3 Aktivieren Sie *Meine Vorlagen*.

4 Doppelklicken Sie auf die zuvor erstellte Vorlage *Formular*.

Die Vorlage erscheint auf dem Bildschirm. Sie brauchen jetzt nur noch den entsprechenden Text einzugeben. Wenn Sie ein Schreiben aufbewahren wollen, speichern Sie es als ganz normales Dokument unter einem eigenen Dateinamen ab.

> **Achtung**
>
> Beachten Sie, dass sich das Datum in diesem Beispiel bei jedem Öffnen des fertigen Schreibens stets *aktualisiert*. Sie können also nicht erkennen, *wann* Sie den Brief geschrieben haben. Beim Erstellen des Briefs sollten Sie das hier erstellte Datum auf eine *feste Datumsangabe* zurücksetzen. Dazu klicken Sie in das Datum und drücken die Tastenkombination [Strg]+[⇧]+[F9]. Das Datum aktualisiert sich nun nicht mehr automatisch.

Beachten Sie auch unbedingt *Kapitel 15*. Hier erstellen Sie noch eine andere Vorlage und vertiefen Ihre Kenntnisse.

Tipps zum Kapitel

1. Klicken Sie doppelt auf die angelegten Platzhalter, können Sie die Angaben einfach eintragen.

2. Dokumentvorlagen sind Muster zur Erstellung von Dokumenten.

    Sie enthalten Vorschläge, die Sie übernehmen können. Die Namen sind so vergeben, dass man meistens ahnt, was sich dahinter verbirgt.

    Die Vorschläge können Sie übernehmen, abändern und Sie tragen Ihre persönlichen Angaben ein. *Installierte Vorlagen* finden Sie, indem Sie wieder auf die *Office*-Schaltfläche klicken und den Eintrag *Neu* auswählen.

3. Ihre Vorlagensammlung können Sie über das Internet erweitern. Sie wählen hier die entsprechende Vorlage aus und starten Ihre Internetverbindung.

4. Die Höhe des Kopf- bzw. Fußzeilenbereiches können Sie auf der Registerkarte *Kopf- und Fußzeilenentwurf* über die jeweilige Schaltfläche ändern.

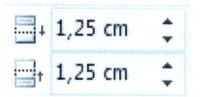

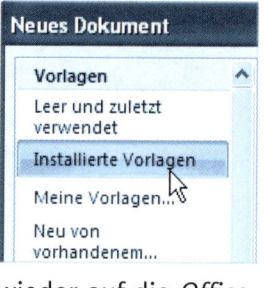

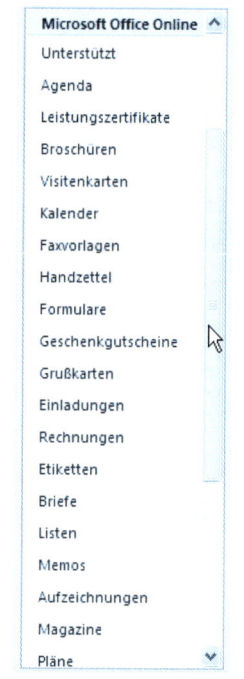

Üben Sie Word 2007!

1. Über welchen Befehl öffnen Sie eine Dokumentvorlage?
2. Verwenden Sie die in diesem Kapitel erstellte Vorlage »Formular« und erstellen Sie den Brief dazu. Speichern Sie ihn als Dokument unter »Reklamation« ab.

Schreinerei Hobel Holzweg 6 44444 Baumhausen

Herrn
Hans Krämer
Grafenstr. 87

46149 Dünnhausen

Baumhausen, den 18.04.07

Reklamation

Sehr geehrter Herr Krämer,

hiermit bestätigen wir den Termin am 27.04.07 in Ihrem Hause. Wir werden dann die von Ihnen aufgeführten Reklamationen überprüfen.

Mit freundlichen Grüßen

3. Verändern Sie das Datum so, dass es sich nicht mehr automatisch aktualisiert.

Baumhausen, den 18.04.07

Das können Sie schon

Die Rechtschreibhilfe	48
Einen Text speichern	82
Texte verschieben und kopieren	123
Textfelder	160
Einen Serienbrief erstellen	222
Ein Kuvert erstellen	248
Kopf- und Fußzeile	258
Ein stets aktuelles Datum angeben	262
Eine eigene Vorlage speichern	265

Das lernen Sie neu

Eine Tabelle einfügen	272
Symbole einfügen	274
Eingabe des Tabellentextes	276
Spalten anpassen	277
Zellen markieren	279
Neue Zeilen einfügen	282
Neue Spalten einfügen	283
In Tabellen sortieren	285
Tabellenformatvorlagen	286
Tabellen mit Tabulatoren	287

Kapitel 14
Adressenlisten übersichtlich erstellen

Zettelwirtschaft ade! Notieren Sie sich die Adressen, Telefonnummern und den Geburtstag Ihrer Lieben, Bekannten und Verwandten mal auf diesen, mal auf den anderen Zettel? Vergessen Sie's! Sie legen mit Word 2007 eine übersichtliche Adressenliste an und sortieren diese von A bis Z, damit Sie keine wichtigen Daten, Anlässe und Termine mehr »verschwitzen«.

Eine Tabelle einfügen

Eine Tabelle besteht aus *Zeilen* und *Spalten*. Um eine Tabelle einzufügen, wählen Sie die Registerkarte *Einfügen* und dann die Schaltfläche *Tabelle*.

Fachwort

Die einzelnen Felder in einer Tabelle werden *Zellen* genannt.

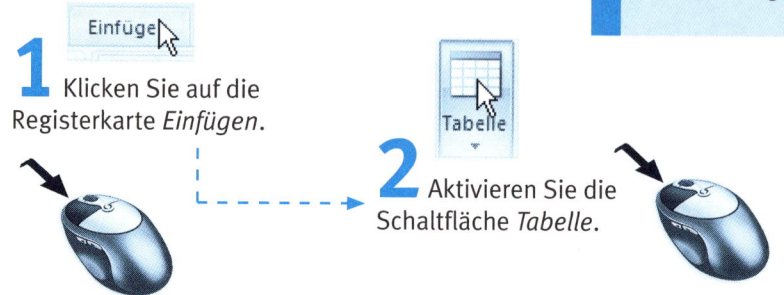

1 Klicken Sie auf die Registerkarte *Einfügen*.

2 Aktivieren Sie die Schaltfläche *Tabelle*.

Hier können Sie schnell eine Tabelle anlegen.

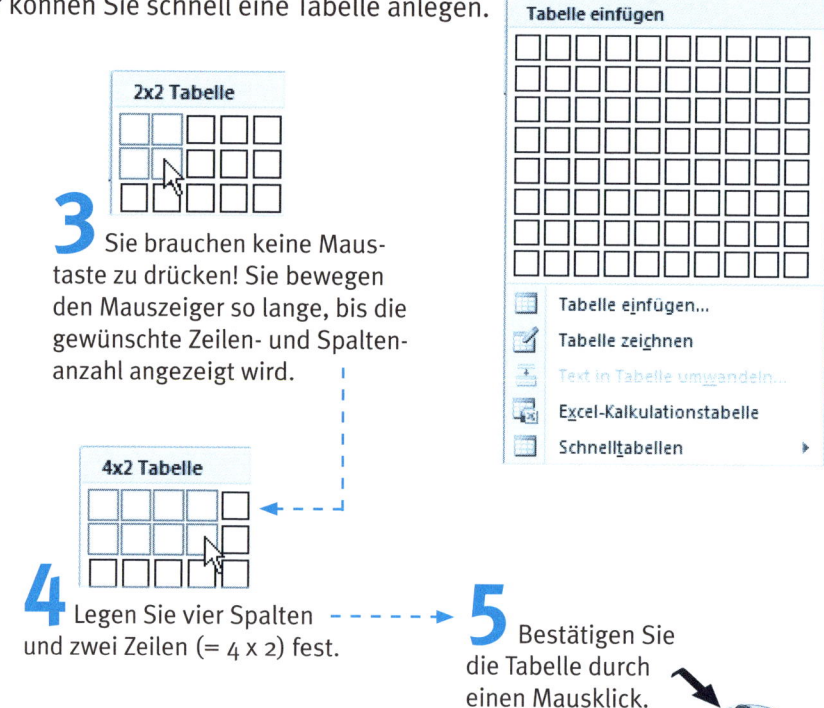

3 Sie brauchen keine Maustaste zu drücken! Sie bewegen den Mauszeiger so lange, bis die gewünschte Zeilen- und Spaltenanzahl angezeigt wird.

4 Legen Sie vier Spalten und zwei Zeilen (= 4 x 2) fest.

5 Bestätigen Sie die Tabelle durch einen Mausklick.

> **Tipp**
>
> Haben Sie sich bei der Spalten- und/oder Zeilenanzahl einer Tabelle vertan, können Sie den letzten Befehl mit der Schaltfläche *Rückgängig* wieder aufheben.

Im Dokument erscheinen die Linien der Tabelle. In diesem Beispiel genügen vorerst zwei Zeilen. Die Spalten legen Sie zunächst für den Namen, den Vornamen, die Anschrift und die Telefonnummer (= vier Spalten) an.

> **Hinweis**
>
> Befindet sich die Einfügemarke innerhalb der Tabelle, stehen Ihnen unter *Tabellentools* die Registerkarten *Entwurf* und *Layout* zur Verfügung.

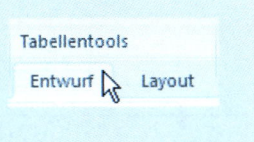

Der Tabellenkopf

In der ersten Zeile legen Sie die Tabellenüberschrift bzw. den *Tabellenkopf* fest.

> **Hinweis**
>
> Beim Anlegen der Tabelle gibt Word automatisch an, dass die erste Zeile die *Überschrift* der Tabelle ist. Das ist z. B. beim Sortieren der Tabelle wichtig.
> Die *Funktion des Sortierens* lernen Sie im Laufe des Kapitels kennen.

Sie klicken in eine bestimmte Zelle und tippen den Text ein. In diesem Beispiel blinkt die Schreibmarke noch in der ersten linken Zelle. Hier geben Sie »Name« ein. Um zur nächsten Zelle zu gelangen, drücken Sie die ⇥-Taste.

1 Klicken Sie in die erste Zelle und schreiben Sie »Name«.

2 Drücken Sie die ⇆-Taste.

Sie gelangen in die zweite Zelle.

3 Geben Sie »Vorname« ein. Drücken Sie die ⇆-Taste.

Sie gelangen auch von einer Zelle in eine andere, indem Sie diese mit der Maus anklicken. Ferner bewegen Sie sich in Tabellen mit den Tasten ↑, ↓, ← und →.

Symbole einfügen

Um die Adressenliste ein wenig abwechslungsreicher zu gestalten, fügen Sie *Symbole* einer bestimmten Schriftart ein. Die ansprechendste ist sicherlich *Wingdings*.

Fachwort

Wingdings ist eine Schriftart, die Pfeile und Symbole enthält.

1 Aktivieren Sie die Registerkarte *Einfügen*.

Symbole einfügen **275**

2 Klicken Sie auf die Schaltfläche *Symbol*.

3 Wählen Sie hier *Weitere Symbole*.

4 Aktivieren Sie im Dialogfeld ggf. die Registerkarte *Symbole* und wählen Sie die Schriftart *Wingdings* aus.

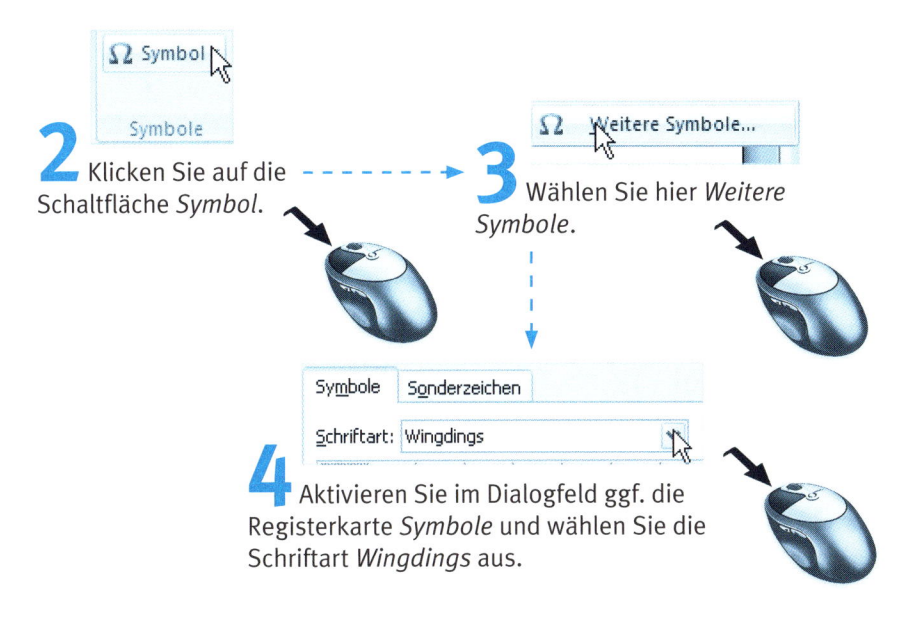

Das Dialogfeld *Symbol* verdeckt ggf. die Tabelle. So können Sie schlecht Symbole einfügen. Daher platzieren Sie das Dialogfeld unter die Tabelle.

1 Platzieren Sie den Mauszeiger auf die Titelleiste des Dialogfelds *Symbol* und verschieben Sie es mit gedrückter Maustaste, ...

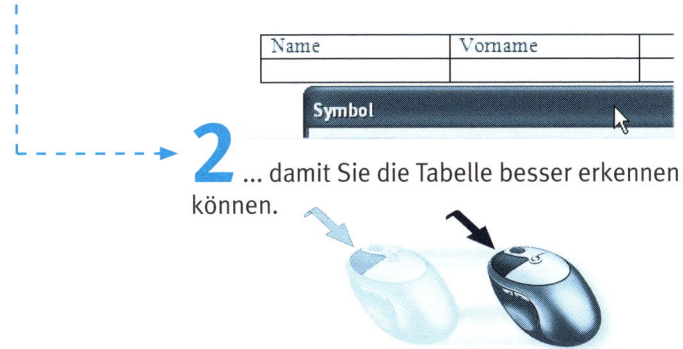

2 ... damit Sie die Tabelle besser erkennen können.

Mit ⬆, ⬇, ⬅ und ➡ über die Tastatur bewegen Sie sich im Dialogfeld durch die verschiedenen Symbole. Möchten Sie ein Symbol verwenden, fügen Sie es mit einem Doppelklick der linken Maustaste ein.

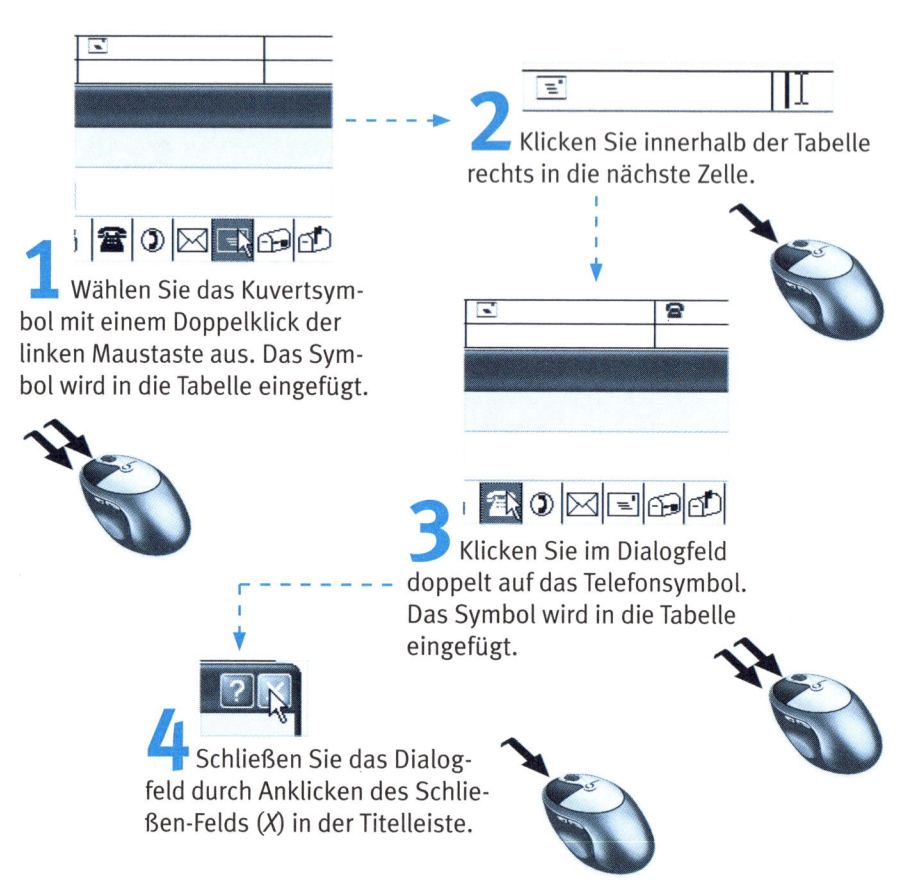

1 Wählen Sie das Kuvertsymbol mit einem Doppelklick der linken Maustaste aus. Das Symbol wird in die Tabelle eingefügt.

2 Klicken Sie innerhalb der Tabelle rechts in die nächste Zelle.

3 Klicken Sie im Dialogfeld doppelt auf das Telefonsymbol. Das Symbol wird in die Tabelle eingefügt.

4 Schließen Sie das Dialogfeld durch Anklicken des Schließen-Felds (X) in der Titelleiste.

Eingabe des Tabellentextes

Nachdem Sie den Tabellenkopf angelegt haben, geben Sie den Tabellentext ein.

1 Klicken Sie in die erste Zelle der zweiten Zeile.

2 Tragen Sie den Nachnamen »Sommer« ein. Drücken Sie die [⇆]-Taste.

3 Schreiben Sie den Vornamen »Hans«.

4 Drücken Sie wiederum die [⇆]-Taste. Es folgt die Straße: »Münchener Str. 815«.

5 Betätigen Sie die [↵]-Taste.

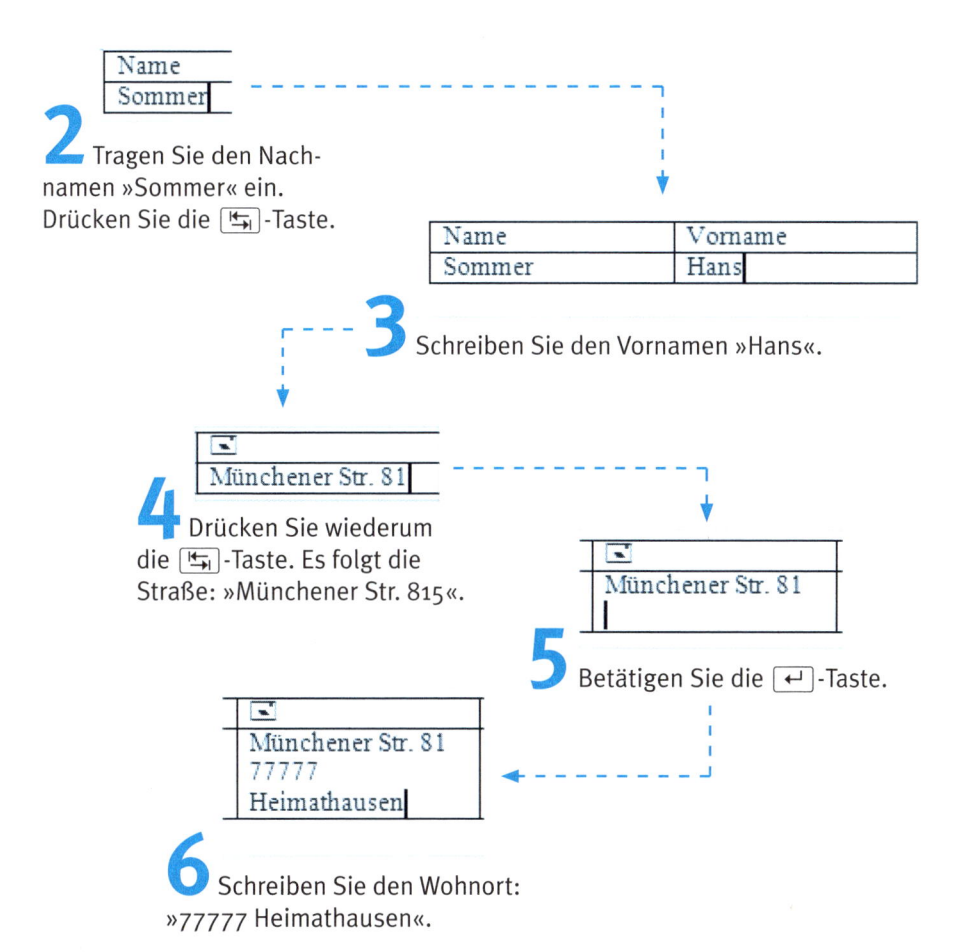

6 Schreiben Sie den Wohnort: »77777 Heimathausen«.

Spalten anpassen

Passt ein Ausdruck ggf. nicht in eine Spalte, können Sie diese nach dem Inhalt anpassen.

> **Tipp**
>
> Sie können die Spalten auch selbst anpassen. Sie *ziehen* die Spaltenlinie mit gedrückter linker Maustaste. Wenn Sie beim *Verschieben zusätzlich die rechte Maustaste* drücken, erkennen Sie im *Lineal* genau die Spaltenbreite.

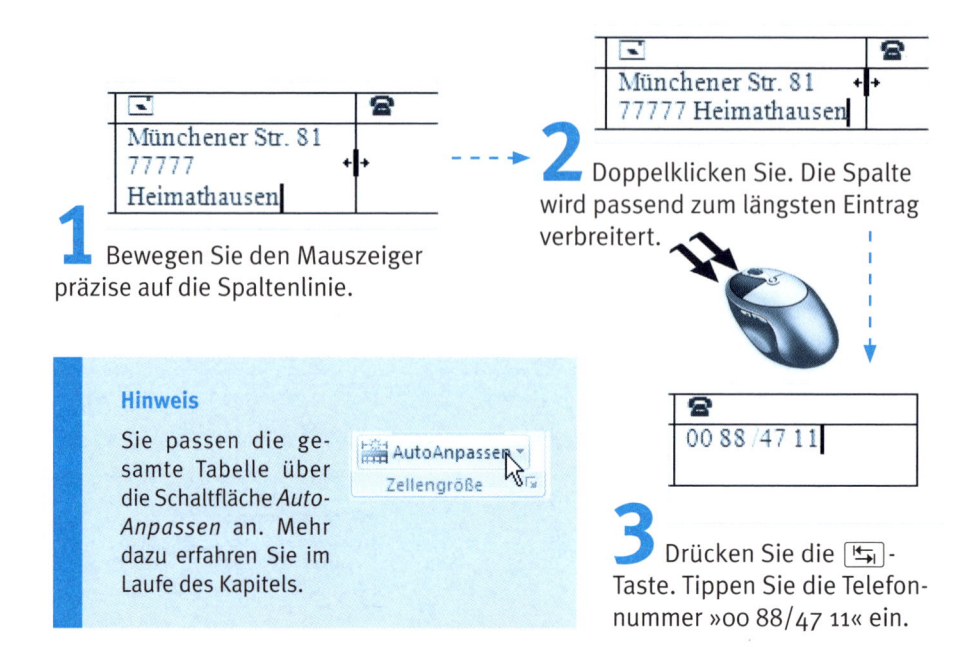

1 Bewegen Sie den Mauszeiger präzise auf die Spaltenlinie.

2 Doppelklicken Sie. Die Spalte wird passend zum längsten Eintrag verbreitert.

> **Hinweis**
>
> Sie passen die gesamte Tabelle über die Schaltfläche *AutoAnpassen* an. Mehr dazu erfahren Sie im Laufe des Kapitels.

3 Drücken Sie die ⇆-Taste. Tippen Sie die Telefonnummer »00 88/47 11« ein.

Möchten Sie weitere Adressen anlegen, benötigen Sie neue Zeilen. Befinden Sie sich in der letzten Zelle, drücken Sie nochmals die ⇆-Taste. Word fügt automatisch eine *neue Tabellenzeile* ein.

1 Drücken Sie die ⇆-Taste.

Name	Vorname	✉	☎
Sommer	Hans	Münchener Str. 81 77777 Heimathausen	00 88/47 11
Meier	Sabine	Albrecht-Dürer-Straße 13 88899 Dorfhausen	0 78/3 78 88
Schwarz	Florian	Grabenstr. 88 79888 Grußhausen	08 88/45 66 88
Maier	Günther	Florastr. 7 89999 Blumenstadt	07 99/55 88 98
Meier	Gabi	Hagedornstr. 44 48777 Unterhausen	02 08/9 01 11
Adam	Petra	Im Handbachtal 34 46111 Grafstadt	02 05/7 02 11

2 Word fügt eine neue Zeile ein. Tragen Sie die Daten auf die gleiche Art und Weise ein. Vervollständigen Sie die Tabelle.

Zellen markieren **279**

	☎
Münchener Str. 81 77777 Heimathausen	00 88/47 11
Albrecht-Dürer-Straße 13 88899 Dorfhausen	0 78/3 78 88
Grabenstr. 88 79888 Grußhausen	08 88/45 66 88
Florastr. 7 89999 Blumenstadt	07 99/55 88 98
Hagedornstr. 44 48777 Unterhausen	02 08/9 01 11
Im Handbachtal 34 46111 Grafstadt	02 05/7 02 11

3 Passen die Einträge ggf. wieder nicht in eine Spalte, bewegen Sie den Mauszeiger auf die Spaltentrennlinie.

4 Passen Sie die Spalten durch einen Doppelklick an.

Zellen markieren

Sie setzen »Name« und »Vorname« im Tabellenkopf in Fettschrift. Dazu *markieren* Sie die beiden Zellen. Klicken Sie die erste an und ziehen Sie mit gedrückter Maustaste zur nächsten.

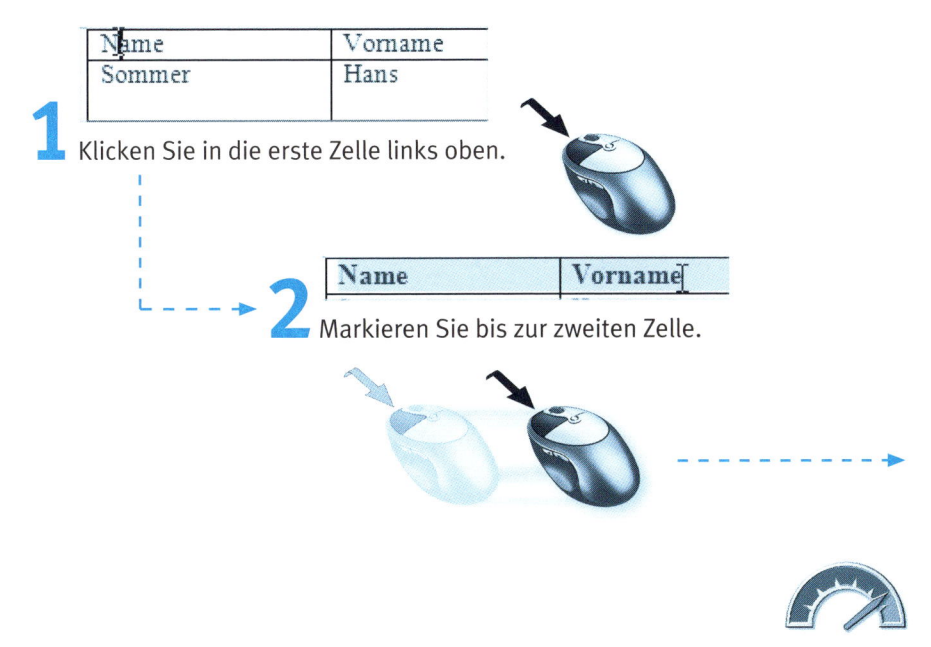

Name	Vorname
Sommer	Hans

1 Klicken Sie in die erste Zelle links oben.

Name	Vorname

2 Markieren Sie bis zur zweiten Zelle.

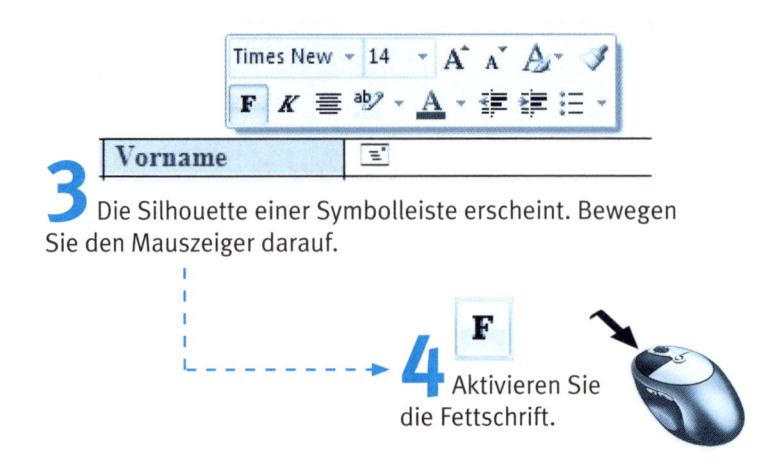

3 Die Silhouette einer Symbolleiste erscheint. Bewegen Sie den Mauszeiger darauf.

4 Aktivieren Sie die Fettschrift.

Spalten markieren

In der Tabelle zentrieren Sie die Inhalte der vierten Spalte.

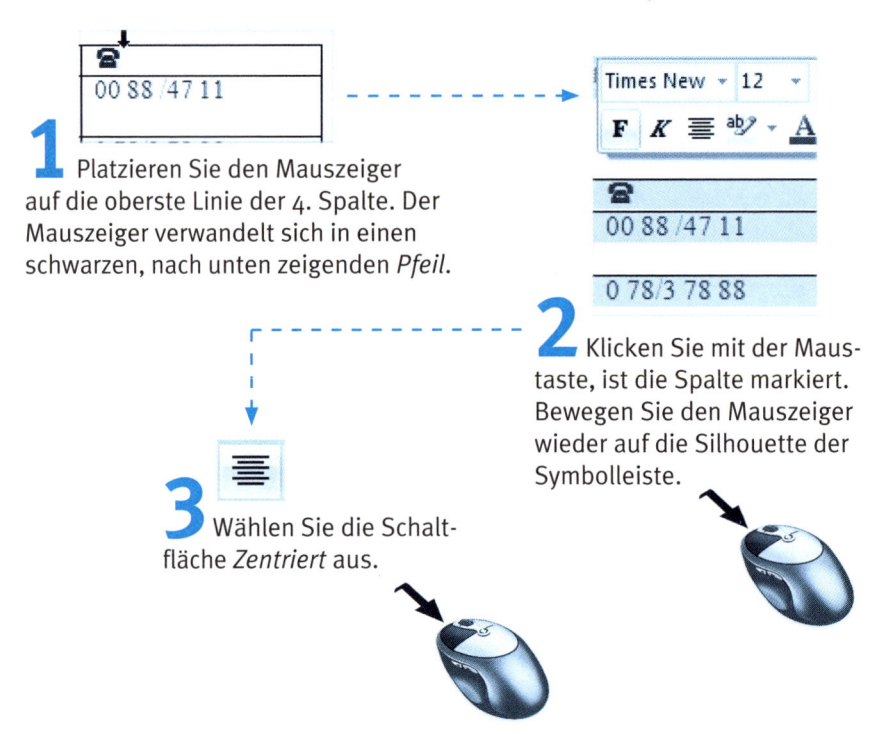

1 Platzieren Sie den Mauszeiger auf die oberste Linie der 4. Spalte. Der Mauszeiger verwandelt sich in einen schwarzen, nach unten zeigenden *Pfeil*.

2 Klicken Sie mit der Maustaste, ist die Spalte markiert. Bewegen Sie den Mauszeiger wieder auf die Silhouette der Symbolleiste.

3 Wählen Sie die Schaltfläche *Zentriert* aus.

Zeilen markieren

Den Tabellenkopf vergrößern Sie ein wenig, indem Sie eine andere Schriftgröße wählen. Dazu muss eine Zeile markiert werden.

Wenn Sie den Mauszeiger *vor eine Zeile* setzen, ändert sich seine *Zeigerichtung*.

1 Positionieren Sie den Mauszeiger direkt vor der ersten Zeile.

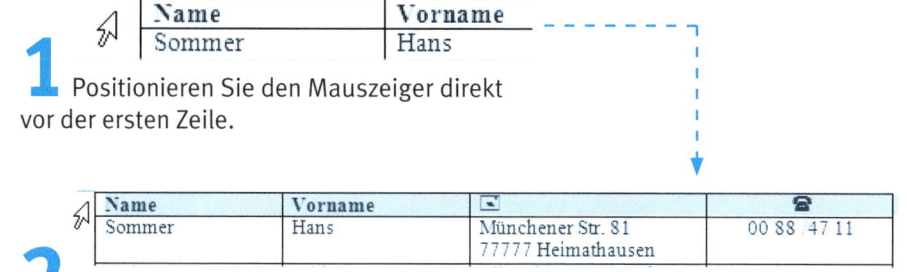

2 Klicken Sie mit der linken Maustaste. Die Zeile ist markiert.

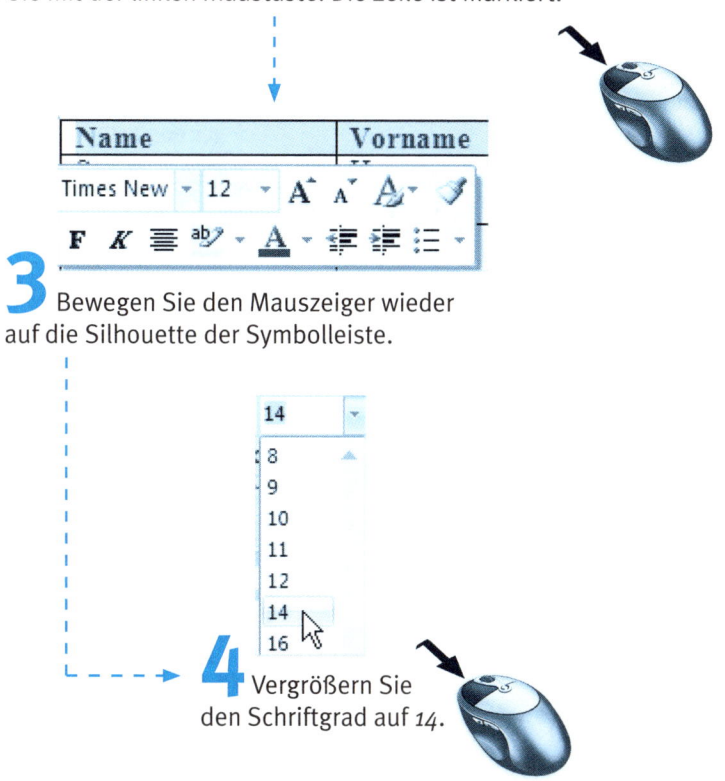

3 Bewegen Sie den Mauszeiger wieder auf die Silhouette der Symbolleiste.

4 Vergrößern Sie den Schriftgrad auf 14.

Neue Zeilen einfügen

Maier	Günther	Florastr. 7 89999 Blumenstadt	07 99/55 88 98

In diesem Beispiel finden Sie den Herrn »Maier, Günther«. Er hat geheiratet. Natürlich möchten Sie seine Frau in die Adressenliste einfügen.

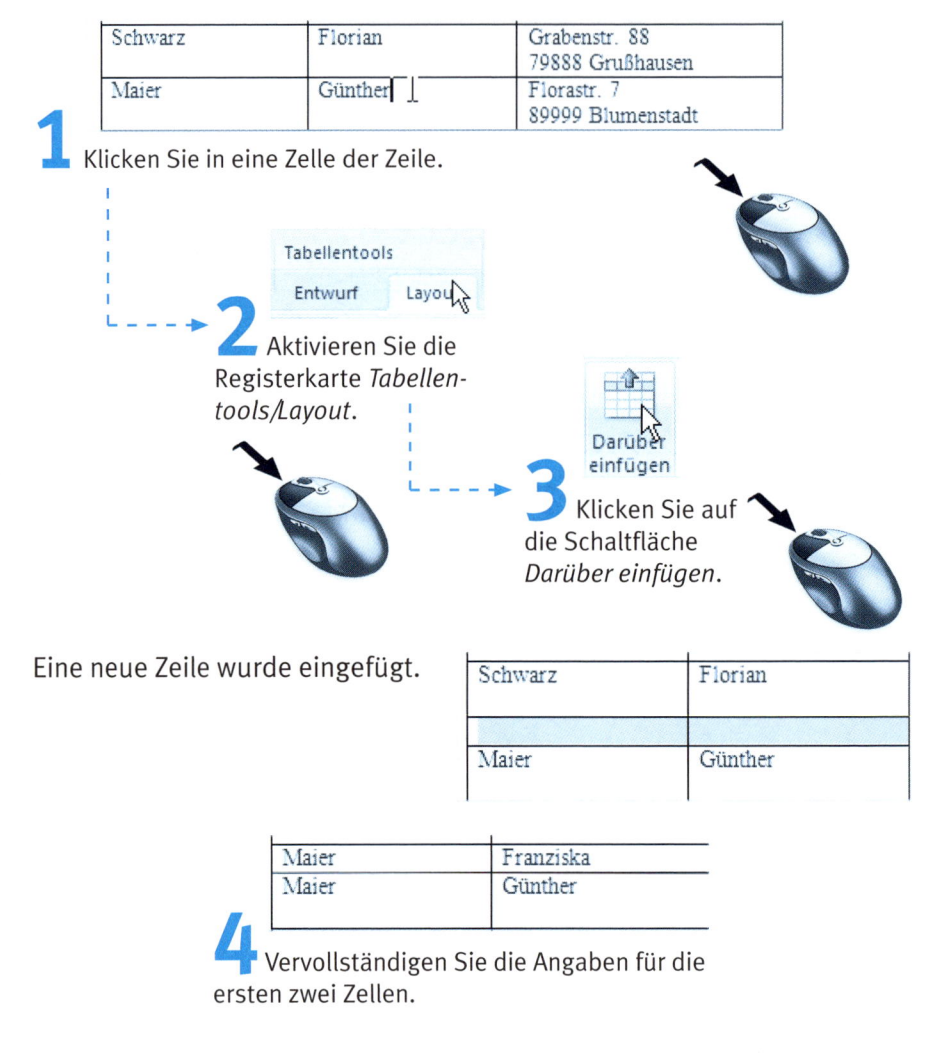

Schwarz	Florian	Grabenstr. 88 79888 Grußhausen
Maier	Günther	Florastr. 7 89999 Blumenstadt

1 Klicken Sie in eine Zelle der Zeile.

2 Aktivieren Sie die Registerkarte *Tabellentools/Layout*.

3 Klicken Sie auf die Schaltfläche *Darüber einfügen*.

Eine neue Zeile wurde eingefügt.

Schwarz	Florian
Maier	Günther

Maier	Franziska
Maier	Günther

4 Vervollständigen Sie die Angaben für die ersten zwei Zellen.

Da in diesem Fall Adresse und Telefonnummer identisch sind, brauchen Sie die vorhandenen Zellen nur zu *kopieren*.

1 Markieren Sie die zwei Zellen.

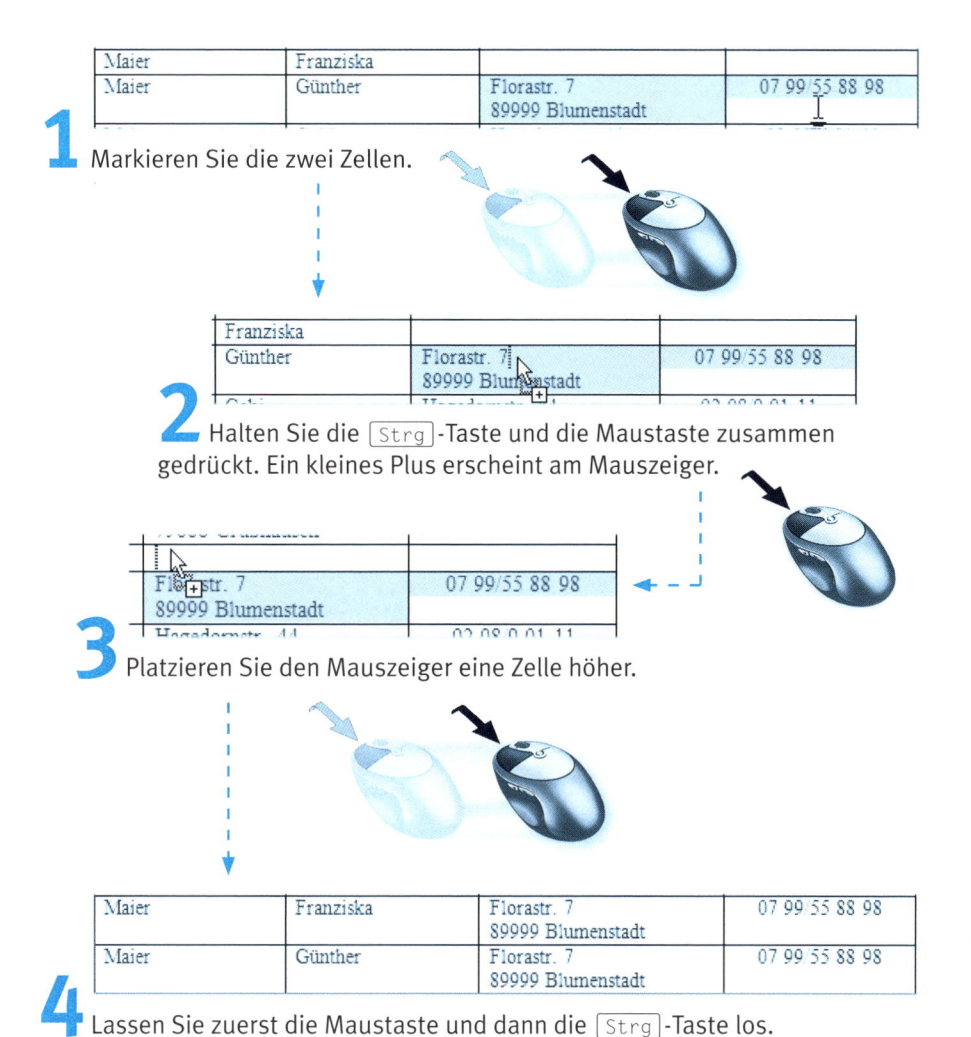

2 Halten Sie die ⌈Strg⌉-Taste und die Maustaste zusammen gedrückt. Ein kleines Plus erscheint am Mauszeiger.

3 Platzieren Sie den Mauszeiger eine Zelle höher.

4 Lassen Sie zuerst die Maustaste und dann die ⌈Strg⌉-Taste los.

Neue Spalten einfügen

Sie möchten in die Tabelle eine weitere Spalte namens »Geburtstag« hinzufügen, damit Sie auch immer zur rechten Zeit gratulieren können. Dazu fügen Sie eine neue Spalte rechts ein.

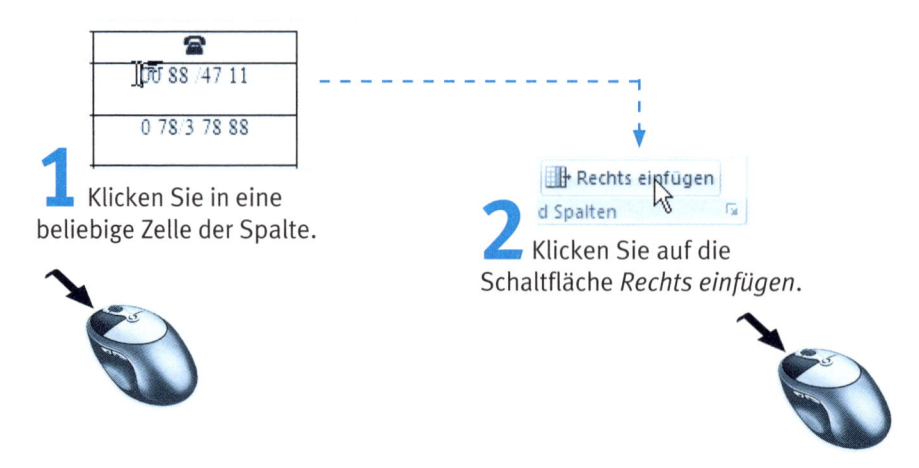

1 Klicken Sie in eine beliebige Zelle der Spalte.

2 Klicken Sie auf die Schaltfläche *Rechts einfügen*.

Da die Tabelle nun ein wenig groß erscheint, sollten Sie alle Spalten anpassen, sodass Sie mehr Platz für die neue Spalte haben.

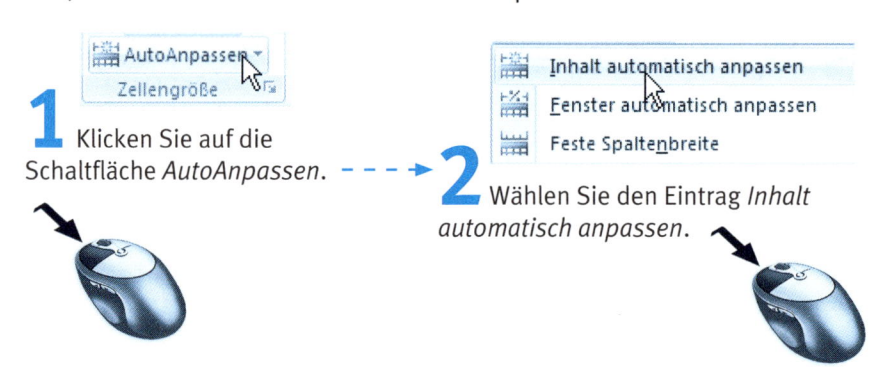

1 Klicken Sie auf die Schaltfläche *AutoAnpassen*.

2 Wählen Sie den Eintrag *Inhalt automatisch anpassen*.

Die Tabelle wird automatisch angepasst.

Name	Vorname	✉	☎
Sommer	Hans	Münchener Str. 81 77777 Heimathausen	00 88/47 11
Meier	Sabine	Albrecht-Dürer-Straße 13 88899 Dorfhausen	0 78/3 78 88
Schwarz	Florian	Grabenstr. 88 79888 Grußhausen	08 88/45 66 88
Maier	Franziska	Florastr. 7 89999 Blumenstadt	07 99/55 88 98
Maier	Günther	Florastr. 7 89999 Blumenstadt	07 99/55 88 98
Meier	Gabi	Hagedornstr. 44 48777 Unterhausen	02 08/9 01 11
Adam	Petra	Im Handbachtal 34 46111 Grafstadt	02 05/7 02 11

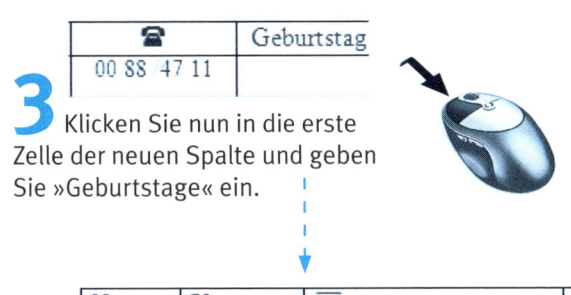

3 Klicken Sie nun in die erste Zelle der neuen Spalte und geben Sie »Geburtstage« ein.

Name	Vorname	☎	Geburtstag
Sommer	Hans	Münchener Str. 81 77777 Heimathausen	00 88 47 11	25.01.74
Meier	Sabine	Albrecht-Dürer-Straße 13 88899 Dorfhausen	0 78 3 78 88	26.07.62

4 Vervollständigen Sie die Spalte, indem Sie Beispieldaten eingeben.

In Tabellen sortieren

Die Adressenliste ist fast fertig. Die einzelnen Namen sind jedoch ziemlich »durcheinander«. Sie sortieren diese von *A bis Z*.

Es soll wie bei einem Telefonbuch sortiert werden, d. h., zuerst erscheint der *Nachname*, dann der *Vorname*.

Hinweis

Zum *Sortieren* muss sich die Schreibmarke *innerhalb der Tabelle* befinden.

1 Wählen Sie die Schaltfläche *Daten*. ------→ **2** Klicken Sie auf die Schaltfläche *Sortieren*.

Legen Sie die Kriterien des Sortierens fest. Das erste Kriterium ist der Nachname. Es folgt der Vorname.

1 Wählen Sie bei *Dann nach* den Eintrag *Vorname* aus.

2 Bestätigen Sie über die Schaltfläche *OK*.

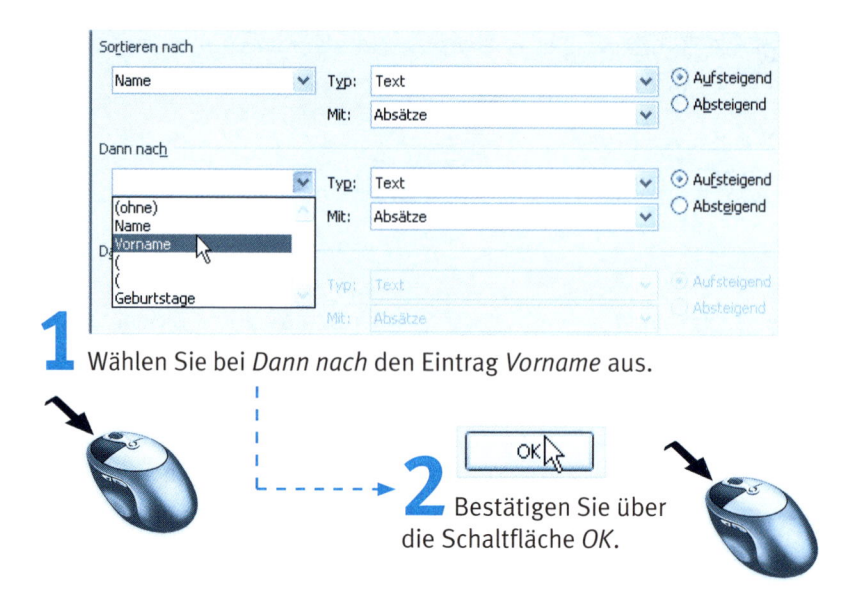

Tabellenformatvorlagen

Word stellt Ihnen Tabellenformatvorlagen zur Verfügung. Mit ihnen versehen Sie Ihre Tabellen mit einem bestimmten Aussehen bzw. Layout. Die Tabellenformatvorlagen finden Sie auf der Registerkarte *Tabellentools/Entwurf*.

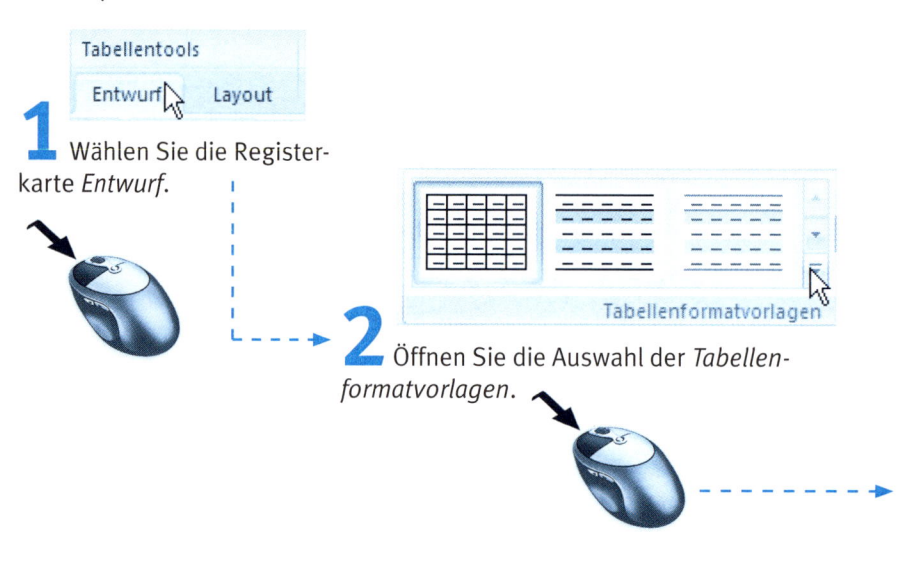

1 Wählen Sie die Registerkarte *Entwurf*.

2 Öffnen Sie die Auswahl der *Tabellenformatvorlagen*.

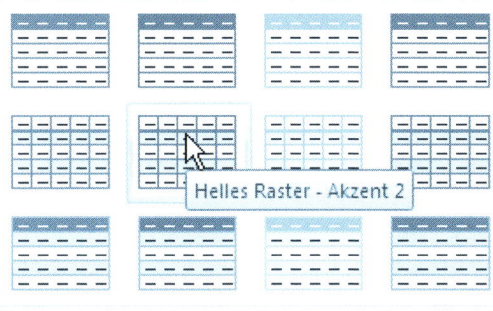

3 Sehen Sie sich die unterschiedlichen Tabellenformatvorlagen in der Vorschau an. Die aktivierte Tabelle im Hintergrund ändert ihr Aussehen. Wählen Sie eine *Tabellenformatvorlage* aus.

Tabellen mit Tabulatoren

Eine Tabelle kann auch aus Tabulatoren bestehen. In wenigen Schritten lernen Sie hier mit Tabulatoren umzugehen.

Wenn Sie die ⇆-Taste drücken, springt die Schreibmarke im Dokument. Das ist nicht nur schneller, Sie sparen sich auch das zigfache Drücken der Leertaste. Im Zusammenhang mit Tabulatoren werden mehrere Begriffe wie »Tab, Tabstopp oder Tabulatorstopp« verwendet, die aber alle das Gleiche bezeichnen.

> **Fachwort**
>
> Mit Hilfe der ⇆-Taste und Tabulatoren springt die Einfügemarke um eine bestimmte Anzahl von Leerstellen weiter. Sie können dadurch Texte, die untereinander stehen sollen, geordnet darstellen.

Der einfachste und schnellste Weg, Tabulatoren zu setzen, ist der über das *Lineal*.

1 Für die nächste Übung legen Sie am besten ein neues Dokument über die Schaltfläche *Neu* in der *Symbolleiste für den Schnellzugriff* an.

2 Falls Sie die Schaltfläche *Neu* noch nicht in die Leiste für den Schnellzugriff eingebunden haben, öffnen Sie die Auswahl für den *Schnellzugriff* und wählen den Eintrag *Neu* aus.

3 Blenden Sie das Lineal über die Schaltfläche ein.

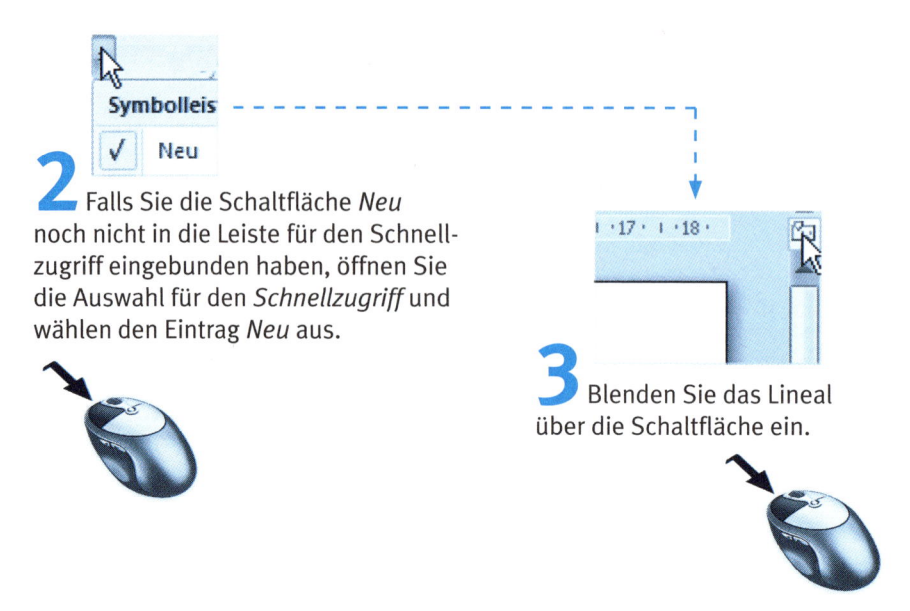

Von nun an ist das Lineal auf Ihrem Bildschirm eingeblendet. Über die gleiche Schaltfläche blenden Sie das Lineal auch wieder aus.

Tabulatoren setzen

Links vor dem Lineal erkennen Sie ein »L«. Das bedeutet, Sie setzen mit einem Mausklick ins Lineal momentan *linksbündige* Tabulatoren. Der Text richtet sich wie gewohnt von links nach rechts aus.

Sie bewegen den Mauszeiger in das Lineal und klicken mit der Maustaste. Der Tabstopp erscheint.

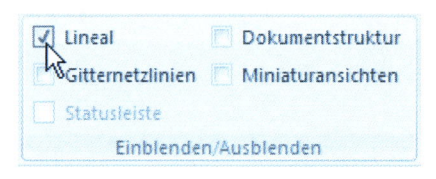

Achtung

Sollte das Lineal nicht eingeblendet sein, aktivieren Sie es auf der Registerkarte *Ansicht* im Bereich *Einblenden/Ausblenden*.

Tabellen mit Tabulatoren **289**

1 Setzen Sie den ersten Tabulator.

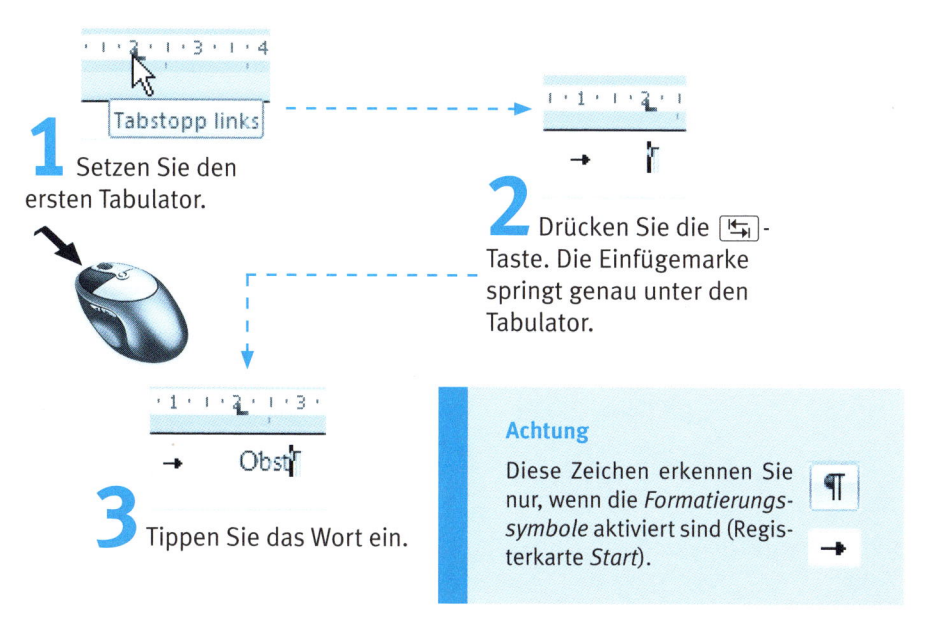

2 Drücken Sie die ⭾-Taste. Die Einfügemarke springt genau unter den Tabulator.

3 Tippen Sie das Wort ein.

> **Achtung**
> Diese Zeichen erkennen Sie nur, wenn die *Formatierungssymbole* aktiviert sind (Registerkarte *Start*).

Klicken Sie wieder auf das Symbol vor dem Lineal, ändern sich die jeweiligen Tabulatoren.

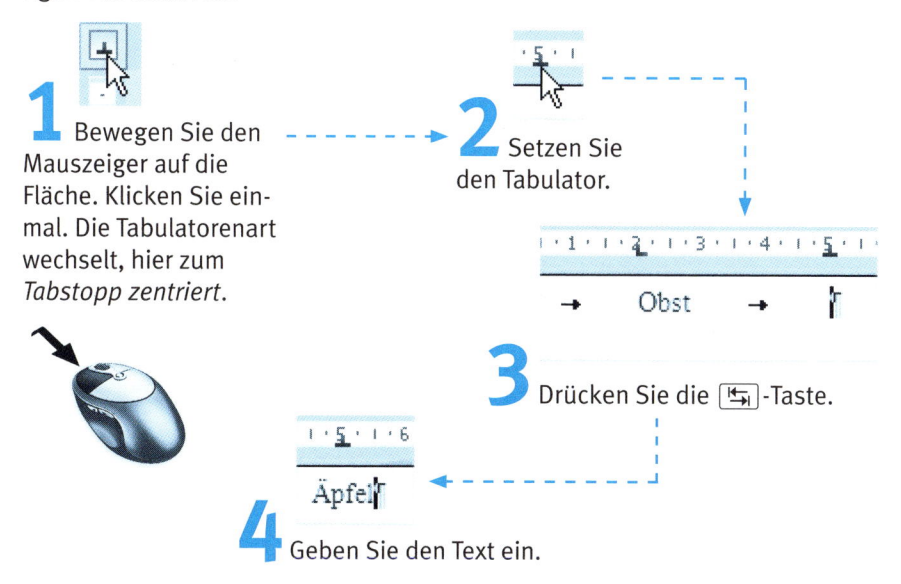

1 Bewegen Sie den Mauszeiger auf die Fläche. Klicken Sie einmal. Die Tabulatorenart wechselt, hier zum *Tabstopp zentriert*.

2 Setzen Sie den Tabulator.

3 Drücken Sie die ⭾-Taste.

4 Geben Sie den Text ein.

Bei einem *zentrierten* Tabstopp richtet sich der Text jeweils nach der Mitte aus.

1 Wechseln Sie die Tabulatorenart.

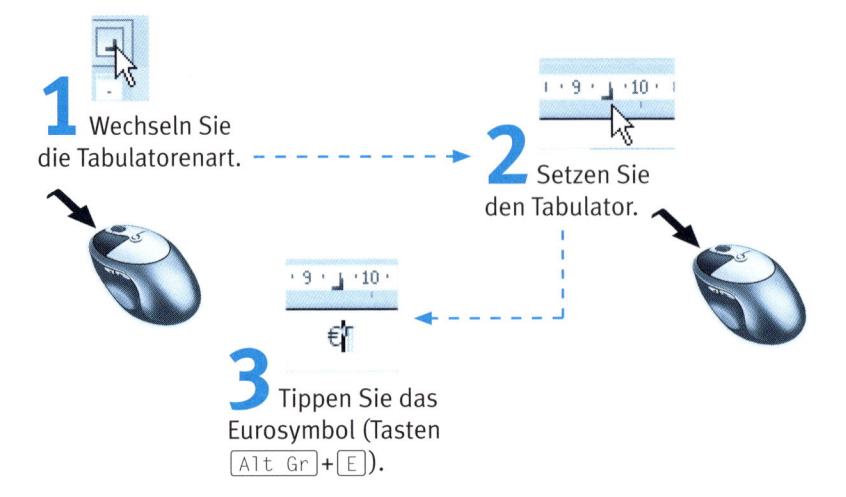

2 Setzen Sie den Tabulator.

3 Tippen Sie das Eurosymbol (Tasten `Alt Gr`+`E`).

Bei einem *rechtsbündigen* Tabstopp richtet der Text sich von rechts nach links.

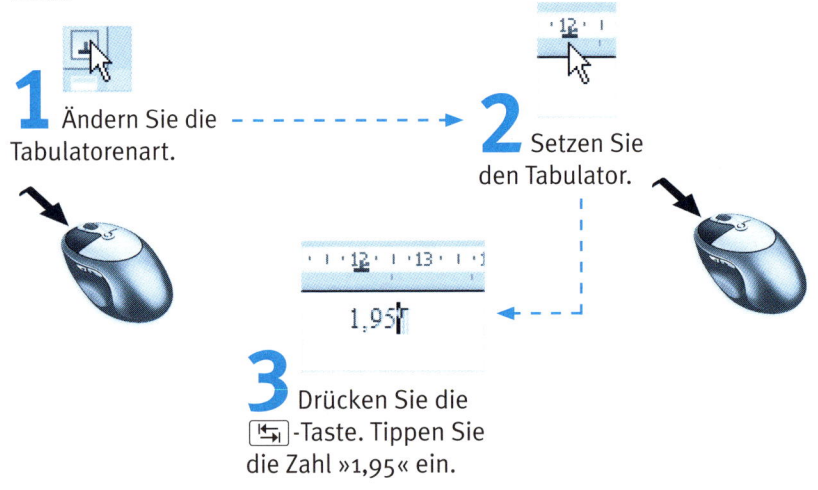

1 Ändern Sie die Tabulatorenart.

2 Setzen Sie den Tabulator.

3 Drücken Sie die `↹`-Taste. Tippen Sie die Zahl »1,95« ein.

Der *dezimale* Tabstopp wird häufig für Zahlen genutzt. Die Kommas der einzelnen Werte befinden sich dadurch exakt untereinander.

Geben Sie dann eine neue Zeile oder einen neuen Absatz an, werden die gesetzten Tabulatoren in die nächste Zeile übernommen.

Hinweis

Sie verwenden den dezimalen Tabstopp, um *Zahlen mit Kommastellen* aufzulisten.

Tabellen mit Tabulatoren **291**

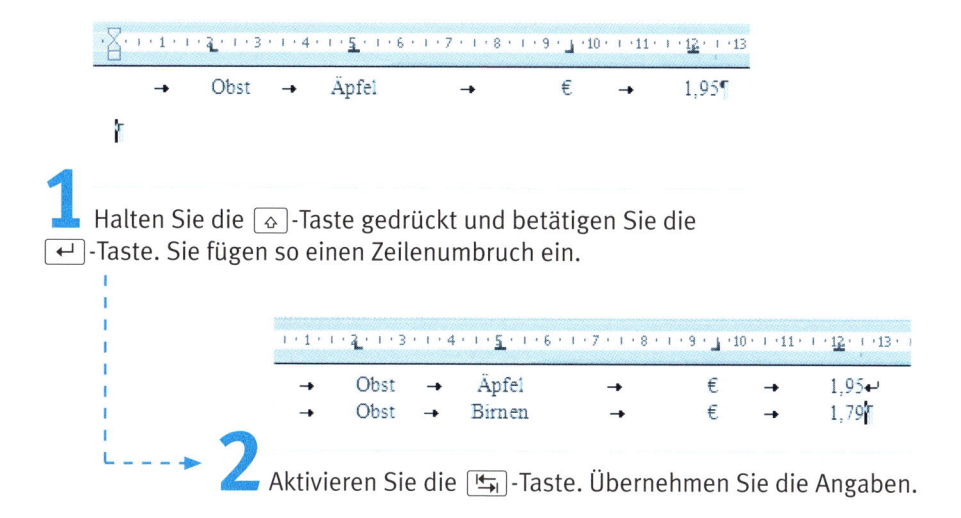

1 Halten Sie die ⇧-Taste gedrückt und betätigen Sie die ↵-Taste. Sie fügen so einen Zeilenumbruch ein.

2 Aktivieren Sie die ⇥-Taste. Übernehmen Sie die Angaben.

Einen Tabulator versetzen

Bei einer Zeile müssen Sie die Tabstopps mit gedrückter Maustaste nur verschieben. Sind mehrere Zeilen betroffen, markieren Sie diese zuerst.

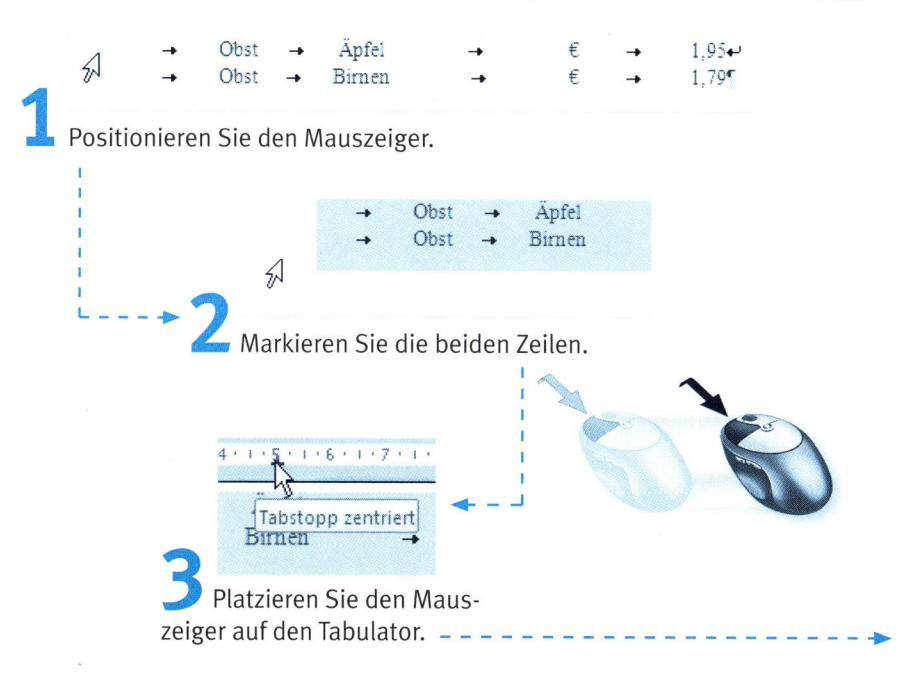

1 Positionieren Sie den Mauszeiger.

2 Markieren Sie die beiden Zeilen.

3 Platzieren Sie den Mauszeiger auf den Tabulator.

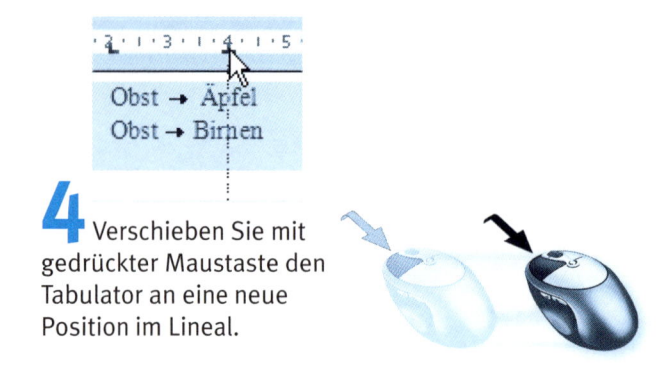

4 Verschieben Sie mit gedrückter Maustaste den Tabulator an eine neue Position im Lineal.

Einen Tabulator löschen

Das Entfernen eines Tabstopps ist denkbar einfach. Sie klicken ihn direkt im Lineal an, halten die Maustaste gedrückt und ziehen ihn in die weiße Fläche, also in den Schreibbereich von Word, hinein.

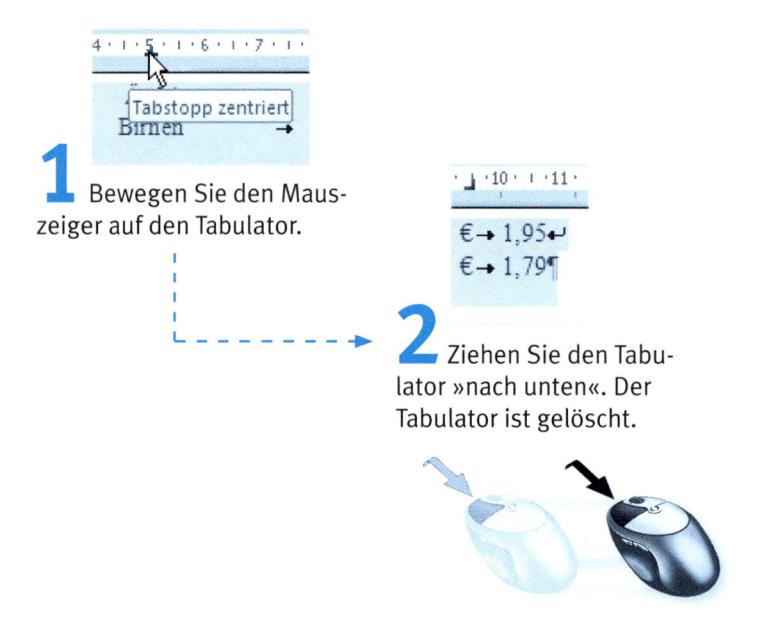

1 Bewegen Sie den Mauszeiger auf den Tabulator.

2 Ziehen Sie den Tabulator »nach unten«. Der Tabulator ist gelöscht.

Tipps zum Kapitel

1. Eine Spalte in einer Tabelle mit Tabulatoren markieren Sie, indem Sie die Alt-Taste drücken und die entsprechende Spalte markieren.

2. Klicken Sie im Lineal doppelt auf einen Tabulator, können Sie in dem Dialogfeld neben anderen Angaben über die Schaltfläche *Alle löschen* sämtliche Tabstopps entfernen.

3. Bei besonders großen Tabellen können Sie auf der Registerkarte *Seitenlayout* über die Schaltfläche *Orientierung* das *Querformat* wählen.

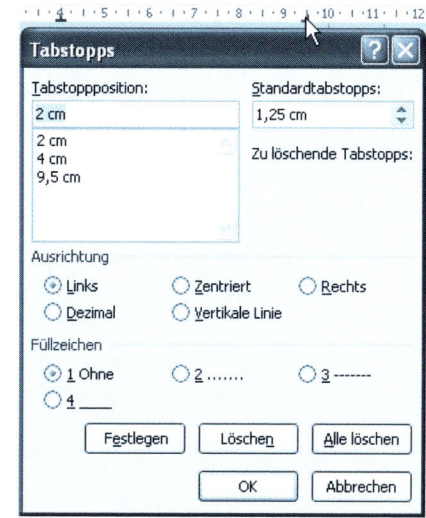

4. Sie können Tabellen mit gedrückter Maustaste im Dokument verschieben, indem Sie den Ziehpunkt mit gedrückter linker Maustaste bewegen.

5. Sie löschen schnell innerhalb einer Tabelle über die Schaltfläche *Löschen* auf der Registerkarte *Tabellentools/ Layout*.

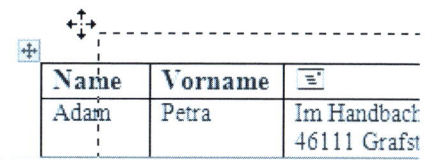

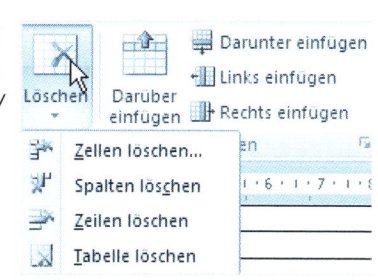

6. Mit Hilfe eines Tabellenstifts können Sie eigene Tabellen entwerfen. Klicken Sie auf der Registerkarte *Tabellentools/Entwurf* auf die Schaltfläche *Tabelle zeichnen*, verwandelt sich der Mauszeiger in einen Stift.

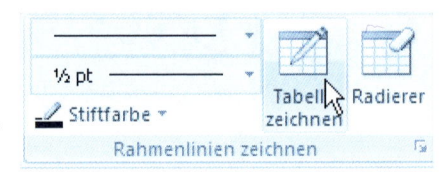

Mit dem Stift als Mauszeiger legen Sie die Tabellen und damit die Art und Größe der einzelnen Zellen nach Ihren Wünschen fest. Sie erhalten den »normalen« Mauszeiger wieder, wenn Sie die `Esc`-Taste drücken.

7. Über die Schaltfläche *Radierer* (wiederum auf der Registerkarte *Tabellentools/Entwurf*) können Sie Tabellenlinien entfernen. Sie klicken die Schaltfläche an und der Mauszeiger verändert seine Form. Anschließend klicken Sie in einer Tabelle die zu entfernende Linie an.

Durch Drücken der `Esc`-Taste heben Sie die Funktion wieder auf.

8. Die Zellen in Tabellen können durch eine Umrahmung hervorgehoben, quasi »eingerahmt« werden. Dazu öffnen Sie die Auswahl über die Schaltfläche *Rahmen* auf der Registerkarte *Tabellentools/Entwurf*.

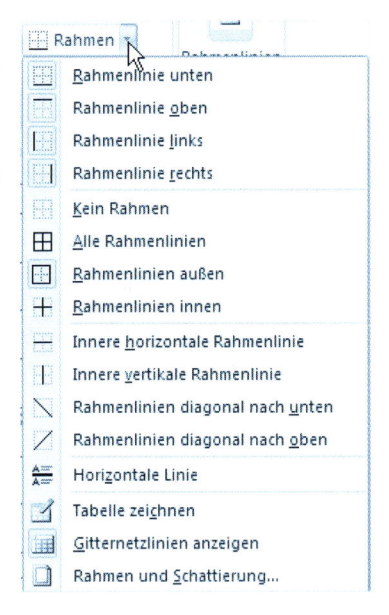

Üben Sie Word 2007!

1a. Legen Sie die folgende Tabelle an:

Name	Vorname	Punkte
Rastlos	Petra	57
Müller	Max	59
Schmitz	Paul	65
Eifrig	Gisela	89
Raabe	Christoph	45

1b. Sortieren Sie die Tabelle nach der höchsten Punktzahl!

2a. Legen Sie die Tabelle mit Tabstopps an: links, zentriert, dezimal.

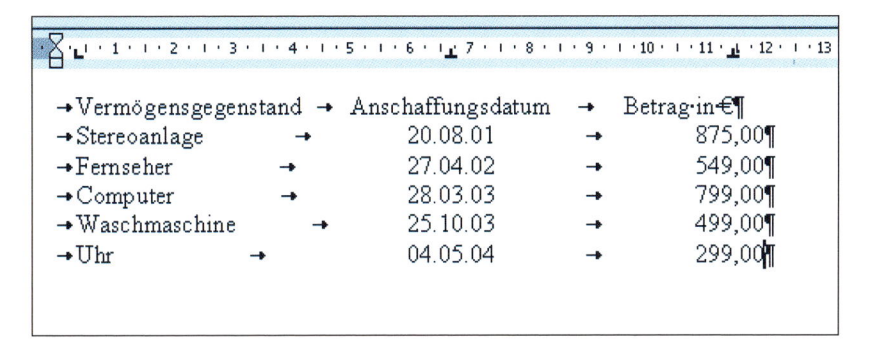

```
→Vermögensgegenstand  →  Anschaffungsdatum  →  Betrag in €¶
→Stereoanlage         →       20.08.01      →       875,00¶
→Fernseher            →       27.04.02      →       549,00¶
→Computer             →       28.03.03      →       799,00¶
→Waschmaschine        →       25.10.03      →       499,00¶
→Uhr                  →       04.05.04      →       299,00¶
```

2b. Wie stellen Sie anschließend »Betrag in €« zentriert über der entsprechenden Spalte dar?

Das können Sie schon

Die Rechtschreibhilfe	48
Einen Text speichern	82
Texte verschieben und kopieren	123
Textfelder	160
Einen Serienbrief erstellen	222
Ein Kuvert erstellen	248
Kopf- und Fußzeile	256
Ein stets aktuelles Datum angeben	262
Eine Tabelle einfügen	272

Das lernen Sie neu

Den Absender anlegen	298
Den Absender für das Kuvert formatieren	300
Die AutoKorrektur	302
Das Empfängerfeld gestalten	305
Den Rahmen einer Tabelle aufheben	309
Die AutoKorrektur als Schaltfläche anlegen	311
Texte in der AutoKorrektur anlegen	313
Einen Brief ganz schnell schreiben	316

Kapitel 15

Briefe ganz schnell schreiben

Im letzten Kapitel haben Sie gelernt, eine Tabelle anzulegen. Seit Kapitel 12 wissen Sie auch, wie man eine Vorlage erstellt. In diesem Kapitel werden Sie Ihre Kenntnisse zu beiden Themen erweitern und vertiefen. In Word 2007 tippen Sie Briefe schneller, als Sie glauben. Sie geben nur ein Kürzel ein. Den Rest erledigt Word automatisch. Ihre Daten werden so eingetragen, dass sie präzise in ein übliches Kuvert mit Sichtfenster passen.

Den Absender anlegen

Sie legen eine Tabelle an, um hier die Daten präzise einzutragen.

Um eine Tabelle einzufügen, wählen Sie – wie Sie es in *Kapitel 14* kennen gelernt haben – die Registerkarte *Einfügen* und dann die Schaltfläche *Tabelle*.

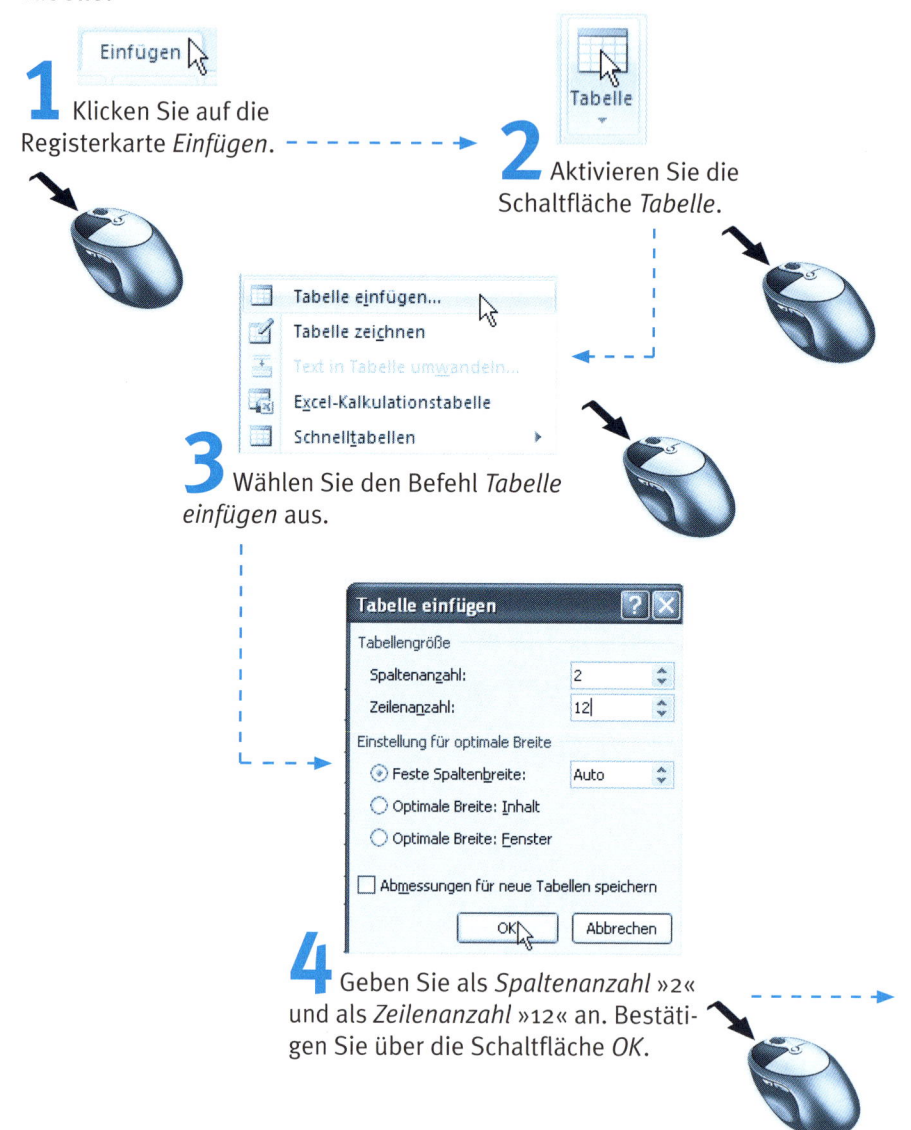

1 Klicken Sie auf die Registerkarte *Einfügen*.

2 Aktivieren Sie die Schaltfläche *Tabelle*.

3 Wählen Sie den Befehl *Tabelle einfügen* aus.

4 Geben Sie als *Spaltenanzahl* »2« und als *Zeilenanzahl* »12« an. Bestätigen Sie über die Schaltfläche *OK*.

Den Absender anlegen **299**

	Hans Niendorf
	Grafenstr. 87
	78999 Wiesenstadt
	Tel. 08 99/78 88 88
	Mobil 01 77/5 83 88
	HNiendorf@internet.de

5 Klicken Sie in die jeweilige Zelle. Tippen Sie nun für das Beispiel die Absenderangaben in die Zellen ein.

In den nächsten Schritten verkleinern Sie den Schriftgrad des Textes in den Zellen und richten die Zellen nach rechts aus.

| Hans Niendorf |
| Grafenstr. 87 |
| 78999 Wiesenstadt |
| Tel. 08 99/78 88 88 |
| Mobil 01 77/5 83 88 |
| HNiendorf@internet.de |
| |

1 Bewegen Sie den Mauszeiger auf den Rand der oberen linken Spalte. Er verwandelt sein Aussehen.

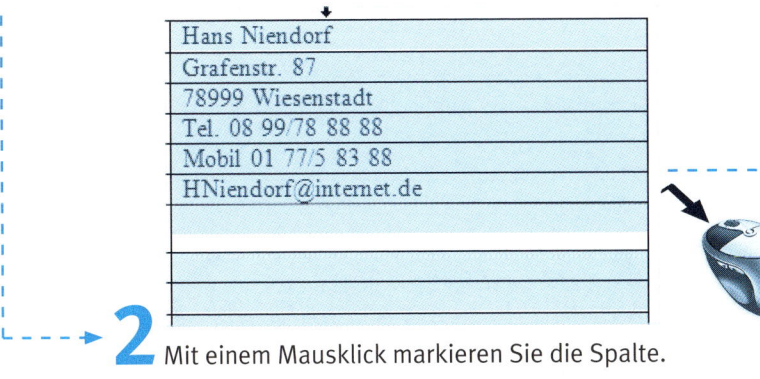

| Hans Niendorf |
| Grafenstr. 87 |
| 78999 Wiesenstadt |
| Tel. 08 99/78 88 88 |
| Mobil 01 77/5 83 88 |
| HNiendorf@internet.de |
| |
| |
| |

2 Mit einem Mausklick markieren Sie die Spalte.

3 Wechseln Sie zur Registerkarte *Start*.

4 Verkleinern Sie den Schriftgrad auf *10*.

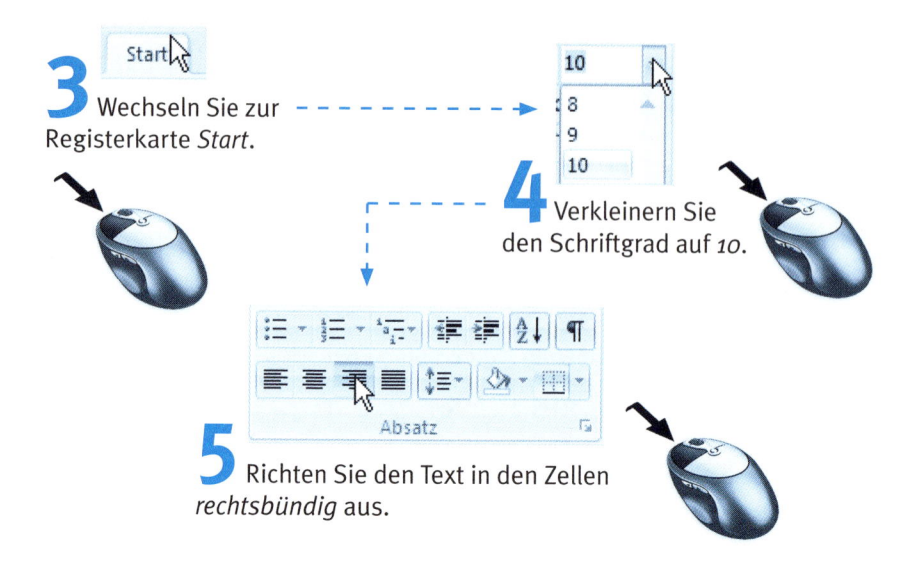

5 Richten Sie den Text in den Zellen *rechtsbündig* aus.

Den Absender für das Kuvert formatieren

Verwenden Sie Umschläge mit Fenster, benötigen Sie noch den Absender über dem Empfänger des Briefs. Damit die Post weiß, falls der Empfänger nicht erreichbar ist, an wen der Brief zurückgeschickt werden soll: »Return to sender«.

	Hans Niendorf
	Grafenstr. 87
	78999 Wiesenstadt
	Tel. 08 99 78 88 88
	Mobil 01 77 5 83 88
	HNiendorf@internet.de

1 Klicken Sie mit dem Mauszeiger in die linke Zelle der 7. Zeile.

2 Aktivieren Sie die Schaltfläche *Wiederholen* in der *Symbolleiste für den Schnellzugriff*. Die letzte Formatierung, hier Schriftgrad *10*, wird wiederholt.

Den Absender für das Kuvert formatieren **301**

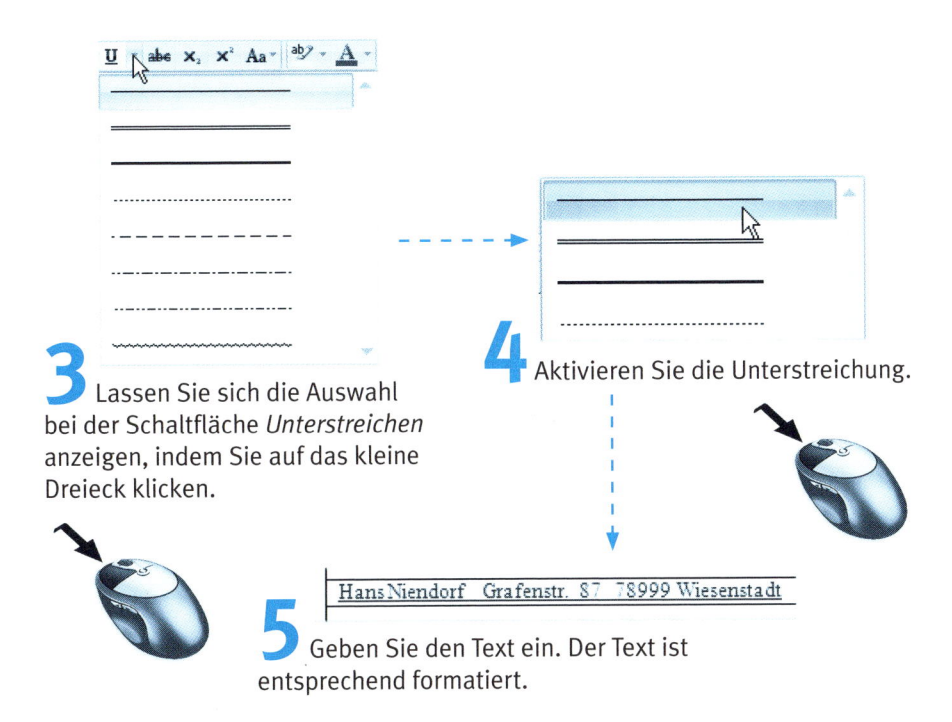

3 Lassen Sie sich die Auswahl bei der Schaltfläche *Unterstreichen* anzeigen, indem Sie auf das kleine Dreieck klicken.

4 Aktivieren Sie die Unterstreichung.

5 Geben Sie den Text ein. Der Text ist entsprechend formatiert.

Nachname und Straße, Hausnummer und Postleitzahl sollen noch durch einen hochgestellten Punkt optisch voneinander getrennt werden.

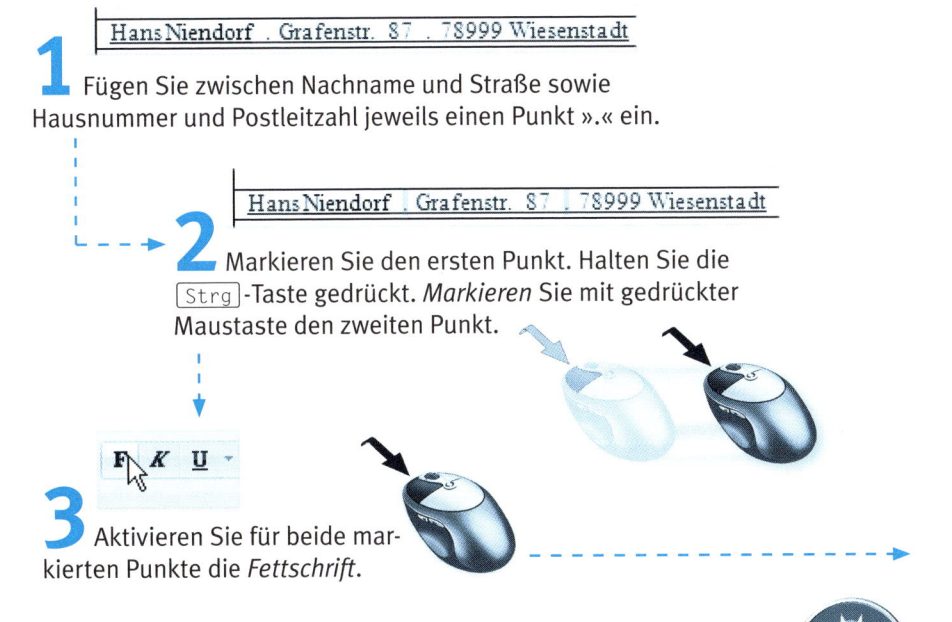

1 Fügen Sie zwischen Nachname und Straße sowie Hausnummer und Postleitzahl jeweils einen Punkt ».« ein.

2 Markieren Sie den ersten Punkt. Halten Sie die [Strg]-Taste gedrückt. *Markieren* Sie mit gedrückter Maustaste den zweiten Punkt.

3 Aktivieren Sie für beide markierten Punkte die *Fettschrift*.

4 Stellen Sie die markierten Zeichen hoch.

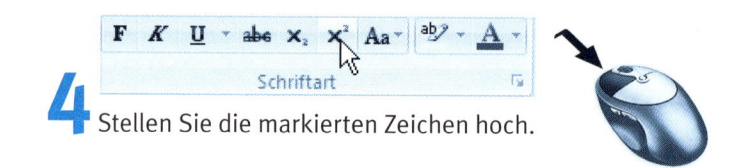

Der formatierte Text sind dann so aus.

Sie können Zeichen auf unterschiedliche Art formatieren. Dazu verwenden Sie das Dialogfeld *Schriftart*. Sie starten das Dialogfeld über die Registerkarte *Start*.

Klicken Sie hier bei *Schriftart* auf den Pfeil, öffnet sich das zugehörige Dialogfeld. Holen Sie darin die Registerkarte *Schriftart* in den Vordergrund.

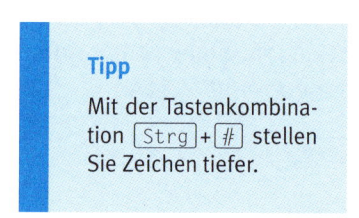

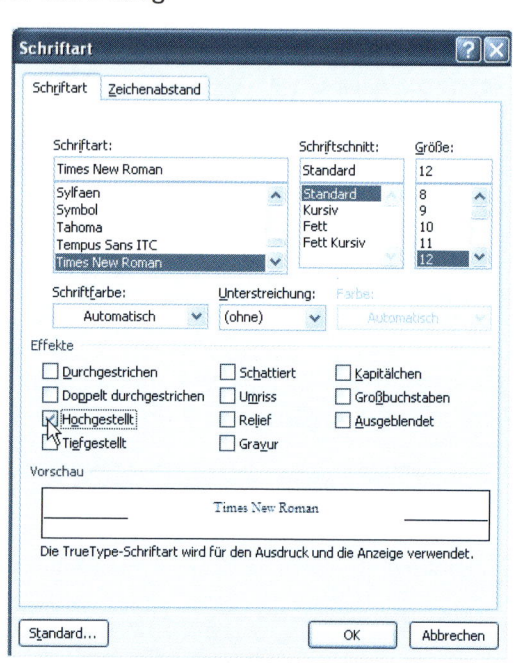

> **Tipp**
>
> Mit der Tastenkombination [Strg]+[#] stellen Sie Zeichen tiefer.

Die AutoKorrektur

Verwenden Sie ein Kuvert ohne Sichtfenster, benötigen Sie diesen Absender eigentlich nicht. Sie verwenden dazu die AutorKorrektur. So können Sie selbst entscheiden, wann Sie den Absender einfügen möchten.

Abkürzungen für Wörter sind in der AutoKorrektur in Word bereits angelegt. Sie dient auch dazu, dass Sie Fehler, die Sie immer wieder machen, hier angeben und Word sie automatisch korrigiert (beispielsweise »Cursor« statt »Corsur«).

Die AutoKorrektur 303

Mathemetik	Mathematik
Mathrmatik	Mathematik
Mattematik	Mathematik
mene	meine
Mesnchen	Menschen
mfg	Mit freundlichen Grüßen

In der AutoKorrektur legen Sie auch eigene Ausdrücke an. Das könnte Ihr Name oder auch Ihre Anschrift sein, egal wie Sie diese gestalten.

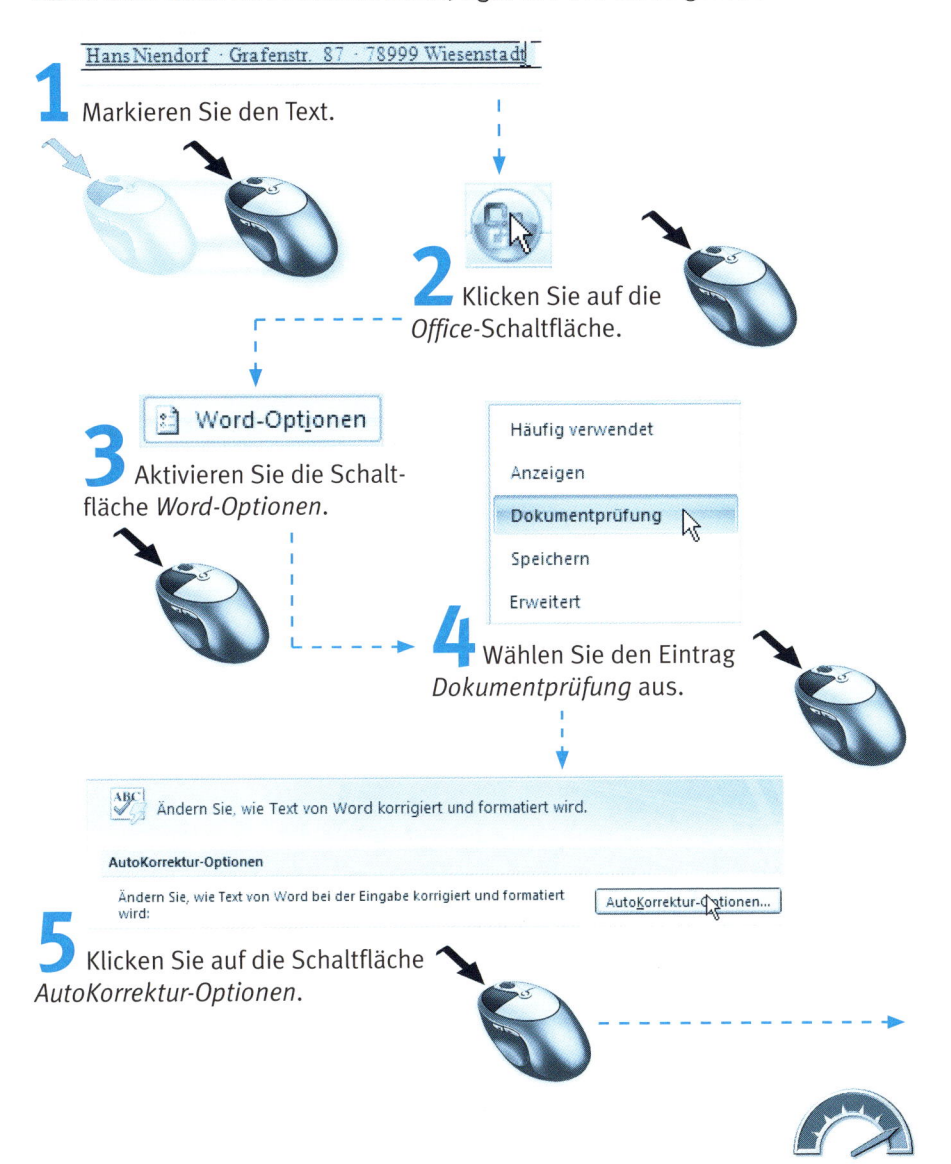

Hans Niendorf · Grafenstr. 87 · 78999 Wiesenstadt

1 Markieren Sie den Text.

2 Klicken Sie auf die *Office*-Schaltfläche.

3 Aktivieren Sie die Schaltfläche *Word-Optionen*.

- Häufig verwendet
- Anzeigen
- Dokumentprüfung
- Speichern
- Erweitert

4 Wählen Sie den Eintrag *Dokumentprüfung* aus.

Ändern Sie, wie Text von Word korrigiert und formatiert wird.

AutoKorrektur-Optionen

Ändern Sie, wie Text von Word bei der Eingabe korrigiert und formatiert wird. | AutoKorrektur-Optionen...

5 Klicken Sie auf die Schaltfläche *AutoKorrektur-Optionen*.

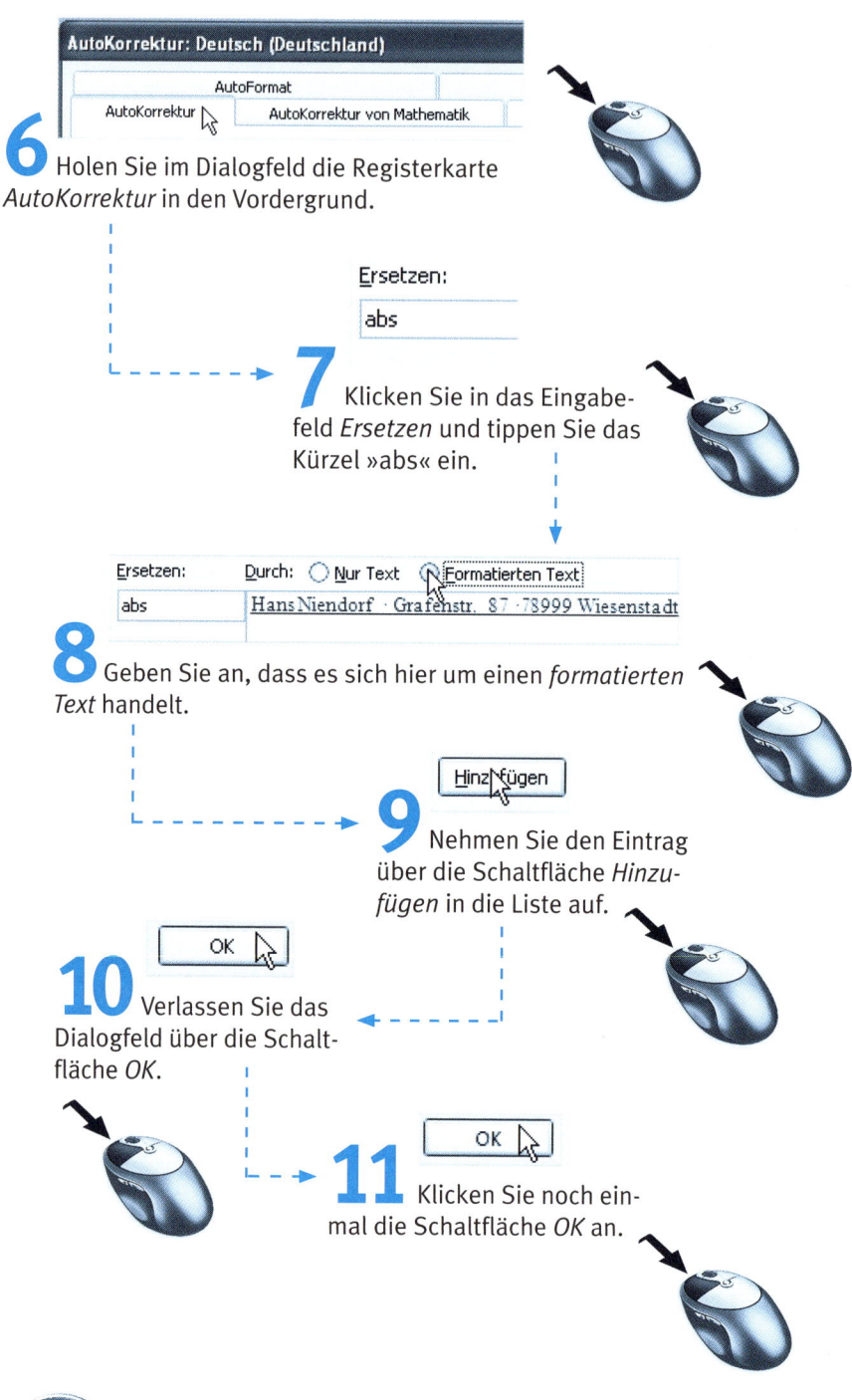

6 Holen Sie im Dialogfeld die Registerkarte *AutoKorrektur* in den Vordergrund.

7 Klicken Sie in das Eingabefeld *Ersetzen* und tippen Sie das Kürzel »abs« ein.

8 Geben Sie an, dass es sich hier um einen *formatierten Text* handelt.

9 Nehmen Sie den Eintrag über die Schaltfläche *Hinzufügen* in die Liste auf.

10 Verlassen Sie das Dialogfeld über die Schaltfläche *OK*.

11 Klicken Sie noch einmal die Schaltfläche *OK* an.

Der Text wurde in die AutoKorrektur übernommen. Sie brauchen nur noch das Kürzel »abs« einzugeben und dann die ⌈Leer⌉-Taste zu drücken. Das Kürzel wird durch den Eintrag in der AutoKorrektur ersetzt.

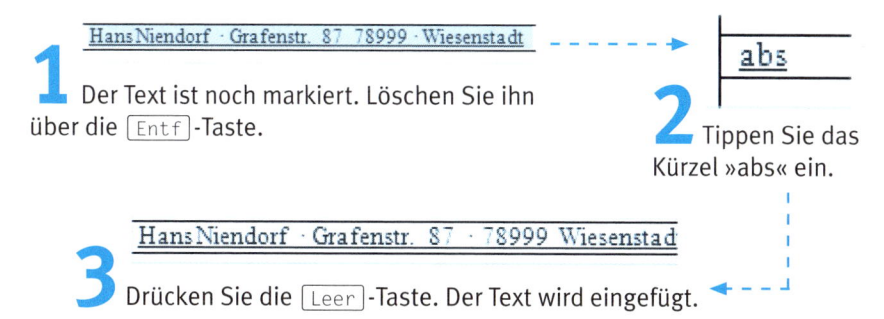

1 Der Text ist noch markiert. Löschen Sie ihn über die ⌈Entf⌉-Taste.

2 Tippen Sie das Kürzel »abs« ein.

3 Drücken Sie die ⌈Leer⌉-Taste. Der Text wird eingefügt.

Wann immer Sie diesen formatierten Absender benötigen, geben Sie ihn über das Kürzel »abs« ein.

Das Empfängerfeld gestalten

Richten Sie nun das Empfängerfeld für den Brief ein. Zwischen Absender und Empfänger soll ein Freiraum bestehen. Dazu ändern Sie die Größe der Zelle bzw. Zeile.

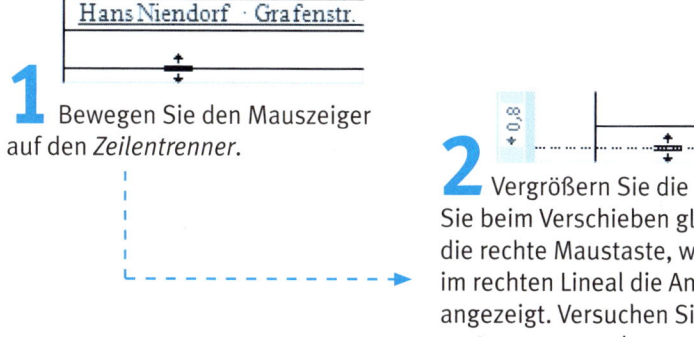

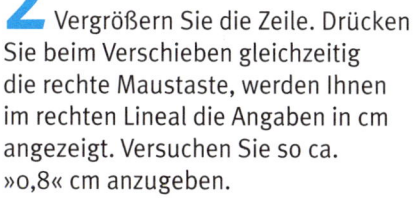

1 Bewegen Sie den Mauszeiger auf den *Zeilentrenner*.

2 Vergrößern Sie die Zeile. Drücken Sie beim Verschieben gleichzeitig die rechte Maustaste, werden Ihnen im rechten Lineal die Angaben in cm angezeigt. Versuchen Sie so ca. »0,8« cm anzugeben.

3 Klicken Sie in die Zelle.

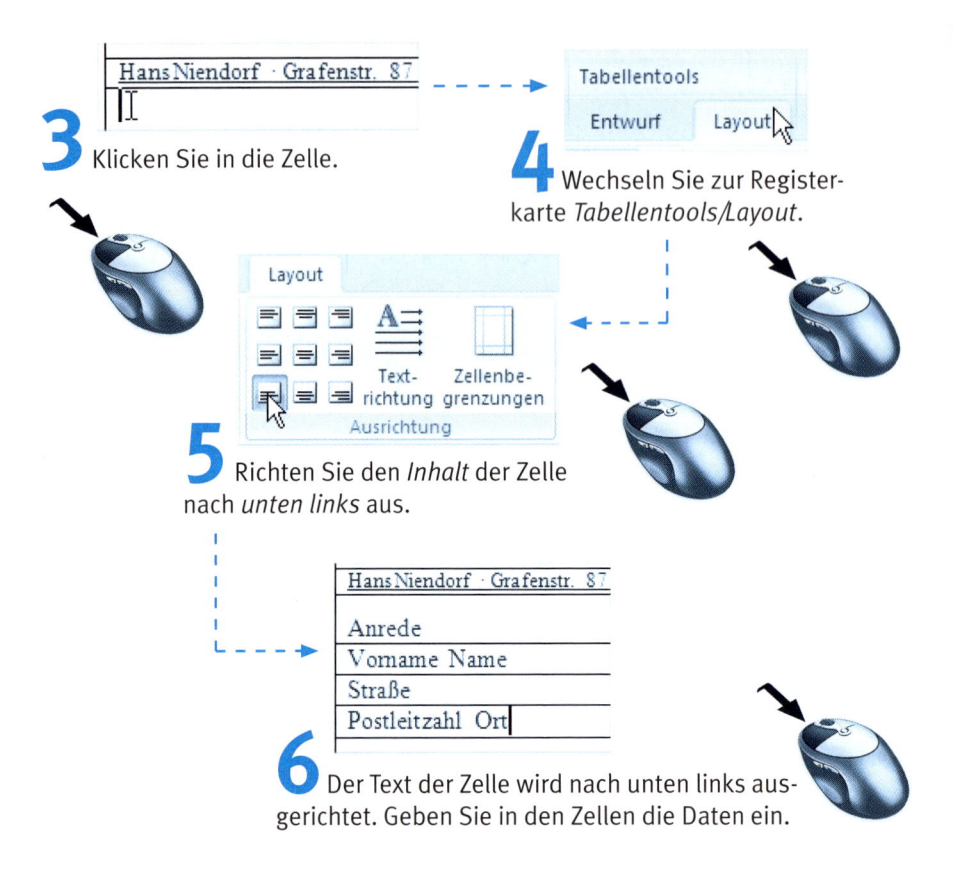

4 Wechseln Sie zur Registerkarte *Tabellentools/Layout*.

5 Richten Sie den *Inhalt* der Zelle nach *unten links* aus.

6 Der Text der Zelle wird nach unten links ausgerichtet. Geben Sie in den Zellen die Daten ein.

Das Empfängerfeld ist angelegt. Später werden Sie die Platzhalter einfach überschreiben und die tatsächlichen Daten des Briefempfängers eintragen.

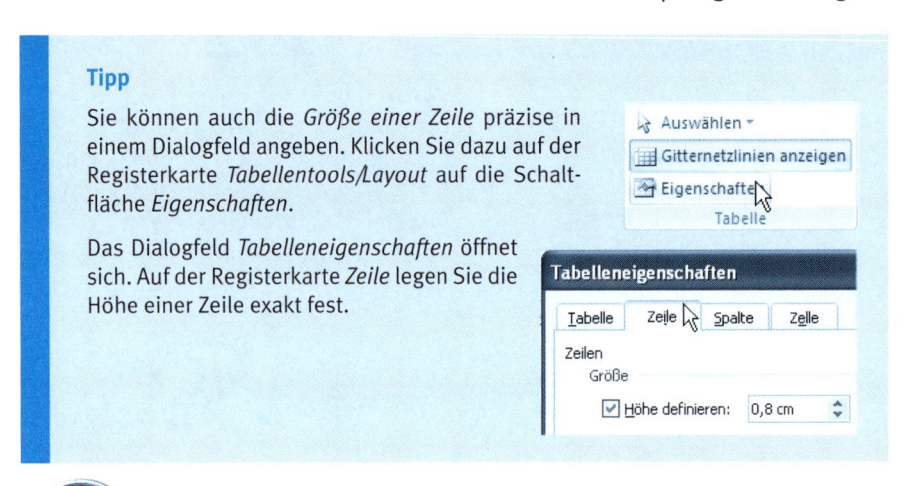

> **Tipp**
>
> Sie können auch die *Größe einer Zeile* präzise in einem Dialogfeld angeben. Klicken Sie dazu auf der Registerkarte *Tabellentools/Layout* auf die Schaltfläche *Eigenschaften*.
>
> Das Dialogfeld *Tabelleneigenschaften* öffnet sich. Auf der Registerkarte *Zeile* legen Sie die Höhe einer Zeile exakt fest.

Das Empfängerfeld gestalten **307**

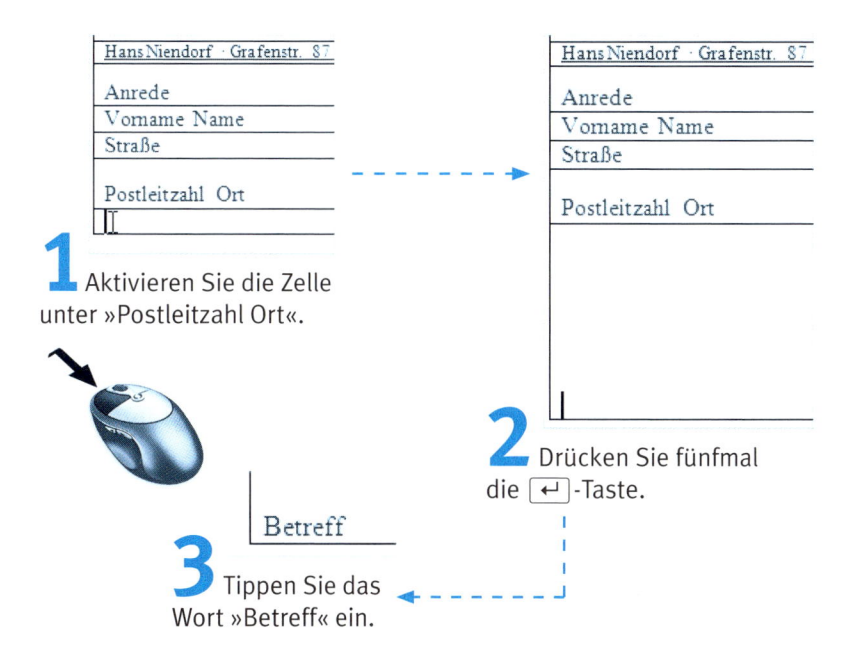

1 Aktivieren Sie die Zelle unter »Postleitzahl Ort«.

2 Drücken Sie fünfmal die ⏎-Taste.

3 Tippen Sie das Wort »Betreff« ein.

Was im Briefformular noch fehlt, ist die Orts- und Datumsangabe. Dazu formatieren Sie zunächst die Zelle der Tabelle, richten den Text also entsprechend aus.

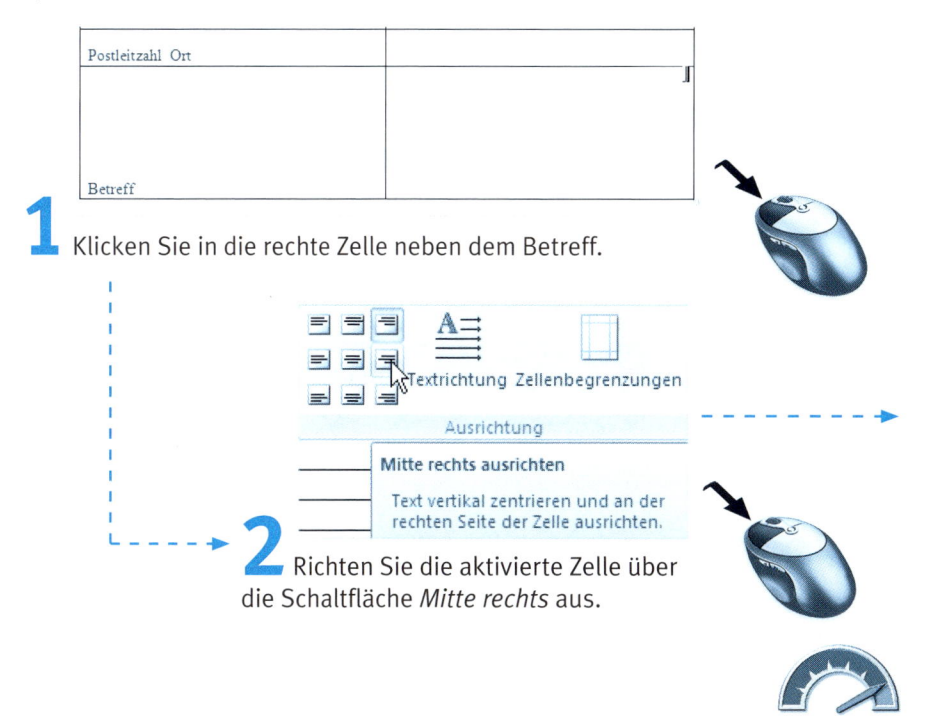

1 Klicken Sie in die rechte Zelle neben dem Betreff.

2 Richten Sie die aktivierte Zelle über die Schaltfläche *Mitte rechts* aus.

3 Tippen Sie den Text ein.

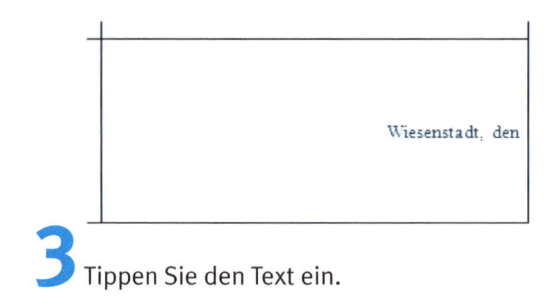

Es folgt die Angabe des Datums. Sie binden das aktuelle Datum so ein, dass es sich ständig aktualisiert. Sie brauchen es also nur einmal einzufügen.

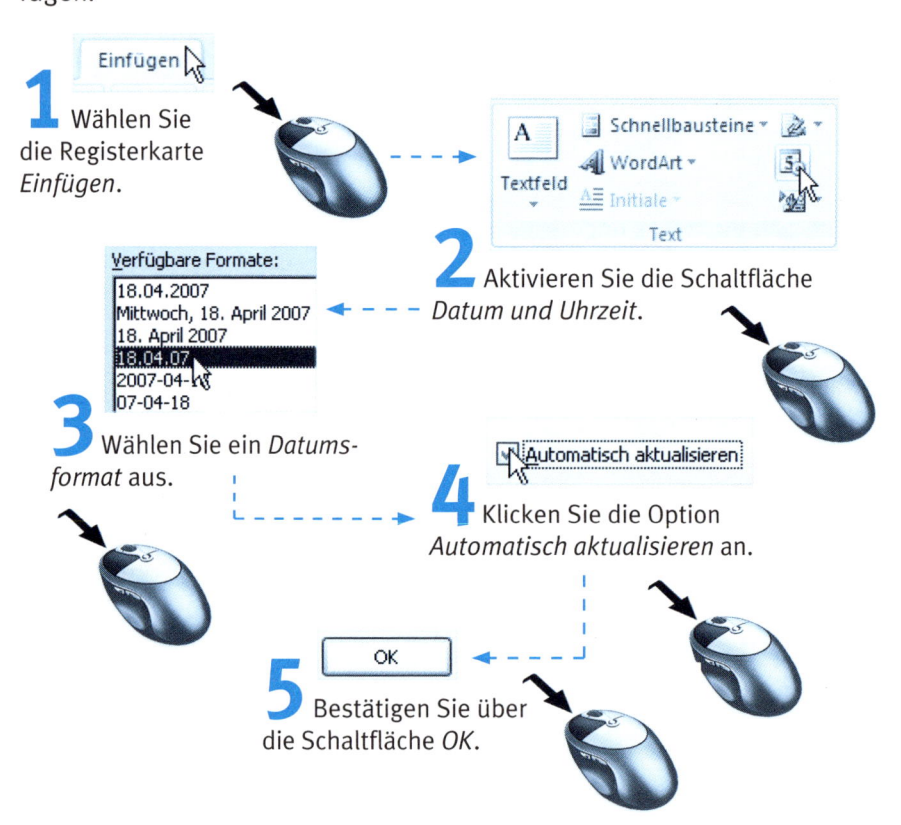

1 Wählen Sie die Registerkarte *Einfügen*.

2 Aktivieren Sie die Schaltfläche *Datum und Uhrzeit*.

3 Wählen Sie ein *Datumsformat* aus.

4 Klicken Sie die Option *Automatisch aktualisieren* an.

5 Bestätigen Sie über die Schaltfläche *OK*.

Das ausgewählte *Datumsformat* wurde eingefügt.

Wiesenstadt, den 18.04.07

Der Nachteil der *automatischen Aktualisierung* ist, dass bei Dokumenten stets das aktuelle Datum angezeigt wird. Sie können dann also nicht erkennen, wann Sie den Brief verfasst haben. Möchten Sie aber das Ausstellungsdatum archivieren, löschen Sie das aktualisierte Datum und geben den Tag ein, an dem Sie den Brief geschrieben haben.

Sie können dazu das erstellte Datum auf eine feste Datumsangabe zurücksetzen. Klicken Sie in das Datum und drücken Sie die Tastenkombination [Strg]+[⇧]+[F9]. Das Datum aktualisiert sich nun nicht mehr automatisch.

Den Rahmen einer Tabelle aufheben

Word hinterlegt eine angelegte Tabelle automatisch mit Rahmenlinien. Diese sollen beim Ausdrucken nicht angezeigt werden.

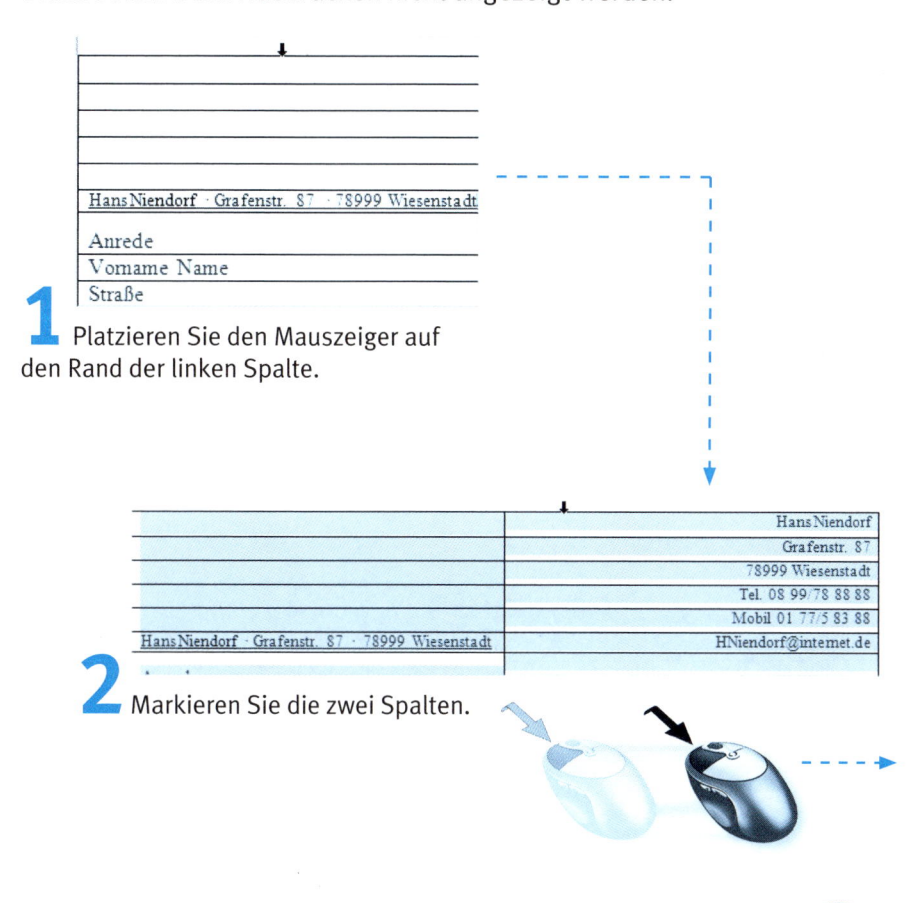

1 Platzieren Sie den Mauszeiger auf den Rand der linken Spalte.

2 Markieren Sie die zwei Spalten.

3 Holen Sie die Registerkarte *Tabellentools/Entwurf* in den Vordergrund.

4 Klicken Sie auf den Pfeil neben der Schaltfläche *Rahmen*.

5 Wählen Sie die Auswahl *Kein Rahmen* aus.

Das Briefformular als Vorlage speichern

Das Briefformular ist gespeichert. Sie möchten es nun als Vorlage immer wieder verwenden.

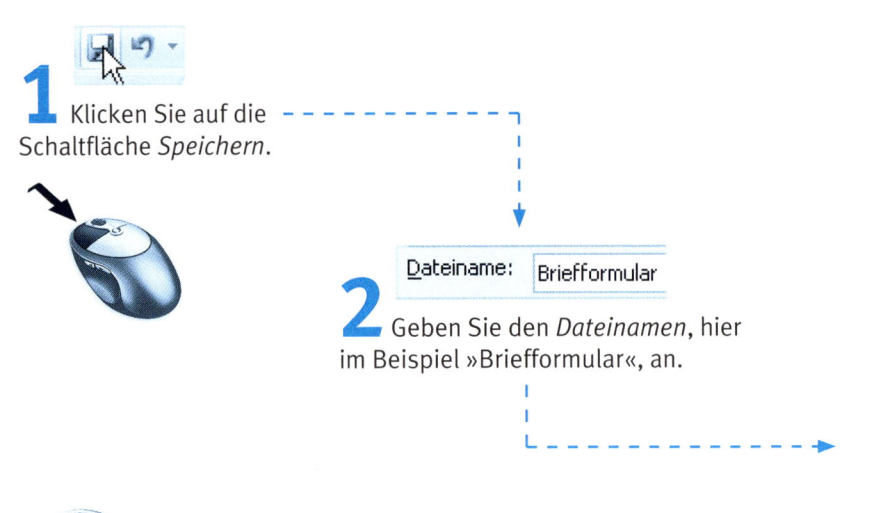

1 Klicken Sie auf die Schaltfläche *Speichern*.

2 Geben Sie den *Dateinamen*, hier im Beispiel »Briefformular«, an.

3 Öffnen Sie die Auswahl bei *Dateityp*.

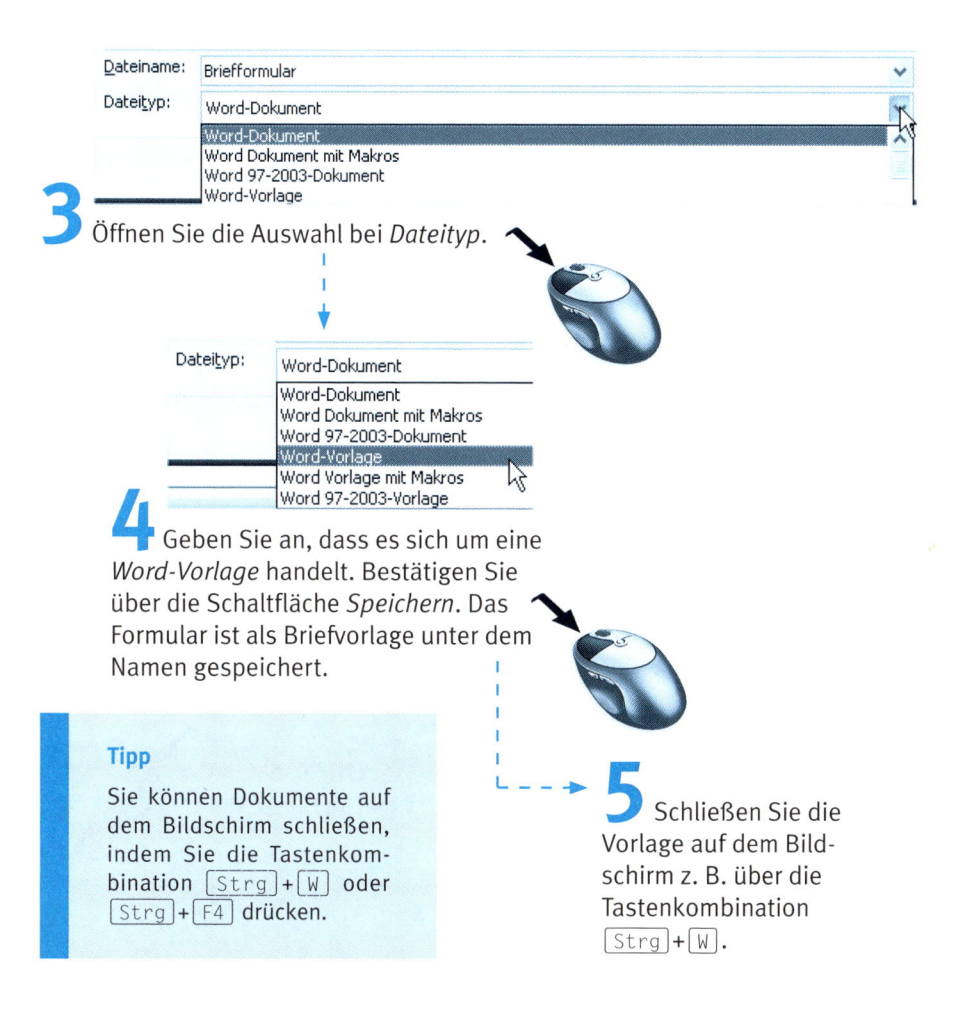

4 Geben Sie an, dass es sich um eine *Word-Vorlage* handelt. Bestätigen Sie über die Schaltfläche *Speichern*. Das Formular ist als Briefvorlage unter dem Namen gespeichert.

> **Tipp**
> Sie können Dokumente auf dem Bildschirm schließen, indem Sie die Tastenkombination [Strg]+[W] oder [Strg]+[F4] drücken.

5 Schließen Sie die Vorlage auf dem Bildschirm z. B. über die Tastenkombination [Strg]+[W].

Die AutoKorrektur als Schaltfläche anlegen

Um einen Text in der AutoKorrektur anzulegen, müssten Sie jedes Mal den langen Weg beschreiten, den Sie zuvor in diesem Kapitel gegangen sind. Doch es geht einfacher. Sie legen die Schaltfläche für die AutoKorrektur in der *Symbolleiste für den Schnellzugriff* an.

1 Öffnen Sie die Auswahl *Symbolleiste für den Schnellzugriff anpassen*.

2 Aktivieren Sie den Eintrag *Weitere Befehle*.

3 Wählen Sie den Eintrag *Alle Befehle* aus.

4 Blättern Sie – falls erforderlich – mit der Bildlaufleiste nach unten. Klicken Sie auf *AutoKorrektur-Optionen*.

5 Klicken Sie auf die Schaltfläche *Hinzufügen*.

6 Bestätigen Sie über die Schaltfläche *OK*.

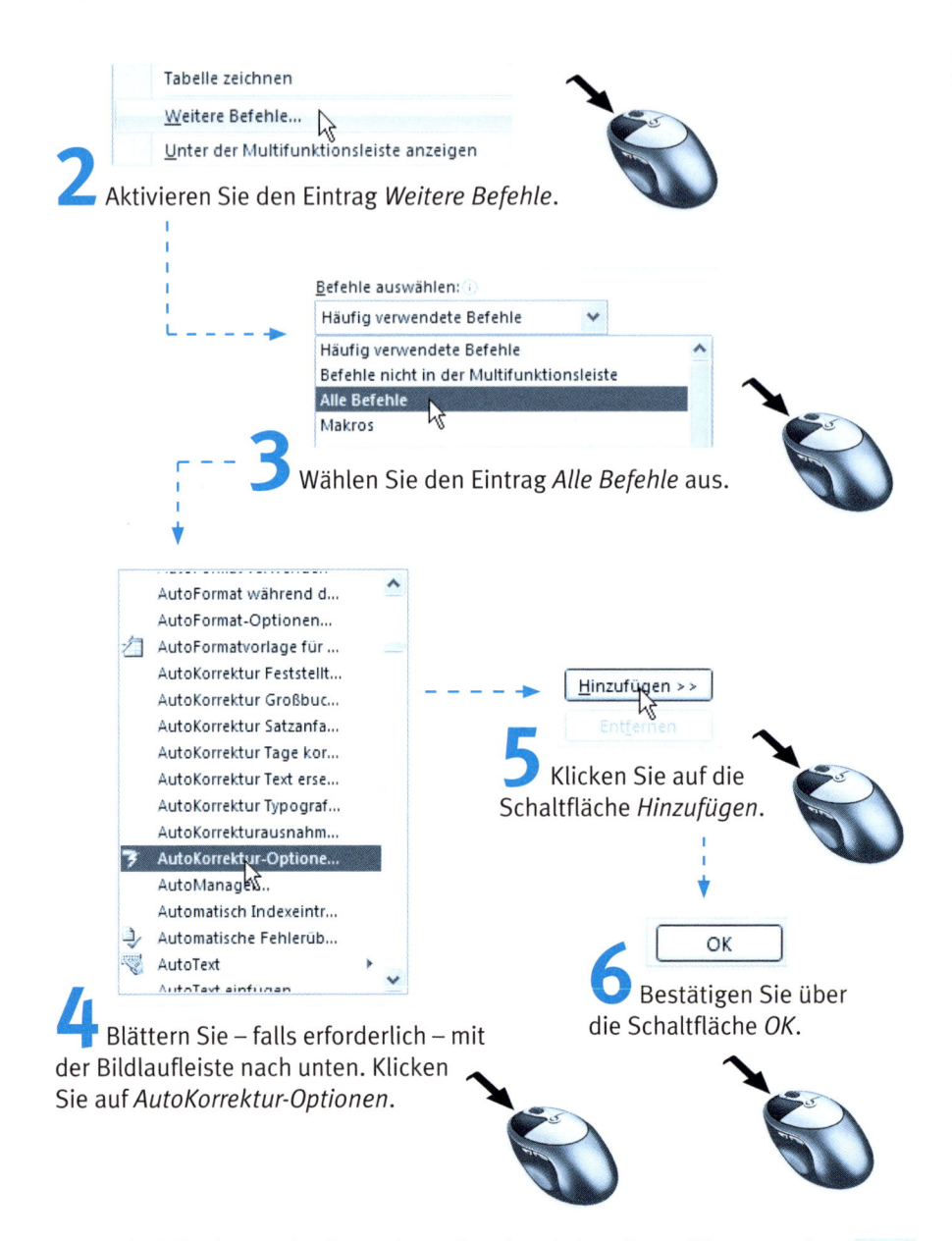

Die Schaltfläche steht Ihnen jetzt für den Schnellzugriff zur Verfügung.

Hinweis

Um eine Schaltfläche in die *Symbolleiste für den Schnellzugriff* einzubinden, können Sie auch den Mauszeiger auf diese Leiste bewegen. Drücken Sie die rechte Maustaste und wählen Sie den Befehl *Symbolleiste für den Schnellzugriff anpassen* aus.

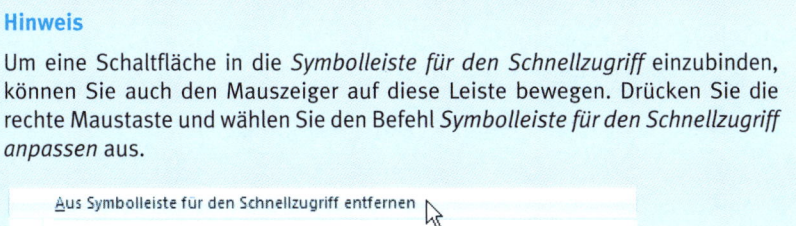

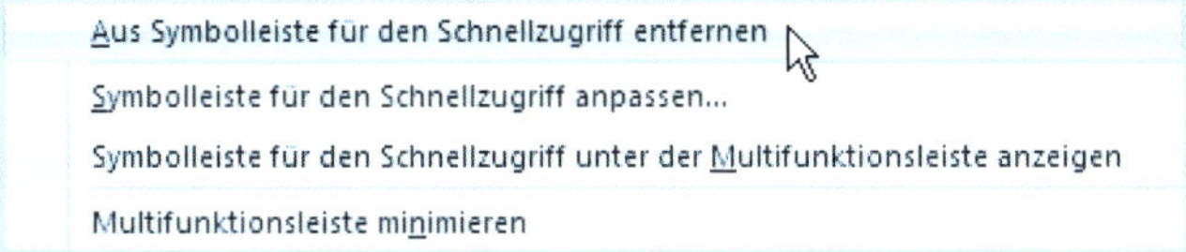

- Aus Symbolleiste für den Schnellzugriff entfernen
- Symbolleiste für den Schnellzugriff anpassen...
- Symbolleiste für den Schnellzugriff unter der Multifunktionsleiste anzeigen
- Multifunktionsleiste minimieren

Texte in der AutoKorrektur anlegen

Die AutoKorrektur haben Sie bereits in diesem Kapitel kennen gelernt. Sie können so ganze Textpassagen anlegen und mit einem Kürzel versehen, sodass bei der Eingabe des Kürzels dieses durch die Textpassage ausgetauscht wird. Dazu verwenden Sie ein neues Dokument.

1 Drücken Sie die Tasten [Strg]+[N]. Ein neues Dokument wird erstellt.

2 Für die nächsten Schritte blenden Sie am besten die *Formatierungssymbole* auf der Registerkarte *Start* ein.

Tipp
Über die Tastenkombination [Strg]+[N] legen Sie ein neues Dokument an.

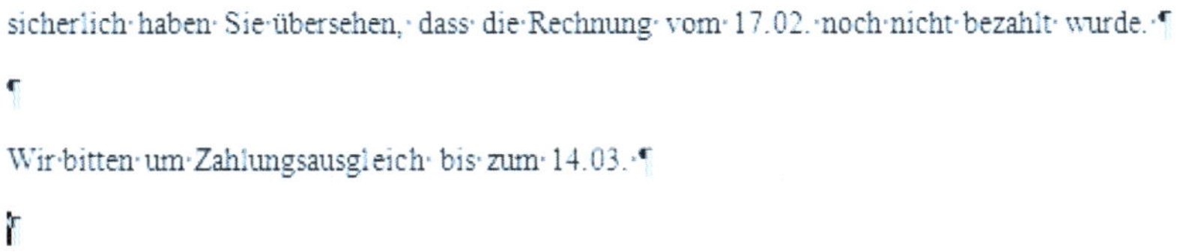

sicherlich haben Sie übersehen, dass die Rechnung vom 17.02. noch nicht bezahlt wurde.

Wir bitten um Zahlungsausgleich bis zum 14.03.

3 Tippen Sie den Text ein, einschließlich der Absätze, die Sie über die [↵]-Taste einfügen.

Kapitel 15

> sicherlich haben Sie übersehen, dass die Rechnung vom 17.02. noch nicht bezahlt wurde.
>
> Wir bitten um Zahlungsausgleich bis zum 14.03.

4 Markieren Sie den Text einschließlich der Absatzmarken.

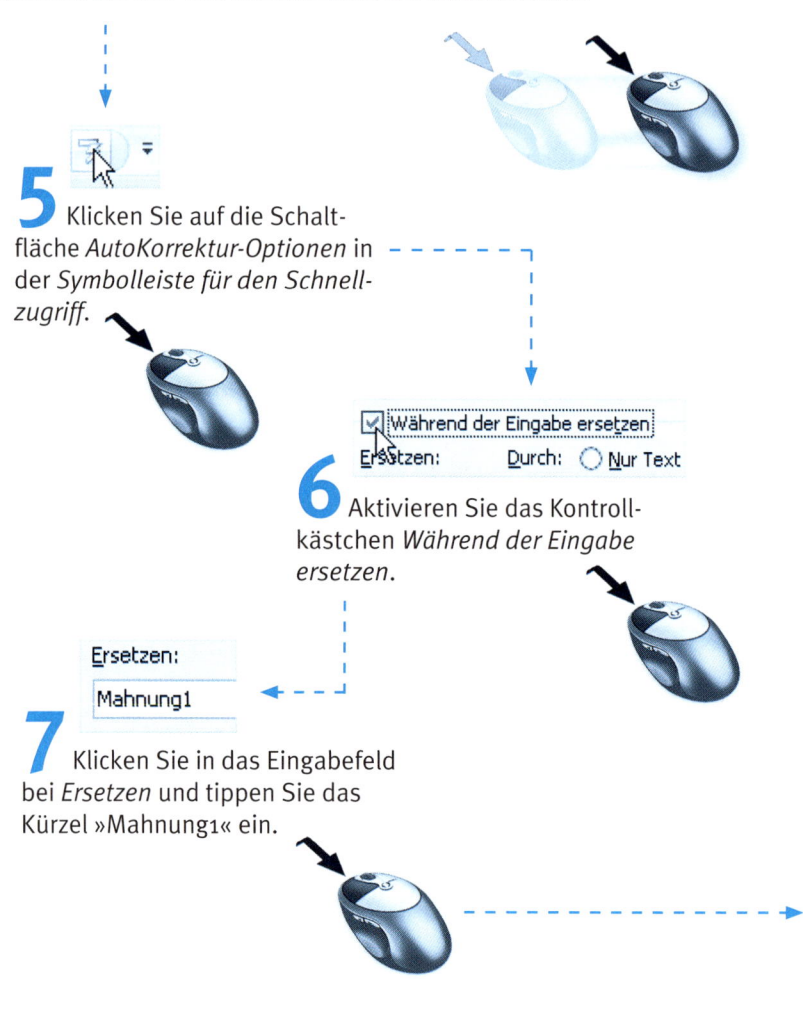

5 Klicken Sie auf die Schaltfläche *AutoKorrektur-Optionen* in der *Symbolleiste für den Schnellzugriff*.

> ☑ Während der Eingabe ersetzen
> Ersetzen: Durch: ○ Nur Text

6 Aktivieren Sie das Kontrollkästchen *Während der Eingabe ersetzen*.

> Ersetzen:
> Mahnung1

7 Klicken Sie in das Eingabefeld bei *Ersetzen* und tippen Sie das Kürzel »Mahnung1« ein.

Texte in der AutoKorrektur anlegen 315

Ersetzen:	Durch: ○ Nur Text ● Formatierten Text
Mahnung1|	sicherlich· haben· Sie· übersehen,· dass· die·Rechn

8 Geben Sie an, dass es sich um einen *formatierten Text* handelt, da Sie hier die Absatzmarken gesetzt und markiert haben.

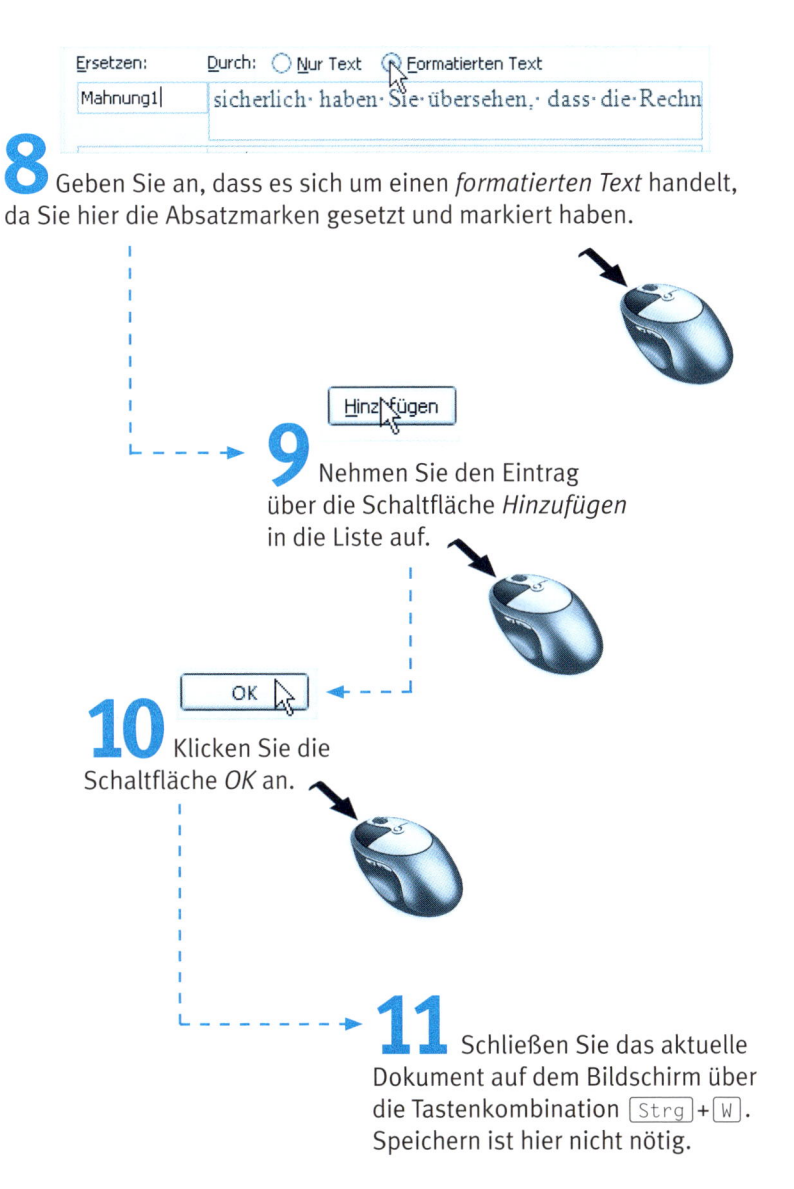

[Hinzufügen]

9 Nehmen Sie den Eintrag über die Schaltfläche *Hinzufügen* in die Liste auf.

[OK]

10 Klicken Sie die Schaltfläche *OK* an.

11 Schließen Sie das aktuelle Dokument auf dem Bildschirm über die Tastenkombination [Strg]+[W]. Speichern ist hier nicht nötig.

Das war nur ein kleines Beispiel für einen angelegten Text. Natürlich können Sie auf diese Weise noch mehr Textpassagen anlegen.

Den Brief ganz schnell schreiben

Nachdem Sie jetzt alles angelegt und vorbereitet haben, werden Sie überrascht sein, wie schnell ein Brief geschrieben werden kann.

Die Vorlage öffnen

Zunächst öffnen Sie die zuvor gespeicherte Vorlage. Sie können sie nur über die *Office*-Schaltfläche und den Eintrag *Neu* öffnen.

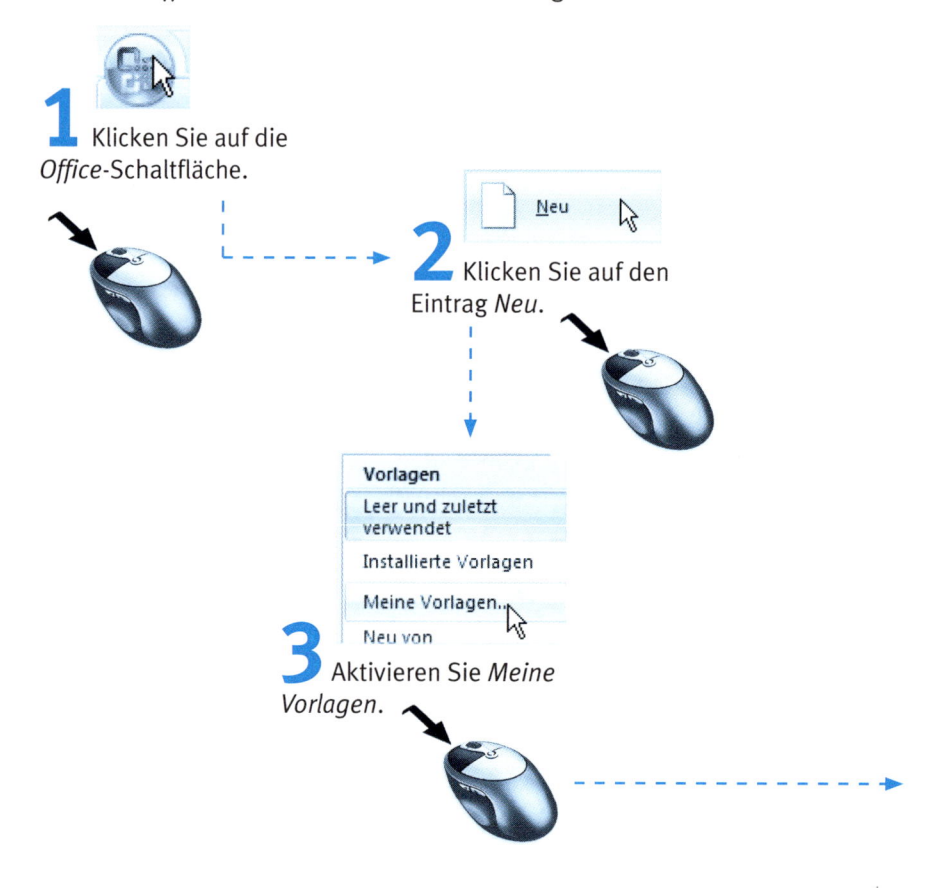

1 Klicken Sie auf die *Office*-Schaltfläche.

2 Klicken Sie auf den Eintrag *Neu*.

3 Aktivieren Sie *Meine Vorlagen*.

4 Doppelklicken Sie auf die Vorlage *Briefformular*.

Hinweis

Möchten Sie aus der Vorlage ein neues Dokument erstellen, aktivieren Sie im Dialogfeld *Vorlagen* bei *Neu erstellen* die Angabe *Dokument*. Möchten Sie dagegen eine Vorlage bearbeiten, wählen Sie *Vorlage*. Die Option *Dokument* ist vorgegeben.

Den Brieftext schnell einfügen

Sie verwenden nun die in der AutoKorrektur als Text angelegte »Mahnung1«.

Floskeln wie »Sehr geehrte Damen und Herren« oder »Mit freundlichen Grüßen« sind in der AutoKorrektur bereits vorhanden.

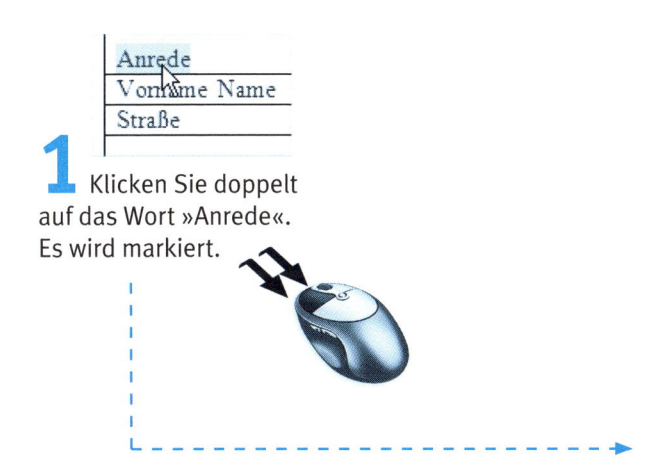

1 Klicken Sie doppelt auf das Wort »Anrede«. Es wird markiert.

Kapitel 15

```
Hans Niendorf . Grafenstr. 87 . 78999 Wiesenstadt
Hausverwaltung
Peter Schulze
Hohenkampstr. 81

48111 Greifhausen




Unsere Rechnung 88/87-11
```

2 *Überschreiben* Sie es mit dem Wort »Hausverwaltung«. Geben Sie auf diese Weise die übrigen Angaben ein.

```
48111 Greifhausen




Unsere Rechnung 88/87-11
```

3 Klicken Sie unterhalb der Tabelle und schalten Sie zweimal mit der ⏎-Taste.

Sgdh,

4 Schreiben Sie das Kürzel »Sgdh« und setzen Sie dahinter ein Komma »,«.

Sehr geehrte Damen und Herren,

Mahnung1

5 Word fügt »Sehr geehrte Damen und Herren« ein. Schalten Sie zweimal mit der ⏎-Taste. Tippen Sie »Mahnung1« ein.

Sehr geehrte Damen und Herren,

sicherlich haben Sie übersehen, dass die Rechnung vom 17.02. noch nicht bezahlt wurde.

Wir bitten um Zahlungsausgleich bis zum 14.03.

6 Drücken Sie die ⌈Leer⌉-Taste. Das Kürzel wird durch den Text ersetzt. Die Einfügemarke blinkt mit einem Absatz-Abstand unter dem Text. Hier braucht nur noch die Grußformel eingegeben zu werden.

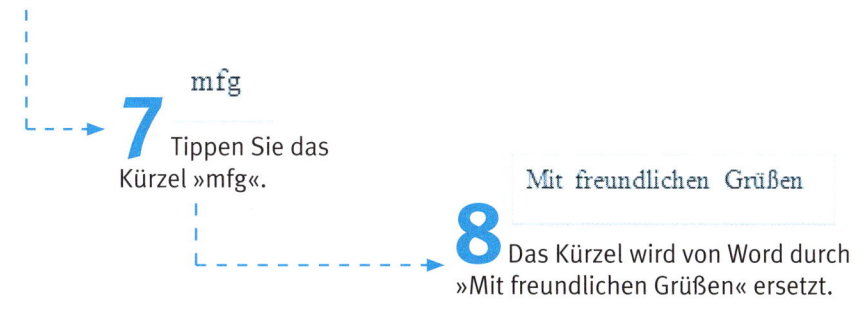

mfg

7 Tippen Sie das Kürzel »mfg«.

Mit freundlichen Grüßen

8 Das Kürzel wird von Word durch »Mit freundlichen Grüßen« ersetzt.

Der Brief ist fertig. Er braucht nur noch ausgedruckt zu werden.

Falls Sie die AutoKorrektur nicht häufig verwenden, entfernen Sie die Schaltfläche wieder aus der *Symbolleiste für den Schnellzugriff*. Bewegen Sie dazu den Mauszeiger auf die Schaltfläche *AutoKorrektur-Optionen* und drücken Sie die rechte Maustaste. Wählen Sie den Befehl *Aus Symbolleiste für den Schnellzugriff entfernen*.

Aus Symbolleiste für den Schnellzugriff entfernen
Symbolleiste für den Schnellzugriff anpassen...
Symbolleiste für den Schnellzugriff unter der Multifunktionsleiste anzeigen
Multifunktionsleiste minimieren

Tipps zum Kapitel

1. Im Dialogfeld *AutoKorrektur* finden Sie einige Befehle bereits aktiviert. So erhalten Sie hier die Erklärung, warum Word jeden Satz mit einem Großbuchstaben beginnt.

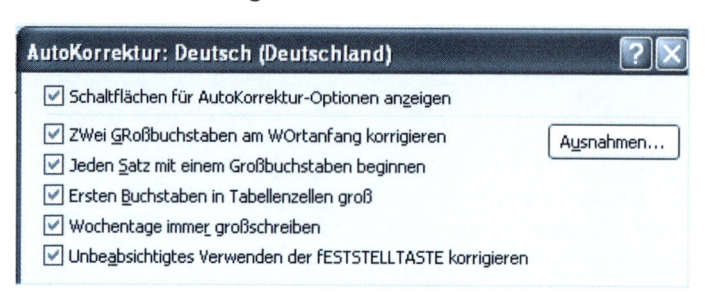

2. Sie können im Dialogfeld *AutoKorrektur* direkt einen Text tippen. Allerdings können Sie dann keine Formatierungen angeben. Wichtig ist, dass Sie das Kontrollkästchen *Während der Eingabe ersetzen* aktivieren.

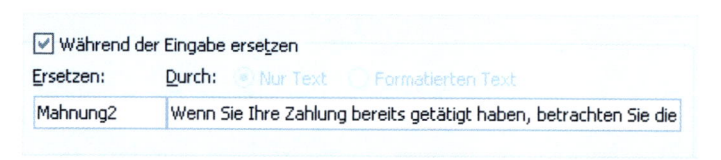

3. Sie können das Wort »Euro« durch das Symbol »€« über die AutoKorrektur ersetzen. Das müssen Sie selbst eintragen. Immer wenn Sie dann »Euro« tippen, wird es durch das €-Zeichen ersetzt.

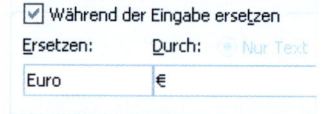

4. Legen Sie Ihre eigene Adresse in der AutoKorrektur an. Das spart Zeit!

5. Tippen Sie »(c)«, erscheint das Zeichen für Copyright »©«.

6. Tippen Sie »(e)«, erscheint das Zeichen für den Euro »€«.

Üben Sie Word 2007!

1. Geben Sie das Zeichen @ (gesprochen: ät) als »at« in der AutoKorrektur an. Das Zeichen @ geben Sie über die Tasten [Alt Gr]+[Q] an.

2. Legen Sie die folgenden Textpassagen in der AutoKorrektur an:

Text	Name
Maschinenfabrik Kasernenstr. 111 81577 Glücksstadt	**abs.**
Ihre Bewerbung vom … Ihre Kurzbewerbung vom … Ihre telefonische Anfrage …	**b1** **b2** **b3**
Sehr geehrter Herr …, Sehr geehrte Frau …,	**anrede1** **anrede2**
vielen Dank für Ihr Interesse an unserem Unternehmen.	**tex1**
Bitte übersenden Sie uns Ihre kompletten Bewerbungsunterlagen zu.	**tex2**
Wir laden Sie zu einem Vorstellungsgespräch am ………. ein.	**tex3**
Leider haben wir uns für einen anderen Bewerber entschieden.	**tex4**
Für Ihren weiteren beruflichen Weg wünschen wir Ihnen alles Gute.	**tex5**

3. Schreiben Sie die Briefe an die unten stehenden Personen. Geben Sie dazu die entsprechenden AutoKorrekturen an.

    Nutzen Sie dazu die in diesem Kapitel erstellte Vorlage »Briefformular«. Tragen Sie die fehlenden Angaben ein.

    1. Peter Erfolg, Rasthofstr. 4711, 47123 Lümmelhausen, b2 02.02., anrede1, tex1, tex2, MfG
    2. Rosi Unschuld, Jungfernsteg 1 a, 55555 Klosterhagen, b1 01.02., anrede2, tex1, tex3 17.03, MfG
    3. Fritz Emsig, Hans-Eifer-Str. 999, 45676 Glewe, b1 03.02, anrede1, tex1, tex4, tex5, MfG

Das können Sie schon

Einen Text speichern	82
Texte verschieben und kopieren	123
Textfelder	160
Einen Serienbrief erstellen	222
Ein Kuvert erstellen	248
Kopf- und Fußzeile	256
Ein stets aktuelles Datum angeben	262
Die AutoKorrektur	302

Das lernen Sie neu

Eine Schaltfläche hinzufügen	324
Weitere Befehle	325
Alle Dokumente schließen	326
Die Symbolleiste für den Schnellzugriff anordnen	328
Befehle aus dem Menü der Office-Schaltfläche	329

Kapitel 16
Word 2007 – nur für Sie!

Word 2007 passt den Arbeitsbereich immer an, abhängig davon, was Sie gerade machen wollen. Sie haben im Laufe des Buches bereits mehrmals die Symbolleiste für den Schnellzugriff für Ihre jeweiligen Aufgaben ergänzt. In diesem Kapitel werden diese Kenntnisse weiter vertieft, sodass Sie sagen können: »Word 2007 – nur für mich!«

Eine Schaltfläche hinzufügen

Haben Sie die Kapitel des Buches durchgearbeitet, befinden sich die folgenden Schaltflächen in der *Symbolleiste für den Schnellzugriff*:

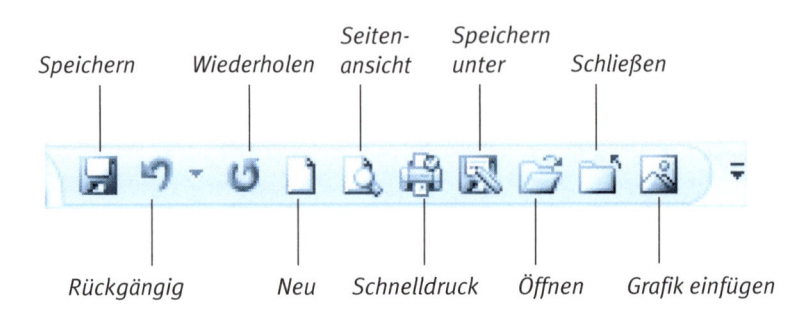

Speichern   *Wiederholen*   *Seitenansicht*   *Speichern unter*   *Schließen*

Rückgängig   *Neu*   *Schnelldruck*   *Öffnen*   *Grafik einfügen*

In Word 2007 lassen sich immer wieder neue Schaltflächen in die *Symbolleiste für den Schnellzugriff* platzieren. Wege dazu haben Sie bereits in den vorherigen Kapiteln kennen gelernt. Was Sie häufig brauchen, legen Sie einfach dort an. Die nächsten Schritte sind für Sie nur als Beispiel gedacht, um zu sehen, wie es geht!

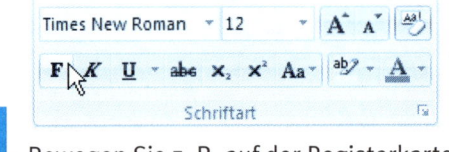

1 Bewegen Sie z. B. auf der Registerkarte *Start* den Mauszeiger auf die Schaltfläche *Fett*. Drücken Sie die rechte Maustaste.

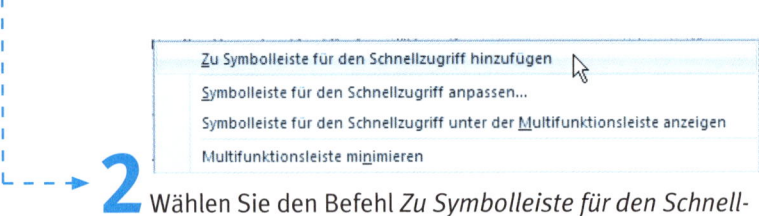

> Zu Symbolleiste für den Schnellzugriff hinzufügen
> Symbolleiste für den Schnellzugriff anpassen...
> Symbolleiste für den Schnellzugriff unter der Multifunktionsleiste anzeigen
> Multifunktionsleiste minimieren

2 Wählen Sie den Befehl *Zu Symbolleiste für den Schnellzugriff hinzufügen* aus.

Die Schaltfläche *Fett* lässt sich nun über die *Symbolleiste für den Schnellzugriff* aufrufen.

Auf diese Art und Weise können Sie weitere Schaltflächen einbinden, beispielsweise aus der Registerkarte *Start* die folgenden Befehle:

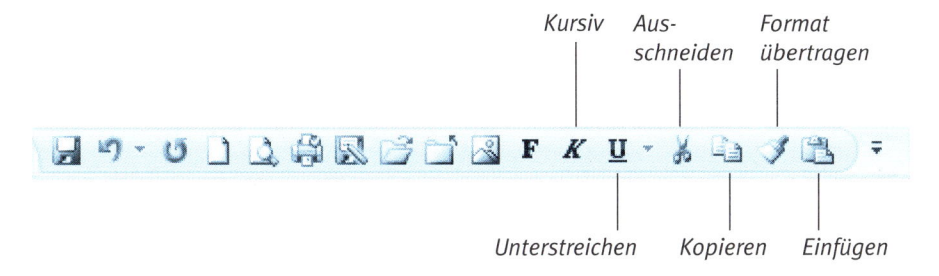

Kursiv   Ausschneiden   Format übertragen

Unterstreichen   Kopieren   Einfügen

Weitere Befehle

Wie Sie bereits in den einzelnen Kapiteln im Buch erfahren haben, können Sie weitere Befehle in der *Symbolleiste für den Schnellzugriff* anlegen. Befehle gibt es in Word sehr viele!

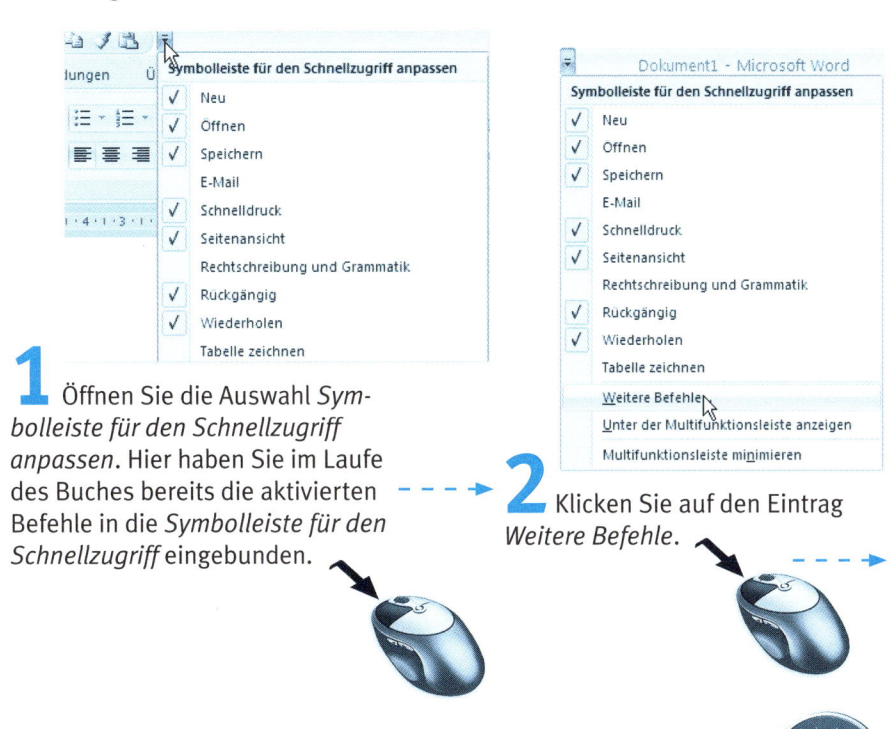

1 Öffnen Sie die Auswahl *Symbolleiste für den Schnellzugriff anpassen*. Hier haben Sie im Laufe des Buches bereits die aktivierten Befehle in die *Symbolleiste für den Schnellzugriff* eingebunden.

2 Klicken Sie auf den Eintrag *Weitere Befehle*.

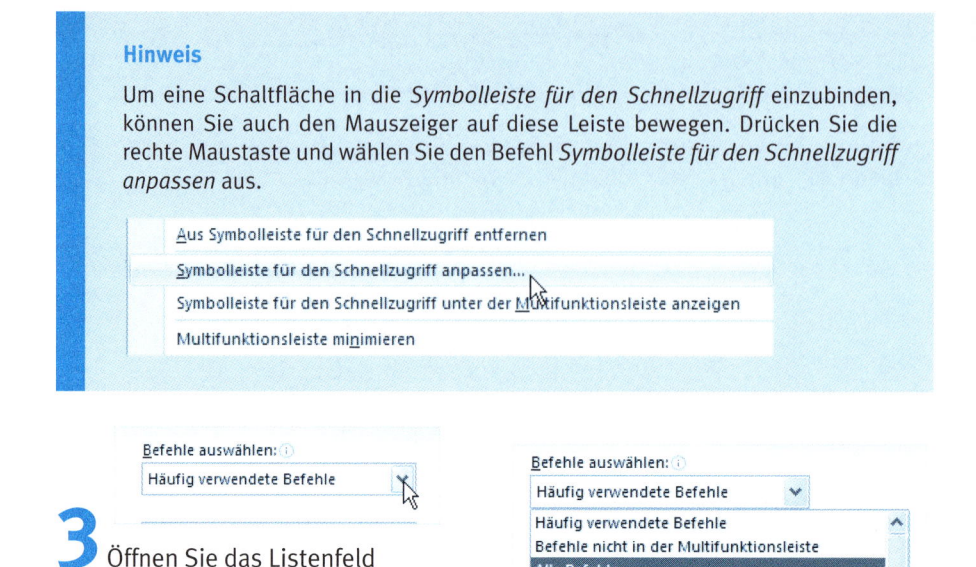

> **Hinweis**
>
> Um eine Schaltfläche in die *Symbolleiste für den Schnellzugriff* einzubinden, können Sie auch den Mauszeiger auf diese Leiste bewegen. Drücken Sie die rechte Maustaste und wählen Sie den Befehl *Symbolleiste für den Schnellzugriff anpassen* aus.
>
> Aus Symbolleiste für den Schnellzugriff entfernen
> Symbolleiste für den Schnellzugriff anpassen...
> Symbolleiste für den Schnellzugriff unter der Multifunktionsleiste anzeigen
> Multifunktionsleiste minimieren

3 Öffnen Sie das Listenfeld unter *Befehle auswählen*.

4 Wählen Sie hier den Eintrag *Alle Befehle* aus.

In diesem Beispiel binden Sie die Schaltfläche *Alle schließen* als neue Schaltfläche in die *Symbolleiste für den Schnellzugriff* ein.

Alle Dokumente schließen

Sie haben die Schaltfläche *Schließen* vielleicht schon in die Symbolleiste eingebunden. Wenn nicht, sollten Sie das ebenfalls tun, indem Sie die unten aufgeführten Schritte für den Befehl *Schließen* durchführen.

Sie führen diesen Befehl auch über die *Office*-Schaltfläche mit dem Eintrag *Schließen* aus (oder über die Tastenkombination [Strg]+[W]).

Mit dem Befehl *Schließen* können Sie jeweils nur ein Dokument auf dem Bildschirm schließen.

Über den Befehl *Alle schließen* schließen Sie sämtliche Dokumente auf dem Bildschirm.

Befehl	Auswirkung
Schließen	Schließt jeweils ein Dokument auf dem Bildschirm.
	Der *Befehl muss jedes Mal neu angegeben werden*.
Alle *schließen*	Schließt sämtliche Dokumente auf *dem* Bildschirm.
	Der Befehl muss nur einmal angegeben werden.

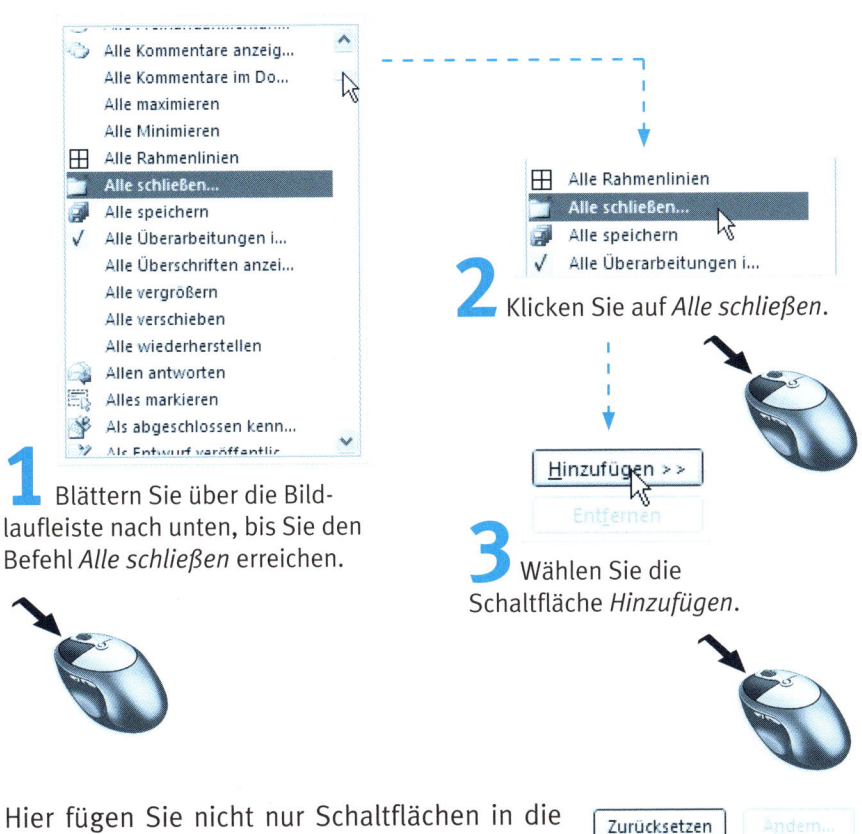

1 Blättern Sie über die Bildlaufleiste nach unten, bis Sie den Befehl *Alle schließen* erreichen.

2 Klicken Sie auf *Alle schließen*.

3 Wählen Sie die Schaltfläche *Hinzufügen*.

Hier fügen Sie nicht nur Schaltflächen in die *Symbolleiste für den Schnellzugriff* hinzu, sondern entfernen sie auch. Über die Schaltfläche *Zurücksetzen* können Sie die *Symbolleiste für den Schnellzugriff* wieder in den *Urzustand* versetzen, so, wie Sie diese beim ersten Start von Word vorgefunden haben.

Die Symbolleiste für den Schnellzugriff anordnen

Sie ordnen die Schaltflächen hier so, wie Sie sie am liebsten mit der Maus direkt ansteuern. Vorschlag! Sie platzieren die Schaltfläche *Alle schließen* rechts neben die Schaltfläche *Schließen*.

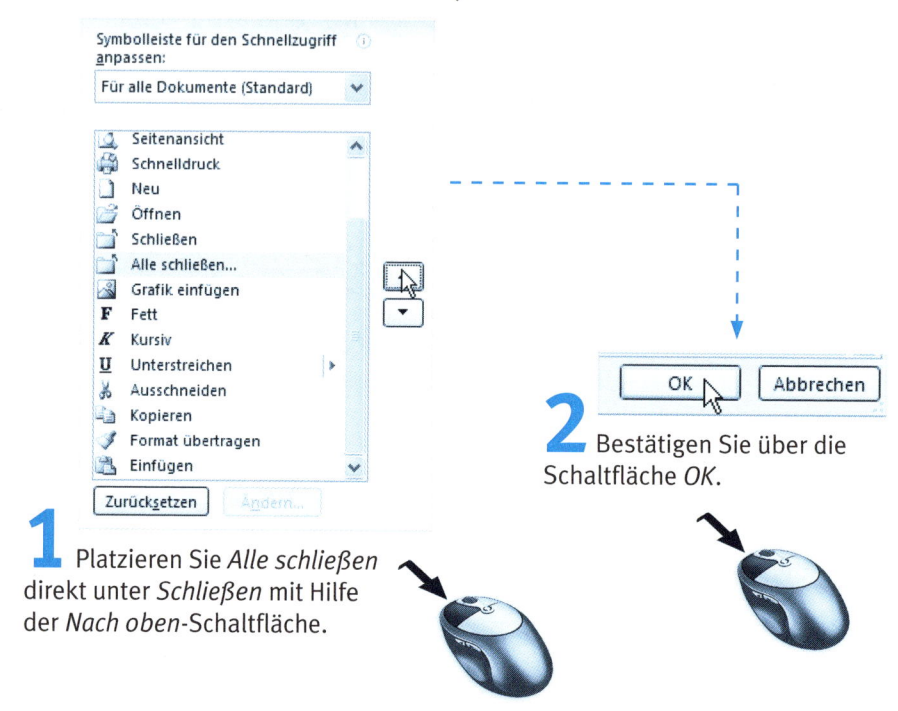

1 Platzieren Sie *Alle schließen* direkt unter *Schließen* mit Hilfe der *Nach oben*-Schaltfläche.

2 Bestätigen Sie über die Schaltfläche *OK*.

Die Schaltfläche *Alle schließen* ist platziert. Gleichzeitig ist die *Symbolleiste für den Schnellzugriff* neu angeordnet.

> **Hinweis**
>
> Die Schaltflächen *Schließen* und *Alle schließen* sehen identisch aus. Sie brauchen sich nur »1, 2« zu merken: linke Schaltfläche 1 Dokument schließen, rechte Schaltfläche mindestens 2 Dokumente schließen.

Befehle aus dem Menü der Office-Schaltfläche

Klicken Sie auf die *Office*-Schaltfläche, öffnet sich das Menü. Aus diesem Menü können Sie sämtliche Einträge als Schaltflächen in die *Symbolleiste für den Schnellzugriff* anpassen. Klicken Sie mit der rechten Maustaste innerhalb des Menüs auf den Eintrag und geben Sie den Befehl *Zu Symbolleiste für den Schnellzugriff hinzufügen* an.

So können Sie selbst Befehle in die *Symbolleiste für den Schnellzugriff* immer wieder anpassen.

Wenn Sie eine Schaltfläche aus der Symbolleiste für den Schnellzugriff wieder entfernen möchten, bewegen Sie den Mauszeiger auf diese und drücken die rechte Maustaste. Rufen Sie dann den Befehl *Aus Symbolleiste für den Schnellzugriff entfernen* auf.

Wie Sie Ihr eigenes Word 2007 zusammenstellen, bleibt natürlich Ihre Entscheidung. Sie selbst wissen im Laufe der Zeit am besten, was Sie für Ihre Arbeit mit Word 2007 in der *Symbolleiste für den Schnellzugriff* benötigen. Word 2007 – nur für Sie!

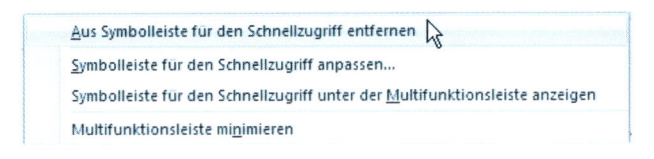

Lösungen

> **Hinweis**
>
> Nicht sämtliche Aufgaben zu den Kapiteln können hier angegeben werden. Die Aufgaben ergeben sich aus den einzelnen Kapiteln und sind Wiederholungen des Gelernten.
>
> Die Wege zu den Lösungen werden in den einzelnen Kapiteln einfach und detailliert beschrieben. Bei einigen Aufgaben müsste so das komplette Kapitel aufgeführt werden. Das wäre sicherlich hier bei den Lösungen zu umfangreich.

Kapitel 1

Antwort: Dokument

Kapitel 2

1. Formatierungssymbole
2. Absatzmarke
3. Leertaste
4. Leerzeichen

Kapitel 3

			1	d	e	l	i	v	e	r	y
	2	G	n	a	d	e					
				3	r	e	b	a	t	e	
4	G	u	t	s	c	h	e	i	n		

4. *Office*-Schaltfläche – *Word-Optionen* – *Dokumentprüfung* – *Benutzerwörterbücher* – *Wortliste bearbeiten*.

Kapitel 4

4. [Strg]+[Leer]

Kapitel 5

1. Alles, was Sie mit einem Windows-Programm wie Word oder Excel erstellen und abspeichern, wird zu einer Datei.

2. Textpassage markieren – *Office*-Schaltfläche – *Drucken* ([Strg]+[P]) – *Markierung* – *OK*.

3. Sie möchten ein Dokument speichern:

    ■ Sie legen ein neues Dokument an, schreiben und möchten Ihre Arbeit speichern. (a – *Speichern unter*)

    ■ Sie arbeiten mit einem bereits gespeicherten Dokument und möchten nur die Änderungen speichern. (b – *Speichern*)

    ■ Sie arbeiten mit einem bereits gespeicherten Dokument und möchten Ihre neue Arbeit unter einem anderen Dateinamen speichern. (a – *Speichern unter*)

Kapitel 6

Fragen

1. Nein!
2. Verzeichnisse sind wie die Schubladen eines Schranks (=Festplatte). Alle Dateien, die zusammengehören, kommen in dieselbe Schublade (=Verzeichnis).
3. A bzw. E

Übungen

1. *Office*-Schaltfläche – *Speichern unter* – Dateiname: *Party* – Schaltfläche *Speichern*.
2. Das Dokument schließen ([Strg]+[W]) – Dialogfeld *Speichern unter* oder *Öffnen* – Datei »Einladung« anklicken – [Entf]-Taste drücken – Bestätigen.
3. Starten Sie in Windows den Papierkorb – »Einladung« anklicken – Schaltfläche zum Wiederherstellen anklicken.
4. Das Dokument schließen ([Strg]+[W]) – Dialogfeld *Speichern unter* oder *Öffnen* – Datei »Party« anklicken – [Entf]-Taste drücken – Bestätigen.

Kapitel 7

1. Auswahl bei Schaltfläche *Aufzählungszeichen* – Eintrag *Neues Aufzählungszeichen definieren* – Schaltfläche *Symbol* – Schriftart *Wingdings* – Schaltfläche *OK*.

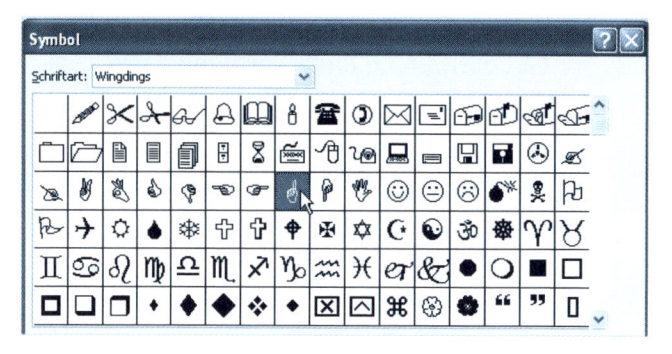

2. Beim Ausschneiden verschwindet das Original, beim Kopieren bleibt es bestehen. Über die Schaltfläche *Einfügen* beispielsweise fügen Sie es aus der Zwischenablage wieder ein.

3. Thesaurus

		1	A	B	L	A	U	F			
		2	A	U	F	F	O	R	D	E	R	U	N	G
3	S	T	R	A	S	S	E	N	K	R	E	U	Z	E	R
4	G	E	M	A	H	L	I	N			

Kapitel 8

1.a ClipArt (*Sport/Golf*) einfügen – Textumbruch *Hinter den Text* festlegen – ClipArt anhand der Ziehpunkte anpassen und platzieren – ClipArt (*Sport/Autos*) einfügen – Textumbruch *Vor den Text* – ClipArt anhand der Ziehpunkte anpassen und platzieren.

1.b ClipArt (*Computer*) einfügen – Textumbruch *Hinter den Text* festlegen – ClipArt anhand der Ziehpunkte anpassen und platzieren – ClipArt (*Berufe*) einfügen – Textumbruch *Vor den Text* – ClipArt anhand der Ziehpunkte anpassen und platzieren.

2. ClipArt (*Sport/Golf*) einfügen – Textumbruch *Hinter den Text* festlegen – ClipArt anhand der Ziehpunkte anpassen und platzieren – ClipArt (*Tiere/Kaninchen* (*Eier!*)) einfügen – Textumbruch *Vor den Text* – ClipArt anhand der Ziehpunkte anpassen und platzieren – eine beliebige ClipArt aktivieren – Registerkarte *Einfügen*/Schaltfläche *Formen* – Legende auswählen – Text in Legende schreiben – Legende anpassen und platzieren.

Kapitel 9

1. Bild einfügen – Textumbruch *Hinter den Text* festlegen – Bild anhand der Ziehpunkte anpassen und platzieren – ClipArt (*Weihnachten*) einfügen – Textumbruch *Vor den Text* – ClipArt anhand der Ziehpunkte anpassen und platzieren.

Kapitel 12

1. Registerkarte *Sendungen* – Schaltfläche *Erstellen* – *Umschläge* – Absender eintragen – Schaltfläche *Zum Dokument hinzufügen* – Schaltfläche *Empfänger auswählen* – Adressdatei angeben – Seriendruckfelder in das Empfängerfeld einbinden und platzieren – Schaltfläche *Fertigstellen und Zusammenführen* – *Drucken*.

Kapitel 13

1. *Office*-Schaltfläche – *Neu*.

3. Klicken Sie in das Datum und drücken Sie die Tastenkombination [Strg]+[⇧]+[F9]. Das Datum aktualisiert sich nun nicht mehr automatisch.

Kapitel 14

1b. Registerkarte *Tabellentools/Layout* – Schaltfläche *Daten* – Schaltfläche *Sortieren* »Punkte« – *Absteigend* – *OK*.

Name	Vorname	Punkte
Eifrig	Gisela	89
Schmitz	Paul	65
Müller	Max	59
Rastlos	Petra	57
Raabe	Christoph	45

2b. Klicken Sie in die Zeile, in der der Ausdruck »Betrag in €« steht. Platzieren Sie den Mauszeiger auf den dezimalen Tabstopp. Löschen Sie ihn, indem Sie den Tabstopp mit gedrückter linker Maustaste aus dem Lineal ziehen. Wechseln Sie die Art des Tabstopps auf *Zentriert*. Klicken Sie den zentrierten Tabstopp auf die entsprechende Stelle in das Lineal.

Lexikon

Absatz
Kontinuierlicher Text, der inhaltlich als zusammengehörig empfunden wird und gewöhnlich durch einen Abstand (Leerzeile) vom vorherigen bzw. nachfolgenden Text abgesetzt wird.

Ausschneiden
Mit dem Befehl Ausschneiden wird der Inhalt der markierten Objekte in die Zwischenablage transportiert. Im Gegensatz zum Kopieren wird das Original dabei gelöscht. Über die Schaltfläche *Einfügen* fügen Sie den Inhalt wieder an eine andere Stelle im Dokument ein.

Bildlaufleiste
Um innerhalb eines Arbeitsblatts schneller zu *blättern* (scrollen, rollen), bedient man sich der Bildlaufleisten am rechten und unteren Bildschirmrand.

Blocksatz
Text, der links und rechts ausgerichtet ist. Die Wortzwischenräume werden so variabel angepasst, dass weder rechts noch links ein so genannter Flatterrand entsteht. Nachteil: Besonders bei kleiner Zeilenlänge können unansehnliche Lücken im Text entstehen.

ClipArt
Word verfügt über eine kleine Bibliothek vorgefertigter *Grafiken*, die so genannte ClipArt Gallery.

Dialogfelder
Sie dienen für die Eingabe von Daten und für die Auswahl von Befehlen. Es findet also zwischen Ihnen – als Anwender – und Word ein *Dialog* statt, hier im Bild sehen Sie das Dialogfeld *Schriftart*.

Drag&Drop
Englische Bezeichnung für »Ziehen und Fallenlassen«. Grafische Benutzeroberflächen wie Windows bieten dieses Verfahren an, das es ermöglicht, den Mauszeiger auf ein Symbol zu bewegen, die linke Maustaste zu drücken und zu halten, bis das Symbol an eine andere Stelle bewegt und abgelegt wird.

Drucken
Die *Druckausgabe* eines Dokuments erfolgt auf dem über Windows eingerichteten Drucker. Unter Word legen Sie im Dialogfeld *Drucken* (Tastenkombination `Strg`+`P`) vorher fest, welche Seiten, wie viele Kopien usw. Sie drucken wollen.

Einfügemodus
Zeichen, die Sie an einer Textstelle eintippen, werden eingeschoben, der Rest des Textes nach rechts verschoben. Den Einfügemodus schalten Sie in der *Statusleiste* ein, indem Sie zwischen *Überschreiben* und *Einfügen* per Mausklick wechseln. Um die Funktion auszuführen, klicken Sie mit der rechten Maustaste auf die Statusleiste und aktivieren *Überschreiben*.

F1
Funktionstaste, aktiviert die *Hilfe*.

Formatierung
Bestimmt das Aussehen (u. a. fett, kursiv, Schriftart) eines Textes auf dem Bildschirm und beim Drucken.

Formatvorlage
Eine Folge von Formatierungen, die unter einem bestimmten Namen mit einer Dokumentvorlage verknüpft wird.

Um Daten, die in Fremdformaten gespeichert wurden, dennoch in Word verarbeiten zu können, müssen sie zuerst konvertiert werden. Word benutzt dazu die Konvertierungsfilter.

Fußnoten
Erläuterungen bzw. Ergänzungen, die zu einem bestimmten Text am unteren Seitenrand wiedergegeben werden. Sie finden die Schaltflächen in Word 2007 auf der Registerkarte *Verweise*.

Kontextmenü
Wird die *rechte Maustaste* gedrückt, öffnet sich ein Kontextmenü. Der Name besagt, dass die Zusammenstellung der einzelnen Menüpunkte davon abhängig ist, in welchem Kontext bzw. in welcher Arbeitssituation die Taste angeklickt wird.

Kopf- und Fußzeile
Bezeichnet die Anzeige von Text, der sich am oberen (in der Kopfzeile) bzw. am unteren Seitenrand (in der Fußzeile) befindet. Die Schaltflächen dazu finden Sie auf der Registerkarte *Einfügen*.

Kursiv
Als kursiv bezeichnet man eine leicht nach *rechts geneigte Schrift*.

Layout
Die komplette Gestaltung durch die Anordnung einzelner Seitenelemente, die Wahl der Schriftart und Schriftgröße, der Seitenränder usw.

Makro
Aufeinanderfolge aufgezeichneter oder geschriebener *Befehle*, die Aktionen auslösen und durch den Aufruf nacheinander abgearbeitet werden. Sie finden die Schaltfläche *Makros* auf der Registerkarte *Ansicht*.

Option
Verändert die *Einstellungen* von Word 2007. Meistens wird sie auf einer Registerkarte aktiviert.

Ordner
Festplatten und CD-ROMs sind in Ordner unterteilt, die wiederum Unterordner enthalten können. Um beim Speichern einer Datei auf einen anderen Ordner zu wechseln, klicken Sie dessen Ordnersymbol doppelt an, bevor Sie den Dateinamen eintragen und bestätigen.

Registerkarten
Um ein Eingabefeld noch einigermaßen übersichtlich zu gestalten, sind viele als eine Art »Karteikasten« dargestellt, der verschiedene Karten enthält.

Reiter
Registerkarten verfügen über »Reiter« (auf denen der jeweilige Name steht), die dazu dienen, eine Karte in den Vordergrund zu holen.

Rückgängig
Die Schaltfläche macht Ihren zuletzt getätigten Arbeitsschritt rückgängig. Mit jedem Anklicken wird ein weiterer Arbeitsschritt aufgehoben.

Seitenansicht
Bevor Sie etwas ausdrucken, sollten Sie das Ergebnis in der Seitenansicht überprüfen. Hier wird nämlich das Dokument genau so angezeigt, wie es den Drucker verlassen wird. Word »druckt« praktisch auf den Bildschirm aus und verwendet dazu alle auf dem angeschlossenen Drucker verfügbaren Schriften und Formatiermöglichkeiten.

Seitenumbruch
Die Stelle in einem Dokument, an der eine Seite endet und eine neue beginnt. Sie geben die Seitenumbrüche auf der Registerkarte *Seitenlayout* über die Schaltfläche *Umbrüche* an.

Serienbrief
Rundschreiben oder Massenschreiben, bei dem die meisten Textpassagen gleich sind und nur manche Bestandteile des Briefs wie Adresse oder Anrede für jeden Empfänger geändert werden müssen.

Silbentrennung
Die automatische Silbentrennung bewirkt, dass bereits während des Schreibens von Texten automatisch die *Trennfunktion* durchgeführt wird. Die Schaltfläche für die *Silbentrennung* finden Sie auf der Registerkarte *Seitenlayout*.

Statusleiste
Hier erhalten Sie Informationen, z. B. auf welcher Seite Sie sich momentan im Dokument befinden.

Symbolleiste für den Schnellzugriff
Die *Symbolleiste für den Schnellzugriff* passen Sie nach Ihren eigenen Arbeitsbedürfnissen an. Verwenden Sie einen Befehl häufig, platzieren Sie diesen in die Leiste. So wird Word 2007 Ihre persönliche Textverarbeitung. Beachten Sie dazu Kapitel 16 im Buch.

Tabellen
Texte und Zahlen werden in einer Tabelle in Zeilen und Spalten angeordnet. Die einzelnen Felder, die durch die Schnittpunkte entstehen, heißen Zellen.

Tabulator
Ein gesetzter Tabulator (u. a. linksbündig, rechtsbündig, dezimal, zentriert) im Lineal legt die Halteposition der Schreibmarke nach Drücken der ⇥-Taste fest. Diese Taste löst einen Sprung der Schreibmarke aus.

Tastenkombination
Sie drücken erst die eine Taste, halten sie fest und betätigen dann die zweite. Dadurch wird eine bestimmte Funktion ausgeführt.

Textfeld
Die Eingabe erfolgt in einer Fläche innerhalb eines Rahmens. Ein Textfeld bearbeiten Sie wie eine Grafik. Die Schaltfläche *Textfeld* finden Sie auf der Registerkarte *Einfügen*.

Thesaurus
Griechischer Ausdruck, dt.: Schatz, Sprachschatz, auch *Synonymwörterbuch*. Hier werden für nachgeschlagene Begriffe andere Wörter mit gleicher oder ähnlicher Bedeutung angeboten; Beispiel: Gebäude statt Haus (Registerkarte *Überprüfen*].

Times
Schriftart, die zur großen Gruppe der Barock-Antiqua gehört. Times ist eine der meistverwendeten Schriften.

Überschreibmodus
Neu getippte Zeichen werden über bereits vorhandene Zeichen geschrieben. Den Überschreibmodus schalten Sie in der Statusleiste ein, indem Sie zwischen *Überschreiben* und *Einfügen* per Mausklick wechseln. Um die Funktion auszuführen, klicken Sie mit der rechten Maustaste auf die Statusleiste und aktivieren *Überschreiben*.

Verzeichnis
Verzeichnisse sind wie die Schubladen eines Schranks (= Festplatte). Alle Dateien, die zusammengehören, kommen in dieselbe Schublade (= Verzeichnis).

Wingdings
TrueType-Schrift, die eine Reihe von Pfeilen und Symbolen enthält.

WordArt
MS WordArt ist ein Zusatzprogramm, das zum Erzeugen besonderer *Schrifteffekte* dient. Sie finden die Schaltfläche zum Starten von WordArt auf der Registerkarte *Einfügen*.

Zeilen ausrichten
In Word können Zeilen unterschiedlich ausgerichtet werden (linksbündig, rechtsbündig, zentriert oder Blocksatz). Sie schreiben in der Regel immer von links nach rechts.

Zeilennummern
Auf der Registerkarte *Seitenlayout* fügen Sie Zeilennummern über die gleichnamige Schaltfläche ein. Die Zeilennummer erscheint vor jeder Zeile am Rand. Über den Eintrag *Keine* blenden Sie die Zeilennummern wieder aus.

Zoom
Mit der Zoomfunktion von Word vergrößern oder verkleinern Sie die Draufsicht auf das jeweilige Dokument.

Zwischenablage
Um Texte von einer Stelle im Dokument an eine andere zu verschieben bzw. zu kopieren, wird normalerweise die Zwischenablage (auch temporärer Speicher genannt) genutzt. Durch die Befehle *Kopieren* oder *Ausschneiden* wird der Text hier aufgenommen und kann bei Bedarf (durch den Befehl *Einfügen*) wieder eingesetzt werden.

Liebe Leserin, lieber Leser,

herzlichen Glückwunsch, Sie haben es geschafft. Word 2007 ist Ihnen nun vertraut. Ist es Ihnen nicht viel leichter gefallen, als Sie am Anfang dachten? Genau das ist das Ziel unserer Bücher aus der easy-Reihe. Sie sollen helfen, erfolgreich die ersten Schritte zu gehen, und den Leser auf keinen Fall mit unverständlichem Fachchinesisch überhäufen.

Als Lektorin hoffe ich, dass Sie durch das Buch die richtige Unterstützung bekommen haben. Denn für Ihre Zufriedenheit stehen alle Beteiligten mit ihrem Namen: der Verlag, die Autoren, die Druckerei.

Aber niemand ist perfekt. Wenn Sie Anregungen zum Buch und zum Konzept haben: Schreiben Sie uns.

Denn nur durch Sie werden wir noch besser.

Ich freue mich auf Ihr Schreiben!

Birgit Ellissen
Lektorin Markt + Technik
Pearson Education Deutschland GmbH
Martin-Kollar-Str. 10-12
81829 München
E-Mail: bellissen@pearson.de
Internet: http://www.mut.de

Stichwortverzeichnis

A

A bis Z 285
Absatz 335
Absatzmarke 38
Absender 260
Absender weglassen 252
Aktivität wiederholen 135
Aktuelles Datum 262
Aktuelles Dokument 224
Alle Befehle 326
Alle Grafiken 178
Alle schließen 326
Alles markieren 79
Allgemeine Optionen 109
Änderungen Nachverfolgung 60
Änderungen speichern 86
Angezeigte Uhrzeit 264
Anpassen Symbolleiste für den
    Schnellzugriff 326
Anrede 235, 261
Ansichten
    Entwurf 28
    Gliederung 28
    Seitenlayout 27
    Weblayout 28
    Zoom 40
Arbeitsbereich 20
Arial 66
Aufgabenbereich 58
Aufgabenbereich Seriendruck 233
Aufzählungen 120, 123
Aufzählungen löschen 123
Aufzählungszeichen 120
Ausdruck ersetzen 131
Ausrichtungsregisterkarte einfügen 259
Ausschneiden 124, 127, 335
Aus Symbolleiste für den Schnellzugriff
    entfernen 329
AutoAnpassen 278
AutoKorrektur
    Deutsch 320
    Dialogfeld 320
    ersetzen 303
    Formatierter Text 304
    Großbuchstaben 320
    hinzufügen 303
    Liste 302
    Optionen 303
    Schaltfläche 311
    starten 302
    Symbolleiste für den
        Schnellzugriff 311
    Texte 313
    Während der Eingabe ersetzen 314
Automatische Speicherung 116

B

Banner 151
Barock-Antiqua 338
Bearbeitungen im Dokument
    zulassen 103
Bearbeitungseinschränkungen 103
Bedingung 238
Befehle wiederholen 181
Befehlsbereich 20
Benutzerwörterbücher 53
Beschriftung einfügen 193
Beschriftungen 248
Betreff 264
Bildeffekte 184, 185
Bilder
    aktivieren 186
    ausrichten 191
    Aussehen des Grafikrahmens 187
    Bewegen 180
    Bildformatvorlagen 183
    Bildunterschriften 193
    drehen 182
    Drehpunkt 182
    Effekte 184, 185
    einfärben 191
    einfügen 176
    Fadenkreuz 180
    formatieren 182
    Formatvorlagen 183

Formen 188
 gleichzeitig aktivieren 192
 Grad 182
 Grafik einfügen 177, 180
 Größe 179
 Helligkeit 191
 keine Neueinfärbung 191
 komprimieren 189
 Komprimierung 189
 Kontrast 191
 Layout 180
 platzieren 191
 positionieren 180
 Rahmen 186
 Schaltfläche 176
 Spiegelung 184
 Spiegelungsvariante 185
 Stärke 187
 suchen in 177
 Symbolleiste für den Schnellzugriff 176
 Textumbruch 180
 Umbruchart 180
 verschieben 180
 Vorschau 178
 Ziehpunkte 179
Bildformatvorlagen 149, 183
Bildlaufleisten 335
Bildschirmauflösung 20
Bildschirmeinstellung 20
Bildtools/Format 143, 178
Bildunterschriften 193
Blättern 335
Blockpfeile 151
Blocksatz 73, 335
Briefe 223
Briefformular 310
Briefkuvert
 Absender 249
 Absender weglassen 252
 Beschriftungen 248
 drucken 249
 Effekte 252
 Elektronisches Porto 253
 Empfängeradresse 249
 Empfänger auswählen 251
 Formatierungen 252
 Optionen 249
 Rahmen 253
 Schriftart 251
 Sendungen 248
 Standard-Adresse 250
 Symbol 276
 Textfeld 250
 Umschläge 251
 zum Dokument hinzufügen 250
Brieftext 256
Briefumschlag 248
Briefvordruck 265
Buchstaben sortieren 285

C

ClipArt
 Aktivieren 142
 Begrenzungen 142
 Bildformatvorlagen 149
 drehen 147
 Drehpunkt 147
 einfügen 140
 erweitern 171
 Fadenkreuz 148
 Farbe einer Fläche 149
 formatieren 143, 150
 Füllfarbe 149
 Grad 147
 Grafik 140
 Layout 144
 Office Online 171
 Office Sammlungen 171
 Organizer 171
 positionieren 148
 Rahmen 142
 Sammlung erweitern 171
 Texte in Bildern 160
 Textfeld 161
 Textfluss 157, 158
 Umbruchart 144
 verschieben 142
 Ziehpunkte 141
Clip Organizer 171
Copyright 320
Cursor 20

D

Datei 83
Dateien löschen 112
Dateigröße 189
Datei löschen 112
Dateiname 84, 232
Dateinamen 83, 88
Dateityp 84, 265
Datei umbenennen 109, 110, 111
Datensatz 230, 241
Datum
   Aktuell 262
   automatisch aktualisieren 262
   Datumsformat 263
   eingeben 262
   Einstellungen 264
   feste Datumsangabe 267
   Format 263
   Uhrzeit 263
   zurücksetzen 267
Designerfarben 202
Designfarbe 203
Desktop 84
Dezimaler Tabstop 290
Dialog 335
Dialogfeld 50
   Grafik formatieren 151
   öffnen 99
   Schriftart 66, 77
   speichern unter 83, 86
   Umschläge und Etiketten 248
Dialogfelder 335
Dialogfelder verschieben 275
DIN-A4-Standardbriefe 260
Dokument 20
   anzeigen 102
   entfernen 112
   gleichzeitig anzeigen 102
   schließen 326
   schützen 60, 103
   speichern 82, 83, 85, 86
   umbenennen 110
   vergleichen 60
Dokument1 82
Dokumentprüfung 59, 303
Dokumentschutz aufheben 104
Dokumentvorlage 265

Dokumentwiederherstellung 101
Doppelt unterstreichen 71
Drag und Drop 125, 127
Drehen 182
Drehpunkt 147, 182
DreiD-Darstellung 172
DreiD-Effekte 172
Druckauftrag 93
Drucken
   Druckauftrag 93
   Druckauftrag löschen 93
   Druckbereich 92
   drucken 92
   Drucker 335
   Drucker-Symbol 93
   Druckvorschau 90
   erweitert 93
   Exemplare 93
   Hochformat 94
   Kontrolle 90
   Kopien 335
   Markierung 92
   Papiergröße 93
   Querformat 94
   Symbol 93
   Vorschau 90

E

Effekte 77
Eigene Dateien 84, 98
Eigene Datenquellen 232
Eigennamen 51
Einfarbige Füllung 150
Einfärbung 191
Einfügemarke 20
Einfügemodus 335
Einfügen 125, 127
Einstellungen 336
Einzelne Dokumente bearbeiten 242
Einzug 121
Elektronisches Porto 253
Element wiederherstellen 113
Ellipse 151
Empfänger 260
Empfängeradresse 249
Empfängerliste bearbeiten 234, 243
Ersetzen 130, 131, 132

Ersten Buchstaben großschreiben 77
Etiketten 222, 248
Euro 320

F

Fadenkreuz 148, 180
Farbdrucker 93
Farbe 150
Farben und Linien 197
Farbverlauf 164, 207
Feldnamen 226
Feldnamen sortieren 229
Fenster
    alle anordnen 59, 102
    nebeneinader anzeigen 59
    schließen 31
Fenster in Word 101
Fenstermodus
    Fenster als Symbol 30
    maximieren 31
    verkleinern 31
    Vollbild 30, 31
    Word-Symbol 31
Fertig stellen und zusammenführen 242
Festlegen Zeilen und Spalten 272
Flatterrand 335
Flussdiagramm 151
Folgepfad 158
Format
    Blocksatz 73
    Datum 263
    doppelt unterstreichen 69
    Effekte 77
    Fett 69
    Formatierung löschen 66
    Formatvorlagen 75
    Großbuchstaben 78
    Kapitälchen 71
    kursiv 69
    linksbündig 72, 338
    rechtsbündig 72, 338
    Schrift 70
    Schriftart 64
    Schriftfarbe 76
    Schriftgröße 64
    Standardschrift 65
    Tastenkombination zur Formatierung 70
    Übertragen 133
    Unterstrichen 69
    Zeichen hoch- und tiefstellen 69
    Zeilenabstände 73
    Zentriert 72, 338
Formatbereich 66
Formatierung 126
Formatierung löschen 66, 74
Formatierungssymbole 36, 260, 289
Formatierungssymbole ein- und ausblenden 38
Formatvorlage 75, 336
Formatvorlagen und Formatierungen 75
Formen
    Blockpfeile 151
    Ellipse 151
    Flussdiagramm 151
    kopieren 153
    Rechteck 151
    Schaltfläche 165
    Standard 151
    Sterne und Banner 151
    vergrößern 153
Formkontur 206, 218
Formular 265
Fotoalbum 189, 190
Fülleffekt 154
Füllfarbe 149, 154
Funktionen einbinden 326
Funktionstasten 14
Fußnote 336
Fußzeile 256, 258, 336

G

Gitternetzlinien 199
Grafik
    aktivieren 142
    aus Datei einfügen 177
    ausrichten 199
    Begrenzungen 142
    Bilder 176, 191
    Bildformatvorlagen 149
    Bildunterschriften 193
    Bogen nach oben 158
    ClipArt 140

Designerfarben 202
drehen 147
DreiD-Effekte 172
einfügen 140
Farbverlauf 164, 207
Folgepfad 158
formatieren 143, 150, 151
Formkontur 206, 218
Fülleffekt 154, 207
Fülleffekt wählen 198
Füllfarbe 149
hinter den Text 208
keine Farbe 197
keine Gliederung 207
kein Füllbereich 151
Kontrast 191
kopieren 153, 215
Legenden 164
Rahmen 186
Schatten 171
SmartArt 218
Textfeld 160, 202
Textfeldformatvorlagen 164
Textumbruch 214
transparent 198
Umbruchart 146
vergrößern 141
verschieben 159
Visitenkarte 196
vor den Text 210
Vorschau 178
WordArt 155
Zeichentools 216
Ziehpunkte 141
Grafikrahmen 186
Grammatik 50
Groß- und Kleinschreibung 77
Großbuchstaben 78, 320
Gruppe Bearbeiten 132
Grußzeile 243

H

Helligkeit 191
Hinter den Text 208
Hochformat 94
Hochstellen 302

I

Informationen über Autor und Titel 100
Inhalt automatisch anpassen 284
Installierte Vorlagen 243, 268

K

Kapitälchen 71
keine Farbe 197
keine Neueinfärbung 191
Kennwort 106
Kommentare 60
Komprimierung 189
Kontext 336
Kontextmenü 22, 49, 336
Kontrast 191
Kontrollleuchten 14
Konvertierungsfilter 336
Kopf- und Fußzeile
 Abstand zum Seitenrand 268
 Ausrichtungsregisterkarte
  einfügen 259
 bearbeiten 256
 Bereich 268
 einfügen 256
 Entwurf 256
 Größe 268
 Höhe 268
 markieren 258
 Rand 268
 Seitenrand 268
 Texte markieren 258
 zur Kopfzeile wechseln 258
Kopfzeile 336
Kopieren 124, 127
Korrektes Datum 264
Kreuz (X) 42
kursiv 336
Kursivschrift 66, 68

L

Laufwerk 89
Laufwerk A 90
Laufwerk C 90
Laufwerk E 90
Layout 27, 336

Legenden 151, 164
Legendenform 165
Legende platzieren 167
Lese- und Schreibschutz 108
Lineal 201, 203, 287
Linien 151
linke Maustaste 16
Löschen Tabstopp 292
Lupe 91

M

Makro 336
Markieren 68
Markieren eines gesamten Textes 79
Markierung drucken 92
Massenschreiben 337
Maus 16
Meine Vorlagen 267
mfg 243
Mit freundlichen Grüßen 243
MS WordArt 338
Multifunktionsleiste 23, 25
Multifunktionsleiste anzeigen 25

N

Nachverfolgung Änderungen 60
Namensänderung einer Datei 111
Navigationstasten 15
Neu 288
Neuer Eintrag 231
Neues Aufzählungszeichen
    definieren 120, 135
Neues Dokument 21, 288
Normal.dot 65
Nummerierung 120

O

Objekte ausrichten 199
Office-Schaltfläche 21
Office-Symbol 42
Office Sammlungen 171
Öffnen 116
    Bearbeitungen im Dokument
        zulassen 103
    Dateiname 99
    Dialogfeld 99
    Dokumente 98
    Dokument schützen 103
    Eigene Dateien 98
    Extras 116
    Kennwort 104, 106
    Lese- und Schreibschutz 108
    Schalfläche Extras 116
    Schaltfläche 99
    Schutz anwenden 104
    Sicherheitsoptionen 108
    Speicherort 99
    suchen in 99
    Texte 98
    USB-Stick 99
    Zuletzt verwendete
        Dokumente 101, 107
Ordner 336
Original 335

P

Papiergröße 93
Papierkorb 113
Passwort 103
Persönliche Anrede 236
Pfeile 274
Pinsel 133
Porto 253

Q

Querformat 94, 293

R

Radierer 294
Rahmenlinien zeichnen 294
Recherche 58
recherchieren 58
Rechteck 206
rechte Maustaste 16, 23
rechtsbündig 72
Rechtschreibung
    alle ignorieren 51
    Benutzerwörterbuch 54
    Fehler korrigieren 47

Stichwortverzeichnis

hinzufügen zum Wörterbuch 51
Überschreibmodus 47
rechts einfügen 284
Regeln 238
Registerkarte
   Ansicht 27, 36
   Bildtools/Format 143, 178
   Farben und Linien 197
   Kopf- und Fußzeile 256
   Seitenlayout 94
   Tabellentools 273
   Tabellentools/Layout 282
   Textfeldtools/Format 162
   überprüfen 48, 59
   Zeichentools/Format 171
Registerkarten 26, 336
Registerkarten wechseln 168
Reiter 336
Rück-Taste 46
Rückgängig 127
Rundschreiben 337

S

Satz markieren 125
Satz mit einem Großbuchstaben
   beginnen 320
Schaltfläche
   alle anordnen 102
   Dokument schützen 103
   drehen 182
   ersetzen 132
   Formatierungen 74
   Formatierung löschen 74, 261
   Formatierungssymbole 36
   Format übertragen 134
   Formen 152, 206
   Neu 21, 288
   Office 21
   öffnen 98
   Rechtschreibung und Grammatik 50
   rückgängig 337
   schließen 114
   Schnelldruck 91
   speichern 86
   speichern unter 94
   Wiederholen 181, 300

Schaltfläche in die Symbolleiste für den
   Schnellzugriff platzieren 313, 326
Schaltflächen hinzufügen 324
Schatten 171
Schatteneffekte 171
Schere 124
Schließen 326
Schnelldruck 91
Schnellzugriff 21, 324
Schreibmarke 46
Schreibmaschinen-Tastenblock 13
Schreibschutz 106
Schreibschutz aufheben 106
Schrift 70
Schriftart 64, 251
Schrifteffekte 156, 188, 189, 338
Schriften 338
Schriftfarbe 76
Schriftgrad 64
   vergrößern 78
   verkleinern 78
Schriftgrad verkleinern 204
Schriftgröße 64
Schriftstück 82
Schriftzug 159, 160
Schubladen 332
Schutz anwenden 104
Schutz aufheben 104
Scrollen 335
Sehr geehrte 243
Sehr geehrte Damen und Herren 318
Seite einfärben 192
Seite einrichten 293
Seitenansicht 90
Seitenlayout 27
Seitenränder 176
Seitenumbruch 337
Seitenzahlen 193
Sendungen 222
Serienbrief
   Adressdatei 232
   Adresse hinzufügen 228
   Adressliste 226
   Adressliste anpassen 230
   aktuelle Datenquelle 243
   aktuelles Dokument 224
   aktuelles Dokument verwenden 224

andere Datenquellen 243
Anrede 235, 236
Assistent 222
Ausdruck 241
Auswahl der Seriendruckfelder 236
Bedingung 238
Bedingungsfeld einfügen 238
Briefe 223
Briefempfänger 222
Briefkuvert 248
dann diesen Text einfügen 239
Dateiname 232
Datenquellenname 232
Datensatz 230, 232
Dokumente drucken 242
Dokumenttyp 223
eigene Datenquellen 232
einzelne Dokumente bearbeiten 242
Empfänger 222
Empfängerliste bearbeiten 234, 243
Empfänger wählen 224
erstellen 222
Feld hinzufügen 228
Feldname 227
Feldname hinzufügen 228
Feldnamen 226
Feldnamen sortieren 229
fertig stellen und zusammen-
   führen 242
Grußzeile 243
installierte Vorlagen 243
Kuvert 248
Name einer Datenquelle 232
neue Liste eingeben 224
neuer Eintrag 231
Persönliche Anrede 236
Quelle 224
Regeln 238
Seriendruck 229
Seriendruckempfänger 234
sonst diesen Text einfügen 239
speichern 232
starten 222
Steuerdatei 222
vergleichen mit 238
Voreinstellungen 225
Vorhandene Liste verwenden 224
Vorlagen 243
Vorlagen zum Serienbrief 243
Vorschau 241
Vorschau Ergebnisse 241
Seriendruck 222
Seriendruck-Assistent 223
Sgdh 318
Sicherheitsoptionen 108
Sicherungsspeicherung 101
Silbentrennung 55, 337
   automatisch 56
   manuell 57
   Optionen 56
   Trennzone 56
SmartArt 218
SmartArt-Grafik 218
Smarttags 126
Sondertasten 14
Sonderzeichen 274
Sonst diesen Text einfügen 239
Sortieren 285
Spalten 67, 192
Spaltenanzahl 298
Speichergröße 189
Speichermedium 83, 89
Speichern
   allgemeine Optionen 109
   Änderungen speichern 86
   Ansichten 85
   automatische Speicherung 116
   Datei 83
   Dateiname 83
   Dateinamen 88
   Dateinamen überschreiben 84
   Dateinamen vergeben 83
   Dateityp 84
   Desktop 84
   Dialogfeld Speichern unter 83
   Diskette 89
   Dokument speichern 82
   Dokumentwiederherstellung 101
   Eigene Dateien 84
   Eigenschaften 86, 94
   Informationen 94
   Laufwerk 89
   Lese- und Schreibschutz 108
   Name 83

Optionen 105
Serienbrief 232
speichern in 84
speichern unter 87
Speicherort 83, 84
Titelleiste 82, 85
USB-Stick 89
vorhandene Datei ersetzen 87
Vorlage 265
Word-Vorgänger-Version 88
Zeitintervall der automatischen Speicherung 116
Zusammenfassung 94
Zwischenspeicherung 101
Spiegelung 184
Spiegelungsvariante 185
Sprache 58
Sprechblase 164, 167
Sprechende Namen 232
Standard-Adresse 250
Standard-Tabstopps 287
Standardbriefe 260
Standardformen 151, 152
Standardschrift 65
Stand des Datums 264
Statusleiste 28, 48, 337
Sterne 151
Suchbegriff 132
Suchen in 99
Suchen und Ersetzen 130, 136
Symbol 274, 275
Symbole 78
Symbole als Aufzählungszeichen 135
Symbolleiste für den Schnellzugriff 21, 324
Symbolleiste für den Schnellzugriff anordnen 328
Symbolleiste für den Schnellzugriff anpassen 326
Symbol Telefon 276
Synonyme 58, 127
Synonymwörterbuch 338

T

Tab-Taste 277
Tabelle
    Adressenliste 274
    Ausrichtung 306
    AutoAnpassen 278
    AutoFormat 286
    darüber einfügen 282
    Daten sortierenDaten sortieren 285
    Datum 308
    Eigenschaften 306
    einfügen Spalten 284
    Entwurf 273
    Felder in einer Tabelle 272
    feste Spaltenbreite 284
    Formatvorlagen 286
    Inhalt automatisch anpassen 284
    Layout 273
    Löschen 293
    Markieren 279
    neue Zeile 278
    Radierer 294
    Rahmen 294
    Rahmen aufheben 309
    Rahmenlinien zeichnen 294
    rechts einfügen 284
    Registerkarte Einfügen 272
    Registerkarte Entwurf 273
    Registerkarte Layout 273
    rückgängig 273
    Schaltlfäche 272
    sortieren 273, 285
    Sortierschlüssel 285
    Spalten anpassen 277
    Spaltenanzahl 298
    Spaltenbreite 284
    Spalten einfügen 283
    Spalten festlegen 272
    Spaltenlinie 277
    Spalten markieren 280, 284
    Spaltenüberschriften 273
    Spaltenzahl 272
    Stift 294
    Tabelle markieren 279
    Tabelleneigenschaften 306
    Tabellenformatvorlagen 286
    Tabellenkopf 273

Tabellenstift 294
Tabellentext 276
Tabellentools 273
Tabellenüberschrift 273
Tabulatoren 287
Textausrichtung 306
Überschriften in Tabellen 273
Umrahmung 294
verschieben 293
Weitere Spalten 283
Weitere Symbole 275
Wingdings 274
Zeilenanzahl 298
Zeilen festlegen 272
Zeilen markieren 281
Zeilentrenner 305
Zeilenzahl 272
Zellen in Tabellen markieren 279
Zellen markieren 281
Tabellentools 273
Tabellentools/Layout 282
Tabstopps 287
Tabstops Standard 287
Tabulatoren 200
Tabulatorenart 289
Tabulatorenarten 287
Tabulatoren setzen 287
Tabulatorenzeichen 289
Task-Leiste 30, 264
Tastatur 12
Tastenkombination 32
Tastenkombinationen zum Formatieren 71
Telefon-Symbol 276
Temporärer Speicher 338
Text am unteren Seitenrand 336
Textausrichtung 306
Texte
   alles markieren 79
   Aufzählungszeichen 120
   ausrichten 72
   Benutzerwörterbuch 54
   Blocksatz 73
   Dateiname 84
   Drag und Drop 125
   Effekte 77
   einfügen 125
   Einzug 121
   ersetzen 130
   Fehler korrigieren 46
   Formatierung löschen 66
   Format übertragen 133
   Formatvorlagen 75
   Großbuchstaben 77
   hervorheben 68
   hinzufügen zum Wörterbuch 52
   hochstellen 71
   Kapitälchen 71
   kommentieren 60
   Kopf- und Fußzeile 257
   kopieren 124
   korrigieren 46
   Kursivschrift 66
   linksbündig 72
   markieren 68
   mit der Maus verschieben 125
   neues Aufzählungszeichen definieren 120
   Nummerierungen 120
   öffnen 98
   rechtsbündig 72
   Rechtschreibung 47
   SchriftartTexte 64
   Schriftfarbe 76
   Silbentrennung 55
   sortieren 285
   Spalten 67, 192
   speichern 84
   Standardschrift 65
   suchen 130
   Synonyme 58
   Tabellen 273
   Textmarker 76
   Textumbruch 144
   Thesaurus 127
   tiefstellen 71
   überschreiben 47
   übersetzen 57
   unbekannte Wörter 51
   vergleichen 60
   verschieben 123
   Visitenkarte 196
   WordArt 157
   Wörterbuch 51

Wort formatieren 68
Wortwiederholungen 127
Zeichenabstand 212
Zeilenabstände 73
Zeilen ausrichten 72
Zeileneinzug 203
zentriert 72
Zwischenablage 124
Textfeld 160, 196, 337
Textfeld als Legende 164
Textfelder kopieren 213
Textfeld formatieren 197
Textfeldformatvorlagen 164
Textfeldgröße 198
Textfeld Textrichtung 218
Textfeldtools/Format 162
Textmarker 76
Textpassagen einfügen 125
Textrichtung 218
Textumbruch 144, 180, 214
Textumbruchart Passend 181
Thesaurus 127, 136, 338
Tiefstellen 302
Times 338
Times New Roman 65
Titelleiste 82
Trennfunktion 337
TrueType-Schrift 338

U

Überprüfen 59
Überschreibmodus 47, 338
Übersetzen 57
Übersetzen und Nachschlagen 59
Uhrenanzeige 264
Uhrzeit 263, 264
Umbruchart 146
Umrahmung 294
Umschläge und Etiketten 222, 248
Unbekannter Eigenname 51
Universal-Serial-Bus-Stick 89
Unter der Multifunktionsleiste
 anzeigen 24
Unterordner 336
USB-Stick 89

V

Vergleichen mit 238
Verschieben von Dialogfeldern 275
Verzeichnisse 332, 338
Visitenkarte 196
Visitenkarten kopieren 213, 215
Vollbild 27
Vollbild-Lesemodus 27
Vor den Text 210
Vorhandene Datei ersetzen 87
Vorlage
 Dateityp 265
 Dokument erstellen 317
 installierte Vorlagen 268
 Internet 268
 laden 267
 Meine Vorlagen 267
 neu erstellen 317
 öffnen 267
 Sammlung 268
 speichern 265
 starten 267
 Tabellenformatvorlagen 286
 Vorlage erstellen 317
 Word-Vorlage 266
Vorschau Ergebnisse 241

W

Wechseldatenträger 89
Weitere Befehle 325
Weitere Symbole 275
Wiederholen 181, 300
Wiedervorlage 265
Windows-Taste 32
Wingdings 135, 274, 275
Word-Optionen 53
Word-Symbol 31
Word-Vorgänger-Versionen 88
Word-Vorlage 266
Word 2007 beenden 31, 40, 41, 42
WordArt 155, 338
WordArt-Form 158
Wort 68
Wortanzahl 29
Wörterbuch 51
Wörter ersetzen 131

Wort formatieren 68
Wortliste bearbeiten 54
Wortschatz 128
Wortvorschläge 136
Wortwiederholungen 127
Wortzwischenräume 335

Z

Zahlenblock 14
Zahlen sortieren 285
Zeichenabstand 212, 213
Zeichen formatieren 66
Zeichen hochstellen 72, 302
Zeichen tiefstellen 302
Zeichentools 216
Zeichentools/Format 171
Zeichnungsraster 199
Zeilenabstände 73
Zeilenanzahl 298

Zeileneinzug verändern 203, 205
Zeilennummern 338
Zeilentrenner 305
Zeitintervall der automatischen
    Speicherung 116
Zellen 273
Zentriert 72
Zoom
    Einstellungen 38
    Seitenbreite 40
    Statusleiste 38
    vergrößern 38
    verkleinern 38
    Zoommodus 40
Zoom-Funktion 338
Zuletzt verwendete Dokumente 107
Zum Dokument hinzufügen 250
Zur Kopfzeile wechseln 258
Zwischenablage 124, 335, 338
Zwischenspeicherung 101